QM Library
23 1435573 1

KU-573-740

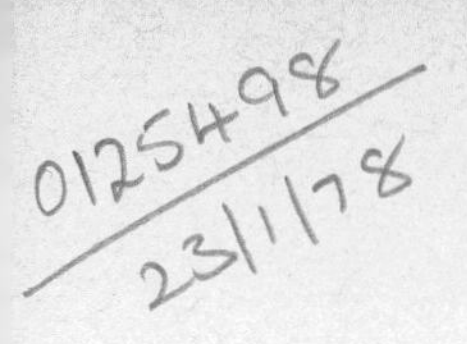

Morphologie historique

des verbes français

Notions générales,
conjugaisons régulières,
verbes irréguliers

par

André LANLY

Professeur à l'Université de Nancy

Bordas

Du même auteur

Le français d'Afrique du Nord, 2e édition
étude linguistique (collection « Études », Bordas, 1970)

Fiches de philologie française, 2e édition 1975
(collection « Études », Bordas, 1971)

Enquête linguistique sur le Plateau d'Ussel (P.U.F., 1962)

Le Couronnement de Louis, chanson de geste
traduction en français moderne (Paris, Champion, 1969)

François Villon, *Œuvres,* traduction et notes (2 vol.)
(Paris, Champion, 1969, 2e édition 1974)

François Villon, *Ballades en jargon,* texte, traduction et notes
(Paris, Champion, 1971)

G. de Lorris et J. de Meun, *Le Roman de la Rose,* traduction (5 vol.)
(Paris, Champion, 1971-1976)
Tome I (1 vol.) : l'œuvre de G. de Lorris (v. 1-4028), 2e édition
Tome II (4 vol.) : l'œuvre de J. de Meun (v. 4029-21754)

G. de Lorris et J. de Meun, *Le Roman de la Rose,* traduction (Club du Livre)

François Mauriac, *Thérèse Desqueyroux* (Univers des Lettres, Bordas, 1973)

François Mauriac, *Genitrix* (*id.,* Bordas, 1975)

ISBN 2.04.008895.4

Signes, abréviations, conventions

Cf. : *comparez* ou *reportez-vous* à...
in : *dans* (tel texte, tel ouvrage)
C.S. masc. sing. : cas-sujet masculin singulier
C.R. masc. sing. : cas-régime masculin singulier
< : vient de (chanter < cantare)
> : donne, aboutit à (cantare > chanter)
→ : même signification
*adcapare : l'astérisque indique une forme de départ restituée et non attestée ; la double astérisque ** [***muirent* (ind.)] une forme attendue mais qui n'a pas existé.

Dans *les paradigmes :*
1. = 1re pers. du singulier
3. = 3e pers. du singulier
4. = 1re pers. du pluriel
6. = 3e pers. du pluriel

Conventions

1) On sait qu'à la 1re pers. du pluriel, la terminaison *-ons* (< lat. -ŭ́mus de sŭ́mus) s'est généralisée en français aux dépens de -amus, -emus, īmus, ĭmus... Nous avons en général noté cela ainsi :

4. placḗmus
(> -ŭ́mus)

Il eût été plus exact d'indiquer : « substitution de terminaison » — et nous l'avons fait quelquefois. Cette substitution s'est produite tardivement, en effet, et non au niveau du latin : le cas de placḗmus indique en effet que le c a évolué (jusqu'au VIe s. ?) devant e.

Même convention au sujet de la 2e personne du pluriel où la terminaison *-ātis* > fr. *-ez* s'est généralisée.

2) Nous utilisons le mot *variante (var.)* pour indiquer une autre forme attestée de la même personne :

ex. : cuiderent
var. cuidierent *(Rose)*

attestée ici ou là, et non une variante d'un même texte.

Signes phonétiques usuels

Le signe ĕ sur une voyelle (ĕ) indique qu'elle était brève.
Le signe ē sur une voyelle (ē) indique qu'elle était longue.
Le signe ę sous une voyelle (ę) indique qu'elle était ouverte.
Le signe ẹ sous une voyelle (ẹ) indique qu'elle était fermée.
i̯ note un i semi-voyelle, 2e élément de diphtongue (ex. : ái̯, éi̯, ói̯...).

Enfin l'accent tonique est marqué par une sorte d'accent aigu (système Bourciez) :

ex. : habḗre

D'une manière générale notre notation phonétique, entre crochets, est celle de la phonétique d'Édouard Bourciez. Quand nous écrivons « pas d'attestation », cela signifie simplement que nous n'avons pas trouvé cette « personne » du verbe dans un texte ou un dictionnaire, etc. Cela ne signifie pas qu'on ne la rencontrera pas.

AVANT-PROPOS

A la fin de son *Verbe français* (devenu plus tard *Morphologie historique du français : le Verbe*), Pierre Fouché avait esquissé des monographies de quatre verbes importants : *être, aller, pouvoir* et *avọir* (très succinctement pour le dernier).

Pour avoir une vue d'ensemble de la conjugaison des autres verbes « irréguliers » étudiés le lecteur doit se reporter à l'index de l'ouvrage qui le renvoie à une dizaine de pages différentes quand ce n'est pas à vingt, ce qui ne laisse pas d'être parfois très long.

Aussi l'idée nous est-elle venue de continuer l'entreprise finale de P. Fouché et de tracer l'histoire de la conjugaison des principaux verbes français, de présenter du moins l'origine et l'évolution de leurs principales formes. Dans une première colonne on trouvera donc les formes originelles latines ou latinisées, classiques et vulgaires ; dans une seconde on en verra l'état ou les états successifs en ancien français et en moyen français (jusqu'à la fin du XVIe siècle en général). Une troisième colonne enfin présentera les formes modernes dans la mesure où elles se sont maintenues. Des notes préciseront éventuellement certaines données historiques, donneront des documents ou des explications.

Ainsi nous pensons tracer à grands traits, mais en soulignant l'essentiel, le tableau de la vie des verbes français depuis le lointain latin colonial de Gaule jusqu'à l'époque de relative fixation de la langue française, au XVIIe siècle, voire au XVIIIe, et jusqu'à nos jours.

Il y a deux façons d'enseigner les conjugaisons des verbes français : la première que l'on emploie nécessairement dans les écoles du premier degré, consiste à faire apprendre des tableaux tels qu'ils sont exposés dans les grammaires scolaires ou, par exemple, dans l'*Art de conjuguer* de Bescherelle ; la seconde veut expliquer l'origine des formes et dire pourquoi et comment elles sont devenues ce qu'elles sont — ou pourquoi, et du moins quand, elles ont disparu.

Par rapport aux ouvrages de Nyrop et de P. Fouché, toujours essentiels, nous avons disposé au moins de deux éléments d'information importants :
1) l'*Altfranzösisches Worterbüch* de Tobler et Lommatzsch ;
2) le *Dictionnaire de la langue du XVIe siècle* d'Edmond Huguet.

En nous attachant aux principaux verbes français, un par un, nous avons conscience de rester au contact des réalités de la langue. Chaque verbe, plus que tout autre mot, a sa riche personnalité ; riche parce qu'elle est malléable selon les modalités du procès, selon les temps, selon les personnes : de là ces ensembles complexes, compliqués encore par l'évolution phonétique puis parfois instinctivement simplifiés par l'analogie, que l'on appelle des conjugaisons. Certes il est des faits généraux tels que les désinences, les suffixes, les formations périphrastiques, etc., et notre étude commence par leur exposé. Mais nous avouons que ce qui nous a passionné c'est l'étude de l'évolution de chacun des verbes dans son individualité.

On dira donc que nous fuyons les idées générales. Pas plus que la langue ne les fuit, mais tout autant. Nous verrons du reste à la fin, après l'examen des faits, si nous pouvons tirer quelques conclusions ; car les idées générales se construisent sur des faits, sinon... D'ailleurs il s'agit ici de questions de langue ; nous avons fait un travail de pédagogue et de linguiste, et non de théoricien. A aucun moment nous n'avons oublié les étudiants et nous ne croyons pas avoir éludé les problèmes qui se posent à eux — et à tout le monde.

Il ne nous échappe pas que nos tableaux peuvent être complétés, notamment lors de la lecture d'autres textes anciens : chacun trouvera des précisions à leur apporter : nous aurions aimé réserver des blancs à cet effet.

Ajoutons que nous n'avons pu, pour chaque verbe, étudier toutes les « personnes » : il nous eût fallu trois volumes ! Certains trouveront du reste que nous en avons trop fait...

NOTE D'INTRODUCTION

Puisque le français vient du latin, une étude de la morphologie des verbes français suppose des connaissances sommaires concernant le système latin de cette essentielle catégorie de mots et des principales modifications qui l'ont affecté à basse époque et pendant la période dite romane.

Un verbe transitif latin avait une voix active et une voix passive (un verbe intransitif pouvait avoir un passif impersonnel) ; à la voix passive, le verbe avait des formes *synthétiques* aux temps de *l'infectum* (ex. : *amor, amaris, amatur... :* je suis aimé, tu es aimé, il est aimé...), et des formes *analytiques* aux temps du *perfectum* (ex. : *amatus sum :* je fus aimé ou j'ai été aimé).

En outre, la langue latine possédait des verbes déponents qui avaient la forme passive et le sens actif :

ex. : présent : *morior :* je meurs
parfait : *mortuus est :* il mourut ou il est mort

Les conjugaisons déponentes ont disparu de bonne heure, en Gaule comme ailleurs ; cela signifie que les verbes déponents ont pris des formes actives, ainsi :

morior est devenu **morio*
mori est devenu **morire*

Cependant des formes analytiques telles que *mortuus est* se sont maintenues, au moins avec la valeur perfective (*mortuus est :* il est mort).

Les formes synthétiques de la voix passive ont été abandonnées et ont laissé la place aux formes analytiques : par exemple une phrase telle que *epistula scribitur* (la lettre est en train d'être écrite, on écrit la lettre) a été remplacée formellement par *epistula est scripta* qui signifiait originellement « la lettre fut écrite ou a été écrite (antérieurement) » et a été comprise « la lettre est (maintenant) écrite ».

Par voie de conséquence, on a eu besoin d'un nouveau passé passif, d'où le type *« epistula scripta fuit »* (ou *« littera scripta fuit »*) : la lettre fut écrite [1].

La conjugaison active a subi, elle aussi, pendant la période romane primitive de notables modifications :

1) *Les futurs,* qu'ils fussent du type *-bo/-bis (amabo, monebo)* ou du type *-am/-es (vendam/vendes, veniam/venies)* ont disparu, probablement parce que les

1. Le type *« amatus fui »* est chez Grégoire de Tours († en 594), comme le signale par exemple Pierre Fouché.
Il n'est peut-être pas inutile de signaler qu'en latin classique c'est le pluriel *litterae* (i.e. une suite de signes, de « lettres ») qui signifiait une lettre (une missive).

évolutions phonétiques les faisaient confondre avec d'autres formes (présent de l'indicatif ou du subjonctif).

Ils ont été remplacés par les futurs en *-rai* que l'on fait remonter à une périphrase *infinitif* + *habeo :*

ex. : *vendere* + *habeo* > **vendraio* > vendrai
venire + *habeo* > **ven'raio* > a. fr. vendrai puis viendrai

2) *L'imparfait du subjonctif,* forme généralement en *-rem* (sauf pour *esse* (être) et *esse* (manger), *velle* (vouloir), etc.), ne s'est pas maintenu sous cette simple forme pour des raisons phonétiques : en perdant ses désinences, il devenait semblable à l'infinitif. Il a été remplacé :

a) en tant que subjonctif — et « conditionnel » — par le plus-que-parfait du même mode :

ex. : *cantavisset,* réduit à *cantasset* > a. fr. *chantast*

b) en tant que « conditionnel » par la forme en *-rḗa* > a. fr. *-reie* fr. mod. *-rais* qui correspond au futur : si celui-ci avait une désinence d'indicatif présent, le néo-conditionnel avait une désinence d'imparfait — et il l'a toujours [1].

3) Le parfait du subjonctif (type *cantaverim*) et le futur antérieur (type *cantavero*) n'ont pas laissé de traces. Seul le plus-que-parfait latin est — faiblement — représenté en ancien français [2].

4) D'autres formes latines, le supin, l'infinitif parfait, le participe futur, l'impératif futur n'ont pas subsisté [2].

5) On admet que le gérondif latin s'est maintenu à l'un de ses cas, l'ablatif :
ex. : *cantando* > [en] chantant.

La langue, en revanche, a créé à l'aide de l'auxiliaire *habere* (avoir) et plus rarement de l'auxiliaire **ess(e)re* (être) des temps composés qui ont paré à la disparition de certains temps précédents ou au « glissement » de certains autres vers l'infectum.

Ces formes composées avaient en outre l'avantage — elles l'ont toujours — d'être faciles et de marquer l'aspect perfectif ou, si l'on préfère, résultatif du procès. Tandis que le latin classique n'avait qu'une forme de parfait pour exprimer deux aspects,

feci : 1) je fis (aspect ponctuel)
2) j'ai fait (aspect perfectif)

la langue romane primitive, ou du moins le vieux français, a eu les deux formes correspondantes.

D'autre part, à l'époque classique, les types de conjugaison (si l'on met à part quelques verbes anciens et importants tels que *esse* et ses composés, *ire, velle,*

---

1. On fait ordinairement remonter le conditionnel français et roman à la périphrase du type *chanterais* < ... cantare + (hab)ḗ(b)am, parallèle à celle du futur *chanterai* < cantare + hábeo.
Comme au conditionnel on ne voit jamais apparaître la syllabe *hab* de habēbam, etc., nous nous sommes personnellement demandé si *chanterais* ne représentait pas simplement cantarem, élargi d'un morphème d'imparfait : *cantarḗa(m).

2. Voir notamment Fouché, *Morphologie,* pp. 336-337, et plus loin, *appendice II.*

ferre) étaient bien fixés et les temps de l'infectum bien réguliers ; les parfaits, par contre, étaient de types divers.

C'est dans cet état que la langue du peuple colonisé de la Gaule a adopté les conjugaisons latines et les a conservées en leur faisant subir les modifications précédemment signalées. L'objet du présent ouvrage est de montrer comment les différentes formes des conjugaisons latines ont évolué jusqu'à nous, et de tracer les tableaux individuels des conjugaisons-types et de celles de la plupart des verbes irréguliers et importants, aux personnes essentielles.

Tableau des types de conjugaisons latines et des conjugaisons correspondantes en français

Latin	Gram. françaises mod.	Traités de philologie romane
1re conjugaison (-āre) type : am*are*, amo, amas	Verbes du *1er groupe* *aimer*	classe I
2e conjugaison (-ēre) type : dēb*ēre*, dēbeo, debēs	Verbes du *3e groupe* en *-oir* *devoir*	classe III a
3e conjugaison (-ĕre) a) type général : vend*ĕre*, vendo, vendĭs	Verbes du *3e groupe* à terminaisons multiples en *-re* *vendre,* *mettre, naître, croire, croître, dire, vivre, joindre, conclure, etc.*	classe III b
b) conjugaison mixte : fac*ĕre*, facio, facis	*faire*	(en fait presque tous les verbes de cette conjugaison ont passé au type *dormire* ou au type *debēre*)
4e conjugaison a) type normal : dormīre, dormio, dormīs	Verbes du *3e groupe* en *-ir* *dormir* (part. présent dorm*ant*)	classe II
b) type inchoatif : inf. fīnīre ayant pris un suffixe *-īsco* à certaines formes : **fīnīsco, finīscis,* etc.	Verbes du *2e groupe* (ou *2e conjug. vivante*) *finir* [1] (part. présent finissant)	

1. En fait, les verbes du type finir ont un infinitif issu d'infinitifs latins en -ire ou assimilés :
ex. : obœdīre > obéir
*guarire > guarer puis guérir
ou même en -ĕre :
ex. : benedīcĕre > beneïr > bénir
Ils n'utilisent le suffixe -isco, -iscis qu'au présent de l'indicatif, subjonctif, impératif, participe et à l'imparfait de l'indicatif et du subjonctif (et encore *-isse* de ce dernier temps est-il le résultat du plus-que-parfait latin en -issem).

Les désinences verbales

En latin, les personnes du verbe étaient essentiellement marquées par des affixes ou *désinences.* Les pronoms personnels sujets, quand ils étaient employés, avaient une valeur stylistique et servaient surtout à marquer l'insistance :

ex. : *Tu* rides, *ego* fleo
(Toi tu ris, moi je pleure)

Le latin avait des désinences pour la voix active et des désinences dites médio-passives pour la voix passive et la voix déponente. Nous ne nous intéresserons qu'aux premières puisque dès l'époque romane les verbes déponents ont passé à la conjugaison active correspondante et que, d'autre part, à la voix passive les formes synthétiques latines telles que *amor, amaris* (je suis aimé, tu es aimé...) ont été remplacées par des formes analytiques du type *amatus sum* qui a signifié « je suis aimé » par opposition à *amatus fui* (je fus aimé).

Tableau des désinences actives

A. *Désinences générales*

latin		français
1re pers. sing. :	-m -o (à l'indic. présent)	ces désinences se sont effacées dans la prononciation
2e pers. :	-s	*-s*
3e pers. :	-t	*-(t)*
1re pers. plur. :	-mus	*-mes* ou *-ns* dans *-ons* (< -ùmus)
2e pers. :	-tis	*-tes* ou *-z* (= ts) dans *-ez* (< -átis)
3e pers. :	-nt	*-nt*

B. *Désinences de parfait*

latin			*1re conj.*
1re pers. sing. :	-ī	*-is* *-us*	-á(v)i > *-ai*

2ᵉ pers.	: -is-(tī) [1] *-us-(ti)		*-is* *-us*	-á(vi)sti > *-as*
3ᵉ pers.	: -it -u(i)t		*-it* *-ut*	-á(vi)t > *a*(t)
1ʳᵉ pers. plur.	: -ĭ-mus *-u-mus		*-îmes* *-ûmes*	-á(vi)mus > *âmes*
2ᵉ pers.	: -is-tis -us-tis		*-îtes* *-ûtes*	-á(vi)stis > *âtes*
3ᵉ pers.	: -ĕr-unt	*-írunt *-úrunt	*-irent* *-urent*	-á(ve)runt > *èrent*

1. En fait, les désinences proprement dites sont simplement -tī (2ᵉ pers. sing.), -tis (2ᵉ pers. plur.) qui s'ajoutent à un « morphème-tampon » -is. La désinence de 3ᵉ pers. du pluriel dans laquelle on voyait naguère le morphème-tampon -is devenu -er devant voyelle est peut-être plus complexe (cf. Monteil, *Éléments de phonétique et de morphologie du latin,* pp. 276-277). Quoi qu'il en soit, le romaniste la prend sous la forme qu'elle avait dans la langue vivante, soit : *ĕrunt* et finalement *ērunt* (cf. Fouché, *Morphologie,* p. 246) ; encore faut-il remarquer que le latin a eu parfois très tôt des 3ᵉ pers. du plur. écrasées du type :

cantárunt (< cantāvĕrunt),
*dormírunt (< dormīvĕrunt)

d'où fr. : chantèrent, dormirent.

Évolution des désinences verbales générales (particulièrement au présent de l'indicatif)

	anc. fr.	fr. mod.

1re pers. sing. — Le -m final n'était plus sensible dans la prononciation dès la conquête de la Gaule (cf. Bourciez, *Phonét.* § 200, H.).

Le -o final de l'indicatif présent, comme toutes les autres voyelles finales sauf a, s'est effacé dans la prononciation dès la fin du VIIe siècle.

On peut donc dire que, dès cette époque, la 1re pers. du sing., n'ayant plus de désinence, n'est plus suffisamment caractérisée. Dans certains verbes de la 3e conjugaison elle devient semblable à la 3e pers. du sing. de l'indicatif présent :

	anc. fr.	fr. mod.
ex. : vendo →	(je) *vent*	
vendit →	(il) *vent*	

Des homophonies de ce genre expliquent, en partie au moins, l'emploi — qui s'est lentement développé jusqu'à devenir obligatoire — du pronom *je* à valeur simplement désinentielle ; les autres pronoms-sujets, moins nécessaires, ont suivi, semble-t-il [1].

La chute de -o final, *élément d'unité à l'indicatif présent*, pour tous les verbes sauf *sum* et ses composés, a fait que, dès lors, les premières personnes du singulier ont été très variées, d'après la nature de la consonne radicale qui précédait -o. Il y a lieu de distinguer :

1. Sur la thèse admise concernant l'emploi des pronoms-sujets, on peut voir R.-L. Wagner, *L'ancien français*, p. 40 et suiv.

1) Verbes à radical terminé par une consonne labiale (p, b, v) :		
ex. : laváre, *lávo,* lávas	(je) *lef*	je *lave* (anal. des formes qui ne sont pas accentuées sur a : nous lavons, vous lavez, etc.).
lěvare, *lě́vo,* lěvas	(je) *lief*	le *lève*
class. recĭpĕre, *(vulg. recĭpēre) *recĭ́po,* recĭpĭs	(je) *reçoif*	je *reçois* (2e pers.)
2) Verbes à radical terminé par une dentale (t, d) :		
ex. : vendĕre, *véndo*, vendis	(je) *vent*	je *vends* (-s analog. des 2e pers. du sing. Le *d*, non prononcé, est une graphie étymologique).
3) Verbes à radical terminé par une gutturale (c, g). Les résultats ont été différents selon que la consonne était intervocalique ou placée derrière une autre consonne :		
a) *c, g intervocalique :* le résultat de l'évolution phonétique dépend de la voyelle qui précède c ou g [1] :		
ex : pacáre, *páco*, pacas	(je) *pai*	je *paie* (anal. des pers. qui ont un a final : *pácas* > *paies*)
dīcĕre, dī́co, dīcis	(je) *di*	je *dis* (-s de 2e pers.)
b) *Radical terminé par consonne + c ou g :*		
ex. : vĭncĕre, *vĭ́nco,* vincis	(je) *venc*	je *vaincs* (anal. de la 2e pers. du sing. (anc. *vainz* ou *veinz*), avec c étymologique)
plángĕre, *plángo,* plangis	(je) *planc*	je *plains* (anal. 2e pers.)

1. Voir Fouché, *Morphologie,* pp. 116-117.

c) *Radical en -sco :* en ce cas, il semble s'être produit une transposition des consonnes (-sco > -cso) et le c s'est résolu en yod [1]. ex. : *nascĕre, **násco* > *nácso	(je) *nais*	je *nais*
4) Verbes à radical terminé par une consonne liquide (l, r) : ex. : mŏlĕre, *mŏ́lo,* mŏlis	(je) *muel* (diphtongaison de ŏ́)	je *mouds* (anal. de l'infinitif moudre)
appellare, *appĕ́llo,* appellas	(j')*apele*	j'*appelle* (graphie étym.)
ŏpĕrāre, *ŏ́pĕro,* ŏpĕras	(j')*uevre*	j'*œuvre*
class. : cŭrrĕre, *cŭ́rro,* cŭrris > *cŭrĕre, *cŭ́ro,* cŭris	(je) **queur* [2] (cf. flṓrem > fleur)	je *cours* (anal. de courir, nous courons, etc.)
5) Verbes à radical terminé par une consonne nasale (m, n) : ex. : *crĕmĕre, **crĕ́mo,* crĕmis	(je) *criem* (cf. rĕ́m > rien)	je *crains* (anal. du type je plains)
donāre, *dṓno* > probabl. **dṓnyo* [3]	(je) *doing*	je *donne* (anal. de donner, nous donnons, etc.)
6) Verbes à radical terminé par consonne + yod : le résultat dépend de la nature de la consonne.		
a) *Verbes à labiale + yod :* ex. : dēbēre, *dḗbĕo,* debes	(je) *dei* puis *doi*	je *dois* (-s anal. de 2ᵉ pers.)
sapĕre, *sápio,* sapis et *sapḗre, *sapeo	(je) *sai* (cf. habeo > *áyo > ai)	je *sais* (-s de 2ᵉ pers.)
b) *Verbes à dentale + yod* — d + y : ex. : audīre, *áudĭo,* audīs	(j')*oi*	j'*ois* (vivant au XVIIᵉ s.)

1. Cf. Bourciez, *Phonétique,* § 136, II.

2. Cette forme n'est pas attestée mais les formes de même accentuation *cueurs* ou *queurs* (< *cŭ́ris), *cuert* ou *queurt* (< *cŭ́rit) le sont.

3. *Dṓnyo* sous l'influence analogique de *áyo (< habeo) ; doing pourrait aussi être analogique de remaing, semoing (cf. Fouché, *Morphologie,* p. 144).

vĭdēre, _vĭ́dĕo,_ vĭdes	(je) _vei, voi_	je _vois_ (-s de 2e pers.)
— t + y :		
ex. : *hatīre, _*hátio,_ *hatis	(je) _haz_	je _hais_ (anal. 2e pers.)
*mentīre, _*méntio,_ *mentis	(je) _menz_	je _mens_
c) _Verbes à gutturale + yod_ [1] _:_		
ex. : placēre, _pláceo,_ places	(je) _plaz_	je _plais_ (anal. des 2e et 3e pers.)
facĕre, _fácio,_ facis	(je) _faz_	je _fais_
d) _Verbes à l + yod et r + yod_		
— l + yod :		
ex. : valēre, _valĕo,_ vales	(je) _vail_ (cf. aliu > ail)	je _vaux_ (anal. 2e pers.)
*volēre, _*vŏ́leo,_ *voles	(je) _veuil (vueil)_ (cf. sŏliu > seuil)	je _veux_ (anal. 2e pers.)
— r + yod :		
ex. : *mŏrīre, _*mŏ́rĭo,_ *mŏris	(je) _muir_ (_cf._ cŏrĭu > cuir)	je _meurs_ (anal. 2e pers.)
e) _Verbes à n + yod :_		
ex. : tenēre, _tĕ́neo,_ tenes	(je) _tieng_ [2]	je _tiens_ (anal. 2e pers.)
vĕnīre, _vĕ́nĭo,_ venis	(je) _vieng_	je _viens_ (anal. 2e pers.)
remanēre, _remánĕo,_ ...	(je) _remaing_	je _remains_ (verbe disparu ensuite [3])

Conclusion. — L'évolution phonétique, notamment la chute de la désinence -o, avait amené la constitution de formes différentes des autres personnes et de toute façon non caractérisées ou mal caractérisées. Par analogie, on leur a généralement substitué des formes de deuxième personne (avec -s ou -x) aux conjugaisons autres que la première, ou des formes de deuxième personne (sans -s) à la première conjugaison.

	anc. fr.	fr. mod.
2e pers. sing. — Latin : -s. La consonne finale -s était relativement solide et s'est conservée dans la prononciation, à la pause, jusqu'au XIIIe siècle — et jusqu'à nos jours en liaison. Il y a lieu de distinguer :	-s	-s
— les flexions de la 1re conjugaison (classe I de Fouché) en : -as > -es. ex. : _ámas_ > aimes	(tu) _aimes_	tu _aimes_

1. En fait un c et un g devant yod avaient nécessairement avancé leur point d'articulation et étaient devenus des consonnes palato-vélaires.

2. Voir la conjugaison de ce verbe. Le groupe _-ng_ note un ñ implosif : [tyẽñ].

3. Villon l'emploie encore (_Test._, v. 486).

— les flexions des autres conjugaisons (en -īs, -ĭs, -ēs) qui ont perdu leur voyelle dès le VIIe siècle et dans lesquelles -s s'est donc trouvé en contact avec différentes consonnes qui le précédaient :		
1) Verbes à radical terminé par une consonne labiale (p, b, v) :		
ex. : recĭ́pĕre... *recĭ́pis* [1]	(tu) *reçois*	tu *reçois*
bĭbĕre... *bĭ́bis*	(tu) *bois*	tu *bois*
2) Verbes à radical terminé par une dentale (t, d) :		
ex. : vendere... *véndis*	(tu) *venz*	tu *vends*
*prendĕre... *préndĭs*	(tu) *prenz*	tu *prends* (-d non prononcé est étymologique ou analogique de l'infinitif)
3) Verbes à radical terminé par une consonne gutturale (c, g) :		
a) *c, g intervocalique :*		
ex. : dīcĕre... *dī́cĭs*	(tu) *dis*	tu *dis*
lĕgĕre... *lĕ́gis*	(tu) *lis*	tu *lis*
b) *Radical terminé par consonne + c ou g :*		
ex. : vĭncĕre... *vĭ́ncis*	(tu) *veinz* (cf. plḗnos > pleins)	tu *vaincs* (c étymologique, ts (écrit z) réduit à s dans la prononciation et la graphie)
plangĕre... *plángis*	(tu) *plainz* (cf. sanctos > sainz)	tu *plains*
c) *Radical terminé en -sc :*		
ex. : *nascere... *náscis*	(tu) *naiz*	tu *nais* (ts (écrit z) réduit à s)

1. Le résultat (reçois) suppose cette accentuation qui n'est pas étonnante dans un verbe composé (Bourciez, § 59 III, invoque l'analogie).

4) Verbes à radical terminé par une consonne liquide (l, r) :		
ex. : mŏlĕre, mṓlo, *mṓlĭs*	(tu) muels > *meus* [1]	tu *mouds* (anal. moudre)
*cŭrĕre... **cŭ́ris*	(tu) *queurs* (cueurs) (cf. flṓrem > fleur)	tu *cours* (anal. de nous courons, de courre, courir, etc.)
5) Verbes à radical terminé par une consonne nasale (m, n) :		
ex. : *crĕmĕre... *crĕ́mis*	(tu) *criens* (cf. rĕ́m > rien)	tu *crains* (anal. du type tu plains)
6) Verbes à radical terminé par consonne + yod à la 1re pers. : Ces verbes n'ont plus de yod à la 2e pers., de là de grandes différences entre ces personnes en anc. fr. ; par la suite, ce sont les 2es pers. qui l'ont emporté.		
a) *Verbes à radical terminé par une labiale :*		
ex. : dēbĕo, *dḗbes*	(tu) *deis* > *dois*	tu *dois*
sápĭo, *sápĭs* (ou *sapĕo, *sápēs)	(tu) *ses*	tu *sais* (graphie anal. de la 1re pers.)
b) *Verbes à radical terminé par une dentale :*		
ex. : áudĭo, *áudīs*	(tu) *oz*	tu *ois* (anal. de la 1re pers.)
vĭdĕo, *vĭ́dēs*	(tu) *veiz, vois*	tu *vois*
*hátio, *hátīs	(tu) *hez, hes*	tu *hais* (graphie anal. de haïr, semble-t-il)
*mentio, *méntīs	(tu) *menz*	tu *mens*

1. On sait que certains signes graphiques au Moyen Age sont en fait des signes d'abréviation : ainsi un signe qui s'est confondu avec x a-t-il été employé pour noter -us, cf. Et quex, biax fix ? (= et queus, biaus fius ?), *Aucassin,* VIII.

Plus tard, on a souvent rétabli le -u en conservant le -x. Ainsi s'expliquent nos pluriels en -x et certaines 2es pers. du sing. :

ex. : bĕ́llos > beaus écrit *beax* puis *beaux*
(tu) váles > vals > vaus écrit *vax* puis (tu) *vaux*

c) *Verbes à radical terminé par une gutturale :*		
plácĕo, *pláces*	(tu) *plais* (cf. magis > mais)	tu *plais*
facio, *fácĭs*	(tu) *fais*	tu *fais*
d) *Verbes à consonnes liquides :*		
ex. : válĕo, *válēs*	(tu) *vaus*	tu *vaux*
*voleo, *vŏ́les*	(tu) *veus* (d'abord *vuels*)	tu *veux*
*mŏrio, **mŏ́ris*	(tu) *meurs* (d'abord *muers*)	tu *meurs*
e) *Verbes à consonnes nasales :*		
ex. : tĕnĕo, *tĕ́nēs* ou **tĕ́nīs*	(tu) *tiens*	tu *tiens*
vĕnio, *vĕ́nīs*	(tu) *viens*	tu *viens*
remaneo, *remánes*	(tu) *remains*	(verbe disparu)
3e pers. sing. Il y a lieu de distinguer comme à la 2e pers. :		
— les flexions de la 1re conjugaison en : -at > e(t) (t est tombé vers la fin du XIe siècle, cf. Fouché, *Phonét.*, p. 658).	(il) *aime*	il *aime*
— les flexions des autres conjugaisons : t s'étant conservé plus longtemps dans la prononciation (jusqu'au XIIIe siècle à la pause et jusqu'à nos jours en liaison), figure toujours dans la graphie. Généralement les 3es pers., accentuées comme les 2es pers., n'en diffèrent que par la désinence (-t au lieu de -s, ou de -x ou -z en anc. fr.) :		
ex. : véndĭt	(il) *vent*	il *vend* (d étymologique ou anal. de l'infinitif)
plángit	(il) *plaint*	il *plaint*
fácit	(il) *fait* ou *fet*	il *fait*
dī́cĭt	(il) *dit*	il *dit*
mŏ́rit	(il) *muert* *meurt*	il *meurt*
Remarquer toutefois : vĭ́ncit	(il) *veint* ou *vaint*	il *vainc* (c étymologique ou analogique de *vaincre* [1])

1. *Vaincre* est du reste lui-même une forme refaite sur le participe passé *vaincu* ou *veincu* (cf. Fouché, *Morph.*, p. 132).

	anc. fr.	fr. mod.
1re pers. du pluriel Il faut distinguer :		
1) Les verbes à terminaison -āmus (1re conjug. latine), -ēmus (2e conjug.), -īmus (4e conjug.). Toutes ces terminaisons ont disparu pour laisser la place à *-ŭmus,* issue de *sŭ́mus :* d'où anc. fr. *-ons.*	(nos) *lavons* (nos) *savons* (nos) *dormons*	nous *lavons* nous *savons* nous *dormons*
Curieusement, le verbe-type lui-même a donné : *somes* (mod. *sommes*) (variante *esmes* < *essimus analogique de estis > *estes*). De là des formes dialectales (nord de la France) en *-omes.* ex. : *laissomes*		
2) Les verbes à terminaison *-ĭmus* (où -ĭ ne portait pas l'accent). Certains de ces verbes ont d'abord évolué normalement : ex. : *dĭ́cĭmus*	(nos) *dimes*	nous *disons* (dès le XIIe s., anal. de *disant, disoie*)
fácĭmus [1]	(nos) *faimes* (encore en usage au XIVe s.) var. (nos) *faions*	nous *faisons* (anal. de *faisant, faisoie*)
La plupart ont cependant adopté la terminaison courante *-ŭ́mus* avant les premiers textes : ex. : vendĭmus > *vendŭ́mus [2]	(nos) *vendons*	nous *vendons*
2e pers. du pluriel La désinence *-tis,* comme seule caractéristique de la 2e pers. du verbe, est finalement peu représentée en français — sous la forme *-tes :*		
lat. estis	*estes*	vous *êtes*
dĭ́cĭtis	*dites*	vous *dites*
facĭtis	*faites*	vous *faites*
A vrai dire nous ne connaissons que ces trois verbes qui soient ainsi terminés au présent.		

1. On est bien obligé d'admettre que dans *fácĭmus,* c s'est simplement résolu en yod (cf. Fouché, *Morph.,* p. 166).

2. Certains linguistes (M. Manczak, M. de la Chaussée) veulent expliquer *-ons* par une évolution phonétique de *-amus,* au moins à la 1re conjugaison. C'est bien difficile !

Distinguons :		
1) Les verbes à terminaison *-ā́tis* (1re conjug. latine) :	> *-ez*	
ex. : amā́tis	*amez*	vous *aimez*
manducā́tis	*mangiez* (loi de Bartsch)	vous *mangez*
2) Les verbes à terminaison *-ḗtis* (2e conjug. latine) : en fait *-eiz* ou *-oiz* qui en résultaient normalement sont à peine attestées (cf. Fouché, *Morph.,* p. 193). C'est la désinence *-ez* qui s'est généralisée [1] :	> **-eiz, *-oiz*	
ex. : habētis puis term. *-ez* < -ā́tis	*avez*	vous *avez*
3) Les verbes à terminaison *-ītis* > *-iz* (4e conjug. latine). Des terminaisons *-iz* sont attestées dans l'Est (Fouché, *Morph.,* p. 193), mais *-ez* < -ā́tis est général ailleurs, dès les premiers textes :		
ex. : *morī́tis puis term. *-ez* < -ā́tis	*morez*	vous *mourez*
4) Les verbes à terminaison *-ĭtis* (3e conjug. latine et conjug. mixte). Il semble que ces terminaisons aient été accentuées finalement comme -ḗtis, d'où : -ĭ́tis > *-étis > *-eiz [2] Mais finalement — et avant les textes — les verbes de ce type ont adopté la terminaison *-ez* < -ā́tis (sauf faites, dites) :		
véndĭtis > *vendétis, etc.	*vendez*	vous *vendez*
mais fácĭtis > *fágitis > *fáyitis	*faites*	vous *faites*
3e pers. du pluriel. Il faut remarquer tout d'abord que le yod des verbes en -io (4e conjug. et conjug. mixte) s'est réduit de bonne heure :		
ex. : dórmĭunt > *dórmunt		*dorment*
Ainsi ont été évitées des altérations phonétiques du radical : **dórmĭunt* aurait en effet abouti à **dorgent (cf. comměātu > congé). Les terminaisons *-ant, -ent, -unt* ont abouti à *-ent.*		

1. Dans l'Est et le Nord, on trouve en anc. fr. quelques désinences *-eiz* ou *-eis* mais elles représentent une évolution particulière de *-ā́tis* (ex. : *ameneiz*).

2. Cf. Fouché, *Morph.,* p. 193.

Elles ne se sont cependant pas confondues à date ancienne : *plaisent* ne peut venir que de *plácent* et non de **placunt* qui aurait abouti à *plaont > **plont.

Toutefois, ils *ont* ne peut s'expliquer que par **habunt* analogique de *sont* < sunt.

Quoi qu'il en soit on a eu :

1re conjug. :	ámant	*aiment*	*id.*
2e conjug. :	válent	*valent*	*id.*
	plácent	*plaisent*	*id.* (avec prononciation évoluée)
3e conjug. :	dĭ́cunt	*dient*	*disent* [1]
	vendunt	*vendent*	*id.*
4e conjug. :	dormiunt > *dormunt	*dorment*	*id.*
	sentiunt > *sentunt	*sentent*	*id.*

Remarque. — *Vont* et *font* supposent un effacement précoce de la consonne (comme *habunt) :

fác(i)unt > *fágunt > *fáont > font

vádunt > *váont > vont.

1. *Disent* d'après nous *disons*, lui-même analogique de *disant*, je *disoie*.

La terminaison de l'imparfait de l'indicatif

La terminaison de l'imparfait de l'indicatif se présentait en latin sous des formes un peu différentes, selon les conjugaisons ; si l'on met à part l'imparfait du verbe esse (qui était erat > anc. *iert* ou *ert*), tous les autres imparfaits avaient un morphème -ba- qui s'ajoutait au thème verbal [1], d'où :

1re conjug.	: ā-ba-m, a-ba-s...	: cantā́bam
2e conjug.	: ē-ba-m...	: habḗbam
3e conjug.	: ē-ba-m...	: dicḗbam
4e conjug.	: iē-ba-m... [2]	: dormiḗbam
Conj. mixte	: iē-ba-m...	: faciḗbam

Deux faits ont marqué l'évolution de ces imparfaits dans la Gaule du nord :

1) La généralisation de -ēba- à la première conjugaison (aux dépens de -āba-) ; on observe cependant, au Moyen Age, des survivances dialectales du type cantā́bam :

(je) *chanteve* dans l'Est et en Belgique [3],
(je) *chantoue* dans l'Ouest (Normandie, Bretagne).

(Sur le passage de *-āba* à *-oue,* on peut lire Fouché, *Morph.,* p. 237.)

2) La réduction de -iēba- à *-ḗba-* dès la période prélittéraire (c'est en fait la réduction d'un yod), d'où :

dormiḗbam > **dormḗ(b)a* > a. fr. *dormeie*
(dormiḗbam aurait donné **dorgeie*)
faciēbam > **facḗ(b)a* > a. fr. *faiseie*

Ainsi, très anciennement et dans l'Ile de France et les régions proches de Paris, l'imparfait a eu une belle unité, contrairement à ce qui s'est passé dans d'autres

---

1. En fait les choses sont un peu plus complexes : le morphème -ba- s'ajoutait au thème à voyelle longue de la première conjugaison *(cantā-ba-m)* et de la deuxième conjugaison *(habē-ba-m).*

A la quatrième conjugaison, « la forme *audiēbam* peut résulter d'une interférence entre les types *legēbam* et *audībam* » (Monteil, *Éléments de morphologie latine,* p. 328).

Quoi qu'il en soit, l'élément important qui a véritablement constitué la base de la terminaison des imparfaits français est ce ḗ.

2. Les verbes en *-ire* avaient à l'origine une terminaison -ība(m) à l'imparfait. A l'époque classique, il restait surtout *ībam,* imparfait de *ire* (aller), mais cette forme n'a pas subsisté (cf. verbe *aller*).

3. En fait ces imparfaits en *-eve* paraissent être, dès le XIIIe siècle, des « fossiles » en Lorraine (cf. thèse de M. Jean Lanher). Toutefois M. Chaurand en signale encore au XVe siècle.

langues romanes [1]. Il faut d'abord souligner que le -b- s'est amuï très tôt, sans doute par dissimilation dans le verbe, très fréquent :

habḗ(b)am > **abḗa* > *aveie*

Évolution des terminaisons

	anc. fr.	fr. mod.
1. -ḗba(m) > *-ḗa	*-eie* puis *-oie* et *-ois* (-s de 2e pers.)	*-ais* prononcé ę dès le XVIe s., écrit *-ais* à partir du XVIIIe s. seulement (officiellement même, en 1835).
2. -ḗbas > *-ḗas	*-eies, -oies* puis *-ois*	*-ais*
3. -ḗbat > *-ḗat	*-ei(e)t* [2], *-oit*	*-ait*
4. -ebā́mus > *-eā́mus	*-iiens* ou *-iens* [3] (*-ium* dans *Roland,* i.e. substitut. de -ion(s) à -iens) [4]	*-ions*
5. -ebā́tis > *-eā́tis	*-iiez* ou *-iez* [5]	*-iez*
6. -ḗbant > *-ḗant	*-eient* puis *-oient*	*-aient* (cf. 3e pers. sing.)

Le paradigme présente *-ai-* à quatre personnes sur six ; s'il n'est pas entièrement uniforme, cela tient au fait que les première et deuxième personnes du pluriel n'étaient pas accentuées sur le -ē- du radical.

1. Cf. Nyrop, *Morph.*, p. 120.

2. La terminaison *-eiet* est bien attestée (*Eulalie, Jonas,* etc.), cf. article de M. Straka in *Mélanges Gardette.*

3. Quelle que soit la graphie, *-iens* et *-iez* sont dissyllabiques au Moyen Age (cf. Nyrop, *Morph.*, p. 124).

4. *-iens* s'est maintenu assez longtemps : P. Fouché signale que Joinville dans ses *Mémoires* (écrits au début du XIVe siècle) emploie constamment *-iens* (*Morph.*, p. 242).

5. On trouve dans Perceval (v. 453-454) des 2es pers. du pluriel *aveiez, esteiez* qui sont sans doute analogiques du singulier.

Les terminaisons du futur et du conditionnel

On admet que le futur français est périphrastique, c'est-à-dire composé de : infinitif + *hábeo, habes,* etc.

ex. : *cantare hábeo* > **cantaráio* > *chanterai*

De même le conditionnel, qui lui correspond toujours morphologiquement, serait formé de : infinitif + *habḗbam, habḗbas,* etc.

ex. : *cantare (hab)ēbam* > **cantarḗa* > *chantereie*

La question de l'origine du conditionnel n'est peut-être pas aussi simple, car il est bien difficile d'expliquer « je chanterais demain » par « j'avais à chanter »[1]. Mais il est bien certain que je *chanterais* a une *terminaison d'imparfait :* nulle part cependant (même dans les autres langues romanes), le conditionnel ne présente le verbe habere dans sa totalité ; il n'a que les produits de la terminaison -ḗ(b)a, -ḗ(b)as...

Terminaisons du futur

		anc. fr.	fr. mod.
1.	cantare-hábeo > *cantaráio[2]	*chanterai*	je *chanterai*
2.	cantare-hábes > *cantarás[2]	*chanteras*	tu *chanteras*
3.	cantare-hábet > *cantarát[2]	*chantera*	il *chantera*
4.	*cantare-(hab)ḗmus > *cantarēmus	*chanterons* (substitution de terminaison : -ons < -umus)	nous *chanterons*
5.	*cantare-(hab)ḗtis > *cantarḗtis	*chantereiz* (type de la *Chanson de Roland*)	

1. Cf. notre article des *Mélanges Imbs.* Ajoutons que l'ordre infinitif + auxiliaire fait problème.

2. On considère habituellement que dans ces périphrases, aux personnes du singulier, le verbe habeo, hábes... s'est comporté comme s'il était inaccentué. P. Fouché (*Phonétique,* p. 173) dit que « les formes réduites inaccentuées [provenant des périphrases telles que **habeo habŭ́tu*] ont été transportées dans le futur périphrastique ».

Ce type de forme est attesté dès le VIIe s. dans *Frédégaire :* « Non dabo. Justianus dicebat : daras » (cf. Bourciez, *Éléments,* § 244).

	chanterez (par substit. de la terminaison *-ez* < átis à eiz, très tôt parfois, cf. *preirets (Jonas)* et *troverez (Alexis)*	vous *chanterez*
6. *cantare-hábent et -hábunt > *cantaráont	*chanteront*	ils *chanteront*

Terminaisons du conditionnel

	anc. fr.	fr. mod.
1. cantare-(hab)ḗbam > *cantarḗa	*chantereie* puis *chanteroie* et *chanterois* (XIIIe s.)	je *chanterais*
2. cantare-(hab)ḗbas > *cantarḗas	*chantereies, chanteroies* et *chanterois*	tu *chanterais*
3. cantare-(hab)ḗbat > *cantarḗat	*chanterei(e)t, chanteroit*	il *chanterait*
4. cantare-(hab)ebā́mus > *cantareā́mus	*chanteriiens (chanteriens)* (cf. imparfait)	nous *chanterions* (subst. de terminaison)
5. cantare-(hab)ebā́tis > *cantareā́tis	*chanteriiez (chanteriez)*	vous *chanteriez*
6. cantare-(hab)ḗbant > *cantarḗant	*chantereient, chanteroient*	ils *chanteraient*

Adaptation des terminaisons de futur et conditionnel aux radicaux des verbes

Le futur et le conditionnel présent avaient ainsi, dès l'ancien français, des terminaisons *-ai, -as*... et *-eie* > *-oie, -eies* > *-oies* qui s'ajoutaient à des formes élidées d'infinitif (ou à des formes semblables), soit :

*cantar(e)-áio > chanter-ai
*cantar(e)-ḗa > chanter-eie

Pratiquement on a fini par sentir que pour obtenir le futur et le conditionnel présent, il suffisait d'ajouter *-rai* et *-rois* au présent (chante) [1]. Mais dans les premiers temps de la langue, les formes ont été étymologiques et nombre de problèmes phonétiques ont dû être résolus, différents selon la forme du radical des verbes. D'abord il convient de distinguer :

---

1. Les grammairiens modernes appellent du reste le futur et le conditionnel *« forme en -rai(s) »*.

— les verbes en -ar(e) (1re conjug.) où le a, prétonique, se maintenait en principe sous forme de e devant *-rai, -reie/rois ;*
— les autres verbes, en -ir(e), -ēr(e), -ĕr(e).

	anc. fr.	fr. mod.
1) Verbes en *-ar(e).* Type *portera/porteroit* > *-ait.* Le français a eu une tendance très nette à réduire -era/-eroit à -(e)ra/-(e)roit au moins dans la prononciation, parfois dans la graphie :		
a) *après voyelle ou diphtongue*		
*oblitar(e)-hábeo	(j')*oublieray* (4 syllabes dans Marot encore)	j'*oublierai* (3 syllabes dès le XVIe s.)
*pacar(e)-hábeo	(je) *payerai* (3 syllabes)	je *paierai* (2 syllabes en général dès le XVIIe s. [= pai(e)rai])
b) *après consonne*		
*demorare-hábet	*demourera* puis *demourra* (cf. Villon)	il *demeurera* (anal. du prés.)
*donare-hábet	*donera* puis *donra* *dorra* (formes vivantes jusqu'au XVIIe s.)	il *donnera* (réfect. d'après *donner* ou il *donne*)
c) *après consonne + r.* — Il s'est produit une dissimilation et une métathèse de r :		
*intrare-hábet	*entrera* puis *enterra*	il *entrera* (réfection)
*deliberare-hábet	*delivrera* puis *deliverra*	il *délivrera*
2) Verbes en *-ēre, ĕre.* La voyelle e précédant le r s'est tout naturellement amuïe ; ainsi la consonne radicale s'est trouvée en contact avec r.		
a) *La consonne radicale était une labiale.*		
*debēre-hábet	*devra*	il *devra*
*bibere-hábet	*bevra*	il *boira* (réfection)
*habere-hábet > *awerát	*avra* *aura* [1]	il *aura*

1. *Avra* était la forme normale (cf. devra) ; *aura* s'explique par la chute de e de *aw(e)rát avant le passage de w à v (labio-dental) (Fouché, *Morph.*, p. 395).

b) *La consonne radicale était une dentale (t, d).*		
*credere-hábet	(il) *crerra*	il *croira* (réfection)
*videre-hábet	(il) *verra*	il *verra*
Cas particuliers :		
— Dentale appuyée d'une consonne : *mittere-hábet	(il) *mettra*	il *mettra*
— Consonne radicale -s- : *consuere-hábet	(il) *cosdra* (d épenthétique)	il *coudra* (anal. de l'infinitif ou de il coud)
c) *La consonne radicale était une gutturale (c, g).* — La consonne se résoud en yod.		
*placere-hábet	(il) *plaira*	il *plaira*
mais *facere-hábet > *farát	(il) *fera* (> **faira)	il *fera*
Cas particuliers.		
— Verbes en *-scĕre :* un yod apparaît en avant : *conoscere-hábet	(il) *conoistra*	il *connaîtra* (évolut. phonétique normale : oi > (w)ę écrit *ai* au XVIIIe s.)
— Verbes en *-ncĕre, -ngĕre :* un yod apparaît anciennement en avant + un d (ou t) épenthétique :		
*plangere-hábet	(il) *plaindra*	il *plaindra*
*vincere-hábet	(il) *veintra*	il *vaincra* (réfection sur *vaincre*)
— Cas de *collĭgere-hábet	(il) *cueldra* *cueudra* var. : *coildra*	il *cueillera* (anal.) il *cueillira* (réfection sur l'infinitif)
d) *La consonne finale était une liquide.* — l + r, production d'un d épenthétique :		
*valere-hábet	(il) *valdra/vaudra*	il *vaudra*
*volere-hábet	il *voldra/voudra*	il *voudra*
— r + r > -rr : *currere-hábet	(il) *courra* var. *courera*	il *courra*

e) *La consonne radicale était une nasale.*		
— n + r > -ndr :		
*tenere-hábet (ou *tenire)	(il) *tendra*	il *tiendra* (réfection sur le présent)
— m + r- > **-mbr mais ce groupe a été remplacé par -ndr :		
*cremere-hábet	il *crendra* puis *creindra* ou *craindra* (anal. du type plaindra)	il *craindra*
3) Verbes en *-īre.* Le ī n'étant pas accentué s'amuït en principe mais l'analogie des infinitifs en -ir a pu jouer dans certains cas :		
*audire-hábet	(il) *orra*	il *ouïra* (réfection sur inf.)
*venire-hábet	(il) *vendra*	il *viendra* (anal. du prés.)
*garire-hábet	(il) *garra* var. *garira*	il *guérira* (réfection sur inf.)
*hatire-habet	(il) *harra*	il *haïra* (réfection en moyen français)

Conclusion. — L'examen de l'ensemble de ces quelques exemples confirme que dans la première grande période de la langue, les formes en *-rai/-reie/-rois* ont évolué phonétiquement et que l'on y reconnaît rarement l'infinitif (ou une forme semblable) : tout se passe au Moyen Age comme si les sujets parlants ne faisaient pas de rapprochement avec l'infinitif. Mais par la suite, à partir de l'époque du moyen français, les futurs et conditionnels ont été refaits et mis en conformité soit avec le présent de l'indicatif soit avec l'infinitif. Seuls sont restés sans alignement les futurs et conditionnels de verbes importants et de grande fréquence — et par conséquent bien connus — tels que *voir* (il verra/verroit), *devoir* (il devra...), *avoir* (il aura...), *faire* (il fera...), *vouloir* (il voudra), *valoir* (il vaudra...), *aller* (il ira...), etc.

Les types de parfaits latins
(et les passés simples correspondants)

On classe habituellement les parfaits latins, à l'époque classique, en :

I. Parfaits faibles (c'est-à-dire accentués sur la terminaison). Ils étaient de trois types :

1) -āvi (1re conjug.) ex. : cantā́vī
2) -ēvi (2e conjug.) : delḗvī
3) -īvi (4e conjug.) : dormī́vī

Le latin vulgaire a perdu le type -ēvi [1], rare, à vrai dire, puisque les verbes importants (habēre, monēre, placēre, etc.) avaient des parfaits forts en -ui.

II. Parfaits forts accentués sur le radical sauf aux deuxièmes personnes du sing. et du pluriel. Ils sont de quatre types :

1) en -i ex. : fḗci, fecī́stī
2) en -si : mī́sī, misī́sti ou dī́xi, dixī́sti
3) en -ui : hábui, habuī́stī
4) des parfaits à redoublement (cecī́di, cecidī́sti (prés. credo), tetī́gi, tetigī́sti, etc.). Le latin vulgaire a perdu ce dernier type.

Le latin vulgaire a, en revanche, créé un nouveau type (faible) en : *-dḗdī (< classique -dĭdī).

I. Parfaits faibles

1) Type *-ā́vi.*

Il faut d'abord observer que le latin avait depuis longtemps (on les trouve chez Plaute) des formes contractes telles que 2e pers. sing. *cantasti,* 2e pers. pl. *cantastis ;*

---

1. Cependant les deux types restants ont gardé une grande importance puisqu'ils servent pour les verbes de notre « premier groupe » en -er — très nombreux — d'une part, et pour les verbes du « deuxième groupe » en *-ir* ou deuxième conjugaison vivante (type finir) et quelques verbes du type *dormir* (venant de la quatrième conjug. latine originelle).

Il n'est pas sans intérêt de remarquer qu'en latin ces types en -vi, de création relativement récente, avaient connu une grande extension (cf. Monteil, *Éléments de morphologie latine*, p. 312). Ils l'ont gardée, pour le moins, tout en perdant leur -v- [*w].

on trouve aussi des formes en -ā́t (pour *-ā́vit*) chez Lucrèce [1]. Enfin, à la 3e pers. du pluriel, *-ā́runt* est bien attesté et même courant à l'époque classique.

Ces formes contractes ont été encore bien plus employées dans la langue parlée que dans la langue écrite. A l'époque impériale, ce type de parfait se présentait donc ainsi dans la langue populaire :

	latin vulg.	anc. fr.	fr. mod.
1.	á(v)i = -ái [2]	*-ai* > [ei̯] > [ẹ] écrit *-ai*	[ẹ] écrit *-ai*
2.	-ā́sti	*-as*	[a] écrit *-as*
3.	-*ā́t [3]	*-a(t)*	[a] écrit *-a*
4.	-ávĭmus > *-ammus	*-[ãmes]* [4]	[amə] écrit *-âmes*
5.	-ā́stis	*-astes*	[atə] écrit *-âtes*
6.	-ā́runt [5]	*-erent*	[ẹrə] écrit *-èrent*

Exemple-type [6]

lat. class.	lat. vulg.	anc. fr.	fr. mod.
1. cantávi	*cantái	*chantai* (évolution de [ai] à [ẹ(i)])	je *chantai*
2. cantavī́sti et cantástī [7] (forme « écrasée »)	cantā́sti	*chantas*	tu *chantas*
3. cantávit	*cantát	*chanta*	il *chanta*
4. cantavĭmus	*cantā́mmus [8]	*chantames* [8] puis *chantasmes*	nous *chantâmes*
5. cantavī́stis et cantástis [7] (forme « écrasée »)	cantā́stis	*chantastes* [9]	vous *chantâtes*

1. Cf. Fouché, *Morph.*, pp. 245-247 et *Phonét.*, pp. 633-634.

2. La terminaison -ai est attestée (*probai* < probavi) par l'*Appendix Probi* au IIIe siècle.

3. *Cantát serait analogique de *dormī́it* > **dormī́t*.

4. P. Fouché figure ainsi cette forme, probablement d'après l'origine qu'il lui suppose *(-ámmus*, car *-ámus* > ***ains)*, mais est-ce avéré et nécessaire ?

5. Telle est l'accentuation du latin classique ; nous ne voyons pas pourquoi P. Fouché accentue en latin vulgaire *cántārunt (*Phonét.*, p. 634).

6. Nous ne transcrivons que les formes qui ont triomphé dans le français de l'Ile-de-France et, finalement, dans le français officiel. Sur les variantes et hésitations dialectales voir Fouché, *Morph.*, pp. 250 à 259.

7. A la 1re conjugaison ces formes écrasées sont peut-être analogiques d'autres conjugaisons où v = [w] tombait entre deux voyelles de même timbre (audivisti > audīsti), cf. Monteil, p. 317.

8. **Cantámus* avec un seul m aurait dû aboutir à **chantains*. Aussi suppose-t-on **cantammus*, P. Fouché note le vieux français sous la forme : *[chantāmes]*. L'accentuation du mod. chantâmes est analogique de *chantâtes*.

9. P. Fouché remarque (*Morph.*, p. 250) que cantástis aurait dû aboutir à **chantaz ;* mais le fait est là : *-a-stīs* a donné *-a-stes ;* le maintien de la voyelle finale s'explique certainement pour le besoin de

6. cantavĕrunt ou cantavēre et cantárunt (forme « écrasée »)	cantárunt	*chanterent*[1]	ils *chantèrent*

2) Type *-ívī*.

On y observe, parfois dès l'époque classique, la réduction de -ívī à -íi-[2] puis -í- : dormívit > dormíit > dormít (cette dernière forme se trouve chez Cicéron).

Ce type de conjugaison se présente donc ainsi à différents stades :

lat. class.	lat. évolué	anc. fr.	fr. mod.
1. dormívī ou dormíi	dormí[3]	*dormi*	je *dormis* (-s de 2e pers.)
2. dormivístī ou dormístī	dormístī	*dormis*	tu *dormis*
3. dormívit ou dormíit	dormít	*dormit*	il *dormit*
4. dormívimus ou dormíimus	dormímus ou *dormímmus[4]	*dormimes*	nous *dormîmes*
5. dormivístis ou dormístis	dormístis	*dormistes*	vous *dormîtes*
6. dormívĕrunt ou dormíerunt	*dormírunt	*dormirent*[5]	ils *dormirent*

3) Type en **-dedi* (class. -dĭdī).

Dans ces parfaits à redoublement, le ĭ s'est ouvert en ę (ex. : véndĭdī > *vendędī) : des textes bas-latins donnent des *respondedi, descendedi, reddedi,* etc. (cf. Nyrop, *Morph.*, p. 132).

---

conserver une différence sensible entre la 2e pers. du pluriel et la 2e pers. du sing. (chantas) ; cf. de même *faites* en face de *fais*.

L'accent circonflexe moderne *(chantâtes)* n'est pas très ancien : selon Grévisse (§ 85), c'est Godard qui le premier le proposa (en 1618) pour remplacer un -s- : l'Académie l'adopta dans la 3e édition de son dictionnaire en 1740.

1. Il est à remarquer que les verbes à consonne palatale ou palatatisée avaient en anc. fr. une 3e pers. plur. en -ierent (loi de Bartsch) :
ex. : changierent — chargierent — cerchierent, etc.
D'autre part au XVIe siècle on trouve des terminaisons *-arent*, probablement originaires de l'Est ou du Nord-Est (cf. Fouché, *Morph.*, p. 254).

2. Le dictionnaire de Gaffiot note dormīī la forme réduite et toutes les formes semblables. En fait, on est bien obligé d'admettre que dans la langue parlée, l'accent est resté sur le premier i (cf. Fouché, *Morph.*, p. 246).

3. Nyrop note que toutes ces formes, sauf *dormīrunt, se trouvent dans le latin classique.

4. A la 1re pers. du pluriel P. Fouché écrit, en latin vulgaire, **dormimmus* (parce que dormímus > **dormīns). Est-ce bien nécessaire ? De même il écrit l'ancien français *dormīmes* (*Morph.*, p. 248) comme plus haut *chantāmes*. Cette prononciation a-t-elle existé ?

5. P. Fouché note (*Morph.*, p. 269) que dans l'Est et l'Ouest on a eu des formes : (je) *dormei* — (il) *dormeit* — [il(s)] *dormeirent*/*dormerent*, d'après le type je vendei, tu vendis, (il) vendeit, etc., qui s'y était formé.

lat. class.	lat. vulg.	anc. fr.	fr. mod.
1. véndĭdī	*vendẹ́di	*vendi* [1] [2]	je *vendis* (-s de 2e pers.)
2. vendĭdī́sti	*vendedísti	*vendis*	tu *vendis*
3. véndĭdit	*vendẹ́dit	*vendiet*	il *vendit* (anal. des pers. en -di)
4. vendídĭmus	*vendedímus	*vendimes*	nous *vendîmes*
5. vendidī́stis	*vendedístis	*vendistes*	vous *vendîtes*
6. vendíderunt	*vendẹ́derunt	*vendierent*	ils *vendirent* (anal. des pers. en -di)

Verbes de ce type.

a) Verbes à redoublement -dĭdī d'origine. Outre **vendĕdi,* il y a **perdĕdi* (de *perdĕre*), **reddĕdi* (de *reddĕre*) et **credĕdi* (de credĕre) : ce dernier a passé au type en -ui (voir son tableau).

b) Verbes où cette terminaison s'est introduite, parfois dans les textes bas-latins [3], d'où :

respondedi (class. *respondi*), mod. je *réponds*
descendedi (class. *descendi*), mod. je *descendis*
intendĕdi (class. *intendi*), mod. j'*entendis*
attendĕdi (class. *attendi*), mod. j'*attendis*
extendĕdi (class. *extendi*), mod. j'*étendis*
findĕdi (class. *fidi*), mod. je *fendis*
fundĕdi (class. *fūdi*), mod. je *fondis*
pendĕdi (class. *pependi*), mod. je *pendis*
re-splendedi (class. *(splendui)* [4]), mod. je *resplendis*

c) *En outre* à ce type de conjugaison en -(d)*is* (dont les 3e pers. sing. et pluriel étaient en -iet, -ierent) se sont rattachés :

1. Des verbes en *-uit* à radical terminé par une consonne géminée ou un groupe de consonnes (-nc-, -nt-, -mp-, -sc-, -cs-, -rt-, etc.), tels sont [5] :
*battui (class. inusité) anc. fr. : *batui, ..., batiet, batierent*
*irascui (verbe déponent en lat. class.) anc. fr. : *irasqui, ..., irasquiet, ..., irasquierent*
(verbe disparu)

---

1. Dans **vendẹ́dī* (1re pers.) le 2e d s'est amuï très tôt par dissimilation ; d'où *vendẹi > *vendiei > *vendi* (réduction de la triphtongue -iei).
Vendẹ́dit (3e pers. du sing.) et *vendẹ́derunt* ont perdu de même leur syllabe *di* (ou *-de-*) non accentuée, d'où :
*vendẹt > *vendiet*
*vendẹrunt > *vendierent.*

2. Des formes *vendei, vendis, vendet... vendierent* se sont maintenues dans les dialectes de l'Est, du Nord-Est et de l'Ouest (voir Fouché, *Morph.*, p. 265).

3. Cf. Nyrop, *Morph.*, p. 132.

4. *Splendui* n'existe que pour *splendescere,* et non pour splendere, du moins pour le sens.

5. P. Fouché ajoute même à cette liste *texui* (de texere) (voir le verbe *tisser*).

*nascui (déponent) anc. fr. : *nasqui, ..., nasquiet, ..., nasquierent*
*vescui (class. vīxi) anc. fr. : *vesqui, ..., vesquiet, ..., vesquierent*
(ce verbe a passé ensuite à la conjugaison en *-us*)
*vĭncui (class. vīci) anc. fr. : *venqui, ..., venquiet, ..., venquierent*
*rumpui (class. rūpi) anc. fr. : *rompi, ..., rompiet, ..., rompierent*
*vertui (class. verti) anc. fr. : *verti, ..., vertiet, ..., vertierent*
(subsiste dans j'avertis, je (me) convertis)
*re-penituit (class. paenituit) anc. fr. : *repenti, ..., repentiet, ..., repentierent*
(impers.) (pers.)
*benedīxit (class. *id.*) anc. fr. : *beneïsqui, ..., beneïsquiet, ..., beneïsquierent*

2. Enfin quelques verbes tels que :
*vestiit (class. vestīvi/vestĭi) anc. fr. : *vesti, ..., vestiet, ..., vestierent*
*exii (class. exĭi) anc. fr. : *eissi, ..., eissiet, ..., eissierent*
*sequii (verbe déponent) anc. fr. : *sevi* (ou *sivi*), ..., *seviet, ..., sevierent*

Conclusion. — Cette catégorie de verbes est essentiellement représentée actuellement par les verbes en *-dis* (je *vendis,* je *répondis,* etc.).

Les autres, quand ils n'ont pas disparu comme l'a. fr. *irasquiet* ou n'ont pas changé de conjugaison (*vesquiet* a passé au type en -ut : il *vécut* — *teissiet* appartient à la 1re conjugaison : il *tissa*), se conjuguent finalement comme je *dormis.* La langue a montré qu'elle avait besoin d'ordre et de régularité. En somme l'influence du type -dedi a fait passer des verbes en *-ui* au type *-is*
ex. : je battis — je naquis — je vainquis.

II. Parfaits forts

1) Type en *-ī* (fēcī).

lat. class.	lat. vulg.	anc. fr.	fr. mod.
1. fēcī	> **fĭcī* (par dilation)	*fis* (anal. de mis, pris, etc.)	je *fis*
2. fecĭstī	*fecĭstī*	*fesis* puis *feïs* [1] (ĭ > i à cause du *ī* final)	tu *fis*
3. fēcit	**fĭcĭt* (cf. 1re pers.)	*fist*	il *fit*
4. fecĭmus	**fecímus*	*fesimes* [1] *feï(s)mes* > *fismes* (anal. de la 2e pers. du pluriel)	nous *fîmes*

1. La réduction du hiatus *feïs* > [fi(s)], *feïstes* > [fi(s)tes] a sans doute été plus tardive que dans les imparfaits du subjonctif où elle s'est produite dès le XIVe siècle (cf. Fouché, *Morph.*, p. 348). Au XVIe siècle, on écrit encore tu *feis,* vous *feistes,* mais on prononce *fis,* fi(s)tes (cf. Anglade, p. 129).

5. fecístis	*fecístis*	*fesistes* puis *feïstes* (ĭ > i par anal. de la 2e pers. sing.)	vous *fîtes*
6. fḗcĕrunt	**fī́cĕrunt* (vocalisme de *fīci, *fīcit)	*firent* var. *fistrent, fisdren* (anal. de *distrent,* etc.) [1]	ils *firent*

Verbes comparables

vḗnī > *vī́nī, fr. mod. je *vins*
ténuī > *ténī > *tī́nī, fr. mod. je *tins*
vīdī, fr. mod. je *vis* (voir ce verbe)

2) Type en *-sī* ordinaire (mī́sī, *prī́sī, etc.).

lat. class.	lat. vulg.	anc. fr.	fr. mod.
1. mī́sī	mī́sī	*mis*	je *mis*
2. misístī	misístī	*mesis* puis *meïs* [2] et enfin *mis*	tu *mis*
3. mī́sit	mī́sit	*mist*	il *mit*
4. mī́sĭmus	*misímus	*mesimes* puis *meïsmes* (cf. *Rose* 6384)	nous *mîmes*
5. misístis	misístis	*mesistes* [2] puis *meïstes* et enfin *mistes*	vous *mîtes*
6. mī́sĕrunt	mī́serunt	*mistrent* (*Rose,* 11803) *mirent* [3] (Froiss., I, 1, 275)	ils *mirent*

Verbes de ce type.

a) Verbes où *-sī* est d'origine :

	anc. fr.	fr. mod.
clūsi	(je) *(con)clus* (voir conclure)	*je (con)clus*
clausi	(je) *clos* (voir ce verbe)	inusité

1. Le picard présente ici les formes *fisent* ou *fissent.*

2. La chute de s intervocalique des formes faibles (*mesis, mesistes* et *mesi(s)mes*) est due à l'analogie de verbes tels que *veïs, veïstes* où le d intervocalique (vidĭsti, vidĭstis) s'était normalement effacé avant le XIe siècle (cf. le tableau de *voir*).

3. *Mirent* est aussi analogique des types *virent, dormirent,* etc. Le picard présente *misent* ou même *missent.*

mansi (de manēre)	(je) *mes* (voir ce verbe)	inusité
rasi	(je) *res*	je *rasai*
rīsī	(je) *ris*	je *ris*
torsi	(je) *tors*	je *tordis* (chang. de type)

b) Verbes qui ont adopté secondairement *-si :*

lat. class.	lat. vulg.	anc. fr.	fr. mod.
prehendī	*prḗ(n)sī > *prī́sī	(je) *pris*	je *pris*
momordi (sup. morsum)	*mórsī	(je) *mors*	je *mordis*
quaesī́vī et *quaesī́ī*	*quī́sī	(je) *quis*	je (re)*quis* (con)*quis*
sēdī (sup. sessum)	*sḗssī > *sī́ssī ou *sī́sī	(je) *sis* (voir ce verbe)	j'(as)*sis*

3) Autres types en *-sī.*

A. Verbes ą terminaison moderne en *-gni(s).*

Ex. : *cĭ́nxī* (de cĭngĕre), fr. mod. je *ceignis*

Nous ne dirons rien du type dīxī (= dīcsī) qui n'est finalement pas très différent de mīsī ; nous l'examinerons en étudiant la conjugaison entière du verbe. Plus intéressant est le passé simple des verbes en *-nxi* (ex. : *cĭ́nxī,* de *cĭ́ngĕre*).

lat. class.	lat. vulg.	anc. fr.	fr. mod.
1. cĭ́nxī (= cĭncsī)	cĭ́nxī	*ceins*	je *ceignis* [1]
2. cĭnxī́stī	cĭnxī́stī	*ceinsis*	tu *ceignis* [1]
3. cĭ́nxit	cĭ́nxĭt	*ceinst*	il *ceignit*
4. cĭnxĭmus	*cinxímus	*ceinsimes*	nous *ceignîmes*
5. cinxī́stis	cinxístis	*ceinsistes*	vous *ceignîtes*
6. cĭ́nxĕrunt	cĭ́nxĕrunt	*ceinstrent*	ils *ceignirent*

Verbes de ce type (infinitifs en *-ĭngere, -ŭ́ngĕre, -ángĕre*).

fĭnxi > a. fr. *feins,* mod. je *feignis*
pĭnxi > *peins,* mod. je *peignis*
strĭnxi > *estreins,* mod. j'*étreignis*
extinxi > *esteins,* mod. j'*éteignis*
tĭnxi > *teins,* mod. je *teignis*
junxi > *joins,* mod. je *joignis*
*punxit > il *poignit*

1. Les formes en *-gnis,* etc., sont analogiques des première et deuxième pers. du plur. de l'indicatif présent et du participe présent :
ex. : cĭngĭtis puis *cingátis > *ceignez*
cingéntem > *ceignant*
cf. plangentem > *plaignant*

planxi > *plains,* mod. je *plaignis*
attigi > vulg. *attinxi (ou *attanxi) > *attains,* mod. j'*atteignis.*
fregi (de frangĕre) > vulg. *franxi > *frains,* mod. j'*(en)freignis,* etc.

B. Verbes à terminaison moderne *-sis.*

Ex. : *condūxī,* fr. mod. : je *conduisis*

lat. class.	lat. vulg.	anc. fr.	fr. mod.
1. condū́xī (= condū́csī)	condū́xī	*conduis*	je *conduisis*
2. conduxístī	conduxístī	*conduisis* [1]	tu *conduisis*
3. condū́xit	condū́xit	*conduist* (*conduysit* in Commynes)	il *conduisit*
4. condúxĭmus	*conduxímus	*conduisimes*	nous *conduisîmes*
5. conduxístis	*id.*	*conduisistes*	vous *conduisîtes*
6. condū́xĕrunt	*id.*	*conduistrent* et *conduirent* [2]	ils *conduisirent*

Verbes de ce type.

Autres composés de ducĕre : *deduxi* (je déduisis) — *seduxi* (je séduisis)
cŏxī (de cŏquĕre) > a. fr. *cuis,* mod. je *cuisis*
coxístī > a. fr. *coisis,* mod. tu *cuisis,* etc.
constrúxī > a. fr. *construis,* mod. je *construisis*

Remarque. — Le passé simple de *nuire* (nuisis) sera examiné avec le reste de la conjugaison de ce verbe.

C. Verbes à terminaison moderne en *-dis.*

Deux verbes à parfait en -si ont adopté en français moderne la terminaison des parfaits faibles en *-dis* (voir plus loin le type *vendis*). Ce sont :

torsi (de *torquēre*) > a. fr. (je) *tors,* (tu) *torsis,* (il) *torst,* (nous) *torsimes,* (vous) *torsistes,* (il) *torstrent*
fr. mod. je *tordis,* etc.
**morsi* (de mordēre, class. momordi) > a. fr. (je) *mors,* etc.
fr. mod. je *mordis,* etc.

D. Un verbe enfin a pris la terminaison faible *-vis.* C'est *scrīpsi* (de scrībĕre) : il est devenu j'*écrivis* par analogie (cf. nous *écrivons,* qu'il *écrive,* etc.).

---

1. P. Fouché (*Morph.,* p. 293) note aussi des formes réduites en *-duis* (2ᵉ pers. sing.), *-dui(s)mes, -duistes.*

2. A la 3ᵉ personne du pluriel, le dictionnaire de Huguet donne *conduirent* (avec six ou sept exemples).

latin	anc. fr.	fr. mod.
1. scrī́psī	(j')*escris*	j'*écrivis* [4]
2. scripsī́stī	(tu) *escresis* ou *escressis* [1] var. *escrisis*	tu *écrivis*
3. scrī́psit	(il) *escrist* [2]	il *écrivit*
4. scripsĭmus	(ns) *escresimes*	nous *écrivîmes*
5. scripsĭstis	(vs) *escresistes* ou *escressistes*	vous *écrivîtes*
6. scrī́psĕrunt	(il) *escristrent* [3] var. *escrirent, escriprent* (cf. Huguet)	ils *écrivirent*

Conclusion. — En somme dans tous ces parfaits forts en -si dont les paradigmes présentaient en ancien français beaucoup d'irrégularités, du fait de l'évolution phonétique, la langue a introduit la régularité : les personnes sont différenciées (sauf la 1re et la 2e au singulier) par les seules désinences.

4) Type en *-ui.*

Il convient de distinguer :

A. Les verbes qui perdaient leur consonne radicale lors des transformations phonétiques. On peut les classer d'une part d'après la nature de la consonne et, d'autre part, d'après la voyelle radicale (ĕ ou ĭ, a, o/u) ; ainsi nous étudierons :

— *Verbes à consonne labiale*
- type *hábui*
- type *dḗbui*
- type *cognṓvi,* vulg. **conóvui*

— *Verbes à consonne gutturale*
- type *plácui* (et **jacui*)

— *Verbes à consonne dentale*
- type *pŏ́tui*

B. Ceux dont le radical se terminait par une consonne liquide (l, r) ou nasale (m, n) et conservaient cette consonne :

- type *válui*

Cas particulier :

- type *fui*

1. P. Fouché (*Morph.*, p. 282-283) écrit uniquement *escressis, escressistes.*

2. Graphies *escript* (Joinville, 300) — *escripst* (Froissart I, 1, 11). Variante au XVIe s. : *escrivit* (Aubigné, *Hist. Univ.*, VII). On trouve aussi *escrisi* (cf. Tobler-Lom.), *escriut* (Nord-Est).

3. Variantes au XVIe s. : *escrirent* (Brantôme) — *escriprent* (M. de Tours) in Huguet.

4. Le type en -vis est relativement récent : notre premier exemple est celui de d'Aubigné (note 2 ci-dessus).

a) *Verbes à consonne labiale.*

— Type *habui* (voyelle a + labiale).

lat. class.	lat. vulg.	anc. fr.	fr. mod.
1. hábui	*ábwi > *áwwi	(j')*oi*	j'*eus* (anal. 2e pers.)
2. habuĭ́sti	*abwĭ́stī > *awwústī [1]	*oüs* > *eüs* [2] (anal. part. eü ?)	tu *eus*
3. hábuĭt	*ábwit > *awwet	*out (Rol.)* [3] et *ot (Rol.)*	il *eut* (anal. 2[e] pers.)
4. habúĭmus	*abwĭ́mus > *awwúmos	*oümes (Rol.)* > *eüsmes (Rose)* (anal. 2[e] pers.)	nous *eûmes*
5. habuĭ́stis	*abwĭ́stis > *awwústis	*oüstes* > *eüstes (Rose)*	vous *eûtes*
6. habŭ́ĕrunt	*ábwerunt > *áwwerunt	*ourent* *oürent (Rol.)* *orent (Rose)* *eurent (Rose)*	ils *eurent*

Verbes comparables.

Sapui (de sapĕre, vulg. *sapēre)
anc. fr. : (je) *soi,* (tu) *soüs/seüs,* (il) *sot,* etc.
fr. mod. : je *sus,* tu *sus,* il *sut,* etc.

— Type *dēbui* (voyelle ē + labiale).

lat. class.	lat. vulg.	anc. fr.	fr. mod.
1. dḗbŭi	> *dī́bwī [4] > *dī́wwi > ou > *dúwwi > *dü(w̆)i >	*diu* (Nord-Est) (je) *dui [düi]* (Ile-de-France)	je *dus* (anal.)

1. La voyelle i a été labialisée (en u > ü) par l'action de la géminée labio-vélaire -ww- (cf. Fouché, *Phonét.*).

2. « Les anciens parlers centraux ne connaissent que des formes avec voyelle radicale e » *(eüs, eümes, eüstes)* dit Fouché (*Morph.*, p. 317).

3. Dans une zone de la Picardie on trouve *eut* (oụ donnant eụ).

4. Nous empruntons cette explication (-íwwī > -úwwī) à P. Fouché (*Phonétique*, III, pp. 726-727). Elle vaut pour le français mais non pour les dialectes du Nord-Est (picard, etc.) où l'on a des formes en -iu. Dans ces dialectes, il n'y a pas eu « labialisation du i » (Fouché, *Morph.*, p. 319) ; autrement dit le traitement a été (cf. Fouché, *Phonét.*, p. 314) :

dēbwi > *dī́wwi > dī́w(i) > *diu* (*dui* par interversion)

Des formes en *-iu*, 3e pers. -iut (*reciut* à côté de *reçut*), sont en effet attestées. Du reste *-iu* a pu passer à -ui (*ibid.*, p. 316).

2. debuī́sti	*debwī́sti > *dewwústi > *de(ẅ)üs [1]	 *deüs* (Ile-de-France)	 tu *dus*
3. dḗbuit	*dḗbwit [2] > *díwwit → ou > *duwwet > düẅ(e)t →	 *diut* > *du(i)t* (Nord-Est) *dut* (Ile-de-France)	 il *dut*
4. debúĭmus	*debwī́mus > *dewwímus > *dewwúmos [1]	 *deümes* (Ile-de-France)	 nous *dûmes* (anal. de 2e pers. plur. pour l'accentuation)
5. debuī́stis	> *debwī́stis > *dewwústis > *de(ẅ)üstes	 *deüstes* *(id.)*	 vous *dûtes*
6. debúěrunt	> *dḗbwěrunt > *dī́wwerunt > *dúwweront > *dü(ẅ)(e)rent	 *durent* (anal. de *dut*) (*deurent* est attesté)	 ils *durent*

Verbes de ce type.

**bĭ́bui* a. fr. : (je) *bui,* (tu) *bus*

**recĭ́puit* (parf. vulg. de recĭpio, recĭpěre) a. fr. : (il) *reçut* (et même *receut,* Ps. d'Oxford)

**crevuit* (de crescěre, croître) a. fr. : il *crut* (mod. crût)

Verbe comparable.

**crēduit* (class. credidit, de *croire,* voir ce verbe)

1. Pour la 2e pers. du sing. et les personnes du pluriel, nous ne donnons que la transformation qui serait celle de l'Ile-de-France (wwí(s) > wwú > (ẅ)ü).

Dans les dialectes du Nord-Est, on a eu *diu, dewis, diut, dewimes, dewistes, diurent* (Fouché, *Phonét.*, p. 728).

2. Nous empruntons cette explication (-íwwī > -úwwī) à P. Fouché (*Phonétique*, III, pp. 726-727). Elle vaut pour le français mais non pour les dialectes du Nord-Est (picard, etc.) où l'on a des formes en -iu. Dans ces dialectes, il n'y a pas eu « labialisation du i » (Fouché, *Morph.*, p. 319) ; autrement dit le traitement a été (cf. Fouché, *Phonét.*, p. 314) :

dēbwi > *dī́wwi > dī́w(i) > *diu* (*dui* par interversion)

Cf. du reste la note 4 de la page précédente et le tableau du verbe *croître*.

— Type *cognṓvi,* vulg. **conóvui* (voyelle ō + v).

lat. class.	lat. vulg.	anc. fr.	fr. mod.
1. cognṓvi	*conṓvui > *conúwwī	*conui(s)* *(quenui, Rose)*	je *connus* (anal. 3e pers. et 2e pers.)
2. cognovísti	*conovuísti > *conowwísti > *conowwúst *cono(ẅ)üs(t)	*coneüs* *(queneüs, Rose* [1]*)*	tu *connus*
3. cognṓvit	*conṓvuit > *conúwwit > *conüẅ(e)t	*conut (Rol.)* var. *quenut (Rose)*	il *connut*
4. cognṓvĭmus	*conovuímus	*coneümes* (cf. 2e pers. plur.)	nous *connûmes*
5. cognovístis	*conovuístis *conowwústis *cono(ẅ)üstes	*coneüstes*	vous *connûtes*
6. cognṓvĕrunt	*conóvuerunt *conówwerunt *conűẅ(e)ront (anal. 3e pers. sg.)	*conurent* *(quenurent, Rose)*	ils *connurent*

Verbes comparables.
*mōvui (class. mōvi) anc. fr. : (je) *mui,* (tu) *meüs*

b) *Verbes à consonne gutturale.*

— Type *placui* (voyelle a + consonne gutturale).
Ce type n'a pas eu une évolution très différente de celle du type *habui.*

lat. class.	lat. vulg.	anc. fr.	fr. mod.
1. plácuī	*plákwi > *plágwi > pláw(w)i	(je) *ploi*	je *plus*
2. placuísti	*plakwísti *plagwísti *plawwústi	*ploüs* et *pleüs*	tu *plus*
3. plácuit	*plákwit *plágwit *pláww(e)t	*plot (Rose)* *plut (Rose)*	il *plut*
4. placúĭmus	*plakwímus	*ploümes, pleümes*	nous *plûmes*

1. L'existence de *coneüs* et *queneüs,* si elle n'est pas directement attestée dans le *Roman de la Rose,* est du moins postulée par des imparfaits du subj. tels que *coneüst* (3e pers. du sing.) v. 1200, et queneüssent (3e pers. du plur.) v. 18066.

5. placuī́stis	*plakwī́stis *plawwústis	*ploüstes* et *pleüstes*	vous *plûtes*
6. placúĕrunt	*plákwerunt *pláwweront	*plorent* et *plurent*	ils *plurent*

Verbes comparables.

Jacui (de jacēre) anc. fr. : (je) *jui,* (tu) *geüs,* (il) *jut,* etc.

Avec voyelle ŏ :

Nŏcui (de nŏcēre) qui a eu en anc. fr. un premier paradigme :

- (je) *nui,* (tu) **neüs,* (il) *nut,* ..., (il[s]) *nurent*

puis quand l'infinitif *nuire* a remplacé *nuisir :*

- (je) *nuis,* (tu) *nuisis,* (il) *nuist,* ..., (il[s]) *nuirent*

puis

- (je) *nuisis,* (tu) *nuisis,* (il) *nuisit,* ..., (il[s]) *nuisirent* (sur le modèle de *conduire*)

Des formes je *nuy* se rencontrent encore au XVIe siècle. Le type je *nuisis* a définitivement triomphé ensuite (cf. Fouché, *Morph.,* pp. 300-301).

c) *Verbes à consonne dentale.*

— Type *pŏtui* de **potēre,* class. *posse* (consonne dentale).

	lat. class.	lat. vulg.	anc. fr.	fr. mod.
1.	pŏ́tui	*pŏ́twī [1] *pówwi *pó(w)i	*poi* var. *pou (Dolop)*	je *pus* (anal. de 2e pers. et de je *fus*)
2.	potuī́stī	*potwī́sti *powwústi *po(ẅ)üs(t)	*poüs* [2] puis *peüs*	tu *pus*
3.	pŏ́tuit	*pŏ́twit *pówwet *pów(e)t	*pout (Roland)* et *pot* (courant) *(put, Gir. de Rous.)*	il *put* (anal.)
4.	potúimus	*potwímus *potwímus *powwúmus	*poümes (Troie)* et *peümes*	nous *pûmes* (accent. anal. de la 2e pers. du plur.)
5.	potuī́stis	*potwī́stis *powwústis *po(ẅ)üstes	*poüstes* et *peüstes*	vous *pûtes*

1. Fouché (*Phonétique,* pp. 726-727) suppose même une diphtongaison du o (d'où *púowwi) ; elle ne paraît pas nécessaire ici, mais il est bien vrai que le passé simple *nui* de nuire la suppose (voir ce verbe).

2. Variante *podist* dans le *Fragment sur Jonas.*

6. potúĕrŭnt	*pótwĕrunt *pówweront *pów(e)ront	*pourent, poürent* [1] *porent* [2] *(Rose)*	ils *purent* (anal.)

d) *Verbes à consonne liquide ou nasale.*

— Type *valui* de valēre (à consonne liquide)

	lat. class.	lat. vulg.	anc. fr.	fr. mod.
1.	válui	*valúi (anal. de *fúi)	*valui*	je *valus*
2.	valuĭsti	valŭsti (cf. *fústi)	*valus*	tu *valus*
3.	váluit	valú(i)t (cf. fu(i)t)	*valut*	il *valut*
4.	valúĭmus	*valúmus	*valumes*	nous *valûmes* (accent. anal.)
5.	valuĭstis	*valústis (cf. *fústis)	*valustes*	vous *valûtes*
6.	valŭĕrunt	*valúrunt (cf. fú(e)runt)	*valurent*	ils *valurent*

Verbes de ce type.

parui (de parēre)	anc. fr.	(je) *parui,* (tu) parus, ...
dolui (de dolēre)	«	(je) *dolui,* (tu) dolus, ...
molui (de molēre)	«	(je) *molui,* (tu) molus, ...
solui (de solvere) (reste dans je *(ré)solus*)		
**moruit* (de *morīre)	anc. fr.	(il) *morut,* etc.
**tolui* (de tollĕre, *tolīre)	«	(je) *tolui,* (tu) *tolus,* ...
**falluit* (de fallĕre, *fallīre)	«	(il) *fallut* (tardif) [3]
**cŭrrui* (de cŭrrĕre, *cŭrrīre)	«	(je) *corui,* (tu) *corus,* ...
etc.		

Remarque. — Le verbe *vouloir* a adopté un passé simple, je *voulus,* etc., mais tardivement (voir ce verbe).

Cas particulier.

— *Fui.*

	lat. class.	lat. vulg.	anc. fr.	fr. mod.
1.	fŭi	fŭi	(je) *fui* [4]	je *fus*

1. *Poürent* dans le *Psautier de Cambridge.*

2. Variante *poïrent* chez Geoffroy de Paris.

3. Cf. la conjugaison de *faillir* et *falloir.*

4. Le ŭ a sans doute gardé son timbre (puis est devenu ü) sous l'influence de ī final (cf. Fouché, *Phonét.,* pp. 342 et 399).

2.	fuī́sti	*fŭ́stī [1]	(tu) *fus*	tu *fus*
3.	fúit	*fŭ́(i)t	(il) *fuṭ*	il *fut*
4.	fŭ́ĭmus	*fú(i)mus	(nos) *fumes*	nous *fûmes* (anal. de fûtes)
5.	fuī́stis	*fŭ́stis	(vos) *fustes*	vous *fûtes*
6.	fŭ́ĕrunt	*fú(e)runt	(il[s]) *furent*	ils *furent*

1. *Fusti* (< fuisti) est attesté sur une inscription.

Le présent du subjonctif

Le latin avait deux types de subjonctif présent :

I. L'un pour les verbes de la première conjugaison (infinitif -are) : il était en *-em, -es, -et, ḗmus, ḗtis, -ent.*

Le e final s'étant effacé dans la prononciation dès la fin du VIIe siècle, on avait une nouvelle forme d'opposition partielle : indicatif présent/subjonctif présent.

Indicatif présent		*Subjonctif présent*	
latin	anc. fr.	latin	anc. fr.
1. cánto ámo	(je) *chant* puis *chante* (j')*aim* puis *aime*	cántet ámet	(qu'il) *chant* [1] (qu'il) *aim*
2. cántas ámas	(tu) *chantes* (tu) *aimes*	cántes ámes	(que tu) *chanz* (que tu) *ainz*
3. cántat ámat	(il) *chante* (il) *aime*	cántet ámet	(qu'il) *chant* (qu'il) *aint*
4. cantámus term. < -ŭ́mus	(ns) *chantons*	cantḗmus	(que nos) *chantons* (indic.) ou *chantiens* [2] puis *chantions*
5. cantātis	(vs) *chantez*	cantḗtis	(que vos) *chantez* puis *chantiez* (anal.) [3]
6. cantant	(il[s]) *chantent*	cántent	(qu'il[s]) *chantent*

1. Cependant le e final s'est conservé comme voyelle d'appui quand il était nécessaire :
ex. : *trémŭlem* > (que je) *tremble* — **cambiem* > (que je) *change*, etc.

2. *Chantons, chantez* sont évidemment empruntées à l'indicatif. Toutefois dans les verbes relevant de la loi de Bartsch, on a des 2e pers. en *-iez :*
ex. : que vous *changiez* — *laissiez* — *chevauchiez*, etc.

D'autre part, Fouché (*Morph.*, pp. 204-205) observe que dans l'Est tous les verbes en *-er* ou *-ier* avaient des terminaisons *-iens* et *-iez* (Joinville par ex., présente un mélange des deux : *gardons* à côté de *doutiens*) ; dans le Centre, ces terminaisons apparaissent au XIIIe siècle ; elles sont probablement analogiques des verbes tels que *aiens/aiez, faciens/faciez*, etc. Puis sont apparues les formes *chantions* qui triompheront au XVe siècle (cf. page suivante).

3. Les dialectes présentent quelques formes issues de *-ētis*, soit *-eiz* dans l'Ouest, *-oiz* dans l'Est (Fouché, *ibid.* p. 203).

Deux modifications sont ensuite intervenues :

1°) Les personnes du singulier ont été refaites très tôt [1] avec un -e, d'après les 2e et 3e personnes du singulier de l'indicatif correspondant (cf. Fouché, *Morph.*, p. 200) ; d'où :

que tu *chantes (aimes)* — qu'il *chante (aime)*
et enfin : que je *chante (aime).*

Ainsi les subjonctifs allaient-ils rejoindre ceux du deuxième type :
ex. : finisse — dorme — sente — vienne, etc.

2°) Sous l'influence des verbes du type *facio* (qui produisait *faciámus* > *faciens*), on a eu dès le XIIIe siècle, par croisement, des terminaisons *-ions* à la 1re personne du pluriel (et *-iez* à la 2e pers.) ; leur création a sans doute commencé dans les verbes relevant de la loi de Bartsch qui avaient déjà *-iez* à la 2e personne :
ex. : changiez, chevauchiez, laissiez, etc.

Joinville — qui écrit au début du XIVe siècle — a des subjonctifs présents en *-ons,* d'autres en *-iens* [2] ; *-ions* a triomphé au XVe siècle.

Ainsi le présent du subjonctif est devenu :

1. que je *chante*	2. que tu *chantes*	3. qu'il *chante*
4. que nous *chantions*	5. que vous *chantiez*	6. qu'ils *chantent*

II. L'autre type *(-am, -as, -at, -ámus, -átis, -ant)* était celui de toutes les autres conjugaisons.

Il convient cependant de distinguer :

A. Les verbes où ces terminaisons étaient précédées d'un élément palatal :
- type hábĕam > *áya(m)
- type vĕ́nĭam > vĕ́nya(m) (voir ce verbe)

B. Les verbes où ces terminaisons étaient précédées d'une consonne non palatalisée :
- type vénda(m)

Type A : *hábĕam*

lat. class.	lat. vulg.	anc. fr.	fr. mod.
1. hábĕam	*áya(m) (anal. ind. *ayo)	*aie (Rol.)* = [ái̯e > ẹ̄́i̯e > ẹ̄́(ẹ)]	que j'*aie* = [ẹ]
2. hábeas	*áyas	*aies (Rol.)* *ayes* (XVe-XVIe s.)	que tu *aies*
3. hábeat	*áyat	*ait (Rol.)* *aye* (Marot)	qu'il *ait*
4. habĕ́āmus	*ayā́mus	*aiiens* ou *aiens* [3] ou *aions/ayons*	que ns *ayons* = [ẹyõ] (subst. de termin.)

1. Dès le XIIe siècle, seules quelques formules ont gardé longtemps des formes stéréotypées de subjonctif prés., sans e :
ex. : *Dieu vous gard* dans Molière, La Fontaine, etc.

2. Fouché (*Morph.*, p. 205).

3. Les graphies les plus courantes n'ont qu'un i (yod), cf. *Roland : aiuns, aiez ; Roman de la Rose : aiens, aiez,* etc. Mais à l'origine il y avait une diphtongue + un yod de transition (ai̯-yẽns), cf. imparfait ind., conditionnel présent.

5. habĕā́tis	*ayā́tis	*aiiez* ou *aiez* [1] puis *ayez*	que vs *ayez* = [ęyẹ]
6. hábeant	*áyant	*aient* *ayent* (Commynes)	qu'ils *aient*

Type B : *véndam*.

lat. class.	lat. vulg.	anc. fr.	fr. mod.
1. véndam	vénda(m)	*vende*	que je *vende*
2. véndas	véndas	*vendes*	que tu *vendes*
3. vendat	véndat	*vende*	qu'il *vende*
4. vendámus	vendā́mus	(**vendains) *vendons* [2] et *vendiiens/vendions*	que nous *vendions* (anal. de verbes ayant un yod)
5. vendā́tis	vendā́tis	*vendez* et *vendiez*	que vous *vendiez*
6. véndant	véndant	*vendent*	qu'ils *vendent*

Remarque I. — Certains verbes en -io ont perdu leur yod (comme à l'imparfait de l'indicatif ou au présent) : c'est notamment le cas de dormire : *dormiant* > **(dorgent). Il faut donc admettre que le latin vulg. était **dormant*, comme **dormunt* à l'indicatif présent, etc.

Remarque II. — On trouve dans les textes littéraires normands, anglo-normands (*Chanson de Roland, Tristan* de Béroul, etc.) et même dans d'autres textes des subj. présents en -ge, -ges (ex. : *meurge*, de mourir — *tienge*, de tenir, etc.). On considère généralement (cf. Fouché, *Morph.*, p. 208) que cette terminaison est apparue régulièrement dans les verbes du type :

sŭ́rgam > *sorge* (de surgere > sourdre)
plangam > *plange* (de plangere > plaindre)

puis qu'elle s'est étendue à d'autres verbes, même de la 1re conjugaison (que j'*alge*, de aller, etc.).

Remarque III. — Le subjonctif présent du verbe *être* (mod. que je *sois*, etc.) remonte à un latin vulg. **sĭ́am* (class. sĭm) ; voir le verbe *être*.

1. Les graphies les plus courantes n'ont qu'un i (yod), cf. *Roland : aiuns, aiez ; Roman de la Rose : aiens, aiez*, etc. Mais à l'origine il y avait une diphtongue + un yod de transition (ai̯-yẽns), cf. imparfait ind., conditionnel présent.

2. Cf. le subjonctif des verbes du type *chanter*.

L'imparfait du subjonctif

L'imparfait du subjonctif latin en -se- (essem), généralement rhotacisé en -re- (cantarem, haberem, legerem, dormirem) a, dit-on, disparu, sauf en logodourien.

C'est le plus-que-parfait du subjonctif qui a pris sa place et assume ses fonctions ou du moins la plupart d'entre elles.

Ce plus-que-parfait était une forme de perfectum ; ainsi le nouvel imparfait du subjonctif correspondait, pour les types, au parfait de l'indicatif : *son accentuation générale* — sauf aux 1re et 2e personnes du pluriel — *étant analogue à celle de la 2e pers. du singulier du parfait de l'indicatif, on peut dire qu'il a évolué phonétiquement comme cette personne :*

cantássem comme *cantásti*
valuíssem comme valuísti > *valústi
fuíssem > *fŭsse(m) comme *fústī, etc.

Il conviendrait donc de reprendre chaque type de parfait pour étudier, parallèlement, l'imparfait du subjonctif. Mais nous devons, faute de place, nous borner à quelques-uns.

I. Imparfaits du subjonctif correspondant aux parfaits faibles.

A. — Type -avíssem > -ássem (forme écrasée), 1re conjugaison.

	anc. et moy. fr.	fr. mod.
1. cantássem	*chantasse*	que je *chantasse*
2. cantásses	*chantasses*	que tu *chantasses*
3. cantásset	*chantast*	qu'il *chantât*
4. cantassémus	*chantissons* [1] puis *chantissiens/-ions*	que nous *chantassions*

1. Sur l'histoire de ces formes, voir Nyrop, *Morph.*, pp. 148-149 : le savant danois remarque que les formes en -iss- sont les seules connues au Moyen Age... que Pilot (en 1550) les recommande encore, mais que l'on peut dire qu'à la fin du XVIe siècle elles sont tombées en désuétude au profit des formes *-assions, -assiez,* seules régulières dès le XVIIe (bien que J. Godard les défende encore en 1620). Il ajoute qu'Ambroise-Firmin Didot (1790-1876) constatait que, si les grammairiens enjoignaient de les employer, « personne n'osait s'en servir [...] afin de ne pas blesser les oreilles délicates ».

Les formes en -iss- sont certainement analogiques du type II (dormisse) ; elles se sont parfois étendues à tout le paradigme, en particulier au XVIe siècle (je *donisse* — je *demandisse,* etc.) : Meigret déclare que ce sont des fautes.

5. cantassḗtis	*chantisseiz / -issez* [1] et *chantissiez*	que vous *chantassiez*
6. cantássent	*chantassent*	qu'ils *chantassent*

B. — Type -īvĭ́ssem > -ī́ssem (forme écrasée).

	anc. et moy. fr.	fr. mod.
1. dormī́ssem	*dormisse*	que je *dormisse*
2. dormī́sses	*dormisses*	que tu *dormisses*
3. dormī́sset	*dormist*	qu'il *dormît*
4. dormissḗmus	*dormissons* puis *dormissiens / -ions*	que nous *dormissions*
5. dormissḗtis	*dormisseiz / -issez* et *dormissiez*	que vous *dormissiez*
6. dormī́ssent	*dormissent*	qu'ils *dormissent*

II. Imparfaits du subj. correspondant aux parfaits « forts ».

1) A. — Type en -ī : fecī : *fecĭ́ssem.*

1. fecĭ́ssem	*fesisse* puis *feïsse* et *[fisse]*	que je *fisse*
2. fecĭ́sses	*fesisses / feïsses / fisses*	que tu *fisses*
3. fecĭ́sset	*fesist* puis *feïst (Rose)* et *[fi(s)t]*	qu'il *fît*
4. (fecissḗmus)	*fesissons-fesissiens* et *fesissions* > *feïssions*	que nous *fissions*
5. fecissḗtis	*fesissoiz* > *feïssoiz* et *feïssiez*	que vous *fissiez*
6. fecĭ́ssent	*fesissent* > *feïssent (Rose)*	qu'ils *fissent*

B. — Type en -sī : mīsi : *mīsĭ́ssem.*

1. mīsĭ́ssem	*mesisse* > *meïsse* et *[misse]*	que je *misse*
etc.	etc. cf. *fisse*	etc. cf. *fisse*

---

1. La forme régulière était -isseiz/-issoiz mais elle a été concurrencée par *-issez* et surtout par *-issiez* (-ez < -ā́tis). La forme en *-iez* a été sentie progressivement, en effet, comme caractérisant le subjonctif par rapport à l'indicatif *-ez* (cf. *-ions/-ons*) : la distinction s'était faite au présent entre, par exemple, *avez* et *aiiez/ayez*. Cette forme *-iez* apparaît, semble-t-il, plus tôt à l'Est et en Champagne (cf. les œuvres de Chrétien de Troyes) que dans le Centre.

C. — Type en -xī : cinxī : *cinxíssem.*

1. cínxī etc.	*ceinsisse* etc.	que je *ceignisse* etc.

D. — Autre type en -xī (conduxī/*conduxíssem).*

1. conduxíssem	*conduisisse* [1]	que je *conduisisse*

E. — Type scrípsī : *scripsíssem.*

1. scripsíssem	(j'escresisse)	que j'*écrivisse*

2) Imparfaits du subj. correspondant aux parfaits forts en -ui.

A. —

a) *Verbes à consonne radicale labiale (habui).*

1. habuíssem	(oüsse) > *eüsse*	que j'*eusse*
— autre type : *dē̆bui*		
1. debuíssem	*deüsse*	que je *dusse*
— autre type : *cognovi* vulg. **cognovui*		
1. *conovuíssem	conoüsse > *coneüsse*	que je *connusse*

b) *Verbes à consonne radicale k (placui).*

1. placuíssem	(ploüsse) > *pleüsse*	que je *plusse*
...	...	...
3. placuísset	(ploüst) > *pleüst* var. XVIe s. *pleusist* *plusist*	qu'il *plût*

c) *Verbes à consonne radicale t (pŏtui).*

1. potuíssem	(poüsse) > *peüsse*	que je *pusse*
...	...	...
3. potuísset	(poüst) > *peüst* var. *poïst (Rose)*	qu'il *pût*

1. La 3e pers. du sing. *conduisist* est attestée au moins dans Amyot, *Philop.* 16 (in Littré).

4. potuissémus (et substit. de termin.)	*peüssons* var. *poïssons*	que nous *pussions*
5. (potuissētis) (et par substit. : -ātis)	*peüssiez (Rose)*	que vous *pussiez*
6. potuíssent	(poüssent) > *peüssent* var. *poïssent (Rose)*	qu'ils *pussent*

B. — Type à consonne liquide : valui : *valuĭssem.*

1. valuissem > *valŭ́ssem	*valusse*	que je *valusse*
...	...	...
3. valuĭsset > *valŭ́sset	*valust*	qu'il *valût*
etc. cf. *fui/*fussem*		

Cas particulier : fui : *fuíssem > *fŭ́ssem.*

1. fuissem > *fŭ́ssem	*fusse* (var. *fuisse*)	que je *fusse*
...	...	...
3. fuisset > *fŭ́sset	*fust* (var. *fuisse*)	qu'il *fût*
4. (fuissemus > *fussémus)	*fussons/fuissons* *fussiens* d'où : *fussions*	que nous *fussions*
5. fuissétis > *fussētis	*fussiez (Rose)*	que vous *fussiez*
6. fuíssent > *fussent	*fussent (Rose)*	qu'ils *fussent*

L'impératif

Seule la 2e pers. du sing. vient de l'impératif latin. On peut dire en effet que la 2e pers. du pluriel est semblable à l'indicatif présent [1]. Le français a créé une première personne du pluriel en utilisant aussi l'indicatif.

L'impératif d'un verbe tel que *cantare/chanter* se présente donc ainsi :

	anc. fr.	fr. mod.
2. canta	*chante*	*chante*
4. cantāmus (indic.) (puis -ŭmus)	*chantons*	*chantons*
5. cantā́te puis cantátis (indic.)	*chantez*	*chantez*

Exception. — Pour quatre verbes importants, on a utilisé le subjonctif présent comme impératif ; cela n'a rien d'étonnant puisque l'une des fonctions fondamentales du subjonctif présent latin était précisément l'expression de l'ordre (on l'appelle parfois mode injonctif). Pour ces verbes, l'impératif se présente donc ainsi :

Avoir	anc. fr.	fr. mod.
2. hábeas > *áyas	*aie(s)*	*aie*
4. habeā́mus > *ayámus	*aiiens* et *aions*	*ayons*
5. habeā́tis > *ayátis	*aiiez* ou *aiez*	*ayez*
Etre	anc. fr.	fr. mod.
2. *sĭ́as	*soie(s)*	*sois*
4. *siā́mus	*seiiens/soiiens/soiens* et *soions*	*soyons*
5. *siā́tis	*seiiez/soiiez* ou *soiez*	*soyez*
Savoir		
2. sápias	*sache(s)*	*sache*
4. sapiámus	*sachiens* puis *sachions*	*sachons* [2]

1. Toutefois, P. Fouché (*Morph.*, p. 208) soutient qu'il y a eu simplement substitution de désinence et que *cantate* est devenu **cantates* dans le latin de Gaule, « ce qui a fait dire faussement que pour [cette personne], les langues de la Gaule emploient les formes de l'indicatif ».

2. Parce que ces formes *(sachons, sachez)* sont *actuellement* différentes des subjonctifs, certains disent que ce ne sont pas des subjonctifs... Accordons leur que ce sont des subjonctifs réduits.

5. sapiátis	*sachiez*	*sachez*
Vouloir		
2. vŏ́leas	*vueille(s)/veuille*	*veuille*
4. voleámus	*voilliens* et *veuillons*	*veuillons*
5. voleátis	*voilliez* et *veuilliez*	*veuillez*

La 2e personne du singulier.

Il faut distinguer trois cas :

1°) La première conjugaison latine (en -a).

Le -a final donnait régulièrement -e *(cánta > chante).* Cependant, dès le Moyen Age, on constate que certaines de ces formes en -e sont pourvues d'un -s final analogique des verbes qui l'avaient originellement (finis — plais (plaiz) — tais (taiz), etc.) ou qui l'avaient pris. On trouve ainsi par exemple : devines, laisses, pardonnes, lies [1]. La langue moderne a conservé cette consonne s devant les pronoms adverbiaux *en, y :*

Penses-y
Parles-en à tes proches
cf. Que de fleurs ! Cueilles-en quelques-unes.

2°) Dans les formes terminées par *e* ou *i* (2e, 3e, 4e conjug.), ces voyelles se sont amuïes ; dès lors les consonnes devenues finales se sont comportées de diverses façons :

a) ou elles se sont maintenues, en particulier après une autre consonne :

lat.	anc. fr.	fr. mod.
perde	*pert*	*perds*
*prende	*prent*	*prends*
redde	*rent*	*rends*
senti	*sent*	*sens*
*menti	*ment*	*mens*
etc.		

b) ou elles se sont effacées très tôt :

váde	*va*	*va* (et vas-y)
vĭ́de	*voi*	*vois*
etc.		

c) ou elles ont pu se maintenir un certain temps :

bĭbe	beif > *boif*	*bois*
dormi	*dorm*	*dors*
recĭ́pe	receif > *reçoif*	*reçois*
servi	*serf*	*sers*
etc.		

1. Voir Fouché, *Morph.*, p. 211 ; Nyrop, *Morph.*, p. 118.

En ancien français ces derniers impératifs étaient semblables à des 1res pers. du sing. de l'indic. présent ; mais de même que ces 1res personnes se sont alignées sur les 2es personnes, de même les impératifs ont reçu des -s, d'où :
bois, dors, reçois, sers.

3°) Formes terminées par un -c (dic, fac, duc).

lat.	anc. fr.	fr. mod.
dic	*di*	*dis*
fac	*fai*	*fais*
duc	*-dui*	*-duis* (conduis)

On peut dire que presque tous les impératifs (sauf *va*) des types 2 et 3 ont reçu une consonne -s finale mais tardivement : Nyrop remarque que « Ramus [au XVIe siècle] écrit tous les impératifs sans -s » et que « la plupart des auteurs font de même mais qu'au siècle suivant Vaugelas n'admet que *voy, connoy, vien, tien, fuy* et condamne toutes les autres formes sans s ».

Les formes en -ant (participe présent et gérondif)

On considère que le *gérondif* français (en *forgeant* on devient forgeron) vient de l'ablatif du gérondif latin (*fabricando* fit faber).

Le participe présent et le gérondif se présentaient selon les conjugaisons :

	participe présent (cas régime sing.)	gérondif (en *-ndo*)
1re conjug.	cantántem	cantándo
2e conjug.	debéntem	debéndo
3e conjug.	vendéntem	vendéndo
conjug. mixte	faciéntem	faciéndo
4e conjug.	dormiéntem	dormiéndo

On constate dès les premiers textes français que le participe présent et le gérondif ont une même forme (*-ant*, pour le cas régime sing. du participe, *-ant* pour le gérondif) à toutes les conjugaisons. Cela signifie que deux simplifications se sont opérées depuis le latin vulgaire :

1°) la généralisation de la terminaison de 1re conjugaison (*-ante(m) — ando*), du moins dans la zone du francien [1] ;

2°) la réduction du yod des types *facientem/faciendo* et *dormientem/dormiendo* comme cela s'est fait à l'imparfait de l'indicatif et à la 3e pers. du plur. du présent de l'indicatif au moins [2].

La déclinaison du participe présent *masculin* se présentait ainsi au Moyen Age :

Singulier	Pluriel
Cas-sujet : *dormanz* (< *dormens)	*dormant* (anal. des adj. de la 1re classe)
Cas-régime : *dormant* (< *dormentem)	*dormanz* (< *dormentes)

---

1. On trouve en effet dans l'Est et aussi en franco-provençal des formes en *-ent* (cf. par exemple *noisent* pour *noisant*, voir Mélanges Lecoy, article de M. Helmut Stimm).

Cette substitution de suffixe n'est cependant pas très ancienne car si **facantem* avait existé dès les IVe-Ve siècles, le résultant eût été **fayant* (cf. pacantem > *paiant, payant*).

2. Une forme telle que *dormientem* aurait dû donner ***dorgent* ou ***dorgeant*.

La réduction ne s'est pas opérée dans *servientem* devenu substantif (d'où : *sergent*) mais dans le participe et gérondif (d'où : *servant*).

On sait que, par analogie des adjectifs de la 1re classe, le participe féminin a pu prendre parfois la marque du féminin [1] ; il a plus souvent gardé la marque du pluriel (au masculin et au féminin) jusqu'au jour où en 1679 l'Académie a décidé « qu'on ne déclinerait plus les participes actifs ».

1. Cf. cet exemple pris dans Littré :
« Les femmes vinrent encontre le roi Saül *carolantes* et *jouantes* et *chantantes* » *(Livre des Rois).*
Au XVIIe siècle encore on trouve le participe accordé en nombre et en genre :
« La grosse pluie avec la grêle *tombantes* du ciel pêle-mêle » (Scarron).

Le participe passé

Le participe passé — qui n'est pas passif pour les verbes intransitifs (ex. : la nuit venue, ils se mirent en marche) — a en français et dans les langues romanes en général, une importance encore plus grande qu'en latin, du fait :

1°) de la création de temps passés composés d'un auxiliaire (*avoir* ou *être*) et du participe passé précisément :

type transitif : j'*ai chanté* (passé composé)
j'*avais chanté* (plus-que-parfait)
etc.
type intransitif : je *suis venu* (passé composé)
j'*étais venu* (plus-que-parfait)
etc.

2°) du remplacement des formes synthétiques latines aux « temps du présent » de la voix passive par des formes analytiques faites du verbe être et du participe passé :

ex. : je suis aimé (présent)
j'étais aimé (imparfait)
je fus aimé (passé défini)
etc.

Enfin des participes passés ont pu donner naissance à des adjectifs et à des substantifs (ex. : un *commis*) que l'on ne reconnaît pas toujours parce qu'ils sont différents des participes actuels ou parce qu'ils ont disparu en tant que tels [1] :

adjectifs :
absolu, une colonne *torse* (de tordre)
substantifs :
la *suite* (anc. part. fém. de suivre < *sequere)
la *toise* (< tensa (brachia), de tendere, fr. tendre)
la *tente* (< tendĭta)
le *tribut* (< tributu du lat. tribuere)
l'*absoute* (< *absolta, du lat. absolvĕre, fr. absoudre)
et même la *messe* (< missa part. de mittere : ite missa est !)

Parmi les participes passés latins, on distingue :

A. des formes dites « faibles » parce qu'elles sont accentuées sur la terminaison ;

B. des formes dites « fortes » parce qu'elles sont accentuées sur le radical.

1. On en trouvera une liste plus étendue dans Nyrop, *Morphologie,* pp. 85-86.

A. *Formes faibles*. Bien caractérisées — puisqu'elles portaient l'accent sur la voyelle pénultième — ces formes ont été les seules vraiment productives.

En latin il y en avait quatre mais celle de la 2e conjugaison (en *-ētu*) n'a rien produit ; sont donc restés :

1) le type *-ắtu* fém. : *ắta* (1re conjugaison) > français : *-é*, fém. *-ée*.

A remarquer que les verbes relevant de la loi de Bartsch (c'est-à-dire dans lesquels les terminaisons *-atu*/*-ata* étaient précédées d'un yod ou d'une consonne palatalisée) ont eu jusqu'au XIIIe siècle des participes en -ié = [yé], fém. -iée = [y̥éẹ] :

ex. : judicắtu > *jugié* puis *jugé*
*cambiắtu > *changié* puis *changé*

2) le type *-ī́tu*, fém. : *-ī́ta* (4e conjugaison) > français *-i*, fém. *-ie*.

ex. : *dormī́tu* > *dormi*
finī́tu > *fini*

On voit par cet exemple que ce type de participe a servi pour la conjugaison inchoative, que l'on appelle encore « deuxième conjugaison vivante ».

3) le type *-ū́tu*, fém. : *-ū́ta* > fr. *-u*/*-ue*.

Cette terminaison était peu représentée en latin classique mais elle s'est répandue dans un assez grand nombre de verbes dès l'époque romane : elle était en effet bien caractérisée avec sa voyelle accentuée ū.

a) *formes -ū́tu classiques :*

consūtu (de consuĕre) > fr. *cousu*
imbūtu (de imbuĕre) > fr. *imbu*
solūtu (de solvĕre) > fr. -solu dans *résolu, dissolu* et même *absolu*
secūtu (de *sequĕre) > anc. fr. *seü* (remplacé par *suivi*)

b) *formes en -ū́tu étendues à d'autres verbes :*

Ce sont notamment les verbes qui avaient des participes en -ĭtu qui ont attiré en quelque sorte le suffixe -ū́tu. Cela s'explique : le suffixe -ĭtu perdait très tôt la voyelle ĭ atone (pénultième), le ū́ de -ū́tu- résistait parfaitement :

ex. : **pendĭtu* (pour *pensum*) resté dans *pente* (substantivé, < *pendĭta) et remplacé par **pendū́tu* > *pendu*
**cremĭtu* (de tremere altéré, voir *craindre*) > anc. fr. *crient* (mod. *craint*) concurrencé par *crému*, qui n'a pas survécu.

Voici une liste des néo-participes en -ū́tu- :

lat. class.	lat. vulg.	anc. et moy. fr.	fr. mod.
habĭtu	*habū́tu	eü	eu = [ü]
bibĭtu	*bibū́tu	beü	bu
credĭtu (de *credere*)	*credū́tu	creü	cru
crētu (de *crescere*)	*crévĭtu		
	puis *crewū́tu	creü	crû
cursu	*currĭtu > -ū́tu	coru/couru	couru
debĭtu	*dewū́tu	deü	dû

motu	*movū́tu [1]	meü	mû
nocĭtu	*nocū́tu	neü	type disparu
placĭtu	*placū́tu	pleü	plu
receptu	*recepū́tu [1]	receü	reçu
tacĭtu	*tacū́tu	teü	tu
tentu	*tenū́tu [1]	tenu	tenu
tortu		tordu [2]	tordu
ventu	*venūtu [1]	venu	venu
visu	*vĭdū́tu	veü	vu
victu (de vincere)	*vincūtu [1]	vencu	vaincu
victu (de vivere)	*vescūtu [1]	vescu	vécu
etc.			

Remarque. — On voit que dans toutes les formes ci-dessus il y a eu, en moyen français et parfois au XVIIIe siècle seulement, réduction du e en hiatus dans la prononciation et par suite dans la graphie (sauf pour la graphie de *eu*). De ce fait quelques-uns de ces participes ont reçu un accent circonflexe : *dû, mû* ainsi que *crû* (de *croître*) qui est ainsi distinguée de *cru* (de *croire*).

B. *Formes fortes.*

Ce sont des formes héréditaires ; elles ne sont plus productives dès l'époque littéraire du français. Comme elles étaient accentuées sur le radical, elles étaient diversement affectées selon la nature de la voyelle et selon son environnement ; les résultats étaient donc très divers et peu caractérisés.

Exemples pour *une même terminaison (-ctu) :*

cĭ́nctu > *ceint*
cŏ́ctu > *cuit*
fáctu > *fait*
etc. (voir plus loin p. 60)

Divers types

1) Formes en *-tu.*

On peut les classer d'après le phonème, voyelle ou consonne, qui précède ce suffixe.

a) *-ĭtu.*

Presque toujours, comme on l'a vu plus haut, le suffixe de ce type a été remplacé par -ūtu (perdĭtu > *perdūtu > perdu). Cependant les anciens participes ont pu subsister sous forme de substantifs (perdĭta > perte, pendĭta > pente alors que les participes sont devenus perdu, pendu).

b) *Formes fortes en -ātu, -ōtu (où ā et ō appartiennent au radical).*

On a trois participes usuels de ce type :

- *nā́tus* et *stā́tus* de *nascere et stare > *né* et a. fr. *esté* > *été*
- *mṓtus* de mŏvēre.

1. Avant le passage au type -ūtu on suppose des intermédiaires en -ĭtu : **movĭtu* — **recepĭtu* — **tenĭtu*, etc.

2. *Tordu* paraît relativement récent : Marot ne voulait que *tors ;* Ménage au XVIIe s. remarque que *tors* se dit encore (je lui ai *tors* le cou) mais que *tordu* prend le dessus (in Littré). On trouve aussi *tortu :*

« Veut-on que j'aille droit quand on y va tortu ? » (La Font.)

En fait le bas-latin a eu aussi un supin *torsum,* attesté chez Priscien (IVe s. ap. J.-C.), et par conséquent un participe *torsu-/torsa* qui explique l'ancien fr. *tors/torse.*

Mṓtus est sans doute devenu **movĭtus* avant de passer au type faible -ū́tus comme tant d'autres verbes vus précédemment, d'où **movū́tus* > a. fr. *mëu,* mod. *mû.*

c) *Formes en -ctu.*

On sait que la consonne c devant t s'est palatalisée et a donné finalement un yod qui s'est combiné avec la voyelle précédente. A ce type appartenaient, au moins en latin vulgaire, les participes suivants :

lat. class.	lat. vulg.	anc. fr.	fr. mod.
attáctu	*attánctu (cf. tangĕre)	*ataint*	*atteint*
cĭ́nctu	*id.*	*ceint*	*id.*
cŏ́ctu	*id.*	*cuit*	*id.*
collĕ́ctu	*id.*	*coilleit/-loit* remplacé par *coilli*	 *cueilli* (anal. de je cueille)
confĕ́ctu	*id.*	*confit*	*id.*
dū́ctu	*id.*	*duit*	*-duit* dans conduit, produit, séduit, réduit, etc.
dĭ́ctu	*díctu (d'après dīco, dīxi)	 *dit*	 *dit*
benedĭ́ctu	*id.*	*beneeit/beneoit*	*benoît* (et benêt)
benedĭ́ctu	*benedíctu	*beni(t)*	*béni* et *bénit*
fáctu	*id.*	*fait*	*id.*
fĭ́ctu	*finctu (d'après fingere)	*feint*	*id.*
fráctu	*fránctu (d'après frángĕre)	*fraint*	se voit dans *enfreint*
lĕ́ctu	*id.*	*lit* remplacé par leü	 *lu*
pĭ́ctu	*pĭ́nctu (d'après pĭngere)	*peint*	*peint*
pŭ́nctu	*id.*	*point*	*point* (de poindre)
cf. ŭ́nctu	*id.*	*oint*	*oint*
plánctu	*id.*	*plaint*	*plaint*
-strū́ctu	*id.*	*construit* *destruit* *instruit*	*id.* *détruit* *id.*
tĭnctu	*id.*	*teint*	*id.*

Des verbes usuels comme *vivere* (partic. : *victu*) et *vincere* (partic. : *victu*) ont changé de type de participe, d'où : *vécu, vaincu* (voir ces verbes).

d) *Formes où le suffixe -tu était précédé d'une autre consonne (-ltu, -ntu, -ptu, -rtu).*

Les verbes qui se présentaient ainsi au participe (et au supin) étaient assez rares ; quelques-uns ont adopté un type de participe faible (en *-u* < ū́tu, en *-i* < -ī́tu) ; c'est notamment le cas de :

- *ventu* (de venire) > vulg. *venūtu, d'où : *venu*

- *tentu* (de tenere/*tenire) > *tenutu, d'où : *tenu*
- *ruptu* (de rumpĕre) > a. fr. *rout,* remplacé par *rompu*
- *tortu* (de torquere) > a. fr. *tort,* remplacé par *tordu* [1]

D'autres sont restés presque intacts (leur voyelle radicale étant entravée) ; c'est le cas de :

- *mortuu* > mort
- *apertu* remplacé par *opertu > ouvert
- *coopertu* > couvert
- **offertu* > offert
- *suffertu* > souffert

lat. class.	lat. vulg.	anc. fr.	fr. mod.
solūtu	1) solū́tu	cf. *assolu(e) (Rol.)*	*absolu* (demi-savant)
	2) *sóltu (< *sol(vĭ)tu) [2]	-*sout* qui se trouve dans *absou(s)*	*absous* fém. *absoute*
		dissou(s)	*dissous* fém. *dissoute*
		resou(s)	
scrīptu	*id.*	*escrit*	*écrit*

A ces participes, on pourrait ajouter par exemple : **fáltu* (de fállere) que l'on retrouve dans *(dé)faut* et dans le féminin *faute* (< **falta*). Bloch et Wartburg partent de **fallĭtu*/**fallĭta* mais cela revient finalement au même puisque **fállĭta* > **falta*.

2) Formes en *-su.*

Ce type de participe, encore assez employé en ancien français, n'a gardé qu'un petit nombre de représentants en français moderne ; certains des participes médiévaux se sont maintenus en qualité d'adjectifs ou de substantifs.

a) *Participes conservés en français moderne.*

lat. class.	lat. vulg.	anc. fr.	fr. mod.
acquīsītu	*acquīsu	*acquis* [3]	*acquis*
conquīsītu	*conquīsu	*conquis*	*conquis*
mĭssu	*mīsu (influence de mīsī)	*mis*	*mis*
occīsu	*id.*	*occis*	*occis* (cf. circoncis)

1. Cf. plus haut p. 59 et la note 2.

2. Nyrop (*Morph.*, p. 78) expliquait *absous, dissous, résous* par une reformation en -su (*solsu). Mais cela ne permet pas d'expliquer les féminins *absoute, dissoute* bien courants. Il vaut mieux garder une forme en -tu/-ta : Fouché (*Phonét.*, p. 461) pose **solvĭta* (au féminin).

3. P. Fouché (*Morph.*, p. 358) signale même le simple *quis* qu'il fait remonter à *quaesu ;* nous y verrions plutôt une influence d'acquīsītu, conquīsītu.

Remarquons en passant que l'ancien *quaesĭtu* est resté dans *acquêt* et au féminin dans *quête, requête, conquête.*

prehensu	*prīsu (cf. *mīsu et le parf. *prīsī)	*pris* [1]	*pris*
rīsu	*id.*	*ris*	*ri*
sessu	*sisu	*sis* (et *assis, sursis*)	*sis* (adj.) (et *assis,* etc.)
clausu	*id.*	*clos*	*clos*
conclūsu	*id.*	*conclus*	*conclu*
exclūsu	*id.*	*esclus/exclus*	*exclu*

Remarque. — Nous avons signalé plus haut (page 61, note 2) qu'il n'y avait pas lieu de rattacher *absous, dissous, résous* au type latin en -su, comme le faisait Nyrop.

b) *Participes en -su conservés en ancien français et disparus en tant que tels en français moderne.*

abscondĭtu	*absconsu (?)	*ascons*	*abscons* (adj.)
arsu	*id.*	*ars,* fém. *arse*	
dispensu	*id.*		les *dépens* (subst.)
mĭssu			les *mets (id.)*
mĭssa		la *messe*	la *messe* (subst.)
responsu		les *respons*	les *répons (id.)*
responsa		la *response*	la *réponse*
rasu		*res*	cf. le substantif *rez*-de-chaussée
sparsu		*espars* (in *Aiol*)	*épars* (adj.)
tortu	*torsu	*tors*	*tors, torse* (adj.) *retors*
versu	*id.*	*(-vers)*	(frère) *convers*

Conclusion. — L'histoire des participes passés, du latin au français moderne, illustre surtout le besoin de régularité qu'éprouvent les utilisateurs de la langue. Par « régularité » nous entendons d'abord la conformité du participe avec les formes verbales que l'on peut dire « de base » en raison de leur grande fréquence : l'infinitif, le présent de l'indicatif et même le passé simple autrefois très employé ; parmi les formes latines « fortes » (i.e. accentuées sur le radical) qui ont été conservées, après leur inévitable évolution phonétique, nous avons gardé surtout celles qui restaient très voisines de l'infinitif et des personnes du singulier de l'indicatif présent :

ceint (< *cĭnctu*) en face de *ceindre,* il *ceint*
cuit (< *cŏctu*) en face de *cuire,* il *cuit*
conduit (< *ductu*) en face de *conduire,* il *conduit*
fait (< *factu*) en face de *faire,* il *fait*
plaint (planctu) en face de *plaindre,* il *plaint*
etc.

Certains de ces participes, parce qu'ils avaient une forme qui les éloignait trop de l'infinitif ou de l'indicatif présent, ont été modifiés dès l'époque du latin

1. *Prins* aussi existe au Moyen Age et au XVIe siècle ; au XVIIe siècle, Vaugelas écrit : « On disoit autrefois : Il a *prins,* et quelques-uns l'escrivent en Province. C'est une grande faute... » (cité par Nyrop, p. 77).

vulgaire, ainsi *dĭctu,* qui aurait dû aboutir à ***deit*/***doit* (cf. d'ailleurs benedĭctu > *beneeit, benoît*), est devenu **dīctu* comme *dīcĕre, dīcit ;* d'où : *dit* comme *dire,* il *dit.*

Ainsi encore, par exemple, les participes de *attĭngĕre* et de *pĭngĕre* sont devenus **attanctu* (class. *attactu*) et **pinctu* (class. *pĭctu*) par analogie des infinitifs et des présents de l'indicatif : de cette façon leurs formes sont toujours restées voisines de la « base » :

atteint en face de *atteindre,* il *atteint*
peint en face de *peindre,* il *peint*

Quelques participes se sont « alignés » sur le *parfait* (et par suite sur le passé simple), ainsi :

mĭssu a laissé la place à *mīsu > *mis* (d'après *mīsi* > je *mis*)
sessu a laissé la place à *sīsu > *-sis* (d'après **sīssi* > je *sis*)
(ou *sīssu)
acquisītu a laissé la place à *acquísu > *acquis* (d'après *acquisíi* > j'*acquis*)

Le besoin de « régularité » a amené le triomphe des types « faibles » bien caractérisés en :

ấtu > -é (ex. chanté)
ítu > -i (ex. dormi, fini)

Ce n'est là qu'un aspect du triomphe général des deux formations de verbes en *-er* et en *-ir* (type finir) que l'on appelle du reste « les deux conjugaisons vivantes ».

Mais, quand ils ne pouvaient trouver la régularité de ce côté, les utilisateurs de la langue se sont tournés — instinctivement, bien sûr — vers un autre type de parfait faible à voyelle solide, en -ū́tu > -u [ü] (ex. consū́tu > cousu). Peu représenté en latin classique, ce type a connu, dès le latin vulgaire sans doute, une grande extension et on l'a introduit dans des verbes de première importance tels que :

*habūtu (pour habĭtu) d'où : eu
*bibūtu (pour bibĭtu) d'où : bu
*credūtu (pour credĭtu) d'où : cru
*debūtu (pour debĭtu) d'où : dû
*tenūtu (pour tentu) d'où : tenu
*respondūtu (pour responsu) d'où : répondu
*venūtu (pour ventu) d'où : venu
*vidūtu (pour visu) d'où : vu
etc.

La constatation de ces évidentes tendances à la régularité ne saurait nous faire oublier les variantes, expression des hésitations qui se sont produites au cours de l'histoire de la langue et qui auraient été des « fautes » s'il y avait eu alors une « règle » : certaines de ces tentatives sont devenues le *bon usage :* ainsi *tordu,* récent, ne s'est imposé qu'au XVIIe siècle.

On verra dans l'étude des formes des principaux verbes des conjugaisons mortes nombre de ces variantes dont, en général, une seule a triomphé.

Appendice I

Temps composés et surcomposés.

Les langues romanes — y compris celles de la Gaule — ont créé des temps composés à l'aide des verbes *avoir* ou *être,* réduits progressivement à l'état d'auxiliaires, et du participe passé. Rappelons quels sont en français les temps composés du verbe *aimer,* par exemple :

Indicatif	*Subjonctif*	*Conditionnel*	*Infinitif*	*Participe*
Passé composé j'*ai aimé*	Passé que j'*aie aimé*	Passé j'*aurais aimé*	Passé *avoir aimé*	Passé *ayant aimé*
Plus-que-parfait j'*avais aimé*	Plus-que-parfait que j'*eusse aimé*			
Futur antérieur j'*aurai aimé*				

La langue moderne possède même une série correspondante de *temps surcomposés :* j'ai eu aimé — j'avais eu aimé, etc. (cf. Brunot et Bruneau § 738).

Pour les verbes tels que *venir, arriver, tomber, entrer, mourir, sortir,* etc. (verbes qui sont *perfectifs,* dit quelqu'un [1]) c'est l'auxiliaire *être* qui est employé, comme on sait.

Dans le tableau des conjugaisons des divers verbes nous ne occuperons pas des temps composés ou surcomposés qui ne posent pas de problèmes morphologiques.

1. Cf. Grammaire Wagner et Pinchon, p. 277, et les travaux de M. Stefanini.

Appendice II

Le plus-que-parfait (forme en *-ĕram, -ĕras, -ĕrat,* comme on sait) a laissé quelques traces dans le plus ancien français (*Cantilène d'Eulalie, Passion, Vie de St Léger, Vie de St Alexis,* voire *Roman de Thèbes* et *Roman d'Alexandre,* etc.). Ces formes sont en :

-re à la 1re personne du singulier
-ret ou *-re* à la 3e personne.

Leur sens ne paraît en général pas différent de celui du passé simple, ou exprime parfois l'irréel du passé.

Ces vestiges n'ont pas une grande importance pour qui étudie les conjugaisons jusqu'à nos jours. En voici cependant quelques-uns qui appartiennent à des verbes importants [1] :

avoir : 3. *auret* (ou avret), awret (< habuerat) (Eulalie), etc.
devoir : 3. *devret* (< debuerat) *(Gormont)*
estre : 3. *furet* (< fuerat) *(Eulalie)*
faire : 3. *fedre* (< fecerat) *(Passion)*
firet (< *ficerat) *(Alexis)*
pooir : 3. *pouret* (< potuerat) *(Eulalie)*
prendre : 3. *presdre* (< *prenderat) *(Passion)*
venir : 3. *vindre* (< *vīnerat) *(St Léger)*
vengre (< venerat ?) *(Passion)*
voloir : 3. *voldret* (< vol(u)erat) *(Eulalie)*

1. On trouvera une liste plus longue dans Moignet ; *Grammaire de l'ancien français* (p. 77).

Les conjugaisons françaises (ou « groupes »)

I	1er groupe (ou 1re conjugaison vivante)	*-er* (< lat. -ā́re)	chanter aimer
II	2e groupe [1] (ou 2e conjugaison vivante)	*-ir* (< lat. -ī́re) participe présent -issant (< -iscéntem)	finir (finissant)
III	3e groupe (ou conjugaisons archaïques)	A. *-oir* (< lat. -ḗre)	devoir avoir
		B. -re (< lat. -ĕre)	dire vendre faire absoudre, etc.
		C. -ir (< lat. -ī́re) participe présent : -ant	dormir (dormant)

En fait nous avons adopté, comme on verra, le plan suivant :

I. La 1re conjugaison vivante

II. Les conjugaisons archaïques :
  A. Conjugaison en *-oir*
  B. Conjugaison en *-re*
  C. Conjugaison en *-ir* (type *dormir*)

III. La conjugaison inchoative (type *finir*)
  (ou 2e conjugaison vivante)

1. Nous en faisons dans le présent ouvrage une variété — qui s'est singulièrement développée — du groupe C issue du latin -ī́re.

I. La première conjugaison vivante : aimer (ou chanter)

D'une façon générale, on peut dire qu'un verbe de la première conjugaison latine (en -āre), s'il a survécu comme par exemple cantāre ou amāre, a évolué « régulièrement » du point de vue phonétique, sous certaines réserves que nous avons signalées dans l'introduction ou l'étude générale des temps, à savoir :

— la 1re personne du singulier du présent de l'indicatif qui avait d'abord perdu sa voyelle finale o (*canto* > je *chant* — *amo* > j'*aim* — **trŏpo* > je *truef*, etc.), a reçu un e sous l'influence des verbes qui avaient un e d'appui après un groupe de consonnes (ex. : *tremŭlo* > je *tremble*) ou plus vraisemblablement sous celle des 2e et 3e personnes du singulier (*cantas* > tu *chantes* — *cantat* > il *chante*, etc.) ;

— la 1re personne du pluriel a pris la terminaison *-ons* (< -ŭmus) par analogie avec sŭmus > *sons* (et *somes*) [1] ;

— la terminaison originelle de l'imparfait (-ābam, ābas, etc.) a laissé place, sauf dans certaines régions [2], à celle des autres conjugaisons : -ēbam, ēbas... ; de là l'ancien français *-eie* puis *-ois* mod. *-ais*.

Il faut rappeler qu'aux personnes accentuées sur le radical (1re, 2e et 3e pers. du sing. du présent de l'indicatif et du subjonctif, 3e pers. du plur. de ces mêmes temps, 2e pers. du sing. de l'impératif) les radicaux ont parfois subi des altérations phonétiques, différentes selon la voyelle touchée :

1°) Voyelle radicale a.

On observe diverses alternances :

personnes accentuées sur le radical latin → a. fr.	**personnes accentuées sur la terminaison** latin → a. fr.	fr. mod.
1. ámo > (j')*aim*	amāre > *amer*	1. j'aime aimer
2. ámas > (tu) *aimes*	5. amā́tis > (vos) *amez*	5. vous aimez
3. bátat > (il) *bée*	batāre > *baer*	3. il *baye* ou *baie* *bayer*
	batā́tis > vos *baez*	5. vous *bayez*

1. En picard on avait au début *-omes* et en normand *-um* (cf. *Chanson de Roland*).

2. Voir plus haut (p. 23) les terminaisons *-ève* dans l'Est et *-oue* dans l'Ouest.

2. clámas>(tu) *claimes*	clamāre > *clamer*	2. tu clames clamer
3. clámat > (il) *claime*	5. clamátis > (vos) *clamez*	5. vous clamez
1. lávo > (je) *lef*	lavā́re > *laver*	1. je lave laver
2. lávas > (tu) *leves*	*lavā́tis* > (vos) *lavez*	5. vous lavez
1. *adcápo > (j')*achief*	*adcapáre > *achever*	1. j'*achève* (cf. tu *achèves*) *achever*
2. *adcápas > (tu) *achieves* (á est précédé de c : loi de Bartsch)	*adcapā́tis > *achevez*	5. vous *achevez*
1. *adcápto > (j')*achate*	*adcaptáre > *acheter*	1. j'*achète* *acheter*
2. adcáptas>(tu) *achates* (á entravé) etc.	5. *adcaptā́tis>*achetez*	5. vous *achetez*

Conclusion. — Tantôt c'est la forme accentuée sur la terminaison qui a triomphé (je *clame,* tu *clames* comme *clamer,* vous *clamez* — je *lave,* tu *laves* comme *laver* — il *baye* comme *bayer*), tantôt — et plus rarement — la forme accentuée sur la voyelle radicale (*aimer* comme j'*aime,* tu *aimes*). Parfois les deux radicaux se sont maintenus (tu *achèves,* réduction de tu *achièves,* en face de *achever*) ; j'*achate* a été abandonné : j'*achète* semble analogique.

Cas particuliers.

Voyelle a suivie de l mouillé.

1. *tripálĭo>(je) *travail*	tripaliare > *travaillier* et *traveillier* (cf. *Roland*) voire *travillier*	1. je *travaille*
3. tripálĭat>(il) *travaille* (indic.)		3. il *travaille* *travailler*
3. tripaliet (subj.)	(qu'il) *travaut*	subj. 3. qu'il *travaille*

2°) Voyelle radicale ĕ (latin).

Trois types d'alternances :

a) pers. accent. sur radical	pers. accentuées sur termin.	fr. mod.
1. crĕ́po > (je) *crief*	crepā́re > *crever*	je *crève*/il *crève* *crever*
3. crĕ́pat > (il) *crieve*	5. crepā́tis > *crevez*	vous *crevez*
3. abrĕ́viat > (il) *abriege*	abreviā́re > *abregier*	il *abrège* *abréger*
	abreviā́tis > *abregiez*	vous *abrégez*

3. *adsĕ́dicat* > (il) *assiege*	*adsedicā́re > *assegier*	il *assiège* *assiéger*
	*adsedicā́tis > *assegiez*	vous *assiégez*
3. dispĕ́ttiat>(il) *de(s)piece*	*dispettiāre > *de(s)pecier*	il *dépèce* [1] *dépecer* vous *dépecez*
3. grĕ́vat > (il) *grieve*	grevā́re > *grever*	il *grêve* *grever*
	grevā́tis > *grevez*	vous *grevez*
1. lĕ́vo > (je) lief		je *lève*
3. lĕ́vat > (il) *lieve*	levā́re > *lever*	il *lève* *lever*
	levā́tis > *levez*	vous *levez*
1. vĕ́to > (je) *vié*	vetā́re > *veer*	(inusité)
3. vĕ́tat > (il) *viée*	vetā́tis > *veez*	

b) *Voyelle ĕ affectée par un yod* (> i sous l'accent)

1. prĕ́co > (je) *pri*	precā́re > *preiier* puis *proiier*	je *prie*/il *prie* *prier*
3. prĕ́cat > (il) *prie*	precā́tis > *preiiez* puis *proiiez*	vous *priez*
nĕ́gat > (il) *nie*	nĕgāre > *neiier* *noiier*	il *nie* *nier*
	negā́tis > *neiiez* *noiiez*	vous *niez*
nĕ́cat > (il) *nie* et *noie* [2]	nĕcā́re > *neiier* *noiier* et *noyer* [3]	il *noie* *noyer*
	necā́tis > *neiiez* *noiiez* et *noyez*	vous *noyez*
prĕ́tĭat > (il) *prise*	pretiā́re > *preisier* *proisier*	il *prise* *priser*
(cf. prĕ́tium > *prix*)	pretiā́tis > *preisiez* *proisiez*	vous *prisez*
sĕ́cat > (il) *sie*	secā́re > *seier* puis *soier* (Beaum.)	il *scie* *scier*
	secā́tis > *seiez* puis *soiez*	vous *sciez*

1. Au contraire on a *rapiécer* comme il *rapièce* : cela est sans doute dû au fait que le rapport sémantique avec *pièce* est bien visible pour tout le monde.

2. Joinville écrit *naye* (cf. Littré). Le *Roman de la Rose* a *neient* (3e pers. du plur.).

3. On prononçait [no-yer] ; c'est du reste encore la prononciation du dictionnaire de Littré [no-ié].

c) *Voyelle ĕ suivie de deux consonnes, même secondairement :*

appĕllat > (il) *apele*	appellā́re > *appeler*	il *appelle* = [ęlə] *appeler* [1]
	appellā́tis > *apelez*	vous *appelez*
sĕmĭnat > (il) *seme*	semĭnā́re > *semer*	il *sème* *semer*
	semĭnātis > *semez*	vous *semez*

3°) Voyelle radicale ē (et ĭ bref latin > ẹ au Ve siècle).

a) *Voyelle libre :*

accentuée	non accentuée	fr. mod.
1. pe(n)so > (je) *peis*	pe(n)sā́re > *peser*	je *pèse* *peser*
3. pensat > (il) *peise/poise*	pe(n)sā́tis > *pesez*	vous *pesez*
3. cḗlat > (il) *çoile*	celā́re > *celer*	il *cèle* *celer* [2]
	celā́tis > *celez*	vous *celez*
3. spḗrat > (il) *espeire* puis *espoire* [3]	sperā́re > *esperer*	il *espère* *espérer*
	sperā́tis > *esperez*	vous *espérez*
3. *esfrī́dat > (il) *esfreie* puis *esfroie*, *effraie* (Couci)	*esfridā́re > *esfreer*	il *effraye/effraie* *effrayer*
	*esfridā́tis > *esfreez* cf. esfridā́tus > *esfreez* (part. passé)	vous *effrayez* *effrayé*

b) *Verbes en -ĭcāre (ĭ suivi de -ka-) ou -ĭzare :*

voyelle ĭ accentuée	voy. ĭ non accentuée	fr. mod.
1. plĭ́co > (je) *plei* *ploi(e)*	plĭcāre > *pleiier* puis *ploiier*	je *plie* (et je *ploie*) *plier* (et *ployer*)
3. plĭcat > (il) *pleie* *ploie*	plicātis > *pleiiez* *ploiiez*	vous *pliez*
3. *auctorĭ́cat (ou *auctorĭzat) [4] > (il) *otreie* *otroie*	auctorĭcā́re) > *otreiier* (auctorĭzā́re) puis *otroiier*	il *octroie* *octroyer*

1. *Interpeller* [intęrpęlẹr], il *interpelle* [intęrpęlə] est un verbe savant qui n'apparaît qu'au XIVe siècle.

2. Littré note la prononciation [se-lé] ; il semble qu'actuellement on prononce [sélé]. Littré remarquait déjà que l'Académie « par une inconséquence singulière » écrivait *recéler ;* il est vrai que plus tard l'Académie a écrit *receler* (8e édit. du dictionnaire). Le Robert admet *recéler* à côté de *receler.*

3. Froissart (I, 1, 75) écrit encore *j'espoire.*

4. Le dict. de Bloch-Wartburg fait venir ce verbe du latin médiéval *auctorizare.* Pour Fouché et le dict. de Tobler et Lommatzsch il remonterait à un latin vulg. **auctorĭcare.*

c) *Voyelle ĭ suivie de l mouillé :*

1. consílio > (je) *conseil*		je *conseille*
3. consĭ́liat > (il) *conseille* (indic.)	consiliāre > *conseillier*	il *conseille* *conseiller*
3. consíliet > (qu'il) *conseut* (subj.) et *conseille (Rose)*		qu'il *conseille*
cf. *adparicŭlāre >	*ap(p)areillier*	*appareiller*
vigĭlāre >	*veillier*	*veiller*

d) *Voyelle ē ou ĭ suivie de nasale :*

1. *míno > (je) *mein*	*mináre > *mener*	je *mène* *mener*
3. *mínat > (il) *meine*	5. minátis > *menez*	vous *menez*
3. *pénat > (il) peine (cf. poena > *pēna > peine)	*penáre > *pener*	il *peine* *peiner*

e) *Voyelle ĭ suivie de n mouillé :*

1. dígno > (je) deing	dignáre > *deignier* et *daigner*	je *daigne* *daigner*
3. dĭgnat > *dei(n)gne* (Couci) et *daigne (ibid.)*	dignātis > *daigniez* (Couci)	vous *daignez*
3. insígnat > (il) *enseigne* (indic.)	insignāre > *enseignier*	il *enseigne* qu'il *enseigne* *enseigner*
3. insígnet > (qu'il) *enseint* (subj.) (et *enseigne, Rose*)	insignátis > *enseigniez*	vous *enseignez*

4°) Voyelle radicale ŏ.

a) voyelle libre accentuée	voyelle non accentuée	fr. mod.
1. ŏ́pĕro > (j')*uevre*	operáre > *ovrer* puis *ouvrer*	j'*œuvre* *œuvrer* (anal.)
3. ŏ́pĕrat > (il) *uevre*	operátis > *ovrez*	vous *œuvrez*
3. *trŏ́pat > (il) *trueve* *treuve* [1]	*trŏ́pāre > *trover* puis *trouver* *tropātis > *trovez* et *trouvez*	il *trouve* (anal.) *trouver* vous *trouvez*
3. prŏ́bat > (il) *prueve* *preuve*	probáre > *prover* puis *prouver*	il *prouve* (anal.) *prouver*
3. *demŏ́rat > (il) *demeure* [2]	*demoráre > *demorer* puis *demourer*	il *demeure* *demeurer* (anal.)

1. La Fontaine emploie encore *je treuve*, usant sans doute délibérément d'un archaïsme. Calvin écrit : « ils n'en *preuvent* rien ».

2. En fait *demŏ́rat a été traité comme les verbes en -ŏ́rat (voir tableau de ce verbe).

b) *Voyelle ŏ affectée par un yod :*

3. appŏ́diat > (il) *apuie*	appodiāre > *apoiier*	il *appuie* *appuyer* (anal.)
	appodiā́tis > *apoiiez*	vous *appuyez* (anal.)
3. *apprŏ́piat>(il) approche (et *aprueche*) [1]	appropiā́re > *approchier*	il *approche* *approcher*
3. inŏ́diat > (il) *enuie*	inŏdiā́re > *enoiier*	il *ennuie* *ennuyer* (anal.)
	5. inodiā́tis > *enoiiez*	vous *ennuyez*
3. vŏ́cĭtat > (il) *vuide*	vocĭtā́re > *voidier*	il *vide* *vider* (anal.)
	vocitā́tis > *voidiez*	vous *videz (id.)*
Cas particulier :		
3. apprŏ́xĭmat>(il) *apruisme* (cf. il *aprime (Rose)* influence de *prime* (?)	approxĭmā́re > *aproismier*	(verbe disparu)

5°) Voyelle radicale ō.

3. adṓrat > il *aeure (Renart, Rose)*	adorā́re > *aorer* puis *aourer (Berte, Rose)*	il *adore* (anal.) *adorer* (verbe refait sur le latin)
3. plṓrat > (il) *pleure*	plorā́re > *plourer (Rose)*	il *pleure* *pleurer* (anal.)
	plorā́tis > *plourez*	vous *pleurez*
3. nṓdat > (il) *neue (Renart)*	nodāre > *noer* puis *nouer*	il *noue* (anal.) *nouer*
	nodātis > *noez* puis *nouez*	vous *nouez*
3. labṓrat > (il) *labeure (Fl. et Blanch.)* et *labore (Rose)*	laborāre > *laborer* puis *labourer*	il *laboure* *labourer* (anal.)
1. ad-vṓto > (je) *avo (Berte)*	advotāre > *avoer* puis *avouer*	j'*avoue* *avouer*
1. spō(n)so > (j')*espous (Rose)*	sponsāre > *esposer* puis *espouser*	j'*épouse* *épouser*

1. Le groupe -py- fait ordinairement entrave (cf. sapiam > sache) ; cependant on trouve des formes avec o diphtongué : *aprueche/apreuche* en face de *aproche/aprouche*. De même *reprŏpiat > *reproche* et *reprueche*.

Conclusion sur les verbes de la 1re conjugaison présentant des alternances radicales en ancien français.

Une petite statistique faite sur les verbes que nous venons d'examiner sommairement plus haut fait apparaître :

1°) Que peu de verbes (2 sur 44) ont encore maintenant des alternances anciennes :

il appelle/appeler
il sème/semer

Encore ne portent-elles que sur le timbre de la voyelle e (ę/ə).

Quatre autres verbes qui ont actuellement des alternances analogues ou comparables.

il cèle/celer (ę/ə)
il espère/espérer (ę/ẹ)
il pèse/peser (ę/ə)
il sèvre/sevrer (ę/ə)

ont, en fait, des présents de l'indicatif (personnes fortes) « modelés sur l'infinitif » : les anciennes formes il *çoile, espoire, poise, soivre* ont disparu [1].

2°) Que les sujets parlants (et écrivants) ont éprouvé naturellement le besoin de simplifier la conjugaison en réduisant le nombre des radicaux :

a) tantôt c'est *le radical de l'infinitif* — qui est aussi celui de la 1re et de la 2e pers. du plur. de l'indicatif présent, de tout l'imparfait, de l'impératif pluriel, du participe présent, etc. — *qui s'est imposé :* indépendamment des *quatre* verbes ci-dessus, nous avons relevé *vingt* cas de ce genre dont celui de *noiier/noyer* (il s'est ainsi différencié de *nier* qui s'est aligné sur son présent).

b) *tantôt c'est le seul radical accentué du présent de l'indicatif* qui l'a emporté : nous avons relevé *douze* verbes (à peine la moitié des nombres précédents) qui ont évolué de la sorte ; ce sont *aimer — appuyer — assiéger — effrayer — ennuyer — nier — œuvrer — peiner — pleurer — prier — priser* (estimer) — *vider.*

3°) Sept autres *(appareiller — conseiller — daigner — enseigner — octroyer — travailler — veiller)* n'étaient pas notablement différents, en ancien français, à l'infinitif et, d'autre part, aux personnes fortes de l'indicatif présent : ils étaient pour ainsi dire simplifiés d'avance.

4°) Un verbe enfin pourrait être classé avec eux : c'est *ployer* dont l'infinitif *pleiier* > *ploiier* était conforme à l'indicatif il *pleie* > *ploie* et l'est resté. Mais il a connu une autre évolution : suivant l'exemple de *proiier* > *prier* (d'après prĕcat > il prie) il est devenu aussi *plier,* sans qu'il y ait eu une notable séparation de sens [2].

Cette petite statistique illustre bien le travail de simplification des radicaux verbaux qui s'est produit surtout pendant la période du moyen français, parfois même au XVIIe siècle. Aux origines de la langue l'évolution phonétique naturelle avait différencié ces radicaux ; ensuite les hommes ont instinctivement réagi pour les réunifier, en éliminant l'un ou l'autre.

---

1. Voir Fouché, *Phonétique,* II, p. 276. « Le ę de *espérer* provient peut-être du mot savant espérance » *(ibid.).*

2. Les deux formes *(plier* et *ployer)* ont évidemment de très notables différences d'emploi. Pour un moderne ce sont deux verbes différents.

1re conjugaison : le verbe-type aimer

Aimer

Latin : amāre, ámo, ámās, amā́vī, amā́tum

Infinitif : amáre > *amer* puis *aimer* (par généralisation du radical de j'*aim,* tu *aimes,* etc.)[1].

ital. : amare
esp. : amar
oc (limousin) : åma

Indicatif présent

latin	anc. et moy. fr.	fr. mod.
1. ámo	(j')*aim* (var. *ain[s]*) puis j'*aime*[2]	j'*aime*
2. ámas	(tu) *aimes*	tu *aimes*
3. ámat	(il) *aime* *ainme (Percev.)*	il *aime*
4. amā́mus *-ǘmus	(nos) *amons* puis nous *aimons*	nous *aimons*
5. amā́tis	(vos) *amez* puis vous *aimez*	vous *aimez*
6. ámant	(il[s]) *aiment*	ils *aiment*

Indicatif imparfait

latin	lat. vulg.	anc. et moy. fr.	fr. mod.
1. amā́bam	*amḗ(b)a(m)	(j')*ameie/amoie* *amois* puis j'*aimois*[3]	j'*aimais*
3. amā́bat	*amḗ(b)at	(il) *ameit* *amoit* puis *aimoit*	il *aimait*

1. La généralisation du radical *aim* n'a été complète, comme le signale P. Fouché (*Morph.,* p. 61, note 1), qu'à la fin du XVIe siècle. Encore faut-il signaler qu'elle ne s'est pas produite dans le participe substantivé *amant.* Signalons toutefois que Louis XI (mort en 1483) écrit *aimer.*

2. *Le Roman de la Rose,* dans la partie écrite par Jean de Meun vers 1270-1278, a encore j'*aim* (et d'autre part *amer, amoit*). P. Fouché cite une forme j'*ainme* dans *Meliador,* v. 9726.

3. Pour le passage analogique à j'*aimois,* voir ce qui est dit à propos de l'infinitif.

4. amabā́mus	*ame(b)ā́mus	(nos) *amiiens* puis *amions* et *aimions*	nous *aimions*
5. amabā́tis	*ame(b)ā́tis	(vos) *amiiez* puis *amiez* et *aimiez*	vous *aimiez*
6. amā́bant	*amḗ(b)ant	(il[s]) *ameient* *amoient* puis *aimoient*	ils *aimaient*

Futur (cf. plus haut p. 25)

lat.	anc. et moy. fr.	fr. mod.
1. *amar(e)-hábeo	(j')*amerai* puis j'*aimerai* (moy. fr.)	j'*aimerai*
5. *amar(e)-(hab)ḗtis -ā́tis	(vos) *amereiz*/*-oiz* et *amerez* puis *aimerez*	vous *aimerez*

Conditionnel présent (cf. plus haut p. 26)

lat.	anc. et moy. fr.	fr. mod.
1. amar(e)-(hab)ḗ(b)a(m) > *amarḗa	(j')*amereie*/*-oie* puis j'*amerois* et j'*aimerois* [1]	j'*aimerais*
5. *amar(e)(hab)e(b)ā́tis > *amareátis	(vos) *ameriez* [2] puis *aimeriez*	vous *aimeriez*

Passé simple (cf. plus haut, parfaits du type -ā́vi, p. 31)

1. amā́vi	(j')*amai* puis *aimai*	j'*aimai*
2. amavĭsti et *amā́sti* (forme écrasée)	(tu) *amas* puis *aimas*	tu *aimas*
3. amā́vit	(il) *ama* puis *aima*	il *aima*
4. amavimus	(nos) *amames* puis *aimasmes* [3] (anal. de *aimastes*)	nous *aimâmes*
5. amavistis et *amástis* (forme écrasée)	(vos) *amastes* puis *aimastes*	vous *aimâtes*
6. amavĕrunt et *amā́runt* (forme écrasée)	il(s) *amerent* puis *aimerent*	ils *aimèrent*

1. Froissart (2e moitié du XIVe siècle) écrit même : *aimeroie* (cf. Littré).

2. C'est la forme employée par Joinville, 194 (début du XIVe s.).

3. C'est au XIIIe siècle que la terminaison de 1re pers. du pluriel devient *-asmes* (par analogie de *-astes*) (cf. Nyrop, *Morph.*, p. 128).
-asmes et *-astes* ont commencé à s'écrire -âmes, -âtes au XVIIe siècle : cette graphie a été adoptée par le dict. de l'Académie en 1740 (3e édition).

Subjonctif présent		
1. ámem	(j')*ain (Rose)*	que j'*aime*
2. ámes	(tu) *ains (Rose)*	que tu *aimes*
3. ámet	(il) *aint (Rose)* et *aime (id.)*	qu'il *aime*
4. amḗmus	(nos) *amons* (subst. de termin.) et *amiens* [1]	que nous *aimions*
5. amḗtis	(vos) *ameiz/amoiz* et *amez*	que vous *aimiez*
6. áment	(il[s]) *aiment*	qu'ils *aiment*

Subjonctif imparfait (fait à partir de formes « écrasées » en *-asse*(m) (voir plus haut p. 48)

1. amássem	(j')amasse	que j'*aimasse*
3. amásset	(il) amast	qu'il *aimât*
4.	(nos) *amissons* puis *aimissions* [2]	que nous *aimassions*
5.	(vos) *amissez/-issiez* puis *aimissiez*	que vous *aimassiez*
6. amássent	(il[s]) *amassent* puis *aimassent*	qu'ils *aimassent*
Impératif		
2. áma	*aime*	*aime*
4. cf. indicatif	*amons* puis *aimons*	*aimons*
5. «	*amez* puis *aimez*	*aimez*
Participe présent		
Rég. sing. amántem	*amant (Rose)* [3] puis *aimant*	*aimant*
Participe passé		
Rég. sing. amā́tum	*amé* (Rose) puis *aimé*	*aimé*
Rég. sing. fém. amā́ta(m)	*amée* puis *aimée*	

1. La terminaison *-uns* (= *-ons* en francien) se trouve déjà dans *Roland* v. 226.
Joinville (début XIVe siècle) emploie des formes en *-ons* à côté de formes en *-iens (mangiens, doutiens)* :
Ces dernières viennent des verbes qui avaient un yod devant -ámus :
types : siámus > *seiens* puis soions/soyons
habeámus > *aiens* puis ayons
voleámus > *voliens* puis voulions
faciamus > *faciens* puis fassions, etc.
-iens a cédé la place à *-ions* au XVe siècle (cf. *Fouché*, p. 344).

2. Nyrop (*Morph.*, p. 148) dit que les formes avec -iss- sont les seules connues au Moyen Age. A la fin du XVIe siècle elles tombent en désuétude mais J. Godard les défend encore en 1620. Ce sont les formes *-assions, -assiez* qui sont devenues régulières : en vérité personne ne les a jamais aimées.

3. La forme *amant* s'est spécialisée en fonction de substantif.

Conclusion. — Ce verbe n'est pas le plus régulier des verbes en -āre > -er puisqu'il présente en ancien français une alternance du radical : accentué sur a il a la forme *aim-*, non accentué la forme *am-* ; mais le radical *aim-* s'est généralisé à partir de la période du moyen français.

Verbes en -cher et en -ger d'origines diverses : approcher (et composés) — coucher — mâcher — manger

Approcher (cf. **reprocher**)

Latin de basse époque *apprŏpĭāre* (attesté dans des textes d'auteurs ecclésiastiques) : ce verbe, qui a remplacé appropinquare, a été fait sur *propior* comparatif de propinquus (proche). On a eu en somme la correspondance suivante :

$$\frac{\text{propinquus}}{\text{appropinquare}} = \frac{\text{propior (ou propius)}}{\textit{appropiare}}$$

Infinitif. Appropiāre > *aprochier* puis *aprouchier (Rose)*, d'où *approucher* (et *approcher*) après réduction du yod.

La forme *approcher* qui a triomphé est analogique de *il approche* (où le ŏ était accentué). On observe aussi au XVIe siècle — et même plus tôt — des analogies inverses : il *approuche* d'après *approucher* (cf. Fouché, *Morph.*, p. 64, note 1).

Ital. : *approciare*

Langue d'oc (lim.) : [åprutsa]

Indicatif présent

En règle générale le ŏ́ entravé ne se diphtongue pas (d'où, par exemple, il *ap(p)roche*) ; mais on trouve parfois des formes à ŏ́ diphtongué (il *aprueche*).

1. apprŏ́pĭo	*aproche* [1]	j'*approche*
2. apprŏ́pias	*aproches*	tu *approches*
3. apprŏ́piat	*aproche* (*aprouche* in *Rose*) var. *aprueche* (*Fabl. et Contes*) [2]	il *approche*
5. appropiā́tis	*aprochiez* (*aprouchiez, Rose*)	vous *approchez*
6. apprŏ́piant	*aprochent* (*aprouchent, Rose*)	ils *approchent*

1. Le verbe reprocher présente une 1re pers. *repruef* (*Partonop.* cité par Littré).

2. D'où un infinitif *apreuchier*.

Morphologie des verbes		
Indicatif imparfait		
6. *appropiḗbant	*approchoient* (Frois.)	ils *approchaient*
Futur		
3. appropiar(e)hábet	*aprochera*	il *approchera*
Passé simple		
3. appropiắvit	*aprocha* (Villeh.) [1]	il *approcha*
6. *appropiắrunt	*aprochierent* (Villeh.) (*approucharent,* Rabelais)	ils *approchèrent*
Subj. présent		
3. apprŏ́piet	*aproche* var. *aproiche (Rose)*	qu'il *approche*
Subj. imparfait		
3. *appropiásset	*approchast* (Amyot)	qu'il *approchât*
Participe présent		
Rég. sing. : appropiántem	*aprochant* *aprouchant*	*approchant*
Participe passé		
Rég. sing. (masc.) appropiátu	*aprochié* (Villeh.) *approché* (Froiss.) [2]	*approché*

Remarque. — *Aprochier* est, semble-t-il, bien moins employé au Moyen Age que de nos jours car il est alors en concurrence avec *aproismier/aprimer* (< ad + proxĭmāre).

Conclusion. — Ce verbe n'a gardé qu'un radical : *approch-* (cf. *reproch-*) ; la prononciation distingue toutefois il *approche* (avec o ouvert) et *approcher,* nous *approchons,* etc., avec o fermé.

a. fr. **aproismier/apri(s)mier** (cf. **aprochier/approcher**)

(approcher, s'approcher — s'unir par mariage, etc.)

Etym. : *ad + proxĭmāre, verbe fait sur *prŏxĭmus* superlatif de propinquus (proche). Le verbe simple *proxĭmāre* est déjà bien attesté en latin impérial (Apulée, Solin, cf. dict. de Gaffiot).

Approcher (cf. ce verbe) s'est constitué, de même, à partir du comparatif *propior/propius* de propinquus.

1. Cf. *reproucha* (courant, cf. du Cange).

2. Cf. *reprouchée,* chez Christine de Pisan par exemple.

La conjugaison de *aproismier* est dominée par l'alternance de l'accent :

1°) radical atone : *adproxĭmā́re > *aproismier*

2°) radical tonique : ind. prés. 3e pers. : *adprŏ́xĭmat > il *apruisme* et, par simplification (influence de prime ?), il *aprisme*.

L'infinitif *aprismier* est analogique de il *apruisme/aprisme*.

Quoi qu'il en soit ce verbe a cédé la place à son voisin étymologique *aprochier/approcher*.

Coucher

Latin class. : *collŏcāre,* collŏco, -as (régulier) : placer (dans une position horizontale).

Observations générales. — Ce verbe est un composé de *locare* (louer) mais la parenté avec locare n'a plus été sentie, du moins dès que la voyelle prétonique o s'est effacée à l'infinitif : d'où *colcā́re.

Ce verbe relève de ce que l'on a appelé « la loi de Bartsch » [1] : l'ancien français est *colchier (Alexis)* puis *couchier* et enfin *coucher* après la réduction du yod (à partir du XIIIe s.).

Infinitif ital. : *colcare* (donné par Littré).

Indicatif présent		
3. cóll(ŏ)cat	*colche* puis *couche* (*culchet* in *Rol.)*	il *couche*
5. coll(o)cā́tis	*colchiez* > *couchiez* puis *couchez*	vous *couchez*
Subj. présent		
3. cóll(ŏ)cet	*colzt* (cité par Fouché)	qu'il *couche* (anal. indic.)
Passé simple		
3. coll(o)cā́vit	*colcha* > *coucha* (*culchout* in *Thom. Becket)*	il *coucha*
Participe passé		
C.S. fém. sing. coll(o)cā́ta	colchiée > couchiée puis *couchée* (cf. pic. : *couquie*)	*couchée*

1. ... qui peut s'énoncer ainsi : « un a accentué précédé d'un phonème palatal a donné ę qui s'est diphtongué en íę, est devenu ensuite yẹ́ et s'est enfin réduit à ẹ́ au XIIIe siècle » ; relèvent notamment de cette loi les verbes en -care et -gare (du moins quand ce suffixe n'était plus précédé de o, u) : ex. : caball(i)care > *chevauchier* en a. fr., mand(u)care > *mangier* en a. fr.

Mâcher [1]

Étym. Latin de basse époque *mastĭcắre* (régulier).

Observations générales. — L'évolution phonétique de l'*infinitif* mastĭcāre relève de la loi de Bartsch (cf. *coucher, manger,* etc.) : mastĭcắre > *mastikyáre > *mast(i)tyáre, d'où :

1°) *mastšẽ́re*
  > a. fr. *maschier* puis *mascher* (XIIIᵉ s.), puis *mâcher* (XVIIIᵉ s.)
  > picard : *masquier* (ou *maskier*)

2°) mastsẹ́re
  > *massier* ou *maissier*, formes bien attestées aussi (cf. Tobler-Lom.)

ital. : *masticare*

esp. : *mascar*

portug. : *mastigar*

oc (prov.) : *mastegar* et *maschar,* (lim.) : *måstsa(r).*

Indicatif présent		
3. mástĭcat	*masche*	il *mâche*
5. masticátis	*maschiez* puis *maschez*	vous *mâchez*
Subj. présent		
3. mástĭcet	*masche* (*mache* chez G. de Coincy)	qu'il *mâche*
Participe présent		
C.R. masticántem	*maschant* (pic. *maskant*)	*mâchant*
Participe passé		
C.R. masc. sing. mastĭcátum	*maschié*/*masché* pic. *masquie(t)*	*mâché*
C.S. f. sing. masticắta	*maschiée* pic. *maskie* forme interm. : *maschie* (in Littré)	*mâchée*

1. Le verbe a eu très tôt aussi des sens figurés : au Moyen Age on lui trouve celui de *méditer* (cf. ruminer (un sentiment, une pensée). Au XVIᵉ il peut signifier *blesser* (sens encore vivant), *nuire, dissimuler* (« mascher sa colère », chez Brantôme).

Manger

Latin vulg. *mandūcā́re* (cf. *mandū́cus,* goinfre)

Dérivé de *mandĕre :* mâcher.

Ce verbe a remplacé *edĕre* en Gaule.

Infinitif. Mandūcā́re > *mand'gā́re > *mand'gyā́re > *mand'žyā́re > *mandžẹ̄re > a. fr. *mangier,* écrit aussi *mengier* (Villeh., *Rose*) et réduit ensuite à *manger* [1].

Ital. : *mangiare* (emprunté au français) (mais il a existé un anc. ital. manucare/manicare, signale le dict. de Bloch-Wartburg).

oc (lim.) : *[myẽndza],* (prov.) : *manjar.*

L'espagnol a gardé un composé de *edere : comer* (< comedere).

Indicatif présent		
1. mandū́co	*manju/mainjuz* et aussi *mangeue/mengeue* (XVIe s.) à côté de *mange* [2]	je *mange*
2. mandū́cas	*manjues* puis *manges* écrit aussi *mangus/mangeus*	tu *manges*
3. mandū́cat	*manjue* puis *mange* écrit aussi *mangüe* [2] ou *mangue* (Desch.)	il *mange*
4. manducāmus puis -ŭmus	*manjons* ou *mangeons*	nous *mangeons*
5. manducā́tis	*mangiez* puis *mangez*	vous *mangez*
6. mandū́cant	*manjuent* (*Rose,* etc.) écrit *mangeuent* par Palsgrave, XVIe s. et même *mangüent* [3]	ils *mangent*

1. L'évolution phonétique de ce verbe relève de la « loi de Bartsch », voir *coucher* et la note.

2. Les formes modernes du sing. (je *mange,* etc.) apparaissent à partir du XIVe siècle et sont analogiques de *manger, manjons.*

3. Ces graphies *mangüe, mangüent* ainsi que *mangoit* (imparf. indic.), *mangai* (passé simple), *mangast* (imparf. subj.) surprennent. Sans doute mandūcat aurait-il dû aboutir à **mandue(t)* mais *manjue/mangüe* est analogique de l'infinitif et il faut probablement lire g = j (ou dž), même en picard. M. Gossen remarque en effet (*Gram. de l'anc. picard,* p. 81) que « les scribes écrivaient fréquemment g pour j et vice versa ».

Au XVIe siècle les formes telles que je *mangeue/mangus* sont très fréquentes encore et Gringore, par exemple, écrit je *mengus* et je *mangeus* (in Huguet) : la prononciation ne peut être différente.

Indicatif imparfait		
3. manducā́bat -ḗbat	cf. *manjout* (Wace) *manjoit (Joinville)* *menjoit (Berte)*	il *mangeait*
4. manducebā́mus	*mangiens* (Aucassin) puis *mangions*	nous *mangions*
6. *manducḗbant manducā́bant	*manjoient* ou *mangoient* (ou *menjoient*) *manjoent (Rose)*	ils *mangeaient*
Futur		
3. *manducar(e)hábet	*mangera (manjera)*	il *mangera*
6. *manducar(e)hábunt	*mangeront* (*mangerunt* in *Rol.*)	 ils *mangeront*
Conditionnel présent Conforme		
Passé simple		
1. manducā́vi	menjai/manjai/mangai (= manjai)	je *mangeai*
Subjonctif présent		
3. mandŭ́cet	a) *manjust (Charette)* *manjut* (Marie de Fr.) *mengeusse* (XVIe s. in Huguet) b) *manjoise* (Job) (anal. de *voise ?*)	qu'il *mange*
Subj. imparfait		
3. manducásset	*menjast/manjast* ou *mangast (= manjast)*	qu'il *mangeât*
Impératif		
2. mandŭ́ca	*manjue* (*mangue* chez Gring.) et *mange* (cf. indic.)	*mange*
5. manducātis (ind.)	*mangiez* puis *mangez*	*mangez*
Participe présent		
C.R. manducántem	*menjant/manjant*	*mangeant*
Participe passé		
C.R. sing. masc. manducātu	 *mangié* puis *mangé*	 *mangé*
C.R. sing. fém. manducāta	 *mangiée* (pic. : *mangie*)	 *mangée*

Conclusion. — Ce qui frappe le plus dans la conjugaison ancienne de ce verbe, ce sont les formes de l'indicatif présent, du subjonctif présent et de l'impératif (personnes du singulier telles que je *manju,* tu *manjues,* il *manjue*) : elles résultent d'un compromis entre le radical de l'infinitif (ou des 2es pers. du plur.) et le vocalisme original (ū accentué).

Ces formes, quelle que soit leur graphie (je *mangeus,* je *mengeue,* je *mangus*) sont encore abondamment représentées au XVIe siècle (voir dict. de Huguet), à côté des formes modernes apparues à partir du XIVe siècle.

Première conjugaison : autres verbes

Aller

Étymologie controversée ; traditionnellement on admet que le français *aller* (anc. fr. *aler*) représente une forme tronquée du latin *ambulare* > *alare ; alare* figure en tout cas dans les Gloses de Reichnau avec le sens de *transgredere* et au participe *alatus* avec celui de *profectus.*

Mais *ambulare/alare* ne peut pas expliquer le verbe correspondant qui en italien, en langue d'oc et même en espagnol est un élément de la même conjugaison composite du verbe de sens « aller », faite aussi avec *vadere,* vado, vadis et *ire.*

L'italien est *andare,* l'espagnol *andar* et l'occitan ainsi que le catalan-valencien *anar,* réduction évidente de *andar(e).* Personnellement nous avons proposé une autre étymologie (in *Revue de Linguistique Romane,* 1959) à savoir que *andare* représenterait le fréquentatif *aditare* du très usuel *adire* (aller) ; nous savons par un témoignage du grammairien Diomède (2e moitié du IVe siècle) que cet *aditare* était alors très employé [1].

Aditare explique assez facilement *andare* puis l'occitan *anar* (la réduction de -nd- à n n'est pas rare) ; *anar* aurait alors donné *alar* dans la vallée du Rhône et *aler* plus au nord. On observe aussi en rhéto-roman des alternances (a)*na*/(a)*la* de ce même verbe.

*Infinitif : *alare* > anc. fr. *aler* puis *aller.* En ancien français la graphie usuelle est *aler, alé,* etc. mais on trouve très tôt aussi *aller, allé* (*Roland,* Beaumanoir, Froissart, etc.).

Indicatif présent		
1. vádo > *váo (cf. ital. : vo, oc. : vaụ)	*voi* (cf. *ai*) et *vois (Yvain)* var. *vai* [2] (cf. *ai*) *vais* et *veis* (Ps. Cambr.)	je *vais* [3]

1. Cette étymologie (aditare) avait été proposée par Diez, et Littré dans son examen de la question est tenté de la retenir (voir article *aller,* Historique).

2. *Vai* (puis *vais* et *veis*) paraît analogique de j'*ai. Vait* (3e pers.), pour P. Fouché, serait analogique de *fait* (< fácit) et *vet,* qu'il dit « tardif » (en fait on le trouve dans le *Roman de la Charrette,* 1172) ne viendrait pas de *vait* (*Morph.,* p. 425). Il nous semble bien que vádit a donné *vait* (cf. limousin actuel *vaị*) puis on a eu sans doute l'évolution normale :
aị > eị > e(i)
d'où *vait* > *veit* (*Thom. Becket,* etc.) > *vet*

3. Au XVIe s. les 1res pers. du sing. sont : je *vois/voys* — je *vais* et je *va(s)* (cf. dictionnaire d'E. Huguet). A propos de la forme *vais* qui apparaît sans doute alors comme une réduction de *vois* = [vwę(s)], Vaugelas déclare : « M. de Malherbe escrit toujours je *vois* pour je *vais.* Mais je ne voudrois pas

2. a) vadis (atone)	a) *vas* (cf. as)	tu *vas*
b) var. tonique vádis	b) *vaiz (Rois),* *ves* (Béroul)	
3. a) vadit (atone)	a) *va* et *vat* (in Tobler-L.)	il *va*
b) vádit (tonique)	b) *vait (Alexis),* *veit (Th. Becket)* *vet (Charette)*	
4. *alắmus et term. < -ŭ́mus	*alons*	nous *allons*
5. *alắtis	*alez*	vous *allez*
6. vádunt > *vaont	*vont*	ils *vont*
Indicatif imparfait		
1. *alēbam etc.	*aleie* > *aloie* puis *alois/allois*	j'*allais*
Futur		
1. *ir(e)hábeo > *iráio etc.	*irai* [1] var. *irrai*	j'*irai*
Conditionnel présent		
1. *ir(e)(hab)ēbam > *irḗa etc.	*ireie* puis *iroie* *irois*	j'*irais*
Subjonctif présent Trois types en anc. français :		
I. Type que j'*aille*		
1. *áliam (anal. de valeam)	(j')*aille* (*Roncesv.*, *Rose*, etc.)	*que j'aille*
2. *álias	(tu) *ailles*	que tu *ailles*
3. *áliat	(il) *aille*	qu'il *aille*
var. *alet (subj. de alare)	(il) *alt (Rol.), aut*	
4. aliamus et term. -ŭ́mus	(nos) *aillions* ou *allons*	que nous *allions*

l'imiter en cela, non tant à cause de l'équivoque de *vois* pour *video*... que parce qu'il ne se dit presque point et que personne ne l'escrit » (cité par Fouché, *Morph.*, p. 425).

Ailleurs Vaugelas observe (*Remarques*, p. 27) que « tous ceux qui sçavent escrire, et qui ont estudié, disent je *vais*, et disent fort bien selon la grammaire..., mais [que] toute la Cour dit je *va*, et ne peut souffrir je *vais*, qui passe pour un mot provincial ou du peuple de Paris ».

En 1673 Ménage, qui connaît cette remarque de Vaugelas, écrit : « Il faut dire *vais* et c'est comme on parle à la Cour... »

1. Godefroy donne, pour des composés, des futurs ou conditionnels, faits sur l'infinitif : *suralleront*, *préalleroit*.

5. *aliátis	(vos) *ailliez (Rose)* ou *allez*	que vous *alliez*
6. *áliant	(il[s]) *aillent (Rose)*	qu'ils *aillent*

II. Type que j'*alge*/j'*auge*[1] (*Chanson de Rol.*, *Rou*, anglo-normand en général).

1. *áliam	(j')*alge*/*auge*	(type disparu à la fin du Moyen Age)
5. *aliátis	(vos) *algiez*	
6. *áliant	(il[s]) *algent*/*augent*	

III. Type que je *voise* (fait sur indicatif *je vois*) : encore courant au XVIe s. (cf. Huguet, *dictionnaire*).

1.	(je) *voise* (et même *voisse*, *Auc.*)	(type disparu au XVIIe siècle[2])
3.	(il) *voise* *voist*	
5.	(vos) *voisiez*	
6.	(il[s]) *voisent*	

Subjonctif imparfait (cf. passé simple)

1. *alássem	(j')*alasse*	que j'*allasse*
3. *alásset	(il) *alast*	qu'il *allât*
etc.		

Passé simple (fait sur le type *alare)

1. *alávi > *alai	(j')*alai*	j'*allai*
2. *alásti	(tu) *alas*	tu *allas*
3. *alávit	(il) *ala*	il *alla*
4. *alámmus	(nos) *alames*	nous *allâmes*
5. *alástis	(vos) *alastes*	vous *allâtes*
6. *alărunt	(il[s]) *alerent*	ils *allèrent*

Impératif

2. váde	*va* (*vai* in *Alexis*)	*va*
4. cf. indic.	*alons*	*allons*
5. *id.*	*alez*	*allez*

Participe présent

C.R. sing. *alántem	*alant*	*allant*

1. D'après Fouché (*Phonétique*, p. 939) *-ge* serait dû à l'analogie de types tels que surgam > sorge, plangam > *plange* où -ge est régulier. Nous pensons plutôt à un traitement tardif du yod (cf. lanĕu > lange — linĕu > linge et *veniam* > *vienge*).

2. Vaugelas constate (en 1647) : « *voise* pour *aille*... est un mauvais mot que le peuple de Paris dit, mais que l'on ne dit point à la Cour et que les bons autheurs n'escrivent jamais » (cité par Fouché).

Participe passé		
C.R. sing. *alắtu	*alé*	*allé*

Conclusion. — Malgré la complication que constituait aux origines de la langue la présence de trois verbes pour exprimer le même procès — et même leur alternance à l'intérieur de deux paradigmes, celui du présent de l'indicatif et celui de l'impératif —, cette conjugaison composite s'est maintenue à travers les siècles en raison de la fréquence de cette notion de première nécessité que tous les sujets apprennent dès le plus jeune âge.

La seule création, qui peut s'expliquer par un besoin de simplification (la forme de subjonctif présent *que je voise* d'après l'indicatif présent *je vois*), a vécu certes longtemps, mais a disparu au XVIIe siècle.

Cuider (anc. fr. **cuidier** ou **quidier**)

Ce verbe est considéré comme désuet par Littré.

La Fontaine l'emploie encore :

« Tel comme dit Merlin cuide engeigner autrui
Qui souvent s'engeigne soi-même. »

Le texte indique suffisamment qu'il s'agit de vieux langage. Plus tard St Simon use encore de « se cuider » (se pavaner).

Sens médiéval : s'imaginer, croire.

Etymologie. Latin : cōgĭtāre, cōgĭto, cōgĭtas (régulier) (penser, se représenter par l'esprit, méditer, projeter).

Infinitif. Le ü = [ẅ] de cuidier fait problème. Bourciez (*Phonétique,* § 75, I) n'hésite pas à poser une forme **cūgitare ;* P. Fouché pense que dans le latin parlé *cṓgitat* a dû passer de « bonne heure » à *cōyyitat et que sous l'action du groupe yy l'ō a dû se fermer en ū » (*Phonét.*, p. 415) : de là [kűide] puis [kẅíde] et l'infinitif [kẅídẹr] [1]. Var. *cuier.*

Indicatif présent		
1. cṓgĭto	*cui(t)* puis *cuide (Rose)*	je *cuide*
2. cṓgĭtas	*cuides* var. *cuies* [2]	tu *cuides*
3. cṓgĭtat	*cuide* ou *quide* var. *cuie* [2]	il *cuide*
4. cogitāmus -umus	*cuidons*	nous *cuidons*
5. cogitātis	*cuidiez* et *cuidiés*	vous *cuidez*
6. cṓgitant	*cuident* var. *cuient* [2] *quient* dans *Roland*	ils *cuident*

1. Dans sa *Morphologie,* p. 109, P. Fouché fait intervenir l'exemple préalable de *vuidier* (< vocitare) et de l'adjectif *vuide* (< vocita) qui a entraîné le changement de *coidier* en *cuidier.*

2. Ces formes sans d se trouvent surtout à l'Ouest et au Sud-Est [du domaine d'Oïl] (Fouché, *Morph.,* p. 109).

Indicatif imparfait		
3. cogitābat > -ēbat	*cuideit* puis *cuidoit* (ou *quideit*/*-oit*)	
Futur		
3. cogitar(e)hábet	*cuidera (quidera)*	
Conditionnel présent		
3. cogitar(e) (hab)ēbat	*cuidereit* puis *-oit* (ou *quidereit*)	
Passé simple (régulier)		
3. cōgitā́vit	*cuida(t)* *(quida[t])*	
6. *cōgitā́runt	*cuiderent*/*quiderent* var. *cuidierent (Rose)*	
Subj. présent		
1. cṓgĭtem	*cuit (Rose)*	
3. cōgĭtet	*cuit (Rose)*	
Subjonctif imparfait		
3. cogitá(vi)sset	*cuidast (Rose)*	
6. cogitá(vi)ssent	*cuidassent (Rose)*	
Participe présent		
C.R. sing. cogitántem	*cuidant* *(quidant)*	cf. *outrecuidant* (adj.)
Participe passé		
C.R. sing. cogitā́tum	*cuidié* *(quidié)*	

Demeurer

Latin class. : *demŏrāri* (déponent rég.) : demeurer, rester, attendre.

Latin vulg. : *demŏrāre.

Infinitif. *Demŏrā́re > *demorer (Troie)* — et *demurer* en anglo-normand — puis *demourer (Rose),* et enfin *demeurer* (Froissart) par analogie de il *demeure* par exemple ; mais *demourer* est encore fréquent au XVIᵉ s. [1].

ital. : dimorare

esp. : demorar

oc (lim.) : [demura]

---

1. Au XVIᵉ s., on trouve soit *demourer,* soit *demeurer :* H. Estienne donne les deux formes. Vaugelas ne parle que de *demeurer,* seule forme également de Richelet (1680) et de Furetière (1691).

Indicatif présent		
1. *demŏ́ro	*demor (Erec)* *demeure (Rose)*	je *demeure*
3. *demŏ́rat	*demuere* (rare) et *demore (Troie),* *demuret (Rol.)* *demeure* [1] *(Rose)*	il *demeure*
5. *demŏrā́tis	*demorez* puis *demourez*	vous *demeurez*
6. *demŏ́rant	*demorent-demourent* [2] ou *demeurent (Rose),* etc. *(demurent, Roland)*	ils *demeurent*
Imparfait		
3. *demorḗbat	*demoroit* puis *demouroit* voire *demourait (Rose)* puis *demeuroit* (Froiss.)	il *demeurait*
Futur		
3. *demorare-hábet	*demurera (Ps. Oxford)* *demorra* (cf. *Troie)* [3] puis *demourra (Rose, Villon)* et *demeurera (Froissart)*	il *demeurera*
5. *demorare-(hab)étis	*demorreiz (Troie)* puis *demourrez*	vous *demeurerez*
6. *demorare-hábunt	*demorront/demourront* (Marot)	ils *demeureront*
Conditionnel présent		
1. *demorare-(hab)ēbam	*demorreie/demorroie* puis *demourroie* (Joinville) puis *demourrois* [3]	je *demeurerais*
Passé simple		
1. *demorávit	*demorai* puis *demourai* enfin *demeuray* (Commines)	je *demeurai*

1. Les formes phonétiques en -ue- (< ŏ́) sont rares : P. Fouché cite un ex. de *demuere* (Vie de St Auban) et une 2e pers. sing. du subj. présent *demuerges (Ps. de Cambridge) ;* il explique (il) *demeure* par l'analogie des verbes en -ōrat/-ōrare (ex. labŏ́rat > laboure > *labeure*) ; on trouve *demure* en anglo-normand (*Morph.*, p. 55) et (il) *demore (Troie).*

2. Les formes je *demoure,* il *demoure,* ils *demourent,* etc. sont nombreuses au XVIe s. (cf. dict. d'E. Huguet).

3. Les formes syncopées (ex. *demurra* pour *demurera* en anglo-normand, *demorra* puis *demourra* pour *demorera* dans le Centre) apparaissent plus tôt, semble-t-il, en anglo-normand que dans les dialectes du Centre : on trouve cependant *demorra* dans le *Roman de Troie,* dans Rutebeuf, etc. Il nous semble qu'elles dominent nettement au XIIIe siècle.

Au XIVe siècle, apparaît le type *demeurera* destiné à triompher (un ex. dans Littré, chez Froissart) : il est évidemment analogique du présent il *demeure.* Les formes telles que *demourra,* très courantes au XVIe s. (cf. Huguet), sont encore vivantes au début du XVIIe s., mais Oudin (en 1632) les déclare « antiques... ou pour mieux dire vitieuses ».

5. *demorástis	*demorastes* puis *demourastes* enfin *demeurastes*	vous *demeurâtes*
Subjonctif présent		
2. *demŏ́res	*demeures (Rose)*	que tu *demeures*
3. *demŏ́ret	*demeurt (Rose)*	qu'il *demeure*
Subjonctif imparfait		
3. *demorá(vi)sset	*demorast (Rose)* puis *demourast (Rose)* et *demeurast*	qu'il *demeurât*
Impératif		
2. *demŏ́ra	*demeure* (cf. indic.)	*demeure*
5. *demorátis (indic.)	*demorez (Troie)* puis *demourez (Rose),* enfin *demeurez*	*demeurez*
Participe présent		
C.R. sg. *demorántem	*demorant* *demourant (Rose)* puis *demeurant* (XVe s.)	*demeurant*
Participe passé		
C.R. sg. *demorátum	*demoré (Troie, Rose,* etc.) *(demuret, Roland)* puis *demouré* enfin *demeuré* (XVe s.)	*demeuré*

Conclusion. — En ancien français ce verbe présentait deux formes de radical, selon que la voyelle ŏ était :

— atone (d'où *demorer* par ex., puis *demourer*) ;

— ou tonique ; ainsi *demŏ́rat* donnait *demuere ;* mais on a noté que cette forme était très rare et qu'en fait *demorat* avait évolué comme les verbes à ō long, d'où : (il) *demore* puis (il) *demeure.*

Le radical ainsi obtenu *demeur-* s'est étendu progressivement aux dépens de *demour-* à partir du XIVe siècle et a définitivement triomphé au XVIIe siècle, d'où je *demeurais* — je *demeurai* — je *demeurerai* — que je *demeure* — *demeurant* — *demeuré,* etc.

Jeter

Latin class. : *jactare* (régulier).

Le français et d'autres langues romanes supposent d'abord une forme **jĕctare* que l'on trouvait dans les composés *dejectare, injectare, rejectare* et même *projectare* ou dans participes comme projectus (de projicere).

Infinitif. **Jectāre* devait donner *giter* et *gitier* [1] ; ces formes existent effectivement, surtout *giter* (cf. *Aimery de Narb., Rose,* etc.). La forme courante *jeter/geter suppose que *jĕctare* était devenu **jettare.*

On rencontre un infinitif *gieter* (cf. Tobler-Lom.) qui s'explique par l'analogie des personnes fortes de l'indicatif présent et du subjonctif présent (il *giete,* par ex.). Cet indicatif fait lui-même problème.

ital. : *gittare* et *gettare*

esp. : *jitar*

oc (prov.) : *gitar, gietar, getar* — (lim.) : *[džita]*

Indicatif présent		
3. a) *jĕ́(c)tat (?)	*giete* (cf. *Cligès*) [2]	
b) jĕ́ttat	*gete(t) (Rol.)* ou *jete*	il *jette* [3]
4. a) jĕctā́mus (et substit. de termin.)	(gitons) *gictons* (Christ. de Pis.)	
b) *jettamus	*getons (Ren. Nouv.), jetons*	nous *jetons*
5. a) *jectā́tis	*gitez* attesté	
b) *jettā́tis	*getez, jetés (Robin et M.)*	vous *jetez*
6. a) *jĕ́tant (pour **jĕctant*) ?	*gietent (Cligès)*	
b) *jĕ́ttant	*getent* (*Alexis, Brut,* etc.) (*jectent* dans *Ogier* et au XVIe s.)	ils *jettent*
Imparfait		
3. a) *jectḗbat	*gitoit, jitoit* (cf. *Yvain*)	
b) *jettḗbat	*getoit/jetoit* (var. *gietoit,* anal. du prés.)	il *jetait*
Passé simple		
3. a) radical ject- > git-	*gita (Passion, Renart)*	
b) rad. jett > get- jet-	*geta/jeta* (fréquent) (var. *getout,* Marie de Fr.)	il *jeta*
6. a) *jectá(ve)runt	*giterent* (attesté in Tobler-L.)	
b) *jettá(ve)runt	*getterent (Eulalie)* *geterent (Thèbes)*	ils *jetèrent*

1. Le e initial était en effet précédé d'un yod et a été suivi secondairement d'un autre yod provenant de la résolution de c ; la triphtongue qui en est résultée a abouti à -i.

   ject- > *džyeit- > [džit-] écrit *git-* ou *jit-*

2. P. Fouché fait en effet remarquer que jĕ́ctat aurait dû aboutir à git- ou jit- (cf. note précédente ou cf. pĕ́ctus > pis). Le fait est qu'il y a eu diphtongaison du ĕ́ — et que t intervocalique ne s'est pas amuï (*tu gites* est d'ailleurs attesté).

3. L'usage moderne est d'écrire jett- (avec deux t) quand le radical est suivi d'un e dit muet (le radical est alors prononcé [žęt], avec e ouvert) ; on a ainsi : *prés.* je *jette,* tu *jettes,* il *jette* — *fut.* je *jetterai,* etc. — *cond.* je *jetterais.*

Quand cet usage s'est-il fixé ? Les grammaires paraissent muettes sur le sujet : nous avons simplement constaté que si le XVIe s. écrit souvent il *jette,* il écrit aussi *jetter* ou *getter* ou *gecter.* Le Dict., de Trévoux (en 1743) écrit tout avec deux t (jetter, il jette, ils jettoient, etc.). La 4e édition du dictionnaire de l'Académie (en 1772) a l'usage moderne (je *jette,* je *jetois,* je *jetterai,* j'ai *jeté*).

Subj. présent		
3. a) *jĕ́(c)tet (?)	*giet (Ogier)*	
b) *jettet	(*jette* anal. des subj. en -at)	qu'il *jette*
Subj. imparfait		
3. a) *jectásset	*gitast (Percev., Rose)*	
b) *jettásset	*getast/jetast* (*Brut*, etc.)	qu'il *jetât*
Impératif		
Cf. indic.	2. a) *giete*	2. *jette*
	b) *jete*	
	5. a) *gitez*	5. *jetez*
	b) *getez/jetez*	
Participe présent		
C.R. sg. a) *jectántem	*gitant*	
b) *jettantem	*getant/jetant*	*jetant*
Participe passé		
C.R. sg. a) *jectā́tu	*gité* (*Char. Nîmes*, etc.) (cf. *gitié* au cas-sujet pl. dans *Erec*)	
b) *jettā́tu	*geté/jeté* var. *gieté (Gaydon)* *gesté* (in Tobler-Lom.)	*jeté*

Conclusion. — Ce qui caractérise ce verbe c'est la longue hésitation que l'on observe entre les trois radicaux git- — get-/jet- — et *giet-*. En moyen français on voit même apparaître *ject-*, courant au XVIe s., et qui est certainement savant.

Finalement le radical *jet-* l'a emporté au XVIIIe siècle, avec la variante *jett-* devant e dit muet.

Laisser et anc. fr. **laier**

Latin. *Laxare,* laxo, -as (régulier) (étendre — détendre, relâcher — lâcher)

Infinitif. Laxare (= lacsāre) > rég. *laissier* (Loi de Bartsch) puis à partir du XIIIe s. *laisser* ; autre graphie anc. : *leissier/lessier* [1].

Laier dont certaines formes sont concurrentielles de celles de *laisser* (fut. et conditionnel *lairai/laireie* notamment) a semblé jusqu'ici un autre verbe et nous l'examinerons à la suite.

anc. ital. : *lassare* — ital. mod. : *lasciare.*

oc (prov.) : *laissar* — (lim.) : [lei̯ša].

1. Ces graphies sont normales si l'on considère l'évolution phonétique de la diphtongue ai̯ : Xe s. : ai̯ — fin XIe s. > ei̯ — XIIe s. > e(i̯).

Indicatif présent		
1. láxo	*lais (Rol.)*	je *laisse*
2. láxas	*laisses* (var. *leisses/lesses*)	tu *laisses*
3. láxat	*laisse* et *leisse (Yvain)*	il *laisse*
4. laxấmus (et subst. de termin.)	*laissons*	nous *laissons*
5. laxātis	*laissiez* puis *laissez*	vous *laissez*
6. láxant	*laissent*	ils *laissent*
Indicatif imparfait		
3. laxābat puis *laxḗbat	*laisseit* et *laissoit* (var. *leissoit* in *Yv.*, *Romancero fr.*)	il *laissait*
Futur		
3. laxar(e)-hábet	*laissera* (*lesserat* in *Rol.*)	il *laissera*
Conditionnel présent : conforme		
3. laxar(e)-(hab)ēbat	*laisseroit* (Froissart)	il *laisserait*
Passé simple (régul.)		
1. laxấvi	*laissai-leissai* (cf. *Yvain*) *lessai*	je *laissai*
4. laxavimus	*laissasmes* (ex. in Tobler-L.)	nous *laissâmes*
5. Cf. laxá(vi)stis	*laissastes*	vous *laissâtes*
6. laxấ(vĕ)runt	*laissierent* (*Rou,* etc.)	ils *laissèrent*
Subjonctif présent		
3. láxet	*lest (Thom. Becket), laist* *let - lait (Rose)* [1]	qu'il *laisse* (anal. des subj. en -e < -at)
Subj. imparfait		
3. laxásset (forme écrasée)	*laissast - leissast*	qu'il *laissât*
Impératif		
2. láxa	*laisse - leisse - lesse*	*laisse*
5. laxátis (indic.)	*laissiez - leissiez (Yvain)*	*laissez*
Participe présent		
C.R. laxantem	*laissant/leissant*	*laissant*
Participe passé		
C.R. masc. laxātu	*laissié - leissié (Yvain)* puis *laissé*	*laissé*

1. Cette forme *lait* est peut-être à rattacher à *laier* — si celui-ci a une existence propre.

Conclusion. — Le verbe ainsi présenté est remarquablement régulier si l'on considère que :

a) -cs > rég. i̯ss-

b) que la diphtongue ai̯ > ei̯ (les formes de Chrétien de Troyes sont *leiss-*) puis e(i). La graphie originelle *ai-* a triomphé.

c) que les syllabes finales en *-ier, -ié* se sont réduites au XIIIe siècle (cf. Loi de Bartsch).

Reste à examiner les formes de *laier*.

anc. fr. **laier**

Tout le monde n'admet pas que ce soit un verbe à part.

1) Le dictionnaire de Tobler et Lommatzsch, bien qu'il lui consacre un article particulier — et encore les futurs tels que je *lairai,* nous *lairons* sont parfois avec *laissier* — se range à l'avis de Meyer-Lübke et le fait venir de *laxare* (l'impératif *laxa,* dit Meyer-Lübke, pouvant facilement donner *lais*).

2) P. Fouché pose au contraire un étymon gothique **lagjan* mais il ne dit pas comment cette base est assurée (cf. *Morph.,* p. 111).

Il reste que l'ancien vénitien, le lombard ont aussi des formes *laga(r)* (citées par Meyer-Lübke in *Gramm. comparée des langues romanes* II, § 235) différentes du type *lassare/lasciare*.

Diez avait invoqué une influence de *legare* sur *laxare*. Pourquoi pas [1] ?

Quoi qu'il en soit on trouve en ancien français une conjugaison ou une série de formes au moins réduites par rapport à celles de *laissier :* ce sont surtout :

Infinitif. Laier ou *laiier* (Roman d'*Alexandre*).

Indicatif présent

2. *lais (Thomas Becket)* ou *les (Yvain)*
3. *let, lait (Rose), leit (Cligès)* ou lest *(Thom. Becket)*
6. *laient* (cité par Meyer-Lübke).

Futur

1. *lairai — larrai (Thom. Becket)* [2]
3. *laira (Rose)*
5. *laires (Aiol)*
6. *lairont* (et *laront* in Ph. Thaon, *Best.*)

---

1. La carte *laisser* du futur *Atlas linguistique de la Lorraine romane* préparé par M. Jean Lanher nous suggère une autre possibilité : cette carte oppose en effet, de part et d'autre d'une ligne qui va de Neufchâteau à Metz, une zone *lasyé* (à l'ouest) et une zone *layé/layi* (à l'est). *Layé* ne serait-il pas une simple réduction de *lasyé* ? La carte relève quelques formes *laχyé = [lah̯yé]* qui semblent être intermédiaires, avec un s en cours d'amuïssement.

2. Au XVIe siècle les formes de futur et de conditionnel (je) *lairrai*/(je) *lairrois* sont encore courantes : le dictionnaire d'E. Huguet a une colonne presqu'entière d'exemples de Marot, Baïf, Ronsard, d'Aubigné, R. Garnier, Montaigne, etc.

Conditionnel
1. *laireie* (*lerreie* in *Rol.*), *lairroie*
3. *laireit* (*larreit* in *Thom. Beck.*), *laroit (R. de Camb.)*

Passé simple
6. *laierent* (R. de Clary)

Impératif
2. *lai (Chanson Guil.) lais, lé (Floovant)*
5. *laiez*

Participe présent
laiant (cf. *Chanson d'Antioche*)

Participe passé
laie(t) (S. St Bernard)
laié

Louer (faire des louanges)

Latin class. : laudāre, laudo, -as, laudavi, laudatum.

Infinitif. Laudāre > rég. a. fr. *loer* puis *louer* (XIIIe s.) mais le *Roman de Rose* porte encore *loer*. (Forme *lauder* in Tobler-Lom. : sa graphie est demi-savante.)
ital. : *lodare* — esp. : *loar* — port. : *louvar* — prov. : *lauzar*

Indicatif présent		
1. láudo	*lo* (*Cligès, Yvain,* etc.)	je *loue*
3. láudat	*loe* (*lothet, Alexis* et *lodet* dans *Roland*)	il *loue*
4. laudā́mus (et subst. de termin.)	*loons* puis *louons*	nous *louons*
6. láudant	*loent*	ils *louent*
Indic. imparfait		
3. *laudēbat (pour laudābat)	*loeit* puis *looit/louoit*	il *louait*
Futur		
3. laudar(e)-hábet	*loera* puis *louera* (*lowera* in *Hugues Capet*)	il *louera*
Conditionnel présent		
1. laudar(e-hab)ēbam	*loereie (Troie)* puis *loeroie (Enf. Renier)* et *louerois*	je *louerais*
3. laudar(e-hab)ébat	loereit (*loeirreit* in *Rou*) puis *loeroit/loueroit*	il *louerait*
Passé simple (régulier : type aimer)		
1. laudā́vi etc.	*loai (Erec)* puis *louai*	je *louai*

Subjonctif présent		
3. láudet	*lot (Yvain, Percev.)* puis *loue* (anal. autres conjugaisons)	qu'il *loue*
4. laudḗmus (puis subst. de term.)	(loions) - *louions*	que nous *louions*
Subjonctif imparfait		
3. laudá(vi)sset	*loast (Troie)* puis *louast*	qu'il *louât*
Impératif		
2. lauda	*lode* → *loe* → *loue*	*loue*
4. (laudatis, indic.)	*loez* puis *louez*	*louez*
Participe présent		
C.R. sg. laudántem	*loant (Rose)* → *louant*	*louant*
Participe passé		
C.R. sg. masc. laudā́tu	*loé (Rose)* → *loué* (cf. cas-suj. *loeiz* in *Florim.*)	*loué*

Conclusion. — Conjugaison régulière en somme si l'on tient compte :

a) de l'effacement du d intervocalique : remarquons cependant qu'il s'est conservé peut-être plus longtemps qu'ailleurs du fait de l'emploi courant de ce verbe dans la langue religieuse (en latin, cf. louer le Seigneur et *laudare Deum*).

b) de la réfection analogique du subjonctif sur le type en -e représentant le type latin en -am, -as...

Louer (donner à loyer, puis prendre à loyer) cf. **jouer**

Latin class. : lŏcāre, lŏco, -as, lŏcāvī, lŏcātum (1. placer — 2. donner à loyer).

Infinitif. Lŏcā́re > rég. *loer* (*luer* en anglo-norm.). On trouve aussi une forme *loier/loiier,* ce qui indique que le c devant a s'est palatalisé (cf. notamment *Rom. de la Rose*).

D'autres formes telles que *leuer (God. de Bouillon), lieuer (Huon de Bordeaux)* sont certainement analogiques des personnes fortes de l'indicatif présent. On retrouve des variations comparables du vocalisme radical au participe passé.

anc. ital. : *locare*

anc. esp. : *logar* — catalan : *llogar*

oc (prov.) : *logar, lojar,* etc. — (lim.) : *[lüdza]*

Indicatif présent		
1. lŏ́co	a) *lieu* b) *loe* (anal. de l'infinitif)	 je *loue*
3. lŏ́cat	a) *lieue* (Nord de la Fr.) b) *loe, loue (Vie de Tobie)* *louwe* (in Tobler-Lom.)	il *loue*

Subjonctif présent		
3. lŏ́cet	a) liut < lieut	
	b) *loe* → *loue* (anal. de l'infinitif)	qu'il *loue*
Subj. imparfait		
5. locassḗtis (forme écrasée)	*loïssiez* (in Tobler-Lom.)	que vous *louassiez*
Participe passé		
C.R. sg. lŏcātu	*loé* (cf. *Troie*) loué (Beaum.)	*loué*
	var. lieué *(Aliscans)*	
	liué *(Auc.)*	
	luié (in Tobler-L.), etc.	

Oublier

Étymologie. Le verbe latin de ce sens était un déponent : *oblīvisci, oblīviscor, obliviscerts, oblītus sum.*

A partir du participe (de sens passif) *oblītus* la langue romane primitive a fait un verbe de type régulier : *oblītāre.

Infinitif. Oblītā́re > rég. anc. fr. *oblier* (*ublier* dans Roland) puis *oublier* (3 syllabes) [1].

ital. : obbliare

esp. : olvidar (par interversion de consonnes)

oc. : oblida(r) (lim. : œu̯blẹ̥da(r))

Indicatif présent		
1. oblī́to	*obli* puis *oubli* *(Rose)*	j'*oublie*
2. oblī́tas	*oblies* puis *oublies* *(Rose)*	tu *oublies*
3. oblī́tat	*oblie (Rose I)* *oublie* [2] *(Rose II)*	il *oublie*
4. oblitā́mus > -ŭ́mus	*oblions* puis *oublions*	nous *oublions*
5. oblitā́tis	*obliez* puis *oubliez*	vous *oubliez*
6. oblī́tant	*oblient* puis *oublient*	ils *oublient*
Indicatif imparfait (cf. généralités sur l'imparfait)		
3. oblitā́bat > *oblitḗ(b)at	*oblioit* puis *oublioit*	il *oubliait*

1. Remarquons que le ī, même non accentué, s'est ici conservé. On ne voit pas quel résultat aurait pu produire un yod.

2. Le *Roman de la Rose* présente les deux formes : *oblie* dans la 1re partie (qui est de 1230 environ), *oublie* dans la 2e partie (qui est postérieure à 1268).

5. oblitabátis *oblite(b)átis	*obliiez/oubliiez*	vous *oubliiez*
Indicatif futur		
3. *oblitare-hábet	*obliera* puis *oubliera* [1]	il *oubliera*
Conditionnel présent		
3. *oblitare-(hab)ḗ(b)at	*oblieroit* puis *oublieroit*	il *oublierait*
Passé simple (voir généralités sur le passé simple)		
3. oblitávit	*oblia* puis *oublia*	il *oublia*
5. oblita(vi)stis > oblitástis	*obliastes* puis *oubliastes*	vous *oubliâtes*
Subj. présent		
2. oblítes	*obliz*	que tu *oublies*
3. oblítet	*oblit (Rose)* *(ublit* in *Rol.)*	qu'il *oublie*
Subj. imparfait		
3. oblitásset	*obliast* puis *oubliast*	qu'il *oubliât*
Impératif		
2. oblíta	*oblie* puis *oublie*	*oublie*
5. oblitátis (ind.)	*obliez* puis *oubliez*	*oubliez*
Part. présent		
C.R. sg. oblitántem	*obliant* puis *oubliant*	*oubliant*
Part. passé		
C.R. sg. oblitátu(m)	*oblié* puis *oublié*	*oublié*

Tisser

Ce verbe régulier est relativement récent (le passé simple *tíssa* apparaît en 1538 dit le Bloch-Wartburg).

On a gardé longtemps des formes d'origine.

Infinitif. Latin : *tĕ́xĕre* d'où *tieistre > *tistre* (var. *teistre*).

On trouve aussi un type *tissir* et *teissir/toissir* fait probablement par analogie de *issir* et *eissir* (cf. Fouché, *Morph.*, p. 110) :

$$\frac{\text{ist}}{\text{tist}} = \frac{\text{eissir}}{\text{teissir}} = \frac{\text{issir}}{\text{tissir}}$$

Tistre et *tissir* sont vivants jusqu'au XVIIIe siècle (Littré donne encore *tistre*).

1. Si le futur a parfois encore 4 syllabes chez Marot (avec e prononcé), on peut considérer que « les formes avec e » ont complètement disparu dans la seconde moitié du XVIe siècle (cf. Fouché, *Morph.*, p. 389).

Indicatif présent

latin	anc. fr.	fr. mod.
1. tĕ́xo = tĕ́cso	(je) *tis*	je *tisse*
2. tĕ́xis	(tu) *tis*	tu *tisses*
3. tĕ́xit	(il) *tist* (var. *teist*)	il *tisse*
4. teximus -ŭ́mus	(nos) *teissons*	nous *tissons*
5. texitis -ā́tis	(vos) *teissez*	vous *tissez*
6. tĕ́xunt	(il) *tissent*	ils *tissent*

La forme ancienne *tissent* a certainement joué un grand rôle pour la transformation des autres personnes — et le passage du verbe au 1er groupe. Dès 1632 Oudin considère *je tis,* etc., comme périmé (mais au siècle précédent « *tist* et *retist* » est chez du Bellay, par exemple).

Subjonctif présent		
1. tĕ́xam	(que je) *tisse*	que je *tisse*
3. tĕ́xat	(qu'il) *tisse*	qu'il *tisse*
4. texámus	(que nos) *tissiens ?* [1]	que nous *tissions*
Impératif		
2. tĕ́xe	tis	*tisse*
5. *texátis (subj.) ?	teissez	*tissez* (vocalisme radical du sing. et de l'infinitif).
Passé simple		
3. tĕ́xuit	*(tissiet)* [2] *tesi, texi* *tissut* (encore chez Voltaire)	il *tissa*
6. texúerunt > vulg. *texęrunt	*(teissierent)* [2] et *tissirent (Enéas)*	ils *tissèrent*
Participe présent		
C.R. sg. *texéntem*	*teissant*	*tissant*
Participe passé (type en -ū́tu)		
C.S. sg. *texū́tus (masc.)	*teissuz (Troie)* *tissuz (Percev.)* (var. *toissuz*)	*tissé* [3]

1. Nous n'avons pas trouvé d'attestation de la 1re pers. du pluriel.

2. L'exposé de P. Fouché (*Morph.*, pp. 267 à 271) suppose l'existence de ces formes (tissiet et teissierent). Nous ne les avons pas trouvées dans des textes ou des dictionnaires.

3. Lamartine emploie encore le participe *tissu :*
Tes jours furent tissus de gloire et d'infortune (in Littré).

fém. *texŭ́ta	*tissue (Erec)* *tessue (Rose)*	cf. tissu (subst.)

Conclusion. — On observe deux opérations de régularisation de la conjugaison de ce verbe :

1°) généralisation de *tis-* aux dépens de *teis ;*

2°) Enfin à partir du XVIe siècle — et progressivement — passage de ce verbe à la première conjugaison : d'où : *tisser.* Il est resté de l'ancien verbe *tistre* le participe substantivé *tissu.*

Trouver (cf. **prouver**)

Latin populaire *trŏpare,* trŏpo, trŏpas (régulier) fait sur tropus < grec tropos « figure de rhétorique ».

Tropare a d'abord signifié « composer un poème » (cf. *trouvère, troubadour*) puis « inventer, découvrir ».

Infinitif. Trŏpắre > *trover* puis *trouver.*

Sous l'influence de l'indicatif trŏ́pat > il *treuve* on a eu un infinitif *treuver* et on a pu hésiter au XVIIe siècle entre les deux ; Vaugelas écrit : « *Trouver,* et *treuver,* sont tous deux bons mais *trouver,* avec o, est sans comparaison meilleur que *treuver* avec e. Nos poètes neantmoins se servent de l'un et de l'autre à la fin des vers pour la commodité de la rime [...] Mais en prose tous nos bons autheurs escrivent *trouver* avec o, et l'on ne le dit point autrement à la Cour. »

Ménage déclare : « aujourd'hui il ne faut plus dire *treuver* mais *trouver.* »

Indicatif présent		
1. trŏ́po	> (je) **truef* [1] en fait : je *truis* [2] puis je *treuve* [3] (anal. 2e, 3e pers.)	je *trouve*
2. trŏ́pas	(tu) *trueves/treuves*	tu *trouves*
3. trŏ́pat	(il) *trueve/treuve*	il *trouve*
4. tropámus > -ŭmus	(nos) *trovons/trouvons*	nous *trouvons*
5. tropátis	(vos) *trovez/trouvez*	vous *trouvez*
6. trŏ́pant	(il[s]) *truevent/treuvent*	ils *trouvent*
Indic. imparf.		
3. tropābat > -ēbat	*troveit/trovoit* puis *trouvoit* var. (XVIe s.) : *treuvoit*	il *trouvait*

1. On enseigne que **truef* n'existe pas : le dict. de Godefroy cite une forme *treus (Rom. du Mt-St-Michel)* qui paraît bien résulteer de **truef+s.*

2. On explique je *truis* (cf. aussi je *pruis,* mod. je prouve) par l'analogie de je *ruis* (<rŏgo) ou du moins par une forme en -io ; cf. plus loin le subj. présent *truisse.*

3. La Fontaine (comme on l'a vu) et d'autres poètes écrivent je *treuve* pour la commodité de la rime.

Futur		
3. tropar(e)hábet	*trovera/trouvera* var. 1. *trovra* 2. *trouverra* [1] (influence de verra) 3. *treuvera* (XVIe s.)	il *trouvera*
Passé simple		
3. tropā́vit	*trova* puis *trouva* var. *treuva* au XVIe s.	il *trouva*
Subjonctif présent		
1. (anal. de l'ind. *truis*) (anal. de l'ind. *treuve*)	(que je) *truisse* [2] et *treuve*	que je *trouve*
3.	(qu'il) *truist* [3] (Beaum., etc.) ou *truisse (Rose)* et *treuve (Rose)* [4]	qu'il *trouve*
5.	(que vos) *truissiez (Rose)*	que vous *trouviez*
Subjonctif imparfait		
1. tropássem	(que je) *trovasse* *trouvasse (Rose)*	que je *trouvasse*
3. tropásset	(qu'il) *trovast (Rose)* *trouvast (Rose)*	qu'il *trouvât*
4. tropassémus	(que nous) *trouvissions* (Marg. de Nav.)	que nous *trouvassions*
Participe présent		
C.R. sg. tropántem	*trovant/trouvant*	*trouvant*
Participe passé		
C.R. sg. tropā́tum	*trové/trouvé* var. *treuvé* (XVIe s.)	*trouvé*

Conclusion. — Ce qui fait l'originalité de ce verbe (tout à fait comparable, il est vrai, à *prouver*) ce n'est pas tant l'alternance normale des radicaux anciens

il *treuve* < trŏ́pat
et *trouver* < tropā́re

1. Cette forme (*trouverra/trouverrez*, etc.) fréquente au XVIe s., est formellement condamnée par De La Touche en1696 (cf. Fouché, *Morph.*, p. 393).

2. *Truisse* est analogique de l'indicatif, *truis* : un subjonctif latin **trŏpiam* aurait dû en effet donner **truiche.*

De même *treuve* ne peut venir d'un subjonctif latin **trŏpem* qui aurait donné *truef/*treuf.

3. Godefroy a aussi une forme *truit* (et aussi *truisse* dans une phrase de même type) :
Que deaubles ne *truit* sus moi que chalongier.
et : Que li diaubles ne vous *truisse* oisons.

4. Au XVIe s. *treuve* peut rimer avec Vésuve par exemple (2 ex. dans Huguet) : c'est certainement une liberté prise par les poètes (eu équivalant souvent à (e)ü) ; mais en général *treuve* se prononçait évidemment [trœvə], comme nous le lisons.

nous *trouvons* < tropắmus
-ŭ́mus

que la forme d'indic. présent je *truis* et de subj. présent que je *truisse,* que tu *truisses,* qu'il *truisse* ou *truist,* etc.

Ce radical a disparu le premier ; *treuv-* s'est maintenu jusqu'à la fin du XVIIe siècle. Dès lors le verbe, n'ayant plus que le radical non accentué *trouv-*, a été parfaitement régulier.

Verbes en **-ayer** [1], en **-oyer,** cf. **-uyer**

GÉNÉRALITÉS.

Le suffixe *-oyer* a au moins une quadruple origine :

1°) *-ĭcāre* dans le cas de *ployer* < plĭcāre (et des composés *employer, déployer* et aussi supplier/suppléer, a. fr. *so(s)ploier/souploier* [2]) — *charroyer* < carricare — *tournoyer* < *tornicare.

On peut sans doute ajouter à cette liste : *côtoyer, festoyer, guerroyer, larmoyer* et l'anc. fr. *manoier* mod. *manier.*

Quant à *octroyer* certains le font effectivement venir de *auctoricare [2], d'autres de **auctoridiare* résultant de **auctoridzare.*

2°) *-ĕcā́re* dans *noyer,* anc. fr. *neier* < nĕcāre, l'anc. fr. *preier/proier* devenu *prier, broyer* (< *brẹkāre, d'origine germanique).

3°) *-ĭdiā́re* dans *nettoyer* < *nĭtĭdiā́re (et peut-être octroyer comme on l'a vu).

4°) *-ĭā́re* dans *envoyer* < bas-latin *inviare* [3].

Il convient d'examiner ces différents types.

Verbe en **-ayer**

Payer

Etym. Latin *pacare* (régulier) : *apaiser, pacifier.*

Le sens de « apaiser, réconcilier » est courant au Moyen Age (de même *se paier :* s'apaiser). Le sens moderne de « payer » (apaiser en... payant) paraît s'être

---

1. Les verbes du type payer (< lat. pacā́re) et *ennuyer* (anc. fr. *enoier* < *inŏdiā́re) ne diffèrent des verbes en -oyer que par la voyelle radicale.

Dans le cas de *ennuyer* c'est le vocalisme des formes accentuées sur le ŏ qui s'est imposé : d'après *ennuie* (< *inŏ́diat), *enoier* a donné *en(n)uyer.*

2. *Souploier* remonte bien au latin *supplicare* composé tardif qui signifiait « s'agenouiller devant quelqu'un » d'où supplier (cf. supplex : qui se plie sur les genoux) ; voir le *dict. étymologique de la langue latine* d'Ernout et Meillet.

3. Remarquer à ce sujet que le verbe *envier* a dû être fait (1re attestation vers 1165) sur le substantif *envie* qui est lui-même une francisation du latin invĭdia.

d'abord développé dans les pays méridionaux, dit le dict. de Bloch et Wartburg : en français « il n'apparaît qu'en 1170 » (nous avons un ex. dans *Troie*).

Infinitif. Pacāre > *pagắre (cf. ital. *pagare* et esp. et occit. *pagar*), > *pagyare > *payyāre > *payyẹ̄re > a. fr. *paiier* et *paier* (cf. Loi de Bartsch) ; graphie *payer* chez Froissart.

Deux prononciations paraissent figurées par ces graphies :

1°) *paiier* = [pai̯-yẹr] : ainsi la diphtongue ai̯ > ei̯ > ę(i̯) : d'où la prononciation moderne *payer* = [pę-yẹ(r)] (cf. Fouché, *Phonét.*, p. 446).

2°) *paier* = [pa-yẹr] ; cette prononciation paraît avoir existé longtemps. Littré ne note plus que la première : [pe-ié], qui équivaut dans la notation moderne à [pę-yẹ].

Indicatif présent		
3. págat	*paie* [1]	il *paie*
4. pagắmus (et subst. de termin.)	*paions*	nous *payons*
5. pagắtis	*paiiez* *paiez (Rose)* puis *payez*	vous *payez*
Indic. imparf.		
3. *pagēbat	*paieit/paioit*	il *payait*
Futur		
3. pagare-hábet	*paiera* [2] et *payera*	il *paiera* [2] (Littré admet *payera* et *paira*)
Passé simple		
3. pacāvit	*paia (Saxons)* *paya* (Commynes)	il *paya*
Subj. présent		
3. pácet	*pait (Rose)*	qu'il *paie* ou qu'il *paye* [3]
5. pacḗtis (et subst. de term.)	*paiiez*	que vous *payiez*
Impératif		
2. páca	*paie*	*paie* ou *paye*
5. pacắtis (indic.)	*paiez* ou *paiiez*	*payez*

1. L'évolution de la prononciation a été [payə] > [pęyə] > [pę(y)] qui est la prononciation moderne. La prononciation populaire [pey(ə)] représente un état ancien (cf. Fouché, *Phonétique*, pp. 260-261).

2. Fouché (*Morph.*, p. 389) remarque que le e (de -era, -eroit) s'est maintenu assez longtemps après diphtongue et que St Gellais présente *pay/erez* (autrement dit avec trois syllabes) « Hardy pay/era », à côté il est vrai de formes sans e [prononcé]. Il ajoute que si « Molière a deux fois *pay/erez*... par contre Corneille ne connaît que les formes modernes avec e muet ».

3. Littré ne note que *« paye »* en ce cas.

Participe présent		
C.R. sg. pacánte(m)	*paiant* puis *payant*	*payant*
Participe passé		
C.R. sg. pacā́tu	*paié* ou *paiié* puis *payé* (Amyot)	*payé*

Ployer/plier (cf. anc. fr. **souploier > supplier**)

Latin. Plĭcāre, plĭ́co, plĭ́cas, etc. [1]

Infinitif. Plĭcāre a donné régulièrement *pleier* puis *ploier* (*Raoul de Cambrai*, par ex.), var. : *ploiier* fréquente.

La forme *plier* semble s'être développée d'abord dans les régions de l'Ouest (Fouché, *Morph.*, p. 52) : elle est analogique de l'indicatif présent *plie*, lui-même sans doute analogique de *prie* < prĕcat.

ital. : *piegare*

esp. : *plegar*

oc (lim.) : *[plədza]*

Indicatif présent		
3. plĭ́cat	a) *pleie* (*Trist.* Thom.) et *ploie* (Rutebeuf) b) *plie* (G. d'Aquitaine, Colin Muset, etc.)	il *ploie* il *plie*
4. plĭcā́mus -ŭ́mus	a) *(pleions* et *ploions)* b) *(plions)*	nous *ployons* nous *plions*
5. plĭcā́tis	a) *(pleiez* et *ploiez)* b) *(pliez)* [2]	vous *ployez* vous *pliez*
6. plĭ́cant	a) *pleient* puis *ploient* b) *plient*	ils *ploient* ils *plient*
Indicatif imparfait		
6. plicā́bant -ḗbant	a) *pleieient* puis *ploioient* b) *plioient* (in Calvin)	ils *ployaient* ils *pliaient*
Futur		
3. plicar(e)-hábet	a) *ploiera* (Froissart) b) *pliera*	il *ploiera* il *pliera*
Conditionnel présent		
3. plicar(e)-(hab)ēbat > *plicarēat	a) *ploieroit* b) *plieroit*	il *ploierait* il *plierait*

1. Selon Ernout et Meillet *(Dict. étym. langue latine)* le verbe simple *plico* a été fait sur les composés de *plecto* tels que applico, *explico, implico.* Il est postclassique (deux exemples cependant chez Lucrèce et Virgile dans le dict. de Gaffiot) mais est resté vivant dans les langues romanes.

2. Les attestations aux 1re et 2e pers. du pluriel ne sont, à vrai dire, pas nombreuses...

Passé simple		
3. plicávit	a) *pleia (Brut, Arn.)* et *ploia (Aiol)*	il *ploya*
	b) *plïa* (G. de Coincy)	il *plia*
Subj. présent		
3. plĭcet	a) *ploit* [1] *(Charette)* puis *ploie*	qu'il *ploie*
	b) *plie*	qu'il *plie*
Participe présent		
C.R. sg. plicántem	a) *pleiant* [2] puis *ploiant*	*ployant*
	b) *pliant (Lyon Ysop.)*	*pliant*
Participe passé		
C.R. sing. masc. plĭcātu	a) *pleié* (Rou) puis *ploié (Charr. Nîmes)*	*ployé*
	b) *plié* (cf. Rabelais : pliée, f.)	*plié*

Conclusion. — A partir de *plĭcare* le français s'est donc donné deux verbes :

1°) *ployer,* je ploie, tu ploies, etc., régulièrement phonétique.

2°) *plier,* analogique de prier.

Ils n'ont pas de différence de sens ni d'emploi semble-t-il, en ancien et moyen français. On trouve au XIVe siècle : « un arbre [...] freint de trop souvent ploier », là où La Fontaine écrira plier (« le roseau plie »).

Le dictionnaire de Robert dit que *ployer* était considéré comme vieux à la fin du XVIIe s. (référence : dict. de Richelet et de l'Académie) et que, remis en honneur au XIXe siècle, il est resté archaïque ou littéraire, surtout comme transitif.

Remarque. — Le composé supplĭcáre (se prosterner — plier — supplier) bien qu'il ait donné l'anc. fr. *soploier,* il *soploie,* etc., a certainement favorisé le rapprochement, d'ordre d'abord sémantique, avec *proier,* il *prie,* d'où *prier* et, par suite, a abouti à : il *supplie, supplier.*

Nier

Latin. *Nĕgāre, nĕgo, nĕgas, negavī, negatum* (dire non — nier — refuser).

Infinitif présent. Nĕgáre a donné régulièrement *neier/neiier* en anc. fr. (voir *Enéas, St Thomas,* etc.) puis *noier/noiier* (cf. *Yvain,* Beroul, *Floovant,* etc.).

Mais cette forme était homonymique de *neier/noier* ou *noiier,* infinitif issu régulièrement de *nĕcare :* tuer. Assez tôt la langue a différencié les deux verbes :

1°) *noiier* (< nĕgāre) a laissé la place à un infinitif *nïer/niier/nier* (cf. *Rose,* etc.) analogique du radical tonique du présent de l'indicatif : ex. : nĕ́gat > il *nie.*

---

1. Fouché (*Morph.,* pp. 118-119) enseigne que le subjonctif présent aurait dû être **pleiz,* **pleiz,* **pleist,* etc. et qu'en fait c'est l'indicatif présent qui s'est généralisé : *plei, pleis, pleit...* puis *ploie, ploies, ploie,* etc.

2. Au XVIe s. Guillaume Bouchet écrit *pleyans :* ce doit être une simplification phonétique de *ployans* = [pl(w)eyans] (cf. les formes *neyer, nayer* de *noyer*).

2°) *noiier* (< nĕcāre) s'est maintenu — et son sens s'est spécialisé (au Moyen Age on disait « *noiier* dans l'eau ») ; le présent de ce verbe (*nie* < nḗcat) à l'origine aussi s'est même aligné sur l'infinitif ; d'où : il *noie* (voir fiche *noyer*).

esp. : *negar* — ital. : *negare*.

Indicatif présent		
1. nḗgo	*ni* (var. : *noi, Berte*)	je *nie*
3. nḗgat	*nie* (var. : *noie, Cligès*)	il *nie*
5. nĕgắtis	*neiez/neiiez*	vous *niez*
6. nḗgant	*nient*	ils *nient*
Indicatif imparfait		
3. negābat *negḗbat	*neieit* puis *neioit* et *niait (Rose)* *nioit* (Calvin)	il *niait*
Futur		
3. negare-hábet	*neiera* *(neiara, Passion)*	il *niera*
Passé simple		
3. negắvit	*neiat* (Wace, *Vie St N.*) *neia (Rou)* puis *nia (Rose)*	il *nia*
Subj. présent		
3. nḗget	*(nit)* [1] puis *nie*	qu'il *nie*
5. negḗtis > -ātis	*noiés (Mon. Guill.)*	que vous *niiez*
Subj. imparfait		
3. negavísset > negásset	*(neiast/noiast)*	qu'il *niât*
Impératif		
2. nḗga	*nie*	*nie*
5. negắtis (indic.)	*niez*	*niez*
Participe présent		
C.R. sg. negántem	*neiant* puis *noiant* (Oresme) (var. *nëant*)	*niant*
Participe passé		
C.R. sg. negắtu	*neié* puis *noié* (cf. *renoié*) var. *nëé*	*nié*

1. Nous ne trouvons d'attestation de ce subj. que pour l'homonyme nĕcet > *nit* (Rou II). Mais P. Fouché (*Morph.*, p. 113) donne cette forme.

Noyer (cf. fiche **nier**)

Latin. Nĕcare, nĕco, nĕcas, necavī, necātum (tuer, faire périr).

Infinitif. Nĕcắre a donné régulièrement *neier (Brut, Louis), noier* ou *noiier (Charette)* voire *naier (Flor. de Rome)* et *nier* (Monluc)[1].

ital. : annegare

oc (limousin) : [nədza].

Indicatif présent		
3. nĕ́cat	*nie* (attesté in Tobl. Lom.) *neie* puis *noie*[2] var. *naie, naye* (Joinv.) *noye* (Cotgrave)	il *noie*
4. necámus -ū́mus	*neions* puis *noions* *noyons* (XVᵉ s.)	nous *noyons*
6. nĕ́cant	*neient* puis *noient* var. *naient*	ils *noient*
Indicatif imparfait		
3. necābat -ēbat	*neieit* puis *noioit* *nayoit* (Rabelais)	il *noyait*
Futur		
3. *necar(e)-hábet	*neiera* (cf. Marie de Fr.) puis *noiera* var. *nayera* (Rabelais)	il *noiera*
Passé simple		
3. nĕcā́vit	*neia(t)* puis *noia* [se] *nya* (Pontus de T.), etc.	il *noya*
Subjonctif présent		
3. nĕ́cet	*nit* (Rou) et *neit* puis *noit* (*nait* in *Rose*)	qu'il *noie*
5. necḗtis -ấtis	*neiiez* puis *noiiez*	que vous *noyiez*
Subjonctif imparfait		
3. necavī́sset > necásset	*neiast* (Marie de Fr.) puis *noiast*	qu'il *noyât*

1. *Nayer,* je [me] *naye,* etc., sont fréquents au XVIᵉ siècle (cf. dict. de Huguet).
A la fin du XVIIIᵉ siècle le *dict. de Trévoux* (2ᵉ édit., 1784) dit que la prononciation régulière est *neyer.*

2. *Neie* et *noie* sont évidemment analogiques de l'infinitif *neiier/noiier.*

Participe présent		
C.R. sg. necántem	*neiant* puis *noiant* *nayant* (Pelletier)	*noyant*
Participe passé		
C.R. sg. masc. : necātu	*neié* (cf. *Roland*) puis *noié* (Beaum.) var. *naié* *nié* (Monluc)	*noyé*

Conclusion. — L'examen de cette conjugaison en ancien français montre que les formes accentuées sur le radical et qui sont régulièrement par exemple *nie* < nĕ́cat, qu'il *nit* < nĕ́cet (subj.) ne se sont pas maintenues longtemps : très tôt apparaissent des formes telles que il *neie* puis *noie* — qu'il *neit* puis *noit*. Cela prouve que les sujets parlants ont éprouvé le besoin d'éviter l'homonymie des formes correspondantes de *negare* (cf. fiche *nier*) : instinctivement ils ont généralisé le radical inaccentué, soit : *nei-/noi- (noy-)*.

Prier (anc. fr. **preier/proier**)

Latin class. : *prĕcắri,* prĕ́cor, prĕ́caris (rég.) déponent, devenu *prĕcắre,* prĕ́co en bas-latin.

Selon qu'il était accentué ou non, le radical a eu deux formes différentes en ancien français :

1°) radical accentué : *pri* (je pri — il *prie*)

2°) radical atone : *prei-* puis *proi-* (inf. *preier* puis *proier*).

Infinitif. Prĕcāre > preier/preiier puis *proier/proiier :* c'est encore la forme du *Roman de la Rose* (XIIIe s.). Au XVe s. on ne rencontre, semble-t-il, plus que *prier,* analogique de l'indicatif présent (sing.), subj. présent (sing.), etc. Variantes : *priier* et *prïer (Rose, Escoufle).*

Indicatif présent		
1. prĕ́co	*pri (Rol., Perc.)* et *proi* (Couci, etc.) (forme anal. de l'infinitif)	je *prie*
2. prĕ́cas	*pries*	tu *pries*
3. prĕ́cat	*prie* et *preie (Rose)*	il *prie*
4. prĕcámus (-ŭ́mus)	*preions* (*preium* in *Rol.*) et *prions*	nous *prions*
5. precắtis	*preiiez* (ou *preiez*)	vous *priez*
6. prĕ́cant	*prïent* (mais *preient* in *Alexis*)	ils *prient*
Futur		
1. *precare-hábeo	*preierai/proierai (Cligès)*	je *prierai*

3. *precare-hábet	*preiera/proiera* (déjà *prierat* dans *Rol.*)	il *priera*
6. *precare-*hábunt	*preieront/proi(e)ront* (forme attestée)	ils *prieront*
Subj. présent		
3. prĕ́cet	*prit (Rol.)* puis *prie*	qu'il *prie*
Passé simple		
3. precā́vit	*preia (Rose)* et *proia* ou *prïa (Jeh. de Saintré)*	il *pria*
6. precaverunt > *precā́runt	*preierent (Rol.)* puis *prierent*	ils *prièrent*
Impératif		
5. precā́tis	*preiez (Rol.)* et *proiés* (in Tobl.-Lom.)	*priez*
Participe présent		
C.R. sg. precántem	*preiant/proiant* et *priant (Perceforest)*	*priant*
Participe passé		
C.R. sg. precā́tu	*preié* (preiet, *Rol.*), *proié*	*prié*

Conclusion. — Comme beaucoup d'autres, ce verbe présentait au Moyen Age, on l'a dit, deux formes de radical : le radical accentué *pri-* semble s'être imposé partout dès le XIVe siècle ; on le voit apparaître parfois dès le XIe s. (Roland) là où on ne l'attend pas. Il est vrai que *prei/proi* se trouve parfois aussi en position accentuée.

Broyer

Verbe d'origine germanique, gothique : brikan ; d'où bas-latin : **brẹkāre*

Infinitif. *brẹkāre > *breier* attesté encore dialectalement (voir W. von Wartburg, *F. E. Wört.* [1]) puis *broier/broiier* var. *brier* puis *broyer* [2].

ital. :
esp. : n'ont pas ce verbe mais le type triturar(e)

oc (limousin) : [brədza] (s'emploie pour le linge que l'on triture dans l'eau).

Indicatif présent		
3. *brẹ́kat	(breie) puis *broie* var. *broye* (*brie* attesté in Tobler-Lom. semble anal. de *prie*)	il *broie*

1. La forme dialectale n'est peut-être pas la forme ancienne *breier* mais une simplification récente de broier = [brwęyẹr] > [brẹyẹ(r)].

2. Littré note la prononciation « [bro-ié], plusieurs disent [broi-ié] » = [brwayẹ́]. Actuellement on n'entend que [brwa-yé].

5. *brekā́tis	*broiez* var. *broiiés*	vous *broyez*
Imparfait		
3. *brekabat -ēbat	(breieit) puis *broioit*	il *broyait*
Futur		
1. *brekar(e)-hábeo -áyo	*broierai* var. *brayerai* [1]	je *broierai*
Passé simple (régulier)		
3. *brekā́vit	*broia* (in Tobler-L.)	il *broya*
Subj. présent		
3. *brẹket	*broit* (?)	qu'il *broie*
5. *brekḗtis -ātis	*broiiés* (in Tobler-L.)	que vous *broyiez*
Subj. imparfait		
3. *brekásset	*broiast*	qu'il *broyât*
Participe présent		
C.R. sg. brekántem	*broiant* (var. *brayant,* Amyot)	*broyant*
Participe passé		
C.R. sg. brekā́tu	*broié*/*broiié* et *broyé*	*broyé*
C.R. fém.	(var. *brayée,* Amyot *braïée,* Oliv. de S.)	*broyée*

Conclusion. — Ce verbe est, somme toute, régulier avec quelques variantes graphiques anciennes (participe broiié — broyé par ex.) et dialectales (*brayé* — *breyé,* voire brié).

La prononciation moderne [brwayé], à en juger par Littré, est récente.

Octroyer

Étymologie. Elle est controversée :

1°) Pour le dictionnaire de Bloch et Wartburg ce verbe remonterait à un latin populaire **auctoridzare,* dérivé du latin de basse époque *auctorare,* fait sur *auctor.*

2°) P. Fouché garde l'étymologie de Littré : latin « fictif » **auctoricare.*

Infinitif. En partant de **auctoridzáre,* il faut admettre que l'on aurait eu un intermédiaire **auctorĭdĭáre* et après la chute du o intérieur : **o(c)trĭdyā́re.*

1. Cf. *brayeront* chez Rabelais (dans Huguet) ; ce dictionnaire dit que pour ce verbe « on trouve souvent l'orthographe *brayer* ou *breyer* » : il semble, en fait, que ce soient là des formes dialectales (cf. plus haut le *F. E. Wört.* de W. von Wartburg et la note 1).

Dans l'autre hypothèse on aurait eu : *o(c)trĭcā́re.*

Quoi qu'il en soit l'ancien français a été *otreiier/otreier* puis *otroiier/otroier ;* var. *otrïer/otriier,* cf. *Roland,* etc.

ital. : *otriare*
esp. : *otorgar* (anc. catalan : *autreiar*)
prov. : *autreiar* et *auctorgar* (in Littré)

Indicatif présent		
1. *octrĭ́dio (ou *octrĭ́co)	*otrei (Rol.)* var. *otri* (*Rol.,* etc.) puis *otroi/outroi*	j'*octroie*
3. *octrĭ́diat (ou *octrĭ́cat)	*otreie* puis *otroie* (var. *otriet* in *Rol.* *otrie* in Beauman.)	il *octroie*
5. *octridiátis (ou *octricátis)	*otreiez* *otroiez (Rose)* [1]	vous *octroyez*
6. *octrĭ́diant (ou *octrĭ́cant)	*otreient* puis *otroient* (et *otrïent*)	ils *octroient*
Indic. imparfait		
3. *octridiēbat (ou *octricēbat) après subst. de term.	*otreieit* puis *otroioit* (*otroiet* in *Rose*) ou *otroiait* (édit. Langlois)	il *octroyait*
Futur		
3. *octridiare-hábet (ou *octricare-hábet)	attest. manque mais cf. condit. *otrïeroie (Aiol)*	il *octroiera*
Subj. présent		
3. *octrĭ́diet (ou *octrĭ́cet)	*otreit (Rol.)* puis *otroit*	qu'il *octroie*
Passé simple		
3. *octridiávit (ou *octricávit)	*otreia/otroia (Rose)* (var. *otrïa,* Villehard.) *octroya* chez Froissart	il *octroya*
Participe présent		
C.R. sg. *octridiánte(m) ou *octricánte(m)	*otreiant/otroiant* *octroyant* (Montaigne)	*octroyant*
Participe passé		
C.R. sg. *octridiátu	*otreié* puis *otroié/otroiié* (*otrie(t)* in *Roland*) *octroyé* (XV-XVIe s.)	*octroyé*

1. Otreiez/otroiez comme l'infinitif compte pour trois syllabes et s'écrit aussi *otreiiez/otroiiez* (ou *otroïez* in Littré).

Pour l'infinitif, Littré note deux prononciations :

a) o-ktro-ié (prononciation générale de son temps) ;

b) o-ktroi-ié (prononciation de « certains ») : il faut comprendre [oktrwa-yé].

Impératif		
2. *octrĭ́dia (*octrĭ́ca)	*otreie* puis *otroie (Rose)*	*octroie*
5. Cf. indicatif présent	*otreïez* puis *otroïez (otriiés, Rom. Violette)*	*octroyez*

Remarque. — Au XVIe s. on trouve des graphies diverses indépendamment de *octroyer : otroyer — ottroyer — oultroyer* (cf. dict. d'Ed. Huguet).

Envoyer

Bas-latin *invĭāre.*

Infinitif. Inviāre > d'abord *enveier* (cf. *Roland*) puis dans la 2e moitié du XIIe s., *envoier,* mod. *envoyer* (Littré remarque qu'au XIXe s. certains prononcent envo-ier).

ital. : inviare

esp. : enviar

oc (lim.) : [ẽvuya]

Indicatif présent		
1. invĭ́o	*envei* puis *envoi (Rose)*	j'*envoie*
2. invĭ́as	*enveies* puis *envoies*	tu *envoies*
3. invĭ́at	*enveie(t)* puis *envoie (Roland)*	il *envoie*
4. inviámus -ŭ́mus	*enveions* (cf. *enveiuns, Rol.*) puis *envoions*	nous *envoyons*
5. inviā́tis	*enveiez* puis *envoiez*	vous *envoyez*
6. invĭ́ant	*enveient* puis *envoient*	ils *envoient*
Indicatif imparfait		
3. *inviḗbat	*enveieit/envoioit* *envoyoit* (Amyot)	il *envoyait*
Futur		
1. *inviar(e)-hábeo	*enveierai (Roland)* puis *envoierai (Berte)* et *envoyerai*	j'*enverrai* [1]
5. *inviar(e-hab)ḗtis	*enveiereiz (Rol.)* puis *envoierez* ou *envoyrez* (Commynes)	vous *enverrez* [1]

1. Le futur de *envoyer* a subi « anciennement » l'influence de *voir* (d'après la correspondance je *voi : j'envoi,* cf. Fouché, *Morph.,* pp. 393 et 394).

Cependant Littré remarque qu'au XVIIe siècle les formes comme j'*envoierai(s)*/j'*envoyerai(s)* sont très usitées et il en donne des exemples de Corneille, Molière, Mme de Sévigné, etc.

Conditionnel présent		
1. *inviar(e-hab)ḗbam	*enveiereie* puis *envoierois* (cf. 6. *envoieroient,* Froiss.)	*j'enverrais*
Passé simple (régulier)		
3. inviā́vit	*enveiat (Roland)* puis *enveia (Rose)* et *envoia/envoya*	il *envoya*
Subjonctif présent		
1. invĭ́em	*envei (Rol.)* puis *envoi*	que j'*envoie* (-e analogique des subj. < lat. -am)
3. invĭ́et	*enveit (Rose)* *envoit*	qu'il *envoie*
Subj. imparfait		
3. *inviavisset > *inviásset	*enveiast/envoiast*	qu'il *envoyât*
Impératif		
2. invĭ́a	*enveie/envoie*	*envoie*
4. inviámus -ŭ́mus (ind.)	*enveiuns (Rol.)* puis *envoions*	*envoyons*
5. inviā́tis (ind.)	*enveiez (Rol.)* puis *envoiez/envoyez*	*envoyez*
Part. présent		
C.R. sg. inviántem	*enveiant* puis *envoiant*	*envoyant*
Part. passé		
C.R. sg. masc. inviátu	*enveiet (Rol.)* puis *envoié*	*envoyé*

Conclusion. — Ce qui peut surprendre, c'est le fait que le ĭ en hiatus se soit conservé comme voyelle quand il n'était pas accentué (ex. : inviátum > *envoyé* et inviáre > *envoyer*). Il ne faut pas oublier que les formes accentuées sur cette voyelle — et notamment les 1re, 2e, 3e pers. du sg. et la 3e pers. du pluriel du présent de l'indicatif — exercent presque toujours une influence dominante (ex. : invĭ́at > il *envoie*).

Il semble d'autre part que l'on ait gardé longtemps le sens de la parenté du mot avec vĭ́a > *veie, voie.*

Verbes en -uyer (appuyer, essuyer, ennuyer)

Ces trois verbes ont le même suffixe (et la même conjugaison) mais c'est par rencontre phonétique : pour *appuyer* et *ennuyer,* -uyer résulte de -ŏdiā́re, pour *essuyer,* de -ūcā́re. Il convient donc d'étudier d'abord le type *appuyer/ennuyer.*

Appuyer (cf. **ennuyer** < inŏdiāre)

Étym. Lat. popul. **appŏdiare* dérivé de *podium* (< grec *podion*) : soubassement, support.

Infinitif. Appŏdiāre > anc. fr. *apoiier,* écrit aussi *apoier.*

La forme *appuyer* est analogique des formes accentuées sur ŏ [1] (indic. présent 1, 2, 3, 6 — subj. présent 1, 2, 3, 6, etc. et aussi subst. *appui*) : sa généralisation date du XIIIe s. selon Fouché (*Morph.*, p. 63) : le *Roman de la Rose,* 2e partie (vers 1270) ne présente que des formes *-uyer,* -uyạ, -uyez [2]. La *Chanson de Roland* (XI-XIIe s.) présente déjà *apuyer* mais en normand la voyelle notée u correspond au o fermé du francien : *apuyer* n'est donc pas forcément analogique de l'indicatif *apuie :* il se lit [apuyẹr] et non [apẅiyẹr].

ital. : appoggiare

esp. : apoyar

oc (lim.) : åpüdza

Indicatif présent		
1. appŏ́dio	(j')*apui* [3] *(G. de Coinsy, Rose)*	j'*appuie*
3. appŏ́diat	(il) *apuie*	il *appuie*
4. appodiā́mus (-ū́mus)	(nos) *apoions* puis ap(p)uions	nous *appuyons*
5. appodiā́tis	(vos) *apoiiez* puis *ap(p)uiez / -yez*	vous *appuyez*
6. appŏ́diant	(il[s]) *apuient* (var. *apöent, Thèbes)*	ils *appuient*
Indic. imparfait		
3. *appodiḗbat	(il) *apoioit* puis *appuyoit* (Frois.)	il *appuyait*
4. *appodiebā́mus	(attest. manquent)	nous *appuyions*
Futur		
3. appodiare-hábet	(il) *apoiera* puis *appuyera*	il *appuyera*
Conditionnel : conforme		
Passé simple		
3. appodiā́vit	(il) *apoia* (Joinv.) var. normande : *apuia* [4] *(Thom. Beck.)* puis *ap(p)uia*	il *appuya*
Subj. présent		
3. appŏ́diet	(qu'il) *apuit*	qu'il *appuie*

1. ŏ́ suivi de yod donne, en effet, ū́y puis ẅi (cf. pŏdium > puy) dans la 2e moitié du XIe siècle.

2. On trouve toutefois des formes comme le participe *appoiees* chez Froissart (1333-1400).

3. L'accent était sur i depuis la 2e moitié du XIe s. : on prononçait [apẅi].

4. La forme anglo-normande de *Thomas Becket* se prononçait [apuya] ; ce n'est pas encore [apẅiya] analogique de appui(e).

Subj. imparfait		
3. appodiásset	(qu'il) *apoiast* puis *ap(p)uyast*	qu'il *appuyât*
6. appodiássent	*apoiassent* puis *ap(p)uiassent*	qu'ils *appuyassent*
Impératif		
2. appŏ́dia	*apuie*	*appuie*
5. appodiātis (indic.)	*apoiez* puis *appuiez* (ou *appuyez*)	*appuyez*
Participe présent		
C.R. sg. appodiántem	*apoiant* puis *ap(p)uiant/appuyant*	*appuyant*
Participe passé		
C.R. masc. sg. appodiắtu(m)	*apoié* (normand : *apuié*) puis *ap(p)uié/appuyé*	*appuyé*
C.R. fém. pl. appodiắtas	*apoiees* (cf. *appoiees* chez Froissart) puis *apuiees (Rose)*	*appuyées*

Conclusion. — La phonétique avait amené la constitution de deux radicaux ; c'est le radical accentué qui s'est révélé le plus fort — c'est assez normal ! — en s'imposant partout à partir du XIIIe siècle.

Ennuyer (brèves notes)

Étym. Latin de basse époque *inodiāre* formé sur la locution *in odio esse* (être un objet de haine) (Bloch-Wartburg).

Ce verbe a évolué comme *appodiare > *apoier* et *appuyer*. Voici quelques-unes de ses formes au cours de l'histoire.

Infinitif. Inŏdiáre > a. fr. *enoier* (*Troie* par ex.) ou *enoiier* puis *enuiier/enuier (Rose)* puis *ennoier, ennuier/ennuyer* [1] : ces dernières formes sont analogiques des formes accentuées sur o (ex. : *inŏ́diat* > *enuie* puis *ennuie*).

ital. : *annoiare* — anc. prov. : *enojar* (d'où esp. *enojar*).

Indicatif présent (cf. appuyer)		
3. inŏ́diat	*enuie (Troie),* *anuie (Berte)* puis *ennuie* ou *annuie* (cf. Tobler-L.)	il *ennuie* (*ennuye* au XVIe s.)
5. inodiắtis	*enuiez (Rose)*	vous *ennuyez*

1. On sait que le redoublement de n s'explique ainsi : le premier sert à noter la voyelle nasale (en = ẽ puis ã), le second est vraiment une consonne., cf. Bourciez, § 194.

Ind. imparfait		
3. *inodiḗbat	*enoioit* et *anuioit* puis *ennuyoit* (Commynes et XVIe s.)	il *ennuyait*
Futur		
3. inodiare-hábet	*ennuiera* (cf. cond. *annuieroient* in Tobler-L.)	il *ennuiera*
Passé simple		
3. inodiāvit	*enoia, ennoia* *ennuya* cf. *annuia (Roncesv.)* ou *anuia (Cléom.)*	il *ennuya*
Subj. présent		
3. inŏ́diet	*enuit (Troie, Rose)* *anuit (Erec)* *ennuit (Berte)*	qu'il *ennuie*
5. inodiḗtis -átis	*enuiiez (Percev.)*	que vous *ennuyiez*
Subj. imparfait		
3. *inodiásset	*enoiast (Troie)* *ennuiast*	qu'il *ennuyât*
Participe présent		
C.R. sg. inodiántem	*enoiant* *ennuiant* *ennuyant* (XVIe s.)	*ennuyant*
Participe passé		
C.R. sg. inodiā́tu	*enoié (Troie)* *enuié* (cf. *Rose*) *ennuyé* (XVIe s.)	*ennuyé*
C.R. pl. inodiā́tos	*enoiez, anuiez* *enuiez (Roncesv.)* déjà *ennuiez* dans *Rol.*	*ennuyés*

Conclusion. — Comme dans la conjugaison du verbe *appuyer* (anc. fr. apoier) le radical accentué sur ŏ *(enui-/ennui-)* a eu tendance à s'étendre très tôt et a triomphé.

Essuyer

Étym. Latin tardif (le verbe se trouve chez Caelius Aurelianus médecin du Ve s., autant qu'on sache) *exsūccāre* « exprimer le suc » puis « sécher des plantes » et « essuyer ».

Ce verbe fait problème en ce sens qu'en ancien français il présente en général deux radicaux :

1°) le radical accentué sur ū : ex. : il *essue*

2°) le radical accentué sur ā́ : ex. : inf. *essuier*, participe : *essuié*. Les formes *essuer*, *essué* que l'on trouve encore chez Rabelais paraissent analogiques de il *essue*.

On a proposé deux explications du i de *essuier :*

a) Bourciez (*Phonétique*, § 123, 2°, I) pense qu'il peut venir du subjonctif *exsū́ces (où c est devant un e) > **essuiz* (mais cette forme ne paraît pas attestée). En règle générale, en effet, après une voyelle vélaire c + a n'est pas palatalisé et disparaît (cf. advocā́tu > avoué, jocā́re > jouer).

b) P. Fouché (*Morph.*, p. 118, n. 1) dit que « l'i de essuier ne continue pas le c intervocalique latin mais représente probablement le premier élément de la diphtongue ié provenant de a latin au contact de l'articulation palatale de ü < lat. ū » et il cite l'exemple comparable de *charruier* < lat. carrucāre.

Quoi qu'il en soit le radical *essui-/essuy-* s'est généralisé dans toute la conjugaison mais au XVIe s. encore on trouve des formes *essuer*, *essué* comme nous l'avons dit.

Infinitif. Exsūcāre (sans géminée c) > *essuier*.
La forme *essuer* peut s'expliquer phonétiquement ou être analogique des formes accentuées sur ū (essue < exsū́cat).

ital. : asciugare

esp. : enjugar

oc (prov.) : eissugar — essugar — echugar, etc., (cf. en Poitou : *essuger*)

Indicatif présent		
1. exsū́co	(j')*essu* puis *essui* (Rut.)	j'*essuie*
2. exsū́cas	(tu) *essues* et *essuies*	tu *essuies*
3. exsū́cat	(il) *essue* et *essuie (Yv.)* *essuye* (Du Bellay)	il *essuie*
4. exsucā́mus (-ū́mus)	(nos) *essuons*	nous *essuyons*
5. exsucā́tis	(vos) *essuiez* (et *essuez*)	vous *essuyez*
6. exsū́cant	(il[s]) *essuent* et *essuient*	ils *essuient*
Ind. imparfait		
3. *exsūcḗ(b)at	*essuioit*	il *essuyait*
Ind. futur		
3. *exsucare-hábet	*essuiera (Rose)*	il *essuiera*

Condit. présent		
3. *exsucare-(hab)ēbat	*essuieroit*	il *essuierait*
Passé simple		
3. exsucávit	(attest. manquent)	il *essuya*
Subjonctif présent		
1. exsúcem	*essu* var. *assuisse* (in Littré)	que j'*essuie*
3. exsúcet	*essut*	qu'il *essuie*
4. exsucémus (-úmus)	*essuions* (?)	que nous *essuyions*
Subj. imparfait		
3. exsucásset	*essuiast*	qu'il *essuyât*
Impératif		
2. exsúca	*essue* (in Tobl.-L.) *essuyes* (XVIe s.)	*essuie*
5. exsucátis	*essüiez* (in Tobl.-L.)	*essuyez*
Participe présent		
C.R. sg. exsucántem	*essuiant*	*essuyant*
Part. passé		
C.S. sg. exsucátus	1. *essuiez* 2. *essuez* (G. de Coinsy)	*essuyé*
C.S. f. sg. exsucāta	1. *essuiee* (cf. *Erec*) 2. *essuee* (Thèbes)	*essuyée*
var. *exsúctu(m) (C.R. sg.)	*essuit* (encore bien attesté XVIe s.)	

Brèves notes sur quelques verbes en -er

Assiéger (cf. siéger)

Si nous retenons ce verbe c'est parce qu'il présente une alternance en anc. français :

1. infinitif : *assegier* (= assiéger mais aussi asseoir, placer)
2. ind. prés. 3e pers. sg. : il *assiège*

*Étym. *Ad + sĕdĭcāre,* sedĭcare étant lui-même un dérivé de sĕdēre, sĕdĕo, sedēs, sēdī, sessum, « être assis ».

Infinitif. *Assedĭcāre > régulièrement *assegier* (Villeh.) (cf. vindĭcáre > *vengier*) ; cf. *aseger* dans *Roland.*

La forme mod. *assieger*, analogique de l'indic. présent (singulier), se trouve par ex. chez Froissart (XIVe s.) et aussi, bien plus tôt, dans *Thomas Becket*.

Au XVIe siècle on trouve une variante *assiger* (cf. Huguet).
ital. : assediare
esp. : asediar
oc : assetjar, assetiar, etc.

Indicatif présent		
3. *assĕ́dĭcat	(il) *assiege* var. il *assige* (XVIe s.)	il *assiège*
Passé simple		
3. *assedicā́vit	(il) *asseja* ou *aseja*	il *assiégea*
6. *assedicā́runt	il(s) *assegierent* (G. Guiart) cf. il(s) *s'assegerent*	ils *assiégèrent*
Participe passé		
C.R. sg. *assedĭcā́tu	*assegié (Renart)* var. *assigé* (XVIe s.)	*assiégé*

Achever

Étym. Ce verbe s'est constitué en latin vulgaire sur « căput/*căpum » : bout (supérieur), terme, fin : on a eu ainsi *ad-căpare : mener à sa fin.

Infinitif. *Adcapā́re > *achever*
akiever (Nord-Est)
esp. : *acabar*
oc (Aurillac) : *åcåba* — (lim.) : *åtsåba* (usuel).

Indicatif présent		
1. *adcápo	(j')*achief (Rose)*	j'*achève*
2. *adcápas	(tu) *achieves*	tu *achèves*
3. *adcápat	(il) *achieve* et (il) *akieve* (Nord-Est)	il *achève*
4. *adcapámus (-ŭ́mus)	(nos) *achevons*	nous *achevons*
5. *adcapā́tis	(vos) *achevez*	vous *achevez*
6. *adcápant	(il[s]) *achievent*	ils *achèvent*
Subj. présent		
1. *adcápem	(j')*achief*	que j'*achève*
2. *adcápes	(tu) *achiés*	que tu *achèves*
3. *adcápet	(il) *achiet*	qu'il *achève*

Subj. imparfait		
3. *adcapásset	(il) *achevast* cf. *akievast* *(Fl. et Blanch.)*	qu'il *achevât*
Passé simple		
3. *adcapávit	(il) *acheva* cf. *akieva* (N.-Est)	il *acheva*
6. *adcapá(vĕ)runt	(il[s] *acheverent*	ils *achevèrent*
Impératif		
2. *adcápa	*achieve*	*achève*
5. *adcapátis (indic.)	*achevez*	*achevez*
Part. passé		
C.R. sg. *adcapā́tu	*achevé (Rol., Rose)* *akievé* (Nord-Est)	*achevé*

Conclusion. — L'ancien français présente une alternance radical atone (inf. par ex. ou participe passé : *achev-*) et radical tonique *achiev-*. Cette alternance s'observait naturellement à l'intérieur d'un temps comme le présent de l'indicatif : c'est le radical atone — le plus simple — qui l'a emporté. Quand ? Le dictionnaire du XVIe siècle ne présente plus l'indicatif présent il achieve.

A remarquer que l'ancienne langue a un doublet de même sens : *achevir* que Palsgrave conjugue encore au XVIe s.

Aider

Ce verbe est parfaitement régulier en français moderne mais en ancien français il se présente, à l'infinitif surtout, sous diverses formes :

aidier (et même *aïdier, Renart*), *aïder (Troie)*
aier
aiuder et *aiuer*.

Étymologie. Latin *adjūtā́re*, qui semble fait sur le supin *adjutum* (de *adjuvare*) mais que l'on trouve anciennement chez Plaute, Térence. Adjutāre a dû donner *ayudáre (cf. esp. *ayudar*) puis **ay(u)dáre*, d'où *aidier*.

Indicatif présent		
1. adjū́to	*aiu* (*aüe* in *Trist*. de Thomas) *aiue* *aï (Rou)*	j'*aide* (forme analogique de l'infinitif et de *aidons*) [1]

1. Il est normal que le d soit tombé dans adjū́to, adjū́tat... : il était en effet intervocalique ; il ne l'était plus dans adjutā́re, adjutámus(-úmus) après la chute de u prétonique. A la 3e pers. du sing. on trouve même *ayuwe* (*Richars le biaus*, in Tobler-L.).

2. adjū́tas	*aiues*	tu *aides*
3. adjū́tat	*aiue* [1] *(Troie)* *aïe* [2] *(Troie)* *aïde (Troie, Rose)* [3]	il *aide*
4. adjutā́mus (-úmus)	*aidons*	nous *aidons*
5. adjutātis	*aidiez (Troie)*	vous *aidez*
6. adjū́tant	*aiuent (Troie)* *auent (Claris)* *aident (Troie, Rose)*	ils *aident*
Futur		
3. *adjutare-hábet	*aidera* ou *aïdera (Troie)*	il *aidera*
Passé simple		
3. adjutā́vit	*aïa* ou *aida* ou *aïda (Troie)* (*aÿda* encore chez Marguerite de Navarre)	il *aida*
Subj. présent		
3. adjū́tet	*aiut* (cf. Tobler-L.) *aït/aïst* [4]	qu'il *aide*
Impératif		
2. adjū́ta	*aiue (Rol.)* - *aïe (id.)*	*aide*
5. adjutā́tis (indic.)	*aidiez*	*aidez*
Participe présent		
adjutánte(m)	*aidant* et *aïdant (Troie)*	*aidant*
Participe passé		
C.R. sg. *adjutā́tu	*aidé* ou *aïdé (Troie)* *aidié (Rose)*	*aidé*

Conclusion. — Comme on le voit c'est la forme qui ne portait pas l'accent sur u (par ex. adjutā́re > aider) qui a triomphé.

1. Il est normal que le d soit tombé dans adjū́to, adjū́tat... : il était en effet intervocalique ; il ne l'était plus dans adjutā́re, adjutámus(-úmus) après la chute de u prétonique. A la 3e pers. du sing. on trouve même *ayuwe* (*Richars le biaus*, in Tobler-L.).

2. Le passage de *aiüe* à *aïe* (cf. *aït* et *aïst* au subj. présent) s'explique par l'influence assimilatrice de yod sur ü (ayüe > aïe).

3. Au XVIe s. encore on fait souvent la diérèse (a-ïde) même si l'on écrit ayde ou aide (voir dict. d'E. Huguet).

4. L'expression bien connue *« si m'aïst Dieus »* (et *« se m'aïst Dieus »*), litt : « [aussi vrai que je souhaite] que Dieu m'assiste » et qui sert à appuyer des affirmations, est encore très employée au XVIe s. (cf. dictionnaire d'E. Huguet) où l'on trouve des graphies telles que « ainsi *mayt* la Deesse Juno », Lemaire de Belges).

anc. fr. **araisnier** et mod. **arraisonner**

Le verbe simple *raisnier* existe aussi en anc. fr. avec des graphies diverses (resnier, resner, regnier, etc.) mais il est moins fréquent que *araisnier*.

Étymologie. *Ad + rationā́re fait sur ratio, ratiōnis (raison, raisonnement). *Araisnier* signifie en anc. fr. discourir, raconter — *s'adresser à quelqu'un* (d'où le sens du moderne *arraisonner*, qui est, au fond, le même verbe) — chercher à persuader, plaider, accuser.

Évolution phonétique. Ce verbe a eu, au Moyen Age, deux radicaux ce qui s'explique phonétiquement :

1°) le radical de l'infinitif : l'accent étant sur ā, on a eu *adrationāre > *aratsyonā́re > *araidz(o)nā́re > *araiznier écrit *araisnier* (cf. *Fiches de philologie*, p. 298) var. *araignier (Lyon Ysop.)*.

2°) le radical des formes accentuées sur ō
ex. : adratiṓnat > a. fr. (il) *araisonne*

C'est finalement cette forme qui l'a emporté — et a donné l'infinitif *araisonner/arraisonner* (dès le Moyen Age, cf. Tobler-Lom.).

Indicatif présent		
1. *adratiṓno	(j')*aresne (Erec)* (anal. de l'infinitif)	j'*arraisonne*
3. *adratiṓnat	1) (il) *aresne (Charette)* (anal. infinitif)	
	2) (il) *araison(n)e* (B. Condé) *ou aresone* (formes régulières)	il *arraisonne*
4. *adrationámus (-úmus)	(nos) *araisnions* [1]	nous *arraisonnons*
5. *adrationā́tis	(vos) *araisniez*	vous *arraisonnez*
Indic. imparfait		
3. adrationā́bat (-ḗbat)	(il) *araisnoit* [2]	il *arraisonnait*
Participe passé : double forme en anc. fr. :		
C.R. sg. adrationā́tu(m)	1) *araisnié/areisné* (forme régulière, surtout adj.)	
	2) *ar(r)aisonné* (cf. Tobler-Lom.)	*arraisonné*

Conclusion. — Tel est ce verbe qui n'a gardé qu'un radical sur deux (et ce n'est pas celui de l'infinitif d'autrefois) et dont le sens s'est restreint aussi puisqu'il ne

1. Du moins le simple *raisnions* est attesté (voir Godefroy).
2. De même le simple *resnoit* se rencontre (cf. Tobler-Lom.).

signifie plus aujourd'hui qu'*interpeller* un navire en haute mer (pour contrôler sa cargaison).

Dès l'ancien français on observe souvent côte à côte les deux radicaux, au point qu'on a pu dire que l'on était en présence de deux verbes différents (cf. Fouché, *Morph.*, p. 15).

Bayer et **bâiller**

Ces deux verbes sont moins différents qu'il n'y paraît, du moins étymologiquement.

1°) **Bayer** que l'on ne trouve plus que dans l'expression « *bayer* aux corneilles » (perdre son temps en regardant en l'air, [bouche bée]) représente l'ancien français *baer* et *beer* encore vivant aux XVIe et XVIIe siècles.

Il vient du latin populaire **batāre* (ouvrir).

Ce verbe avait une conjugaison que Littré donne encore.

Les formes qui nous intéressent actuellement sont :

— le participe présent devenu adjectif : *béant*

— le participe passé devenu également adjectif : a. fr. *bée* et *baé* (in *Trist.*, Béroul), *bé(e)* (bouche *bée*).

Enfin, dérivé de ce verbe mais avec un phonétisme méridional, nous avons l'adj. *badaud* (le verbe simple, en occitan, est *badar* : ouvrir).

Un problème morphologique concerne le passage de *baer* à *bayer* : le yod peut être dû à l'analogie de participes comme *voyant* (un participe *bayant* > *béant* a existé) ou à l'influence de *baaillier* > bâiller. Littré (article *bayer*) nous dit que La Fontaine a écrit « *baaillent* aux chimères » pour *bayent* (in Fables, II, 13).

2°) **Bâiller** est certainement un dérivé, au niveau du latin vulg., du précédent, soit *batacŭlāre* (et non *baiaculare* comme le pose le Tobler-Lommatzsch, d'après Meyer-Lübke).

Infinitif. *Batacŭlāre > a. fr. *baaillier* puis *baailler* (faire un bâillement) > mod. *bâiller* (l'accent circonflexe notant la contraction des deux a doit dater du XVIe s. mais La Fontaine écrivait encore *baailler* nous dit Littré).

prov. : *badaillar* — cat. : *badallar* — (ital. : *sbadigliare*).

Indicatif présent		
3. batacŭlat	il *baaille*	il *bâille*

Remarque. — Il ne faut évidemment pas confondre ce verbe avec *bailler* (= donner, au XVIIe s. encore < lat. *baiulare*), étudié plus loin.

anc. fr. **bailler** (donner)

Autre forme : *baillir,* d'où le participe bailli (mal bailli), le substantif *la baillie.*

Ce verbe encore usuel aux XVIe et XVIIe siècles (du moins dans le sens de *donner*) remonte au latin *bajŭlāre* (porter sur son dos) > *bay(u)lāre > *baill(i)er.*

La filiation paraît être la suivante :

1°) *Porter,* avoir la charge de...

2°) *Se charger de — prendre sur soi — gouverner — saisir*

3°) *Donner* (par déplacement de point de vue en quelque sorte).

La conjugaison de ce verbe — ou plutôt de ces verbes — ne pose pas de problème majeur : il y a toutefois des hésitations entre *baillier* et *baillir.*

Infinitif. Bajǔlắre > a. fr. *baillier* puis *bailler* et *baillir* (*Roncesv.*, etc.).

cf. provençal : *bailar* (limousin actuel : *beila :* donner) et *baillir.*

Indicatif présent		
3. bǎjǔlat	*baille*	il *baille* (encore employé au XIXe s., cf. Littré)
Futur		
3. bajulare-hábet	*baillera*	il *baillera*
Passé simple		
1. a) bajulávi	*baillai* (cf. *Rose*)	
b) *bajulívi ?	*(bailli)*	
	(*baillyz,* Rabel.)	
Subj. présent		
3. bájǔlet	*baut* (*Troie,* Beaum., etc.) et *baille (Rose)* [1]	qu'il *baille*
Subj. imparfait		
3. *bajulásset	*baillast (Troie)*	
Impératif		
2. bájǔla	*baille*	
5. bajulắtis (ind.)	*bailliez (Rose)*	*baillez*
Participe passé		
C.R. sg.		
a) bajulắtu	*baillié*	*baillé*
b) *bajulītu	*bailli(t)* [2]	

Conclusion. — Nous avons affaire à deux verbes parallèles : *bailler* est le verbe originel mais il s'est créé un type *baillir* qui l'a concurrencé à certaines formes : infinitif présent, participe passé et même au subj. présent et au passé simple de l'indicatif.

---

1. On trouve le type baillir dans la Chanson de Roland :
   Il nen est dreiz que paien te *baillissent*
   (Il n'est pas juste que des païens te portent [toi Durandal]).

2. S'emploie surtout dans des expressions comme *« estre mal bailli »* (être mal loti, mal en point)
   mal este oi baillit *(Rol.)*
   (Vous avez bien du malheur aujourd'hui)

Les substantifs le *bailli* et « avoir en sa *baillie* » sont d'anciens participes.

Changer

Étym. Bas-latin *cambiare* (attesté à côté de cambire), verbe d'origine gauloise.

Infinitif. Cambĭāre > rég. *changier* puis *changer*, cf. picard : *cangier* (cf. *Perceval, Aucassin*, etc.), *canger*.

ital. : *cambiare* — esp. : *cambiar*.

oc (prov.) : *cambiar* — oc (lim.) : *tsandza(r)*.

Indicatif présent		
3. cámbiat	*change*	il *change*
4. cambiámus (et subst. de termin.)	*changeons, chanjons* (*chainjons*, cf. Tobler-Lom.)	nous *changeons*
5. cambiátis	*changiez* puis *changez*	vous *changez*
Indic. imparfait		
3. *cambiḗbat	*changioit* puis *changeoit/chanjoit* *chanjot (Troie)* ou *changot* [1] *(Thom. Becket)*	il *changeait*
Passé simple		
3. cambiā́vit	*chanja* [2] et *changea* (pic. : *canga*) [3]	il *changea*
Participe passé		
C.R. sg.		
masc. cambiátu	*changié* puis *changé*	*changé*
fém. cambiáta	*changiée* puis *changée* (pic. *cangïe, Percev.*)	

Châtier

Latin : castīgā́re, castī́go, castī́gas (rég.)
— essayer de rendre pur (castus)
— amender, corriger
— réprimander, punir.

Infinitif. L'ancien français présente deux formes :

1°) *chastiier* (*castïer* in *Roland* et en picard) ou *chastïer* : c'est l'infinitif régulier issu de castīgāre et, semble-t-il, le plus employé (c'est, par ex., la seule forme du *R. de Troie* ; le *Roman de la Rose* présente neuf fois *chastier* et une seule fois *chasteier*).

---

1. Dans les textes anglo-normands ces imparfaits de 1re conjugaison en *-ot* sont courants ; *changot* se prononce *chanjot*.

2. Cf. 1re personne *chanjay* dans Villon (*Test.* 1012).

3. Il faut lire [kãnža].

2°) *chasteier* ou *chasteiier* qui paraît être analogique de preiier d'après la proportion :

$$\frac{\text{(il) prie}}{\text{preiier}} = \frac{\text{(il) chastie}}{\textit{chasteiier}}$$ puis *chastoiier, chastoier* [1].

Le sens est : *réprimander, corriger* mais aussi *conseiller, exhorter.*

ital. : *castigare* — esp. : *castigar*

oc : *castiar/chastiar.*

Indicatif présent		
1. castīgo *castǐ́go ?	a) *chasti* (*Perc., Rose,* etc.) b) *chastei (Rose)* [2] *chastoi* (Chron. de Reims)	je *châtie*
2. castígas	*chasties*	tu *châties*
3. castígat	*chastie (Rose)* et *chasteie (Rose)* (*castie,* norm.-picard)	il *châtie*
4. castigámus (et term. -úmus)	*chastions*	nous *châtions*
5. castigā́tis	*chastïez (Yvain)*	vous *châtiez*
6. castígant	*chastïent* (norm.-pic. : *castïent*)	ils *châtient*
Indic. imparfait		
3. castigābat > -ḗbat	*chastieit* (cf. *castiheit* in *Thomas Becket*) puis *chastioit* (*castïoit* in *Ferg*)	il *châtiait*
5. *castigebā́tis	*chastiiez*	vous *châtiiez*
Futur		
3. *castigare-hábet	*chastiera*	il *châtiera*
Passé simple		
1er type castīgávit	*chastïa* (*Thom. Becket,* etc.) (*castïa* in *Perceval*)	il *châtia*
2e type	*chasteia/chastoia* (XVIe s.)	
Subj. présent		
3. castíget	*chastit (Rose)*	qu'il *châtie*
Subj. imparfait		
6. castigássent	*chastiassent* (cf. *castiascent,* Chron. de Reims)	qu'ils *châtiassent*

1. D'où le substantif verbal *chastoy* courant au XVIe s. (cf. Huguet).

2. *Chastei* n'est peut-être pas d'origine ancienne mais simplement analogique de l'infinitif *chasteiier.*

Participe passé		
C.R. sg. castigātu	*chastïé* (*Rose,* 3 syll.)	*châtié*
	fém. *chastïee* (Eneas)	(3 syll. selon Littré)
2e type	*chasteiié/chastoiié*	
	fém. *chastoiie* (picard)	
Participe présent		
C.R. sg. castigántem	*chastiant* (*Rose,* 3 syll.)	*châtiant*

Conclusion. — Ce verbe aurait été parfaitement régulier si n'étaient apparues, en anc. fr. et jusqu'au XVIe, des formes issues d'un infinitif *chasteiier/chastoiier, chastoier* apparemment analogiques de *preiier/proiier.*

Donner

Rappelons d'abord que le verbe usuel signifiant « donner » était en latin un verbe court, trop court sans doute :

dāre, do, das, dēdī, datum

Il s'est cependant maintenu en italien *(dāre)* et en espagnol *(dar).*

En français et en « occitan », c'est le type *donāre* qui signifiant « faire un don » qui a supplanté *dare ;* d'où

a. fr. : *doner* puis *donner* (anglo-norm. : *duner*)

oc (lim.) : [dʋna]

Remarquons que l'italien et l'espagnol ont gardé aussi ce verbe dans le sens originel de « faire cadeau » ou « faire un cadeau ».

La conjugaison de *doner* présente en ancien français quelques particularités irrégulières :

1°) La 1re personne du sing. de l'indic. présent est d'abord *doing (Rose)* et *doins* (cf. *duins* dans *Roland*) mais les autres personnes sont : (tu) *dones,* (il) *done,* etc.

On explique *doing* par l'analogie de verbes qui avaient un yod de manière primaire ou secondaire, tels que *sumoneo (class. submoneo) > *semoing, pŭngo* > *poing,* maneo > *maing* (cf. Fouché, *Morph.,* p. 144).

2°) D'après ces 1res pers. de l'indic. présent on a eu trois séries de *subjonctifs présents* — non comprise la série définitive — :

a) série : 1. *doigne* — 2. *doignes* — 3. *doigne (Rose)* et *doint*[1] (< *doniet) — 4. *doigniens* — 5. *doigniez* — 6. *doignent (Rose).*

b) série : 1. *doinse* — 2. *doinses* — 3. *doinst* (cf. *Roland : duinst* et *duinset*) — 6. *doinsent.*

c) série (régions de l'Ouest) : 1. *donge* — 2. *donges* (et *doinges, Rou*) — 3. *donge* (*dunget* in *Roland*).

1. *Doint* est encore employé par *La Fontaine* dans la formule archaïque « ... Dieu vous *doint...* ».

Cependant la langue présente, parallèlement, des formes plus régulières, issues de *donem, dones, donet,* etc. :

3. *donet (Rou), dunet (Rol.), dunne (Rol.)*

3°) Les futurs et conditionnels, en *ancien français,* présentent une aphérèse du e :

Futur	Conditionnel présent
1. je *donrai* et *dorrai* (*durai* in *Rol.*)	je *donreie* puis *donrois* (encore chez Marot) ou *dorreie* et *dorrois*
3. il *donra* et *dorra (Rou)* (*durrat* in *Rol.*)	il *donreit/donroit* et *dorreit/dorroit*
4. nos *donrons (Rose)* et *dorrons*	nos *donriens* (Berte) - *donrions* (*durriums* in *Rol.*)
5. vos *donrez* et *dorrez* *(durrez, Rol.)*	vos *donriez/dorriez*
6. il(s) *donront (Rose)* et *dorront*	il(s) *donreient (Rose) /-roient* et *dorreient /-roient.*

La conjugaison est, pour le reste, régulière.

Errer (deux homonymes en anc. fr.)

Le français moderne n'a qu'un verbe *errer :* il vient du latin *errare* (*errer* et *se tromper*) et ne donne lieu à aucune remarque morphologique particulière.

Mais l'ancien français a, en outre, et surtout un autre verbe *errer* qui vient du latin vulgaire **ĭterare* [1], dérivé de iter et qui signifie « faire chemin, marcher, voyager ».

C'est à cet *errer*-ci qu'il faut rattacher des expressions comme « aller grand erre » (où *erre* représente sans doute un substantif déverbal), des adjectifs comme *errant* (Juif *errant* — les chevaliers *errants*), le substantif *errement* (procédé habituel).

*Explication de errer < *ĭterắre :*

Infinitif : ĭterắre > *edrer* puis *errer*

Indicatif présent	
1. *ĭ́tĕro	(j')*erre*
2. *ĭ́tĕras	(tu) *erres*
3. *ĭ́tĕrat	(il) *erre*
4. *iterắmus (et subst. de termin.) etc.	(nos) *errons*

1. Cet *iterare* n'est pas le verbe classique qui signifiait recommencer, répéter (cf. notre *réitérer*) ; il représente probablement, après aphérèse, l'ancien déponent *itinerari* > *it(in)erare.

Futur	
3. iterar(e)-hábet	(il) *errera*
Conditionnel (conforme)	
1. iterar(e-hab)ēbam	(j')*erreroie (Rose)*
Participe présent	
C.R. *iterántem	*errant (Rose)*
Participe passé	
C.R. *iterātu	*erré (Rose)*

Ester

Ce verbe ne s'emploie plus en français mod. que dans l'expression « ester en justice » : soutenir une action en justice comme demandeur ou défendeur ; mais en anc. fr. il était beaucoup plus employé. D'autre part c'est lui qui a fourni — au niveau du latin vulgaire — certaines formes au verbe être : l'imparfait de l'indic., les participes présent et passé.

Étym. Lat. *stare, sto, stas, stĕtī,* partic. fut. *stāturus.*
se tenir debout, se tenir ferme, se tenir fidèle à...
impers. : être fixé.

Sens de l'anc. fr. *ester :*
— se tenir debout (cf. s'ester)
— rester, exister.

Expressions :
Laisse ester : laisser là, mettre fin à, rester tranquille...
en estant : a) debout
b) sur-le-champ, immédiatement.

La conjugaison de ce verbe présente en anc. fr. des variantes surprenantes (cf. dict. de Tobler et Lom.), ainsi :

	anc. fr.
Indicatif présent	
1. sto	*estois (Percev.)* *stuis*
3. stat	*estet (Livre Manières)* *esteit/estait* *esta(t) (Aymer. Narb.)*
4. stamus (-ŭmus)	*estommes* (in Tobler-L.) var. *estisons (id.)*
6. stant (*stunt)	*estunt/estont* (anal. de *sont ?*)
Imparfait	
3. (stabat)	*estisoit/astisoit*
Futur	
1. *stare-hábeo	*esterai (Aym. Narb.)*

Passé simple	
3. stetit	a) *estot* (Marie Fr.) < *stavit ? b) *esta* (autre forme < -avit) c) *estut* (< *stetuit) *stesist* (type en -si)
6. steterunt	- *esturent (Percev.), stuirent* (cf. 3e pers. sing. *estut*) - *esterent* (forme de 1re conjugaison cf. amerent, chanterent)
Subj. présent	
3. stet	*estoist (Ps. Oxf.)* et *estace/estache (Enéas)*
6. stent	*estoisent (Yvain)/estacent,* etc.
Subj. imparfait	
3. a) (stetisset) vulg. *stetuisset	a) *esteüst (Percev.)*
b) *stá(vi)sset	b) *estast (Troie)* (forme de 1re conjug.)
Participe présent	*estisant* (cf. Tobler-L.)
Participe passé *stetūtu (?)	*estu, esteü (Alix)*
Impératif 5. statis (ind.)	*estez* (cf. Tobler-Lom.)

Conclusion. — A l'imparfait et aux participes présent et passé les formes originelles et régulières avaient été adoptées par le verbe « être » : on a donc utilisé un suffixe *-iser,* un véritable verbe dérivé *(estisoit-estisant) ;* le participe passé *esteü/estu* paraît bien fait sur le passé simple *estut* (lui-même issu d'un latin vulgaire **stĕtuit* (pour stĕtit).

On observe aussi des formes qui sont proprement de la première conjugaison française : passé simple il *estat,* il *esta,* ils *esterent.*

Garder (cf. anc. fr. **esgarder** et aussi **regarder**)

Germanique *wardôn* (cf. allemand *warten :* « attendre, soigner) latinisé en **gwardāre* > *guarder (Rol.)* et *garder.*

anc. fr. : garder, veiller, faire attention, prendre garde.

Expression : n'avoir garde : n'avoir pas à craindre.

ital. : *guardare* — esp. : *guardar.*

Ind. présent 1re pers. sing. :

*guardo > a. fr. je *gart (Rose)* puis je *garde* par anal. de tu *gardes,* il *garde.*

Subjonctif présent :
1. guardem > (que je) *gart* mod. *garde*
3. guardet > (qu'il) *gart* mod. *garde*
(cf. Dex vos regart *(Rose) :* que Dieu vous protège !)

Mander et demander, commander

Latin. *Mandare,* rég. (donner en mission, charger de, confier).

Infinitif. Mander (cf. ital. : *mandare* — esp. et prov. : *mandar*) (envoyer chercher quelqu'un — faire savoir — commander de).

Indicatif présent		
1. mando	*mant* puis *mande* (anal. 2e-3e pers.)	je *mande*
2. mandas	*mandes*	tu *mandes*
3. mandat	*mande*	il *mande*
Subj. présent		
3. mandet	*mant*	qu'il *mande*

Parler

Origine. Latin ecclésiastique *parabŏlāre :* « parler par paraboles » puis « parler ».

L'évolution de ce verbe dépend de la place de l'accent tonique, ce qui n'est pas étonnant.

Infinitif. Parabolare > **paravŏláre* ou **parawŏlāre* puis **paraoláre* > **par(o)láre* et enfin *parler.*

Indicatif présent		
1. parábŏlo > *parávolo > *paráolo ou paráu̯lo	(je) *parol(e)* [1] *(Troie)*	je *parle*
2. parábolas > *paráolas	(tu) *paroles*	tu *parles,* etc. (généralisation du radical de *parler,* nous *parlons,* etc.)
3. parábolat > *paráolat	(il) *parole(t) (Rol.)*	il *parle*
4. parabolámus > *par(o)lū́mus	(nos) *parlons*	nous *parlons*

1. Les formes accentuées sur a *(parábŏlo)* ont pratiquement perdu leur v > w devant o- : d'où *paráolo et parol. D'autres expliquent autrement et considèrent que la voyelle pénultième o est tombée : paráv(o)lo > *paráu̯lo > *paráolo > *parol(e)*

5. parabolắtis > *par(o)lắtis	(vos) *parlez et parlés*	vous *parlez*
6. parábŏlant > *paráolant	(il[s]) *parolent*	ils *parlent*
Imparfait		
3. parabolḗbat > *paraolḗat > *par(o)lḗat	(il) *parloit*	il *parlait*
6. *parabolḗbant	(il[s]) *parloient* et *parloent (Troie)* ou *parlowent* [1]	ils *parlaient*
Futur		
3. *par(o)lar(e)hábet	(il) *parlera* var. (il) *parra*	il *parlera*
Subj. présent		
1. parábŏlem	(je) *parol* var. *parolge* (cf. je *donge* forme anglo-normande)	que je *parle*
3. parábolet	(il) *parolt (Enéas)* (*parolet,* in *Rol.*) *parout (Troie)*	qu'il *parle*
Subj. imparfait		
3. parabolásset > *par(o)lásset	(il) *parlast (Enéas)*	qu'il *parlât*
5. parabolavissetis > *parlassḗtis	*parlesseiz / -ssoiz* et *parlissiez*	que vous *parlassiez*

Conclusion. — Verbe devenu régulier par la généralisation d'un seul radical : celui qui ne portait pas l'accent, c'est-à-dire : *parl-*

Peser

Étymologie. Lat. *pensāre* (régulier)
1) peser
2) contrebalancer
3) apprécier

Il avait dû prendre aussi à basse-époque le sens de *penser* (cf. ital. pensare : penser — esp. : pensar, même sens).

Le verbe *penser* est le même verbe qui a dû être « repris à la langue [latine] écrite à basse époque dans les milieux savants » (Bloch-Wartburg). La forme populaire *peser* n'a jamais eu le sens de « penser ».

1. Ces variantes dialectales, dans l'Ouest, s'expliquent par la forme latine régulière en *-ābant*.

Voici quelques formes présentant les alternances radicales. Nous ne traçons pas toute la conjugaison.

Infinitif. Pensāre > *pe(n)sáre > a. fr. *peser*
Sens : peser (et être pénible, désagréable en anc. fr.).

Indicatif présent		
1. penso > *pę́so	*peis* puis *pois*	je *pèse* [1]
3. pé(n)sat > *pę́sat	*peise(t) (Rose)* et *poise (Cligès)*	il *pèse*
4. pensámus avec subst. de termin.	*pesons*	nous *pesons*
6. pénsant > *pę́sant	*peisent/poisent*	ils *pèsent*
Futur		
3. pensare-hábet	*peisera/poisera*	il *pèsera*
Subjonctif présent		
3. penset > *pę́set	*peist/poist* [2]	qu'il *pèse*
Impératif		
2. pé(n)sā > pę́sa	*peise/poise*	*pèse*
5. pensā́tis (ind.)	*pesez*	*pesez*
Part. présent		
pensántem	*pesant*	*pesant*

Remarque. — Au XVIe siècle les formes *pois-* (radical accentué sans réduction) sont encore très employées même là où on ne les attendrait pas :

	mod.
je *poise* (Montaigu)	je pèse
il *poise* (Du Bellay)	il pèse
mais aussi : nous *poysons* (Calvin)	nous pesons
(il) *poisa* (Montaigne)	il pesa
(il) *poisera* (Lemaire de Belges)	il pèsera
(qu'il) *poisast* (Pasquier)	qu'il pesât
poiser (Calvin, etc.)	peser
poisant (Montaigne)	pesant
poisé (Calvin)	pesé

1. Le français moderne *pèse* résulte d'une réduction de [wę], noté oi, à [(w)ę] à partir du XIIIe siècle (cf. Fouché, *Phonét.*, pp. 274-76). Dès lors on a eu une alternance il *pèse*/peser. Mais on a souvent prononcé aussi il pese comme peser jusqu'au XVIIe siècle (cf. Fouché, *Morph.*, pp. 67-68).

2. Cf. l'expression courante en anc. fr. : *ne vos en poist* (que cela ne vous soit pas pénible — [qu'il] ne vous déplaise). Cf. aussi l'expression « *Cui que en peist* (ou *poist*) : littéralement : quel que soit celui à qui cela est désagréable ou quelque peine que l'on en ait.

Poser (brèves notes)

et composés, notamment **reposer** cf. anc. fr. **repondre**

Étym. Latin vulg. : **pausare,* fait sur le substantif *pausa :* cessation, arrêt.

Pausare > *poser,* qui a pris les sens du lat. classique *ponere* et, ce faisant, a perdu les siens propres (« cesser, s'arrêter » et « se reposer » (en parlant d'un mort), cf. Bloch-Wartburg.

Toutefois le verbe classique *ponere* n'a pas entièrement disparu, puisqu'il a donné le français *pondre* (qui ne s'est conservé que dans le sens de « déposer ses œufs ») et le composé a. fr. *repondre* (cacher) ; voir fiche *pondre.*

Pleurer

Étym. Latin plorā́re, plṓro, plṓras (régulier).

Observation générale. — L'alternance de la place de l'accent tonique a amené une alternance il *pleure/plorer (plourer).* Mais comme la diphtongaison de la voyelle ō libre est relativement tardive il y a peu d'attestations de il *pleure* en ancien français (deux exemples dans le dict. de Tobler-Lommatzsch).

En moyen français l'opposition il *pleure/plourer* est courante. Et le radical accentué *-pleur-* tend à se généraliser au XVIe siècle. Il est symptomatique que le dictionnaire d'E. Huguet, au chapitre de l'emploi substantivé de l'*infinitif,* présente six exemples de « le *pleurer* », contre un seul de « le *plourer* ». Au XVIIe s. Oudin donne encore *plorer* à côté de *pleurer* mais Vaugelas déclare que *plorer/plourer* n'est point de la Cour.

Infinitif. Plorāre > *plorer* (*plurer* normalement en normand) puis *plourer ;* la forme *pleurer* qui triomphera apparaît en moyen français : elle est analogique des formes à radical accentué (il *pleure*) comme on vient de le dire.

Indicatif présent		
3. plṓrat	*plore* (*plure* in *Rol.*) ou *ploure* (Renclus) puis *pleure* (B. de Com.) (mais (il) *plore* se trouve encore au XVIe s. (Lemaire de B.), etc.)	il *pleure*
5. plorā́tis	*plorez (plurez)* puis *plourez* (et *pleurez,* analogique)	vous *pleurez*
6. plṓrant	*plourent* (in *Alexis*) [1] *plorent* (norm. *plurent* = [plourent]) puis *pleurent*	ils *pleurent*

1. Ce *plourent* paraît représenter un premier état de la diphtongaison de ō accentué libre (cf. *bellezour* dans Eulalie) : ce serait donc l'ancêtre de *pleurent.* Dans *plourer, ou* note simplement [u], la voyelle initiale o (non diphtonguée) ayant pris ce timbre, « au cours du XIe siècle » d'après Fouché ; cependant la notation ou est généralement tardive.

Il se peut d'ailleurs que la forme il *ploure* de Renclus soit analogique de *plourer* (cf. il *plore* au XVIe s. encore).

Ind. imparf.		
3. *plorē̆bat	*ploroit* puis *plouroit* (*plouroit* encore vivant XVIe s.)	il *pleurait*
Futur		
1. *plorare-hábet	*plorerai/plourerai* (var. *ploërrai* (*Jeh.* et *Blonde*) et *plouerai, Auc.* puis *pleurerai*	je *pleurerai*
6. *plorare-*hábunt	*ploreront/ploureront* (var. *plurrunt* in *Rol.* [1]) puis *pleureront*	ils *pleureront*
Passé simple		
3. plorā́vit	*plora* puis *ploura* (*pleura* analogique)	il *pleura*
Subj. présent		
3. plṓret	*plort* (norm. *plurt*)	qu'il *pleure*
Part. présent		
C.R. sing. plorántem	*plorant/plourant* (Baïf) et *pleurant* (Rabelais)	*pleurant*
Participe passé		
C.R. sing. plorā́tu(m)	*ploré* (encore XVIe s.) *plouré* et *pleuré*	*pleuré*

Priser (estimer, apprécier)

Étym. Latin de basse époque *prĕtĭāre,* fait sur *prĕtium* (prix) et attesté chez Cassiodore, VIe siècle.

La conjugaison de ce verbe reposant en ancien français sur l'alternance :

1°) du radical accentué *pris- :* ex. indic. présent 3e pers. du sing. : prĕ́tiat > *prise* (cf. prĕtium > prix).

2°) du radical non accentué *preis-* puis *prois- :* ex. infinitif prĕtĭā́re > *preisier* puis *proisier* à la fin du XIIe s., (cf. messióne > *meisson* puis *moisson*).

En fait le radical *pris-,* peut-être sous l'influence du substantif prix [2], a tendu à s'étendre très tôt aux places du radical non accentué : d'où des variantes nombreuses dans les anciens textes.

Infinitif. Preisier (*Rol.*, etc.), *proisier* [3] (Béroul, etc.) mais aussi *prisier* très tôt (*Raoul de Cambrai, Cligès,* etc.).

---

1. *Plurrunt* résulte d'une réduction ou effacement de e (< *plurrerunt*). De même au XVIe s. Marguerite de Navarre écrit je *pleurrai* (< je pleurerai).

2. Cf. des phrases telles que :
Ne *prisent* vos menaces le *pris* d'une chastaine *(Saxons)*
qui montrent que le rapport étymologique était bien senti au moins par les auteurs de poèmes.

3. Cette forme *preisier/proisier/prisier* s'explique par la loi de Bartsch : a accentué au voisinage d'un yod > ię.

ital. : *prezzare*

prov. : *prezar* (cf. limousin : *prija*).

Indic. présent		
1. prĕ́tio	*pris (preise* écrit *praise* in *Rose)*	je *prise*
3. prĕtiat	*prise* (*Yvain,* etc.) (var. *preiset, Rol.*)	il *prise*
5. pretĭā́tis	*preisiez / proisiez* et *prisiez (Rose)*	vous *prisez*
6. prĕtiant	*prisent*	ils *prisent*
Indic. imparfait		
6. pretiā́bant > *pretiḗbant	*preiseient* (attesté) mais surtout *prisoient* (*Roman Viol.,* etc.)	ils *prisaient*
Futur et conditionnel		
3ᵉ pers. sing.	*prisera* et *priseroit* (seul radical *pris-* attesté)	il *prisera* il *priserait*
Passé simple		
3. pretiā́vit	*preisa(t)* attesté (Vie de St Nic.) surtout : *prisa* (*Perceval,* etc.)	il *prisa*
Subj. présent		
3. prĕtiet	*prizt* [1] et très tôt *prise* (anal. des subj. en -at ou de l'indicatif présent)	qu'il *prise*
Subj. imparfait		
3. *pretiásset	*preisast* (Marie de F.) mais surtout *prisast*	qu'il *prisât*
Impératif		
5. pretiā́tis (indic.)	*preisiez* *prisiez (Rose)*	*prisez*
Participe prés.		
C.R. sg. pretiántem	*preisant / proisant* et *prisant* (Claris)	*prisant*
Participe passé		
C.R. sg. pretiátum	*preisié / proisié (Rose)* et *prisié* (Joinv., etc.)	*prisé*

1. Forme donnée par Fouché, *Morph.,* p. 147.

anc. fr. **rover (demander)**

Latin classique. Rŏgāre, rŏgo, rŏgas, rogavī, rogātum (demander, cf. français : *interroger,* mot savant).

Infinitif. Rŏgāre aurait dû aboutir à *roer* (cf. lŏcare > louer) : on attribue la forme *rover* à l'influence analogique de *probare* (cf. Fouché, *Phonétique,* p. 614).

Ce verbe paraît avoir disparu très tôt : si on le trouve dans *Roland* (une fois), dans *Rou,* on ne le trouve pas dans le *Roman de la Rose* (un demi-siècle et un siècle plus tard).

Indicatif présent	
1. rŏgo	*rueu (Alexandre)*
	ruis (*Trist.* de Béroul) [1]
2. rŏ́gas	*rueves* (cf. prueves)
3. rŏ́gat	*rueve* (*roevet* in *Rol.*)
4. rŏgāmus (et subst. de term.)	*rovons* (cf. provons)
5. rogātis	*rovez* (cf. provez)
6. rŏ́gant	*ruevent*
Subj. présent	
1. (rŏgem)	*ruisse* (anal. de *ruis*)
3.	*ruisse* et *ruist*
4.	*ruissiens*
5.	*ruissiez*
Participe présent	
C.R. rogantem	*rovant* (cf. provant)
Participe passé	
C.R. rogātu	*(rové)*

Tourner

Latin. *Tornare,* rég. (façonner au tour).

Infinitif. Tornare > torner puis *tourner* (*transitif :* tourner, faire tourner, faire passer d'une manière à une autre — intrans. : tourner, faire un tour — retourner, se détourner, etc.).

cf. ital. : *tornare* — esp. : *tornar* — oc (lim.) : *turna.*

---

1. P. Fouché (*Morph.,* p. 335) cite aussi — outre l'impératif, cf. indic. — un plus-que-parfait ancien : *roueret (Eulalie)* < rogaverat.

Indic. présent		
1. tórno	tor(n) et *torne* (anal. 2e-3e pers.)	je *tourne*
2. tórnas	*tornes* puis *tournes*	tu *tournes*
Subj. présent		
1. tórnem	*tor(n)* et *tour (Rose)*	que je *tourne*
3. tórnet	*tort (Aym. Narb.)* *tourt (Thèbes)*	qu'il *tourne*
Futur		
3. tornar(e)-hábet	*torra* (*Rose,* etc.) et *tourra*	il *tournera*
Condit.		
3. tornar(e)-(hab)ēbat	*torreit* et *tourroit* (cf. *returreit, St Gilles*)	il *tournerait*

II. Les conjugaisons archaïques

A. type -ēre > fr. *-oir* (ex. devoir)

B. type -ĕre > fr. *-re* (ex. vendre)

C. type -ī́re > fr. *-ir* (ex. dormir)

Généralités. — Ces conjugaisons ne sont plus productives (les verbes créés actuellement sont généralement en *-er* ou parfois du type inchoatif *finir*) ; elles comprennent cependant un assez grand nombre de verbes héréditaires qui ont été au cours des âges sujets aux accidents phonétiques, aux réfections analogiques plus ou moins hésitantes et variées et sont, de ce fait, encore très irréguliers. Ils présentent en particulier des *alternances radicales* quand ils ne se sont pas « alignés » sur l'un des radicaux de base.

1°) Voyelle radicale a (en latin)

indic. prés. : singulier	indic. prés. : pluriel infinitif, etc.	formes modernes
a) *a libre*		
3. rádit > (il) *ret* (encore chez Villon)	rádĕre > *rere* 4. radĭmus > *raons* -ŭ́mus	verbe disparu (remplacé par *raser* < *rasare d'après partic. *rasus*)
3. *hátit > (il) *het* (hait)	*hatire > *haïr* *hatimus > *haons* -ŭ́mus (voir fiche partic.)	il *hait* *haïr* nous *haïssons* (type *finir*, tardivement)
3. páret > (il) *pert*	parére > *pareir* *paroir*	(mod. *paraître* < parescĕre)
1. sápio > (je) *sai*	sapére > *saveir* puis *savoir*	je *sais* il *sait*
3. sápit > (il) *set/sait*	sapimus > *savons* -ŭ́mus	nous *savons*
b) *a + consonne nasale*		
3. mánet > (il) *maint*	manére > *manoir* (cf. *rẹmaindre (Rose)* de *rẹ-mánĕre)	verbe disparu (*manoir* est resté comme subst.)

	manéntem > *manant* -ánte (cf. *remanant* ou *remenant*)	
2°) Voyelle radicale ĕ (en latin) ou ae > ę		
5. fĕ́rit > (il) *fiert*	ferire > *ferir*	*férir* (défectif)
3. ĕ́xit > (il) *ist*	exíre > *eissir* (*issir* anal.) part. passé : *exū́tu > *eissu* (*issu* anal.)	verbe disparu (seul reste le participe *issu* et le subst. *issue*)
3. tĕ́xit > (il) *tist*	tĕ́xere > *tistre* teximus > *teissons* -ŭ́mus	(remplacé par *tisser*)
3. quaerit > *quę́rit > il *quiert*	quaerĕre > *querre* (puis *quérir*) quaerimus > *querons* -ŭ́mus	il *acquiert* (composé) *acquérir* nous *acquérons*
3°) Voyelle radicale ē ou ĭ		
3. bĭ́bit > (il) *beit* *boit*	bĭ́bĕre > *beivre* *boivre* (et *boire*) 4. bibimus > *bevons* -ŭ́mus 3. bibḗbat > *bevoit*	*boire* nous *buvons* [1] il *buvait*
3. crḗdit > (il) *creit* puis *croit*	crḗdĕre > *creire* puis *croire* 4. credĭmus > *creons* -ŭ́mus puis *croyons* (anal.)	il *croit* *croire* nous *croyons*
3. dḗbet > (il) *deit* puis *doit*	debḗre > *deveir* puis *devoir* 4. debḗmus > *devons* -ŭ́mus	il *doit* *devoir* nous *devons*
3. vĭ́det > (il) *veit* puis *voit*	vĭdḗre > *veeir* puis *veoir* 5. vidḗtis > *veez* (puis *voyez*) -átis	il *voit* *voir* vous *voyez*
3. mĭ́ttit > (il) met	mĭ́ttĕre > *mettre* 4. mittimus -ŭ́mus > *mettons* mitténtem > *mettant* -ante	il *met* *mettre* nous *mettons* *mettant* [2]

---

1. « e est devenu œ « ([ə]) » puis u sous la double influence du b précédent et du v suivant » (Fouché, *Morph.*, p. 46).

2. L'e de mettant est analogique de mettre [au lieu de œ/ə] (Fouché, *Phonét.*, p. 431).

4°) Voyelle radicale ŏ

a) *Voyelle ŏ libre*

3. mŏ́vet > (il) *muet* et *meut*	mŏvḗre > *moveir* puis *movoir* et *mouvoir* 5. movḗtis > *movez* -ấtis	il *meut* *mouvoir* vous *mouvez*
3. ŏ́pĕrit>(il) *uevre* *euvre* cf. *cŏ́perit > (il) *cuevre*	operíre > *ovrir* puis *ouvrir* 5. operītis > *ovrez* -átis *(ouvrez)*	il *ouvre* *ouvrir* vous *ouvrez*
3. *plŏ́vet>(il) *pluet* *pleut*	plŏvḗre > *ploveir* *plovoir*	il *pleut* *pleuvoir*

b) *Voyelle ŏ entravée*

3. dŏ́rmit > (il) *dort*	dormíre > *dormir* (et même *dourmir*)	il *dort* *dormir*
3. *tŏ́rkit > (il) *tort* (var. *tuert*)	*tŏ́rkĕre > *tordre* 4. torkimus -ŭ́mus > *tortons* (Ruteb.) *torkéntem > *torjant* et *tordant* (cf. Littré)	il *tord* *tordre* nous *tordons* *tordant*

c) *Voyelle ŏ + yod*

1. *mŏ́rio > (je) *muir*	*moríre > *morir* *mourir*	je *meurs* *mourir*
3. *mŏ́rit > il *muert* *meurt*	morimus > *morons* -ŭ́mus *mourons*	il *meurt* nous *mourons*

5°) Voyelle radicale ō et ŭ

3. *cŭ́rit (class. currit) > *queurt (Rose)* var. cort (XIIe s.)	*cŭ́rĕre > *corre* puis *courre* *courir* (XIVe s.) 6. *cŭ́runt > *queurent* (var. *corent* < cŭ́rrunt ?)	il *court* *courir* ils *courent*
3. *sŭ́fĕrit>*sŏ́ferit > (il) *suefre*	*sŭferíre > *sofrir* puis *soufrir* part. passé : *sŭfértu > *sofert* puis souffert	il *souffre* *souffrir* *souffert*

Conclusion. — Parmi les verbes cités dans ce chapitre nous observons :

1°) que *cinq* verbes anciens ont disparu : *rere* (remplacé par *raser*) — *manoir* — *issir* — *tistre* (remplacé par *tisser*) — *paroir* (remplacé par paraître). L'un *(férir)* ne s'emploie qu'à l'infinitif et au participe passé adjectivé *(féru)*.

2°) que *deux* n'avaient pas d'alternances anciennes (leur voyelle radicale étant entravée : *dormir* — *tordre*) ;

3°) que *sept* ont gardé des alternances : *mouvoir*/il *meut* — *devoir*/il *doit* — *boire*/nous *buvons* (anc. *bevons*) — *haïr*/il *hait* (anc. *het*) — *savoir*/il *sait* — *mourir*/il *meurt* — *(ac)quérir*/il *(ac)quiert*.

4°) que *quatre* se sont « alignés » sur le radical (non accentué) de l'infinitif : *ouvrir*/il *ouvre* — *couvrir*/il *couvre* — *courir*/il *court* — *souffrir*/il *souffre*. On pourrait leur ajouter nous *mettons* et *mettant* qui se sont « alignés » ou « s'alignent » sur *mettre*.

5°) que *trois* se sont « alignés » sur les personnes accentuées du présent : *pleuvoir* sur il *pleut* — nous *croyons* (anc. *creons*) sur je *croi(s)* — vous *voyez* (anc. vos *veez*) sur je *voi(s)*.

A. Conjugaison en *-oir* (lat. -ére)

Avoir

Latin. *Habēre*, habĕo, habēs, habŭī, habĭtum (avoir en sa possession, tenir, tenir pour...)

Ce verbe, déjà très important en latin classique, l'est devenu bien davantage en latin vulgaire, puis dans les langues romanes, du fait de la création de ce que l'on appelle les « temps composés » (passé composé, passé intérieur, plus-que-parfait, futur antérieur) faits à partir d'un auxiliaire *(habēre/avoir, esse/être)* et du participe passé.

On admet aussi que le verbe *habere* entre dans la périphrase qui est à l'origine des futurs (et conditionnels) romans de l'Ouest (italien, espagnol, portugais, langue d'oc, français).

Ainsi très employées, souvent proclitiques, les formes de habere ont été sujettes à l'usure phonétique ou du moins à des simplifications phonétiques.

Infinitif. Habḗre > régul. *aveir* puis *avoir* (le h n'était pas prononcé en latin dès l'époque classique).

ital. : *avere*

esp. : *haber*

port. : *haver*

oc (prov.) : *aver* — (lim.) : [åvei̯(r)].

Indicatif présent		
1. habĕo > *ayo [1]	*ai* [2]	j'*ai*
2. habes > *as (forme atone)	*as*	tu *as*

1. On explique l'évolution des personnes du singulier par leur emploi proclitique, ainsi :
   habeo fáctu > *ayo fáctu > (j')ai fait
   habes fáctu > *as fáctu > (tu) as fait
   habet fáctu > *a(t) fáctu > (il) a fait

2. L'évolution phonétique a été la suivante Xe s. : [ai̯], fin XIe s. : [ẹi̯], XIIe [ẹ(i̯)], écrit *ai*, parfois *é*, au moins pour la rime (cf. *Rose*, passim).

3. habet > *at *(id.)*	*a* (*at* et *ad, Rol.*) (Marot écrit *ha* parfois)	il *a*
4. habḗmus puis term. < -ū́mus	*avons*	nous *avons*
5. habḗtis puis term. < -ā́tis	*avez*	vous *avez*
6. habent puis term. < -unt (anal. de sunt)	*ont* [1]	ils *ont*
Indicatif imparfait		
1. habḗbam [2]	*aveie* puis *avoie* [3] et *avois*	j'*avais*
2. habḗbas	*aveies* — *avoies (Rose)* et *avois*	tu *avais*
3. habḗbat	*aveit (Rol.)* puis *avoit (Rose)* voire *avait (id.)*	il *avait*
4. habebā́mus	*aviiens/aviens* et *avions* (cf. *avium, Rol.*)	nous *avions*
5. habebā́tis	*aviiez/aviez* *(Rol., Rose,* etc.*)*	vous *aviez*
6. habḗbant	*aveient* puis *avoient* (cf. *avaient, Rose*)	ils *avaient*
Futur		
1. *haber(e)-áyo	*aurai* et *avrai* in *Rol., Rose,* etc. [4]	j'*aurai*
2. haber(e)-hábes	*auras* et *avras*	tu *auras*
3. haber(e)-hábet	*aura* et *avra* (forme simplifiée : *ara (Rou)*	il *aura*
4. haber(e-hab)ḗmus -ū́mus	*aurons* et *avrons* (*avruns* in *Rol.*)	nous *aurons*

1. Peut-être **habunt* a-t-il évolué en position proclitique comme les personnes du sing. (*habunt fáctu).

2. On pense que c'est l'imparfait habḗbam qui est à l'origine de l'imparfait — type en *-eie/oie/ois* puis *-ais* : le b du suffixe -ba- se serait effacé par dissimilation :
habḗba(m) > *habḗ(b)a > *aveie*

3. Dans le *Roman de la Rose* on trouve même la graphie *avaie* (3ᵉ pers. *avait*), ce qui semble indiquer déjà des prononciations simplifiées de oi = [wę] > [(w)ę]. Ce stade, à Paris, n'a été atteint qu'au XVIᵉ siècle.

4. Selon P. Fouché (*Morph.*, p. 395) *aurai/aura* serait la forme proclitique (*aw(e)rai > *aurai*) tandis que *avrai/avra* serait la forme employée avec sa valeur absolue (*abĕrát > *abrát > avra(t) cf. *deber-át > devra).

Ce sont les formes *aurai/aura* qui ont triomphé mais on trouve encore des traces de *avra* au XVIᵉ siècle.

5. haber(e-hab)ḗtis	*avreiz (Rol.)* et *avrez* et *aurez* (avec -ez < -ā́tis)	vous *aurez*
6. haber(e-h)á(b)unt	*auront* et *avront*	ils *auront*
Conditionnel présent		
1. haber(e-hab)ḗbam	*aureie* et *avreie* puis *auroie*/*-ois* ou *avroie (Rose)*/*-ois*	j'*aurais*
3. haber(e-hab)ḗbat	*aureit* et *avreit* puis *auroit* et *avroit (Rose)* (*aroit* dans *Rou*)	il *aurait*
4. haber(e-hab)ebā́mus -ŭ́mus	(*auriens* et *avriens ?*) *aurions* et *avrions (Rose)* (*avriumes* dans *Roland*)	nous *aurions*

Passé simple (voir plus haut p. 39) : rappelons la 2ᵉ pers. du sing. dont le phonétisme correspond à celui de l'imparfait du subjonctif :

2. habuĭ́stī > *abwĭ́sti > *awwústi > *oẇüst	*oüs* puis *eüs*	tu *eus*

Subjonctif présent (voir plus haut p. 46)

3. hábĕat > *áyat	*ait (Rol.)* *aye* (Marot)	qu'il *ait*
Subjonctif imparfait		
1. habuĭ́ssem > *awwĭ́sse > *awwússe > *oẇüsse	*oüsse (Roland, Alexis)* puis *eüsse (Rose)*	j'*eusse*
3. habuĭ́sset	*oüst (Rol.)* puis *eüst (Rose)*	il *eût*
4. habuissḗmus et termin. < -ŭ́mus	*oüssons* (cf. *oüssum* in *Rol.*) puis *eüssions*	nous *eussions*
5. habuissḗtis et termin. < -ā́tis	*oüsseiz* puis *eüssiez (Rose)* [1]	vous *eussiez*
6. habuĭ́ssent	*oüssent (Rol.)* *eüssent (Rose)*	ils *eussent*
Impératif		
2. *hábeas (subj.)	*aies (Rose)* *ayes* (Du Bellay)	*aie*

1. Le dictionnaire de Tobler-Lommatzsch donne même une curieuse forme : l'*euwissiés* honoré *(Sone)*.

5. habeátis (subj.)	*aiez (Rose)* *ayez*	*ayez*
Participe présent		
C.R. sg.		
habéntem > *ayánte(m)	*aiant* ou *ayant*	*ayant*
(anal. de ayo, *ayam)		
Participe passé		
C.R. sg. masc. *habū́tu	*eü*	*eu* = [ü] [1]

Conclusion. — En latin ce verbe de grande importance avait un radical unique et simple hab- = [ab-].

Par suite de l'évolution phonétique normale et aussi anormale (emploi proclitique) ce radical s'est modifié au point d'être méconnaissable ; il est en tout cas fort diversifié :

1°) *av-* (seule évolution absolument normale), dans *avoir,* nous *avons,* j'*avais,* etc.

2°) *ai-* = [ẹ] : j'*ai,* que j'*aie, aie* (< latin vulg. **ay[o], *ayam*).

3°) *ay- : ayant,* que nous *ayons,* que vous *ayez,* etc.

4°) *a- :* tu *as,* il *a.*

5°) *ont :* (av- combiné avec la voyelle désinentielle).

6°) *au(r) :* j'*aurai(s)* et ancien av(r)-

7°) *eu* = [ü] : j'*eus,* j'ai *eu,* j'*eusse,* etc.

Quel exemple pourrait mieux illustrer l'importance des évolutions phonétiques dans l'histoire du verbe français ?

Choir (cf. **échoir, déchoir**)

Lat. class. : căděre, cado, cadis, cecĭdī (part. futur : casurus).

Les formes françaises — et d'abord l'infinitif — supposent un changement de conjugaison en latin vulgaire.

Infinitif. Les formes de l'ancien français, d'abord *chaeir* (*cadeir* dans *Roland*) puis *cheeir* et *cheoir* (XIIe s.) remontent à *cadḗre (2e conjug.) : var. *chaoir, caoir* (cf. Tobler-Lommatzsch).

On rencontre aussi *chaïr* (*caïr* dans *Roland* et en picard) et *cheïr :* P. Fouché explique cette dernière par l'influence du passé simple *cheït* (cf. *Morph.,* p. 229). Pourquoi ne pas penser à un type **cạdī́re ?*

1. Vaugelas (*Remarques...,* p. 319) note : « Ce mot [eu] n'est que d'une syllabe [...] neantmoins plusieurs font cette faute de prononcer *eu,* en faisant à chaque lettre une syllabe, comme si l'on escrivoit *eü...* ».

Français mod. : choir (après réduction de [ẹ] en hiatus ; cet infinitif est encore utilisé dans l'expression *« laisser choir »,* consciemment archaïque.

italien : *cadere*

espagnol : *caer*

Indicatif présent	anc. et moyen fr.	fr. mod.
1. cádo	*chié/ché* [1] puis *chois* (anal. inf.)	je *chois*
2. cádis	*chiez/chiés* puis *chois*	tu *chois*
3. cádit	*chiet/chet* puis *choit*	il *choit* [2]
4. *cadǘmus	*cheons* et *cheions/chaions* [3] var. *chésons* (XVIe s.)	inusité (Littré)
5. *cadǻtis	*cheez* et *chaiez* *chésez* (XVIe s.)	*id.*
6. cádunt	*chieent* (*chiedent* in *Rol.*) ou *cheent* (cf. Calvin) puis *choient* var. *chiesent* (XVIe s.)	*id.*
Indicatif imparfait		
3. cadēbat	*cheeit/cheoit* *caoit* (forme picarde) [4]	
6. cadēbant	*cheeient/cheoient* (pic. *caoient*) [4]	
Indicatif futur		
1. cadere-hábeo > *cadráio	*cherrai* (et *charrai*)	je *choirai* [5] (anal. de *choir*)

1. Fouché (*Morph.*, p. 79) remarque que **cadeo* aurait dû aboutir à **chi* qui n'existe pas ; mais au même endroit il fait venir *chiez* et *chiet* de *cadis, cadit.* Il est donc probable qu'au présent la langue n'a pas utilisé les formes de 2e conjugaison, du moins aux personnes du singulier. Les formes chié, chiés, etc. s'expliquent par la loi de Bartsch : cf. cápra > chièvre, chèvre.

2. Ces formes ne semblent pas avoir dépassé le XVIIe s. : même en ce siècle on ne trouve guère que l'infinitif (choir) ou le participe *chu* (cf. Littré et ses exemples et Fouché, *Morph.*, p. 159).

Les composés *échoir, déchoir* paraissent plus employés, du moins à certaines personnes :

3e pers. sg. : (cela) *échoit* (ou *échet*) — il *m'échoit*
3e pers. pl. : ces objets *échoient (échéent)*
3e pers. sg. : il *déchoit*
3e pers. pl. : ils *déchoient.*

(Cf. nous *déchoyons,* vous *déchoyez,* ci-dessus).

3. *Chaions* est analogique d'un subj. présent *cheie/chaie* (3e pers. sing.) d'après Fouché. Signalons aussi des formes *choyons/choyez ;* d'ailleurs déchoir fait *nous déchoyons vous déchoyez* (cf. Littré).

4. Formes de Beaumanoir (in Littré).

5. Littré constatant que ce verbe est défectif, et le regrettant, écrit : « on pourrait aussi employer le futur je *choirai* et, sous une autre forme, je *cherrai ;* il faut autant que possible résister à ces désuétudes mal fondées qui frappent certains mots ».

3. cadere hábet > *cadrát	*cherra* var. *chierra* *charra (Troie)*	il *cherra* [1] (jusqu'au XVIIe s.)
4. cadere habḗmus > *cadrḗmus	*cherrons* (substit. de termin.)	nous *choirons*
6. cadere-hábunt > *cadrúnt	*cherront* var. *charront (Troie)*	ils *choiront* [2]
Conditionnel présent		
1. cadere(hab)ḗbam > *cadrḗa	*cherreie* puis *cherroie* et *cherrois*	je *cherrais* [3] et je *choirais* (cf. je *déchoirais* et je *décherrais*)
Subjonctif présent		
1. cádam → ou *cádĕam →	*chiée* (et *chie*) [4] var. *chaie*	(que) je *choie*
2. cádas → ou *cádĕas →	*chiées* var. *chaies*	(que) tu *choies*
3. cádat → ou *cádĕat →	*chiée* [5] (et *chie*) var. *chaiet/chaie*	(qu')il *choie*
4. *cadĕámus > *cadyámus	*cheiiens*	
5. *cadĕátis > *cadyátis	*cheiiez* [6] *chaiez* (*Rose*, 8171)	
6. cádant → ou *cádĕant →	*chiéent* (et *chïent*) *chaient*	(qu')ils *choient*
Subjonctif imparfait (cf. passé simple)		
1. *cadĭdĭsse(m) > cadíssem	*chaïsse* *cheïsse*	

1. Nyrop, *Morph.*, p. 156 cite un exemple des Contes de Perrault qui paraît déjà un archaïsme : Tire la chevillette et la bobinette *cherra*.

2. Littré constatant que ce verbe est défectif, et le regrettant, écrit : « on pourrait aussi employer le futur je *choirai* et, sous une autre forme, je *cherrai* ; il faut autant que possible résister à ces désuétudes mal fondées qui frappent certains mots ».

3. Il serait plus exact d'écrire *cherrois* car il ne semble pas que le conditionnel du verbe simple ait dépassé le XVIIe siècle.

4. P. Fouché (*Morph.*, p. 158) est surpris qu'en français *cádea n'ait pas abouti régulièrement à **chie*. A notre avis les doubles formes *chiée/chie* sont un nouveau cas de l'opposition d'accentuation que l'on observe entre l'Ile-de-France d'une part et la Normandie-Picardie d'autre part dans les cas relevant de la loi de Bartsch :

ex. : *mesniée* (francien)	*mesnie* (picard, etc.)
(accent sur é)	(accent resté sur i)

La 3e pers. *chie* se trouve dans le Tristan de Béroul (v. 952).

5. La Chanson de Roland a une 3e pers. *chedet* (< cádat ?), v. 769, var. *cheet,* v. 1064. Variante graphique de *chiee* : *quiee* (Beaum.).

6. Et même *checiez* (Greg. *Ezech.*, in Tobler-Lom.).

3. *cadidĭsset réduit à *cadĭsset* (Gloses de Reichnau)	*chaïst* et *cheïst* (*caïst* dans *Rol.*)
4. *cadĭssémus	*cheïssiens*
6.	*cheüssent* (Calvin) (cf. passé simple *cheürent*)

Passé simple

Il s'explique à partir de deux réfections analogiques de *cecĭdi :*

1) **cadĭdī* d'après le type credĭdī

2) **cadui* d'après le type habui/*habūtus

1. *cadĭdī [1]	*chaï* (*Rose,* v. 1583) *cheï*	je *chus* (anal. 2ᵉ pers.)
2. *cadidĭ́stī > *cadĭ́stī	*chaïs* *cheïs*	
(*caduĭ́sti)	*cheüs*	tu *chus* [2]
3. *cadidit	*chaï(t)* (*caït* dans *Roland*) *cheï(t)*	
(*caduit)	*chut*	il *chut* [2] (Bossuet)
5. cadidĭstis > *cadĭstis	*cheïstes*	vous *chûtes*
6. *cadídĕrunt	*chaïrent* (pic. *caïrent*) *cheïrent* [3]	
(*caduerunt)	*cheürent* (écrit *cheurent* in Amyot, Montaigne, et prononcé *churent*)	ils *churent* [2]

Impératif

2. *cáde	*chié*	
5. *cadátis (indic.) *cadeátis (subj.) ?	*cheez, chaiez* var. *chieez (Charrette)*	

Participe présent

C.R. cadénte(m)	*cheant* *cheiant/chaiant* *choiant* [5] (anal. de *croiant* d'après Fouché)	cf. *échéant* [4]

1. P. Fouché (*Morph.*, pp. 265 et 267) pense que *cadĭdī aurait passé à *cadędi : il n'est peut-être pas nécessaire de supposer un tel stade intermédiaire.

2. Les formes telles que tu *cheüs* > *chus,* il *cheüt* > *chut,* ils *cheürent* > *churent* remontent sans doute directement à un type latin (**cadui*), **caduisti, caduerunt.* P. Fouché l'admet, semble-t-il (cf. *Morph.,* p. 305).

3. P. Fouché (*Morph.*, p. 267) cite un ancien bourguignon *chaerent.* Le dict. de Tobler et Lommatzsch cite cette forme *chäerent* (*Leg. Gir. Rouss.* 134).

4. La langue n'a pas gardé le simple **chéant* mais le composé *échéant,* jusqu'en 1878 dit Fouché (*Morph.,* p. 159). La locution *le cas échéant* existe toujours.

5. Les formes *chaiant* et *choiant* [= šwęyā̃(n)t] ont été usitées jusqu'au XVIIᵉ siècle.

Participe passé		
C.R. **cadū́tu*	*cheu* = [cheü]	*chu*
	caüt dans *Rol.*	(cf. échu, déchu)
	pic. : *keü*	
fém. cadū́ta(m)	*cheue* = [cheüe]	*chue* [1]
C.R. *cadéctu	*cheoit*	
(ou *cadḗtu ?)		
fém. *cadécta(m)	*cheoite*	

Avec *chu/chue* on a formé les temps composés (il est chu).

Conclusion. — Un tel verbe, du fait d'évolutions profondes et différentes de son radical cad-, du fait de réfections nécessaires au passé simple (et au subj. imparf.), au participe passé, avait une conjugaison difficile. On s'explique qu'il ait laissé la place au régulier *tomber.*

Devoir

Latin : dēbēre, dēbeo, dēbes, dēbŭi, dēbĭtum.

Infinitif. Dēbḗre > régul. *deveir* puis *devoir.*

ital. : devere

esp. : deber

oc (prov.) : dever — (lim.) : [dyœu̯r(e)].

Indicatif présent		
1. dḗbĕo > *dḗyo (anal. de habeo > *ayo)	*dei (Rose)* puis *doi (Rose)* et *dois*	je *dois*
2. dḗbes	*deis* puis *dois* (*doiz* in *Rose*)	tu *dois*
3. dḗbet	*deit* [2] puis *doit*	il *doit*
4. debḗmus (puis term. < -ū́mus)	*devons*	nous *devons*
5. debḗtis (puis term. < -ā́tis)	*devez*	vous *devez*
6. dḗbent	*deivent* [3] *(Rose)* puis *doivent (Rose)*	ils *doivent*
Indicatif imparfait		
3. debḗbat	*deveit* puis *devoit*	il *devait*

1. Le nom *chute* représente bien le participe féminin substantivé ; d'après Fouché (*Phonét.*, p. 601), s'il a gardé son t, cela résulte d'un croisement avec *cheoite,* mais cela ne signifie pas que ce soit une forme demi-savante.

2. *Dift* dans les *Serments de Strasbourg* (IXe s.).

3. *Deent* dans le *Fragment de Valenciennes* (Xe siècle).

Futur		
3. deber(e)-hábet	*devra* (parfois *devera* aux XVe-XVIe s.)	il *devra*
Conditionnel présent		
3. deber(e-hab)ḗbat	*devreit* puis *devroit* (parfois *deveroit* aux XVe-XVIe s.)	il *devrait*
Passé simple (choisi comme type, voir plus haut p. 39)		
1. dḗbuī > *díbwī	*dui* (Ile-de-Fr.) *diu* (Nord-Est)	je *dus*
2. debuístī > *debwĭsti	*deüs*	tu *dus*
Subjonctif présent		
1. dḗbĕam a) > *dḗya b) *dḗb(e)a (?)	 a) *deie* puis *doie* [1] b) *deive* puis *doive*	 que je *doive*
2. dḗbeas	a) *deies* puis *doies* [1] b) *deives* puis *doives (Rose)*	que tu *doives*
3. dḗbeat	a) *deie* puis *doie* b) *deive* puis *doive* (*Lois de Guill.*, XIe s., *Rose*, etc.)	qu'il *doive*
4. debeā́mus	a) *deiiens* puis *doiions (doien, Rose)* et *doyions* (in Palsgr.) b) *devions*	que nous *devions*
5. debeā́tis	a) *deiiez (deiez, Rose)* puis *doyiez* (Palsgrave) b) *deviez*	que vous *deviez*
6. dḗbeant	a) *deient* puis *doient (Rose)* b) *deivent* puis *doivent*	qu'ils *doivent*
Subjonctif imparfait		
1. debuíssem	*deüsse (Rose)* [2]	que je *dusse*
5. debuissḗtis (et term. < -átis)	*deüssiez (Rose)*	que vous *dussiez*
Participe présent		
C.R. sg. debéntem -ántem	*devant*	*devant*
Participe passé		
C.R. sg. masc. *debū́tu(m)	*deü*	*dû*

1. *Deie* et *doie*, formes issues de **dḗya* (par anal. de **aya(m)*) et *tout le paradigme* se sont maintenus jusqu'au XVIe s. Mais *deive/doive* apparaissent très tôt (dès la fin du XIIe s., dit Fouché ; Littré donne même un exemple de 3e pers. au XIe siècle).

2. Pour l'évolution phonétique, cf. debuĭsti > *deüs* (p. 40).

C.R. sg. fém. *debŭ́ta(m)	*deüe*	*due*

Conclusion. — Ce verbe important a inévitablement subi les effets des évolutions phonétiques et de l'analogie. De là les formes actuelles du radical qui était simplement *dēb-* en latin :

1°) *doi-* et *doiv-* (forme accentuée sur ē)

2°) *dev-* (e initial)

3°) *du-* (et *dû-* dans *dûtes, dût* < deu(s)tes, deu(s)t)

4°) *dû,* participe < deü

anc. fr. **douloir** (cf. **souloir**)

Étym. : latin dŏlēre, dŏlĕo, dŏlēs, dŏluī, dolĭtum : éprouver de la douleur, souffrir, être affligé.

Ce verbe était très courant en ancien français et au XVIe siècle encore (surtout à la forme pronominale et même à la forme impersonnelle). Littré déplore qu'il soit tombé en désuétude ; il cite encore un exemple de l'infinitif *se douloir* dans Beaumarchais *(Le Barbier...).*

La conjugaison de ce verbe a été dominée par l'alternance du radical accentué dŏ́l- (> duel- et deul-) et du radical non accentué dŏl- > dol- puis doul- au XIIIe s.

Infinitif. Dŏlḗre > *doleir* puis *doloir* (XIIe s.) et enfin *douloir* [= dʋlwęr] au XIIIe s.

ital. : dolere

esp. : doler

oc (prov.) : doler — Le limousin a encore actuellement des emplois comme « l'estʋmå me dœu̯ » : litt. : l'estomac me fait mal, j'ai mal à l'estomac.

Indicatif présent		
1. dŏ́lĕo	a) *dueil* var. *doil (Chast.)* b) *duel (Yvain)*	je (me) *deulx* (Régnier, fin XVIe s.)
2. dŏ́les	*duels* *deus/deux*	
3. dŏ́let	a) *duelt, deut (Amadas)* b) d'où : *dieut, ḍiaut (Yvain, Renart)*	
4. dolḗmus (> -ŭ́mus)	*dolons* puis *doulons* (norm. : dulons)	
5. dolḗtis (> -ā́tis)	*dolez/doulez* (cf. *dulez, L. Rois)*	
6. dŏ́lent	*duelent (Erec)* et *deulent*	

Imparfait		
3. dolḗbat	*doleit* puis *doloit* et *douloit* (Marot) var. XVIᵉ : *deuilloit* (E. Pasquier)	
Futur		
3. dolere-hábet	*doldra/doudra* (cf. *Cov. Vivien*) var. XVIᵉ : *deullera*	
Conditionnel présent		
3. dolere-(hab)ḗbat	*doldroit (Charret.)* XVIᵉ *doulroit* (Mont.)	
Passé simple (en *-ui,* fr. *-us*)		
3. doluit	*dolu(t)* var. XVIᵉ : (se) *deuilli*	
Subj. présent		
1. dŏ́lĕam	*dueille/deuille* (*duelle* in Erec) XVIᵉ *deuille* (Rons.) *deule* (Baïf)	
Subj. imparfait		
1. a) doluíssem b) *dolsíssem	a) dolusse *(B. Condé)* b) dousisse *(Yvain)*	
3. doluísset	*dolust* (XVIᵉ s. encore) (écrit *doleust,* Seyssel)	
Participe présent		
C.R. sg. doléntem	*dolant* (se) *doulant* (Amyot) var. *doillant* (Erec) (se) *deuillant* (de la Porte XVIᵉ s.)	dolent (adj.)
Participe passé		
C.R. sg. *dolū́tu	*dolu(t)* (cf. Tobl.-Lom.)	

Conclusion. — On observe dans cette conjugaison une double tendance :

a) d'une part le radical de 1ʳᵉ pers. du présent indic. et subj. a pu se dépalataliser (deuil- > deul-).

b) d'autre part, au XVIᵉ siècle surtout, *deuil-* a eu tendance à s'étendre (que je me *deuille* — il (se) *deuillit,* (se) *deuillant*). C'est cette tendance qui explique probablement le passage du substantif *deul* à *deuil.*

Puis le verbe a disparu... remplacé par *souffrir* qui s'est enrichi de son sens.

Mouvoir (et composés)

Latin. Mŏvēre, mŏ́vĕo, mŏves, mōvī, mōtum
(1. mouvoir, remuer 2. mettre en mouvement 3. émouvoir).

Infinitif. Mŏvḗre > rég. *moveir* (cf. *mover, Rou, muveir, Brut*) puis *movoir* et *mouvoir*.

On trouve en outre dans les textes des infinitifs *muevre/meuvre/mueuvre* [1] (cf. Tobler-L.).

ital. : muovere

esp. : mover

Indicatif présent		
1. mŏ́veo	*meus* (anal. de 2e pers.)	je *meus*
2. mŏ́ves	*mues* puis *meus*	tu *meus*
3. mŏ́vet	*muet* puis *meut*	il *meut*
4. movēmus -ŭ́mus	*movons* puis *mouvons*	nous *mouvons*
5. movḗtis -ắtis	*movez* — *mouvez*	vous *mouvez*
6. mŏ́vent	*muevent* puis *meuvent* [2]	ils *meuvent*
Imparfait de l'indic.		
3. movḗbat	*moveit* puis *movoit* et *mouvoit*	il *mouvait*
Futur		
3. mover(e)hábet	*movra* puis *mouvra* *(muvra, Rol.)*	il *mouvra*
Conditionnel : conforme		
Passé simple : formé sur lat. vulg. *mōvui (class. mōvi) : voir type je *connus*.		
1. *mṓvui > *mū́wwi	*mui*	je *mus*
2. *movuī́stī > *mowwī́sti > *mowwústi > mo(ẅ)üs(ti)	(moüs) puis *meüs* [3]	tu *mus*

---

1. Ces infinitifs (*meuvre*, etc.) qui ne paraissent pas antérieurs à la 2e moitié du XIIe siècle doivent être analogiques de il *meut*, < mŏ́vet, qu'il *meuve* (< *mŏvat). A côté de *mover* on trouve aussi la forme postérieure *mouver*.

2. Au XVIe, A. Paré écrit *mouvent*, évidemment analogique de *mouvoir, mouvez*, etc., ou, comme le suggère le dict. de Huguet, fait sur l'infinitif *mouver* (1re conjugaison) cité dans la note précédente et abondamment attesté au XVIe siècle ainsi qu'*esmouver*.

3. Si les attestations manquent pour cette personne, on a du moins des imparfaits du subjonctif : *meüst, meüssent* (*Rose, Rou*, etc.) et leur évolution phonétique a été très comparable.

3. *mŏ́vuit > *mūwwit > *müẅ(e)t	*mut* (*Rose,* etc.)	il *mut*
4. *movuímus	(moümes)	nous *mûmes*
5. *movuĭ́stis	*moüstes (Roland)*	vous *mûtes*
6. movuerunt > *mŏ́wwĕrunt > *müẅ(e)ront	*murent (ibid.)*	ils *murent*
Subj. présent		
3. mŏ́veat>*mŏ́vat	*mueve* puis *meuve*	qu'il *meuve*
5. *moveátis > *movātis (?)	*movez* (*meviez* in *Roncesv.*) [1]	que vous *mouviez*
Subj. imparf.		
6. *mōvuĭ́ssent > *mowwĭ́ssent > *mowwússent > *mo(ẅ)üssent	(moüssent) d'où : *meüssent (Rose)*	qu'ils *mussent*
Impératif		
2. mŏ́ves (ind.)	*meus*	*meus*
5. movētis > *movā́tis (ind.)	*movez* puis *mouvez* *movés*	*mouvez*
Participe présent		
C.R. sg. movéntem -ánte(m)	*movant* puis *mouvant* (var. : *meuvant,* du Vair XVIe s.)	*mouvant*
Participe passé		
C.R. sg. masc. *movū́tu(m)	*meü* (écrit encore *meu* au XVIe s.)	*mû*
C.R. sg. fém. *movū́ta(m)	*meüe* (forme anc. : *moüde, Ps. d'Oxf.*)	*mue*

Conclusion. — On observe d'abord que le latin vulgaire a modifié les formes de parfait et de participe passé de façon à leur donner une caractérisation plus nette, d'où :

*mōvui au lieu de mōvī
*movū́tu au lieu de mōtum

Néanmoins le verbe présente encore une triple alternance du radical :

mouv- (et *mouvr-*)
meu- (et *meuv-*)
mu-

1. Les formes telles que *moviez, meviez* ne semblent pas venir directement de *moveātis* car v + yod aurait donné [ž] (cf. cávĕa > cage) : elles ont dû être refaites.

Pouvoir

Étymologie. L'infinitif *pouvoir* remonte à une réfection « vulgaire » *potēre du classique *posse, possum, pŏtes, pŏtui.*

La conjugaison de ce verbe — un composé de sum [1] — en latin classique était, en effet, très difficile : le seul présent était *possum, pŏtes, pŏtest, possumus, potestis, possunt ;* d'où sa réfection à partir de *potes* (2ᵉ pers. du sing. de l'indic. présent) et de *potui* (parfait de l'indicatif) formes qui ressemblaient à celles des verbes de la 2ᵉ conjugaison ; le verbe a été refait à peu près totalement sur le type monēre ou habēre, selon le système :

$$\text{monere} : \frac{\text{mones}}{\text{monui}} = \frac{\text{pŏtes}}{\text{pŏtui}} \rightarrow \text{*pŏtēre}$$

Infinitif présent.

*Potére > a. fr. *poeir* puis *pooir* (var. *poair,* in *Rose*)

On enseigne ordinairement que le v qui apparaît dans les graphies dès le XVᵉ siècle (cf. *pouvoient* chez Froissart) serait un v transitoire analogique de *devoir, avoir* (cf. Bourciez, *Phonét.,* § 102, II). Pour P. Fouché (*Phonét.,* p. 646) il s'agit d'un dédoublement du w de wę résultant de l'évolution normale de oi > oé > wę).

ital. : *potere*

esp. : *poder*

oc (limousin) : [pʋdei̯]

Indicatif présent		
1. class. pŏssum > *pŏ́ssyo	*puis*	je *puis* et je *peux*
2. pŏ́tes	*poez (Rol.), puez (Rose)* puis *peus* et *peux* [2]	tu *peux*
3. *pŏ́tet	*puet* (*poet* in *Rol.*) puis *peut*	il *peut*
4. *potḗmus -ŭ́mus	*poons* (*poon* in *Rose*) puis *pouvons*	nous *pouvons*
5. *potētis -ātis	*poez (Rose)* puis *pouvez*	vous *pouvez*
6. *pŏ́tent	*poeent/poedent (Rol.)* *pueent (Rose)* *peuent (Rose)* puis *peuvent* [3]	ils *peuvent*

1. Le verbe composé à partir d'une expression *pote est* (il est possible) > potest ; d'où pot-sum > *possum* (cf. P. Monteil, *Éléments de phonét. et de morph. du latin,* p. 282).

2. *Palsgrave* (1530) donne uniquement : tu *puys.*

3. Mais on trouve encore parfois *pouons/pouez* et *peuent* au XVIᵉ s. (cf. Fouché, *Morph.,* p. 429) (formes que Fouché écrit *poüons, poüez, peüent*).

Indicatif imparfait		
1. *potḗbam	*poeie* puis *pooie* [1] enfin *pouvois*	je *pouvais*
3. *potḗbat	*poeit/pooit* [1] puis *pouvoit* (*Cte d'Artois,* Froissart)	il *pouvait*
4. *potebā́mus (et subst. de termin.)	*poïons (Troie)*	nous *pouvions*
5. *potebātis	*poïez (Rose)* puis *pouviez*	vous *pouviez*
6. *potēbant	*poeient/pooient* puis *pouvoient* (et même *povoient,* Frois.)	ils *pouvaient*
Futur		
1. *poter(e)-hábeo	*porrai* puis *pourrai* *(purrai, Roland)*	je *pourrai*
3. poter(e)-hábet	*porra/pourra* *(purrat, Roland)*	il *pourra*
4. poter(e)-(hab)ḗmus et termin. < -ṓmus	*porrons/pourrons* (*purrum(s)* in *Rol.*) (*pourron(s)* in *Rose*)	nous *pourrons*
5. poter(e)-(hab)ḗtis ou -ā́tis	*porrez (Rol.)* *porroiz (Rose, Percev.)* et *pourroiz*	vous *pourrez*
Conditionnel présent		
1. *poter(e)-(hab)ḗbam	*porreie/porroie (Rose)* (et *pourraie, Rose*) puis *pourrois*	je *pourrais*
3. *poter(e)(hab)ébat	*porreit/porroit (Rose)* (et *pourrait, Rose*)	il *pourrait*
4. poter(e)-(hab)e(b)ā́mus > *podreámus	*porriens* et *porrions* *(pourrions, Rose)*	nous *pourrions*
5. ... > *podreā́tis	*porrïez* *pourriez (Rose)*	vous *pourriez*

Passé simple (voir plus haut, page 42).

2. potuísti > *potwísti > *powwū́sti	*poüs* puis *peüs*	tu *pus*
Subjonctif présent		
1. possim (class.) *pṓssiam (vulg.)	*puisse* [2]	que je *puisse*

1. On trouve des formes avec d maintenu dans *Girart de Roussillon :* Imparf. 1. *podie* (et *poïe*), 3. *podeit.* On trouve aussi — avant l'apparition du v transitoire — *pouhoit,* puis *povoit (Menagier de Paris).*

2. P. Fouché (*Morph.*, p. 431) signale qu'au XVIe et au XVIIe siècles on trouve deux autres paradigmes : *peuve* [refait sur *meuve,* sans doute] et *peusse* probablement analogique de *peus/peux.*

3. *pǒ́ssiat	*puisse* (var. *poisse(t), Roland, puist, Rose, Villeh.*, etc.)	qu'il *puisse*
4. *possiámus (et term. < -ǔ́mus)	*poissons (Troie), puïss(i)ons*	que nous *puissions*
5. *possiā́tis	*puissez (Roland)* *puissiẹz (Rose)* (var. *poisseiz, Troie*)	que vous *puissiez*
6. *pǒ́ssiant	*puissent* (var. *poissent, Rou*)	qu'ils *puissent*
Subj. imparfait		
1er type :		
1. potuī́ssem > *powwī́sse(m) > *powwússe(m)	*poüsse (Troie)* puis *peüsse*	que je *pusse*
3. potuī́sset	*poüst (Roland)* puis *peüst (Rose)*	qu'il *pût*
4. potuissḗmus/ et -ǔ́mus	*poüssons (Troie)* et *peüssons*	que nous *pussions*
5. potuissḗtis/ et -ā́tis	*poüsseiz* et *peüssiez*	que vous *pussiez*
6. potuissent	*poüssent* et *peüssent* [1]	qu'ils *pussent*
2e type (en -is-) :		
3. *pot(u)ī́sset	*poïst (Rose)*	(type disparu)
4. *pot(u)issḗmus -ǔ́mus	*poïssons (Rose)*	
6. *pot(u)ī́ssent	*poïssent (Rose)* (*pouvissent,* Froissart)	
Participe présent		
1er type :		
C.R. sing. poténtem -ánte	*poant* puis *pouvant*	*pouvant*
2e type :		
*possiéntem	*poissant (Rose)* puis *puissant* (anal. de *puisse* ou de je *puis*), (adj. en général)	(*puissant,* adj.)
Participe passé		
C.R. sg. masc. *potūtu (d'après potui) (vulg. primitif *potǐtu [?])	*poü* puis *peü* [2]	*pu*

1. *Le Roman de Troie* présente même une variante *poüssient.* Un 3e type est attesté au XVe siècle (Fenin, in Littré) : c'est *peusissent :* il est évidemment analogique de (il) *peut :* est-ce autre chose qu'une « faute » ?

2. On écrit aussi *pëu* (cf. Tobler-Lommatzsch). La graphie *peu* était courante au XVIe siècle et au début du XVIIe s. ; Littré remarque que Régnier fait rimer *peu* avec *feu :* ce n'est sans doute qu'une rime pour l'œil !

Remarque. — « Point d'impératif » dit Littré. « Mais, dit Fouché, [le verbe] en possédait encore un [à la 2ᵉ pers. du sing.] au XVIIᵉ siècle : *puis, peux* ou *puisse.*

Conclusion. — Tel est ce verbe que le latin vulgaire a refait pour le régulariser, instinctivement bien sûr. Mais l'évolution phonétique a ensuite joué son rôle pendant des siècles : des différenciations du radical sont apparues — et dans les verbes de grande fréquence ces différences se maintiennent : aussi trouve-t-on encore au moins cinq formes du radical :

1°) *puis* (je puis, que je puisse, puissant)

2°) *peu/peuv-* (tu peux — et je peux, analogique — il *peut,* ils *peuvent*)

3°) *pouv-* (nous pouvons, je pouvais, pouvant)

4°) *pourr-* (je pourrai(s) — il pourra, etc.)

5°) *pu-/pus-* (je pus, que je pusse, ils purent, pu)

Les innovations les plus marquantes qui se sont produites dès la période du moyen français ont été l'apparition d'un v transitoire (pouvoir, nous pouvons, je pouvais, pouvant, etc.) et d'autre part l'alignement progressif de la 1ʳᵉ pers. du présent de l'indicatif sur la seconde, mais je *puis* s'emploie parfois encore (*puis-je ?* — qu'y *puis-je ?* — Si *je puis*).

Recevoir, cf. **percevoir, apercevoir**

Latin. Recípĕre, recípĭo, -is, recēpi, receptum.

Infinitif. La forme la plus ancienne est en quelque sorte régulière phonétiquement : recípĕre > *receivre* (*Roland,* 1178) puis *reçoivre (Brut), rechoivre (Percev.)* et même *rezoyvre* et *rezoire, reçoire* [1], *recivre.*

Dès le XIIᵉ siècle une forme *recevoir* apparaît (cf. *Yvain*) ; elle va triompher, mais *reçoivre* se trouve encore longtemps après, cf. *Roman de la Rose* v. 7483, à côté de *receveir* (v. 4472), *recevir.*

Cf. ital. : *ricevere* — esp. : *recibir* — lim. : [rẹšẹbrẹ].

Indicatif présent	anc. et moy. fr.	fr. mod.
1. recípĭo	*reçeif* [2] / *reçoif* et *reçoi*	je *reçois* (anal. de la 2ᵉ pers.)
2. recípis	*receis/reçois*	tu *reçois*
3. recípit	*receit/reçoit*	il *reçoit*
4. recipimus -úmus	*recevons*	nous *recevons*
5. recipĭtis -átis	*recevez*	vous *recevez*

1. P. Fouché écrit *recoire* qui représente sans nul doute *reçoire* (*Morph.,* p. 96).

2. *Le Roman de la Rose* de J. de Meun (écrit vers 1275) a encore *receif* (v. 15834) et non *reçoif* (cf. *receveir* v. 4472) : c'est surprenant mais il en est de même de *receit* même dans l'œuvre de Jean de Meun (v. 11240) à côté, il est vrai, de *reçoivent* (v. 11145).

6. recĭ́p(i)unt	*recebent (Passion)* *receivent/reçoivent* (var. *receuvent,* Rabelais)	ils *reçoivent*
Indic. imparfait		
3. recipiḗbat/*recipḗbat	*receveit* puis *recevoit*	il *recevait*
Futur		
3. reciper(e)-hábet	*recevra* [1]	il *recevra*
5. reciper(e)-(hab)ētis -ā́tis	*recevreiz (Rose)* *recevrez* [1]	vous *recevrez*
Conditionnel présent : conforme		
3.	*recevroit*	il *recevroit*

Passé simple (voir type *debui,* pages 39-40).

		anc. et moy. fr.	fr. mod.
1. recēpi	*recḗpŭī > *retsī́bwī > *retsúwwi > retsüw̆i	(je) *reçui* (dial. *reciu*) [2]	je *reçus*
2. recepĭ́stī	*recepuĭ́sti > *retsewwĭ́sti > *retsewwústi > *retsew̆üs(t)	(tu) *receüs*	tu *reçus*
6. recepĕrunt	*recepuĕrunt *retsḗbwĕrunt *retsíwweront *retsúwweront *retsüw̆(e)rent	(il[s]) *reçurent*	ils *reçurent*
Subjonctif présent			
1. recĭ́pĭam	*recĭ́pam	*receive/reçoive* (var. *reçueve,* *Rose*)	que je *reçoive*
Subj. imparfait (cf. type *debuissem*)			
1. recepĭ́ssem	*recepuĭssem	*receüsse*	que je *reçusse*
3. recepĭsset	*recepuĭ́sset > *recewwŭ́sset > *recew̆ŭ́st	*receüst*	qu'il *reçut*
Participe présent			
C.R. recipiéntem	*recipénte(m) -ánte(m)	*recevant*	*recevant*

1. Au XVIe s. on trouve des formes écrites : je *receveray* — tu *receveras* (Ronsard) — vous *receverez (id.),* ils *receveront* — et ils *reçoivront* (Montaigne).

2. A la 3e pers. du sing. au moins *reciut* est attesté (voir dict. de Tobler et Lommatzsch).

Participe passé			
C.R. receptum	*recepūtu	*receü*	*reçu*
Impératif			
2. recípe		*receif* > *reçoif* (*Rol.*) *reçois* (indicatif)	*reçois*
5. recepĭte	*recĭpátis (indic.)	*recevez*	*recevez*

Conclusion. — Bel exemple de régularisation progressive d'un verbe un peu déconcertant pour des sujets parlants de l'ancienne France parce que :

1°) il avait un parfait fort (recépi) qui se serait confondu avec le présent à certaines personnes :

ex. : recépi > **receif.

On l'a donc rattaché à un type plus caractérisé (comme celui de *debui, habui*) ;

2°) il avait un participe passé « fort » aussi *(recéptu)* : d'où son rattachement au type en nette expansion

-ū́tu (cf. *debūtu < debĭtu
*habūtu < habĭtu).

Ce n'est cependant qu'à la fin du XIIe s. qu'apparaît l'infinitif en *-oir (recevoir)* : ainsi le verbe s'est rattaché presque parfaitement au type *devoir.*

Savoir

Latin classique : sapĕre, sapio, -is, sapĭī.

1°) avoir du goût, une saveur ;

2°) a) sentir par le sens du goût ;
b) avoir de l'intelligence, du jugement ;
c) comprendre, savoir.

Infinitif. L'anc. fr. *saveir* puis *savoir* indique évidemment que le verbe avait changé de conjugaison.

class. sápĕre > vulg. *sapḗre d'où *saveir/savoir.*

ital. : *savere, sapere*

esp. : *saber*

oc (prov.) : *saber* — (lim.) : [šâbei̯].

Indicatif présent		
1. sápio (ou *sápeo) réduit à *sáyo (cf. hábeo/áyo)	*sai* écrit *sçay* [1] aux XV-XVIe s.	je *sais*
2. sápis (ou *sápes)	*ses* (var. sés, *sez, seis*)	tu *sais*
3. sápit (ou *sápet)	*set* (*scet* chez Villon)	il *sait*

1. Les graphies en sc-/sç- s'expliquent par une fausse étymologie (le verbe usuel signifiant savoir en latin était *scire* cf. science).

4. sapimus (ou *sapḗmus) subst. de term. -ū́mus > -ons	*savons (savum, Rol.)* (*sçavons* chez Villon, etc.)	nous *savons*
5. sapitis (ou *sapḗtis) subst. de term. -átis > -ez	*savez, savés* [1] (*sçavez,* XVe-XVIe s.)	vous *savez*
6. sáp(i)unt (ou *sápent)	*sevent* (*Rol.*, etc.) (*scevent, sçaivent* en moy. fr.) *savent (Roncesv.)*	ils *savent*
Indicatif imparfait		
3. *sap(i)ḗbat	*saveit* puis *savoit* (graphie XVe-XVIe s. *sçavoit*)	il *savait*
4. *sap(i)ebā́mus	*saviiens* puis *savions*	nous *savions*
5. *sap(i)ebā́tis	*saviiez (saviez, Rol.)*	vous *saviez*
Futur		
1. *saper(e)-hábeo	*savrai/saurai* [2] (var. *saray* au XVIe s.)	je *saurai*
3. *saper(e)-hábet	*savra* [2] (var. *sara*) (*séra* au XVIe s.)	il *saura*
4. *saper(e-hab)ḗmus et term. -ū́mus	*savrons/saurons* (var. : *sçarons* XVIe s.)	nous *saurons*
6. *saper(e)-há(b)unt	*savront/sauront* et *saront (Saxons)*	ils *sauront*
Conditionnel présent		
3. saper(e-hab)ḗbat	*savreit* puis *sauroit* (var. : *sçaroit* XVIe s. et même *séroit, id.*)	il *saurait*
4. saper(e-hab)ebā́mus	*savriiens* puis *saurions* (var. *sarions* XVIe) *sçaurions* [3]	nous *saurions*
5. saper(e-hab)ebā́tis	*savriiez* (Rutebeuf) puis *sauriez*	vous *sauriez*
Passé simple (cf. *habui,* parfait de habēre, fr. *avoir*)		
1. *sápui	*soi (Rose)* puis *seu* (cf. Tobler-L.)	je *sus*
2. *sapuísti	*soüs* puis *seüs*	tu *sus*
3. *sápuit	*sout (Alexis), sot (Rose)*	il *sut*

1. Cf. la formule interrogative courante au XVIe siècle : *sça'vous (sçavous) ?* = savez-vous ?

2. Selon Fouché (*Phonét.*, p. 712) *saurai/saura* sont analogiques de *aurai/aura.* En fait les deux verbes ont sans doute évolué de la même façon (voir le futur de *avoir* et la note).

3. E. Pasquier remarque : « Mégret escrit *sarions.* Je croys que celui qui a la langue françoise naïve en main prononcera et par conséquent escrira *sçaurions* » (cité par Huguet).

4. *sapuímus	*soümes* puis *seümes*	nous *sûmes*
5. *sapuĭ́stis	*soüstes* puis *seüstes*	vous *sûtes*
6. *sapuerunt = sápwerunt	*sourent* puis *sorent (Rose)* (cf. *sovrent [Alex.]*)	ils *surent*
Subj. présent		
1. sápiam	*sache* (var. : *saiche*)	que je *sache*
3. sápiat	*sache* (et *saiche*) [1]	qu'il *sache*
4. sapiámus	*sachiens* puis *sachions*	que nous *sachions*
5. sapiátis	*sachiez (Rose)*	que vous *sachiez*
Subjonctif imparfait		
1. sapuĭ́ssem	*soüsse (Alex.)* puis *seüsse (Rose)*	que je *susse*
3. sapuĭ́sset	*soüst* puis *seüst*	qu'il *sût*
5. sapuissētis -ắtis	*seüssiez (Rose)*	que vous *sussiez*
Impératif		
2. sápias (subj.)	*saches (Rose)* (var. : *sçai(s)-ses* XVIᵉ s.)	*sache*
4. sapiámus (et subst. de termin.)	(attest. manquent)	*sachons* (anal. de *sachez*)
5. sapiátis (subj.)	*sachiez (Rose)* [2] puis *sachez* (réduction du yod) (var. : *sacez* = sachez dans *Roland*) et *saivez* (in Godefroy)	*sachez*
Participe présent		
1er type : sapiéntem	*sachant* (part. et adj. en anc. fr.)	*sachant*
2e type : sap(i)éntem	*savant* *sçavant* XVIᵉ s.	(*savant* encore part. au XVIᵉ s. [3] n'est plus qu'un adjectif)
Participe passé		
C.R. sing. masc. *sapŭ́tu(m)	*seü (Rose)*	*su*
C.R. sing. fém. *sapŭ́ta(m)	*seüe (ibid.)*	*sue*

1. Ronsard écrit *sçaiche*. On trouve aussi au XVIᵉ siècle les formes (qu'il) *scave* (Budé) et *sceve*.
2. On trouve *sachoiz* dans Perceval : cette forme vient de **sapiĕ́tis*.
3. Cf. : « Phaeton ne sçavant suivre la line... » (Rabelais, cité par le dict. Huguet).

Conclusion. — Ce verbe a sans aucun doute subi l'influence du verbe pilote habēre : cela se voit à l'infinitif (mais tant d'autres verbes en -ĕre ont passé au type plus caractérisé -ḗre !) ; cela se voit surtout à la 1re pers. du sing. de l'indicatif présent : *sapio* (ou *sapeo) > **sayo* > *sai,* comme *habeo* > **ayo* > *ai.* Cela se voit peut-être aussi au futur, au passé simple, au participe passé ; mais les deux verbes avaient à vrai dire, en latin vulgaire, un phonétisme comparable.

Et le verbe *sapḗre était d'une importance telle qu'il a gardé ses formes propres — peut-être même ses formes classiques — au subjonctif présent, à l'impératif (emprunté, à vrai dire, au subjonctif), au participe présent.

Seoir

Latin. Sĕdēre, sĕdĕo, sedēs, sēde, sessum.

Sens : être assis, demeurer, séjourner.

Littré distingue deux *« seoir »* — ou plutôt le même dans deux sens différents :

1°) seoir : être assis ; se seoir (s'asseoir)

2°) seoir : convenir, être séant.

Il explique aussi la filiation de sens : « ce qui est *bien assis* est *seant* ».

Infinitif. Sedḗre aboutit régulièrement à *seoir* par des intermédiaires *sedeir* (qui est dans *Roland*) puis *seeir* > *seoir.* Variantes : *seer* (*soair* in *Rose*), *seir, sir.*

Cf. ital. : *sedere.*

Catalan : *sezer.*

Indicatif présent	anc. fr.	fr. mod.
1. sĕ́deo	*sié* (on attendrait *si)	je *sieds*
2. sĕ́des	*siez, siés*	tu *sieds*
3. sĕ́det	*siet* *(sit, Trist. Bér.)*	il *sied* (graphie étym. déjà dans Froissart)
4. sĕdḗmus	*seons* (subst. de termin.)	nous *seyons*
5. sedḗtis	*seez* (subst. de termin.)	vous *seyez*
6. sĕ́dent	*sieent* (*siedent* dans *Roland*) *sient (Mon. Guil.)* *siesent* (XVIe s.)	ils *seient* (anal. de *seyons, seyez*)
Indicatif imparfait		
3. sĕdḗbat > *sedḗat	*sedeit (Rol.)* *seeit/seoit* *(siéoid, siedsoit* XVIe s.*)*	il *seyait*
6. sedḗbant > *sedḗant	*seeient/seoient*	ils *seyaient*

Subjonctif présent		
1. sĕ́deam	*siée* [1] (je *seye,* Amyot)	
2. sĕdeas	*siées*	
3. sĕ́deat	*siée(t)* - *siece* var. *siesced (Rois)* *seye* (Montaigne) *siese* (Amyot, etc.)	qu'il *siée* (au sens de *convenir*)
4. sedeā́mus	*seiiens* (et aussi *seons* XVIe s.)	
5. sedeā́tis	*seiiez* (et aussi *seés*)	
6. sĕ́deant	*siéent*	qu'ils *siéent* *(id.)*
Subj. imparfait		
3. sedī́sset var. *sessisset	*seïst (Claris)* *sesist (Eracle)*	
6. sedī́ssent	*seïssent* (cf. *seissent,* Amyot)	
Indicatif futur		
1. sedere hábeo > *sedráio	*serrai* (encore XVIe s.) *siérai* (d'après *sié*) *seyerai* (cf. *seyons*) *soirai*	je *siérai*
3. sedere hábet	*serra* *(siéra, seyera, soira)*	il *siéra*
Conditionnel présent		
3. sedere(hab)ēbat > *sedrḗat	*serroit* (cf. encore Amyot)	il *siérait*
6. sedere(hab)ēbant	*serroient (Mon. Guil.)* (bien vivant au XVIe s.)	ils *siéraient*
Impératif		
2. sĕ́de puis *sĕ́des	*siez, siés*	*sieds-toi* (cf. Corneille, *Cinna,* v. 1)
4. cf. indicatif prés.	*seons*	*seyons-nous*
5. sĕdētis puis -átis (ind.)	*seez, seiez* [2] (var. *siesez* *siessez*)	*seyez-vous*

1. *Sieche* ou *siece* dans le Nord, la Lorraine, etc. (cf. Fouché, *Phonét.*, p. 938 et *Morph.*, p. 158).

2. Cf. *seiés* dans Raoul de Cambrai ; cf. *asseiez* fait à partir du subjonctif présent (cf. Fouché, *Morph.*, p. 155).

Passé simple : latin *sēssī [1], et parfois *sedi,* semble-t-il :		
1. *sḗssī > *sī́ssī	(je) *sis (Rose)*	
2. *sessī́sti	(tu) *sessis*	
3. *sḗssit > *sī́ssit	(il) *sist* (courant)	
4. a) *sessimus b) sedímus	(nos) *sessimes* (cf. Fouché) *seïmes (Ps. Oxf.)*	
5. *sessī́stes	(vos) *sessistes*	
6. *sesserunt > *sī́ssĕrunt	(il[s]) *sistrent (Rose)* var. *sidrent (Rose,* 19464*)*	
Participe présent		
C.R. sedéntem	*sedant (Alexis)* puis *seant* var. *seiant/soiant (Rose)*	*séant* [2] *seyant* [3]
Participe passé (supin class. : sĕssum)		
vulg. : *sī́ssu- (influence du passé simple *sis* et du type *mīssu-)	*sis*	*sis* [4] var. *seyé* dans St Simon (fait sur seyait, seyant)
var. *sedūtu-	*seü (Cleom.)*	

Remarque. — Nous étudions à la page suivante le composé — autrement vivant actuellement — *asseoir.*

Conclusion. — Voilà un verbe presque complètement disparu en tant que verbe. Pour quelles raisons ? D'abord les difficultés de sa conjugaison dues aux altérations phonétiques de son radical qui présentait au Moyen Age les variations : *seoi-, sié-, sey-, se-, ser-, sis, sist-,* etc.

---

1. Nyrop et Fouché, *Morph.*, invoquent l'analogie de *sessum ;* peut-être faudrait-il invoquer aussi celle du type mīsi et dīxī :

$$\frac{\text{missum}}{\text{mīsi}} \# \frac{\text{sessum}}{{}^{*}\text{sīsi}}$$

ou expliquer *sis* par un *sḗssī > *sī́ssī par dilation.

2. *Séant* (avec un changement de [sẹ̄ãnt] à [séã(nt)]) est encore employé comme substantif : « sur son séant », emploi très ancien (cf. *Roman de la Rose,* v. 1747 : *en mon seant lors m'assis*).

Littré cite un emploi ancien du participe (accordé) : La Cour royale séante à Paris.

Comme adjectif, dans le sens de convenable, *séant* peut encore s'employer seul :

Cela n'est guère *séant.*

et se trouve surtout dans les composés *bienséant, malséant* (et le substantif *bienséance*).

3. Seyant est participe et adjectif verbal (dans le sens de *convenir, bien aller*) :

Une coiffure seyante.

4. *Sis, sise* ne s'emploient plus guère que dans le langage judiciaire : « maison *sise* à X... ». Cf. le participe du composé surseoir : *sursis.*

Dans son premier sens il a, d'autre part, été supplanté par son composé *asseoir* et par *siéger*.

Il ne subsiste guère (si l'on excepte les archaïques *sis* ou le participe substantivé *le séant* d'où *séance*) que dans son sens secondaire : il *sied* (= il convient) et le participe présent adjectivé : *seyant* et les composés *malséant, bienséant* (d'où la *bienséance*) et même l'archaïque *messéant* [1].

Asseoir (cf. **surseoir** [2])

Latin. Assĭdēre, assĭdeo, assides, assēdi, assessum (être assis).
et aussi : assĭdĕre, assido, -is, etc. (s'asseoir).

Les rapports entre le verbe simple *sĕdēre* > seoir et le composé *assĭdēre* > asseoir ont naturellement toujours été sentis à tel point que assĭdēre est devenu **assĕdēre* dès la période du latin vulgaire : les formes françaises anciennes j'*assié,* tu *assiez*... supposent *assḗdeo, *assḗdes.

Infinitif. Assĭdḗre (ou *assĕdēre) > rég. *asseeir* puis *asseoir*.
Var. anciennes : *asseïr* (et même *assire,* anal. de *dire* selon Fouché).

ital. : *assedere*

prov. : *assezer*

limousin actuel : *[åšita]* < *asseditare ? cf. esp. *asentar*.

Indicatif présent		
1. *assḗdĕo (d'après sĕdeo)	*assié* (var. : *assé*) *assie*	j'*assieds* (d étymologique) et j'*assois* [3]
2. *assḗdes	*assiez, -siés* (var. : assés)	tu *assieds* (et tu *assois*)
3. *assḗdet	*assiet* (var. : asset)	il *assied* (et il *assoit*)
4. *assedḗmus (puis subst. de term.)	*asseons* [4] puis *asseions* (d'après *asseiant* et le subj. *asseie*)	nous *asseyons* (et *assoyons*)
5. *assedḗtis (puis subst. de term.)	*asseez* puis *asseiez*	vous *asseyez* (et *assoyez*)

1. *Messeoir* ne s'emploie guère qu'aux 3e pers. : il *messied,* il *messiéra,* etc.

2. On écrivait *asseoir* mais parfois *sursoir :* Littré a protesté.

3. Ces formes (je m'asseois, tu t'asseois, etc.) si elles apparaissent assez tôt ne sont guère employées au XVIIe siècle et ne deviennent usuelles qu'au XVIIIe s. (voir Fouché, *Morph.*, p. 156). En 1835 l'Académie remarque que l'on conjugue « quelquefois » [ce verbe] de la manière suivante : j'*assois.*

4. Les formes *asseons, asseez* étaient encore vivantes au XVIIe siècle (ainsi que des formes *assisons, assisez, assisent* (*ibid.,* p. 157).

6. *assĕ́dent	*assiéent* *assient* (et *asseient* [2] anal. des 1re et 2e pers. du plur.)	ils *asseyent* [1] (et ils *assoient*)
Imparfait indicatif		
1. *assedḗbam > *assedéa	*asseie* puis *asseoie* *asseois* [3]	j'*asseyais* j'*assoyais* (celui-ci plus rare, dit Littré)
3. *assedḗbat > *assedēat	*asseoit* (*asseoyt* dans Rabelais)	il *asseyait* *(assoyait)*
4.	(cf. subj. *asseiiens*) [4]	nous *asseyions* *(assoyions)*
Subjonctif présent		
1. *assĕ́deam	*assiée* var. : *assée* *asseie, assie* (influence des formes du pluriel *asseiiens*)	(que) j'*asseye* (que) j'*assoie*
3. *assĕ́dĕat	*assiée(t)* var. : *assée, assie* *asseie* [5] *assiece* (G. de Coincy)	(qu')il *asseye* (qu')il *assoie*
4. assedĕā́mus	*asseiiens*	(que) nous *asseyions* (que) nous *assoyions*
5. assedĕā́tis	*asseiiez*	(que) vous *asseyiez* (que) vous *assoyiez*
6. *assĕ́deant	*assiéent* *asseient* (var. *assient,* anal. de *dient*)	qu'ils *asseyent* *assoient*
Subjonctif imparfait		
1. *assessī́ssem > **assesī́ssem* (cf. passé simple, 2e pers.)	(j')*assesisse* et *asseïsse*	que j'*assisse*
3. *assessī́sset > **assesī́sset*	(il) *assesist* et *asseïst*	qu'il *assît*

1. C'est en 1704 que l'Académie remarque : « Il faut dire *asseient* et non pas *assient,* comme M. de Vaugelas le prétend » *(ibid.).*

Fouché remarque (*ibid.,* p. 156) « qu'aujourd'hui *assiéent* a disparu de la langue littéraire », que « seul *asseyent* subsiste ».

2. Vaugelas veut « *ils s'assient* et non pas *ils s'asseient* » mais le dict. de Trévoux (édit. 1784) rejette ils *s'assient.*

3. Le Dictionnaire de Trévoux (édit. de 1784) donne comme unique forme de la 1re pers. sing. de l'imparfait : *je m'asséois.*

4. Nous n'avons pas trouvé d'attestation ancienne de cette personne mais des subjonctifs (qui sont habituellement analogues) *asseiiens, asseiiez.*

5. Et même *assiece* (Gautier de Coincy, in Tobler-Lom.).

Passé simple		
1. *assẹ́ssī, d'où *assísi	(j')*assis*	j'*assis*
2. *assessísti > *assesísti	(tu) *assesis* et *asseïs*	tu *assis*
3. *asséssit > *assíssit	(il) *assist* (Béroul)	il *assit*
5.	(vos) *assesistes* (et *asseïstes*) [1]	vous *assîtes*
6. *asséssĕrunt > *assíssĕrunt (anal. sing.)	(il[s]) *assistrent* puis *assirent* var. *assisent* (Berte) *asseyèrent* (M. de Nav.)	ils *assirent*
Futur		
1. *asseder(e)-hábeo	(j')*asser(r)ai*	j'*assiérai* (cf. présent) j'*asseyerai* et j'*assoirai* [2]
3. *asseder(e)-hábet	*asser(r)a* (Marot) *assoira* (Rabelais) *assira*	il *assiéra* il *asseyera* il *assoira*
4. *assedere(hab)ḗmus	(nos) *asser(r)ons*	nous *assierons* nous *asseyerons* et nous *assoirons*
Conditionnel présent		
1. asseder(e-hab)ēbam	*assereie/-ois* (*assirois*, Rons.)	j'*assiérais* j'*asseyerais* j'*assoirais*
3. asseder(e-hab)ēbat > *assedrḗat	*asser(r)oit*	il *assiérait* il *asseyerait* il *assoirait*
Impératif		
2. *assḗdes (= indic.) (class. : asside)	*assiez* (toi) (*assi(s)* (toy), Rons., Baïf)	*assieds(-toi)* *assois(-toi)*
4. *assedḗmus (puis -ŭ́mus > -ons)	*asseons* (nous) (*assisons* (nous), Rons.)	*asseyons(-nous)* *assoyons(-nous)*
5. *assedḗtis (puis subst. de term. -átis > ez)	*asseez* (vous) (*assoyez* (vous), Rabel.) (*assisez* (vous), Rons.)	*asseyez(-vous)* (var. : *assisez-vous* popul. au XVIIe s.) *assoyez(-vous)*
Participe présent (et gérondif)		
C.R. assedéntem	*asseant* *asseiant* (influence du subj. *asseie* cf. *aie/ayant*)	*asseyant* et *assoyant* (plus récent)

1. *Asseïstes* s'explique sans doute par le latin *assedístis* (régulier).

2. Mais on écrit le futur et le conditionnel de surseoir : je *surseoirai*/je *surseoirais*.

Participe passé	*assis, -ise* [1] (influence du passé simple ; cf. mis < *mīssu d'après mīsī) [2]	*assis, -ise*

Conclusion. — Ce verbe qui énonce une notion de première nécessité [3] était d'abord en concurrence avec le verbe simple sans doute trop court *(seoir)* et il en a triomphé.

Son radical, après les évolutions phonétiques (sous l'accent ou non) et analogiques, présentait des alternances considérables *(asseoi-, assié-, assey-, assoy-, assi(s)-).* Aussi la langue a-t-elle hésité, particulièrement au XVIe siècle, et présentait-elle alors un grand nombre de formes.

Depuis le XVIIIe siècle le radical *asseoi-* (écrit *assoi-* dans j'*assois,* j'*assoirai,* etc.) s'est notablement étendu ; mais des formes très employées telles que *assieds-toi, asseyez-vous, s'asseyant* et naturellement *assis,* je *m'assis* étaient et restent bien enracinées. Il faut du reste reconnaître que je *m'assois, assois-toi,* [en] s'*assoyant,* etc. ne sonnent pas très bien : les formes plus anciennes sont de ce fait plus élégantes.

Ajoutons que de nos jours beaucoup de gens, du moins en province, sont sans doute encore embarrassés et, pour éviter la difficulté, ont généralisé des expressions de remplacement telles que

mettez-vous assis (Lorraine),
remettez-vous (Midi provençal, Algérie).

Valoir

Latin. Valēre, valeo, -es, valui.

Infinitif. Valēre > rég. *valeir* puis *valoir,* écrit parfois avec deux l (*valloir* par ex. chez Commynes).

ital. : *valere*

esp. : *valer*

oc (limousin) : [våleį̑].

Indicatif présent		
1. välĕo	*vail (Rose)* [4]	je *vaux*
2. väles	*vaus (Rose)*	tu *vaux*
3. välet	*valt (Rol.)* > *vaut (Rose)* graphie *vault* en moy. fr.	il *vaut*

1. D'où l'emploi substantivé : tenir ses *assises* — la Cour d'*assises.*

2. Var. *asseois* dans *Ogier le Danois* (in Tobler-Lom.).

3. Ajoutons que *asseoir* avait en ancien français des sens plus étendus que de nos jours, notamment *assiéger* — *assister.*

4. P. Fouché signale que des formes (je) *val,* (tu) *vals,* il *valt* ont existé (analogie de *valons, valez*).

4. valēmus -úmus (par subst.)	*valons*	nous *valons*
5. valētis -átis (par subst.)	*valez*	vous *valez*
6. válent	*valent (Rose)*	ils *valent*
Indic. imparfait		
3. valḗbat	*valeit* puis *valoit*	il *valait*
Futur		
3. valer(e)-hábet	*valdra* > *vaudra* [1]	il *vaudra*
Passé simple (influence de *fui,* voir plus haut p. 43)		
1. valui	*valui*	je *valus* (cf. 2ᵉ pers.)
2. valuī́sti > *valústi (cf. *fusti)	*valus*	tu *valus*
Subjonctif présent		
3. válĕat	*vaille*	qu'il *vaille*
4. valeā́mus (et subst. de term.)	*vaillons* puis *valions* [2]	que nous *valions*
5. valeā́tis	*vailliez* puis *valiez* [2]	que vous *valiez*
Subj. imparfait		
1er type		
1. *valú(i)ssem	*valusse*	que je *valusse*
3. *valú(i)sset	*valust*	qu'il *valût*
2e type		
3. *valsī́sset	*vausist (Rose)* et encore au XVIᵉ s. cf. Lemaire, Calvin, Monluc : *vauzist, vaulsist,* etc. var. : *vaillit* (Lemaire)	
Participe présent		
C.R. valentem	a) *valant* b) *vaillant (Roland)* [3] (anal. de *vail, vaille*) c) *vaillissant (Louis)*	*valant* *vaillant* (adjectif)
Participe passé		
C.R. masc. sg. *valū́tu	*valu*	*valu*

1. Autre forme : *vaurra* (cf. le condit. *vaurroit, Anc. poés.* in Huguet).

2. P. Fouché (*Morph.*, p. 88) attribue ces changements à l'analogie de *tenions/teniez, venions/veniez,* etc.

3. Dans la *Chanson de Roland, vaillant* est participe (v. 1168, 1692) et aussi adjectif (v. 1311, 1504, 1593, etc.).

Conclusion. — Verbe phonétiquement régulier en somme si l'on considère que le passé simple a subi l'influence de fu(s). La simplification la plus notable concerne les 1re et 2e pers. du plur. du subjonctif présent (*valions* et *valiez* au lieu de vaillons/vailliez).

Voir

Latin. Vĭdēre, vĭdĕo, vĭdēs, vīdī, vīsum (vulg. *vidūtu) : voir

Infinitif. Vĭdḗre aboutit régulièrement à anc. fr. *veeir* puis *veoir* (au XIIe s.)[1] : la réduction de e initial s'est faite pendant la période du moyen français : d'où le mod. *voir.*

Variantes en anc. fr. : *vedeir* dans *Roland. Veïr* (et même *vir*).

ital. : *vedere*

esp. : *ver*

oc : *vei̯r(e).*

Indicatif présent

latin	anc. fr.	fr. mod.
1. vĭ́dĕo	(je) *vei* puis *voi* (écrit *voy* au XVIe s.)	je *vois* (-s de 2e pers.)
2. vĭ́dēs	(tu) *veiz* puis *voiz*	tu *vois*
3. vĭ́det	(il) *veit* puis *voit*	il *voit*
4. vĭdḗmus puis subst. de *-ŭ́mus* > *-ons* à -ḗmus > **eins	(nos) *veons* puis *voions* (XIIIe s.) (influence du participe *voiant* et de je *voi*)	nous *voyons*
5. vĭdḗtis subst. de -ā́tis > *-ez* à -ḗtis > **eiz	(vos) *veez* puis *voiez* (XIIIe s.)	vous *voyez*
6. vĭ́dent	(il[s]) *veient* puis *voient*	ils *voient*

Indicatif imparfait

latin	anc. fr.	fr. mod.
1. *vĭdḗbam*	(je) *veeie* puis *veoie/veois*	je *voyais* (influence des formes telles que *voiant/voyant,* nous *voyons*)
3. vĭdḗbat	(il) *veeit (Troie)* puis *veoit* (*véoit* au XVIe s.)	il *voyait*

1. *Veoir* est la forme ordinaire dans la 2e moitié du XIIe s. et au XIIIe s. (*voir* représentant l'adjectif et adverbe issu de *vēru,* vrai).

4. videbā́mus et subst. de term. < -ŭmus	(nos) *veeïens* puis *v(e)oïons*	nous *voyions* [1]
5. videbā́tis	vos *v(e)eïez/veiiez* *veïez (Troie)* puis *voïez/voiiez*	vous *voyiez*
6. vidḗbant	*veeient (Troie)* *veoient (Rose)* puis *voioient* (anal. *voiiez*)	ils *voyaient*
Indicatif futur		
1. *videre-hábeo > *vidráio	(je) *verrai* (var. *voirrai* chez Rabelais)	je *verrai*
3. videre-hábet > *vidrát	(il) *verrat* *verra* (*voirra,* Rons., etc.)	il *verra*
4. *videre-(hab)ḗmus > *vidrū́mus (subst. de termin.)	(nos) *verrons* *verromes (Perc.)* (*verrum* dans *Roland*) (*voirrons* courant au XVIᵉ s.)	nous *verrons*
5. videre-(hab)ḗtis > *vidrḗtis	(vos) *verreiz (Roland)* et (vos) *verrez* (subst. de termin.)	vous *verrez*
6. videre-*há(b)unt > *vidráont	(il[s]) *verront* (*voir(r)ont* XVIᵉ s.)	ils *verront*
Conditionnel présent		
1. *videre(hab)ḗbam > *vidrḗa	(je) *verreie* puis *verroie* *verrois* (-s de 2ᵉ pers.) (*voirrois,* Rons.)	je *verrais*
3. videre-(hab)ḗbat > *vidrḗat	(il) *verrei(e)t* *verreit* puis *verroit*	il *verrait*
4. videre-(hab)ebā́mus > *vidreámus	(nos) *verriens* *verrions*	nous *verrions*
6. videre-(hab)ḗbant > *vidrḗant	(il[s]) *verreient* *verroient*	ils *verraient*

1. Les terminaisons -iens, -ions, -iez, étaient dissyllabiques en ancien français (cf. Nyrop, *Morph.*, p. 124). La langue a gardé « la gémination consonantique » pour distinguer deux formes qui sans cela se confondraient : voïons/voyions se prononçait autrefois [vẘęyō] dit Fouché (*Phonét.*, p. 880). Il ajoute toutefois que la prononciation ordinaire est actuellement par yod simple et que l'on n'utilise yod géminé que lorsqu'il est nécessaire de préciser le temps en l'absence de contexte explicite.

Indicatif passé simple (parfait fort)		
1. vĭ́dī	(je) *vi*	je *vis* (-s de 2ᵉ personne)
2. vidĭ́stī	(tu) *veïs*	tu *vis* (réduction de ẹ)
3. vĭ́dĭt	(il) *vit*	il *vit*
4. vīdĭ́mus (accentuation anal. de celle de la 2ᵉ pers. plur.)	(nos) *veïmes*	nous *vîmes*
5. vidĭ́stis	(vos) *veïstes*	vous *vîtes*
6. vĭ́dĕrunt	(il[s]) *virent*	ils *virent*
Subj. présent		
1. vĭ́deam	(que je) *veie* puis *voie*	que je *voie*
3. vĭ́dĕat	(qu'il) *veie* puis *voie*	qu'il *voie*
4. vĭdeámus	(que nos) *veiiens* *voiions*	que nous *voyions* (cf. imparfait)
6. vĭ́deant	(qu'il[s]) *veient* puis *voient*	qu'ils *voient*
Subj. imparfait		
1. vidĭ́ssem	(que je) *veïsse*	que je *visse*
3. vidĭ́sset	(qu'il) *veïst*	qu'il *vît*
4. vidiss(émus) -ŭ́mus	*veïssum (Roland)* *veïssons*	que nous *vissions*
5. vidiss(étis) -átis	*veïssez* *veïssiez (Rose)* cf. Rabelais	que vous *vissiez*
6. vidĭ́ssent	*veïssent*	qu'ils *vissent*
Impératif		
2. vĭ́de	*vei* → *voi* et *veiz (Troie)*	*vois*
4. vĭdéte (class.)	*veez* [1] *vez* (subst. de termin. : *ez* < -átis)	*voyez* (cf. ind. présent)
Participe présent		
C.R. sg. vĭdentem	*veant* [2] puis *veiant* (influence de je vei) puis *voiant* et *voyant*	*voyant*

1. Cf. les présentatifs *veez cy (vez cy)* et *veez la (vez la)* qui ont été remplacés par *voici, voilà.*
2. *Veant* se trouve encore chez Molinet (fin XVᵉ siècle).

Participe passé lat. vulg. *vidūtu [1] (C.R. sg. masc.)	*veü* [2]	*vu*

Conclusion. — Le latin classique présentait certes une alternance *(vĭdeo / vīdī)* et une altération du radical (participe *vīsus* qui n'a du reste pas été conservé en tant que tel) : les différences de ce même radical que présente le français ancien et même le français moderne sont bien plus considérables. Pour nous borner au français moderne nous trouvons :

voi- = [vwa]
voy- = [vway-]
verr-
vi- et vî-
vu

Remarque sur les composés prévoir, pourvoir. — Ces deux verbes se sont détachés de *voir* au futur et conditionnel (je *prévoirai[s]* — je *pourvoirai[s]*).

En outre *pourvoir* a un passé simple en *-us* (je *pourvus*) et par conséquent un imparfait du subj. en *-usse* (je *pourvusse*).

Vouloir

Latin classique : *velle, vŏlo, vis, vŏlui.*

Ce verbe de grande fréquence et pour ainsi dire de première nécessité était, comme on le voit, très irrégulier en latin parce que très ancien. Aussi la langue vulgaire a-t-elle essayé de le ramener à l'un des types courants de conjugaison. Son parfait *volui* correspondait à celui de *habēre : habui.* Ainsi *velle* a été refait en **volēre, vŏleo, vŏles,* etc.

Infinitif. Vŏlḗre > anc. fr. *voleir, voloir* puis *vouloir.*

ital. : *volere*

limousin actuel : *[vʋleḭ], vol, volei,* etc.

l'espagnol a adopté *querer* < lat. quaerere.

Indicatif présent latin vulg.	anc. et moy. fr.	fr. mod.
1. *vŏ́lĕo	*vueil* [3] et *veuil*	je *veux*

1. La forme classique *vīsu-* du participe apparaît dans l'expression française « m'est avis que... » (et le substantif *avis*) qui remonte au latin « mihi *visum* est » (cf. Bloch-Wartburg) qui appartenait au déponent *videri.*

2. *Veü* peut compter pour deux syllabes au XVIe s. ; de même *veoir.*

3. P. Fouché (*Morph.*, p. 80) considère que la forme phonétiquement régulière est celle de l'Est (Wallonie, Lorraine, Bourgogne) soit *voil* et que *vueil / veuil,* avec diphtongaison de ǫ, serait analogique de vǫ́les > *vuels* > *vueus* > *veux.* Cependant *fŏlia* a donné *feuille.*
Je *veuil* est encore dans Marot.
Les formes de 1re personne sont multiples : ainsi dans le seul *Roman de Troie* on trouve (cf. lexique de *Perceval,* édit. Roach) : *weil* — *wel* — *voeil* — *veil* — *voil.*

	var. *voeil* *voel (Rol.)* *voil (Aucassin)*	(extension de la forme de 2e pers.)
2. *vŏ́les	*veus*	tu *veux*
3. *vŏ́let	*vuelt* > *veut* [1] (*volt* dans *Rol.*)	il *veut*
4. *volḗmus ou volŭ́mus [2]	*volons*	nous *voulons*
5. *volḗtis -ā́tis	*volez*	vous *voulez*
6. *vŏ́lent	*vuelent*/*veulent* (*voelent* dans *Rol.*)	ils *veulent*
Imparfait indic.		
1. volḗba(m) > *vŏ̀lḗa	*voleie*/*voloie* puis *voulois*	je *voulais*
4. volebāmus > *voleā́mus	*voliiens*	nous *voulions*
5. volebā́tis > *voleā́tis etc.	*voliiez*	vous *vouliez*
Futur		
1. *volere + hábeo > *voldráio etc.	*volrai (Percev.)* *voldrai*/*voudrai*	je *voudrai*
Conditionnel présent		
1. *volere + (hab)ébam > *voldrḗa etc.	*voldreie*/*voldroie* puis *voudrois* [3]	je *voudrais*

Passé simple

L'ancien français présente deux types de passé simple auxquels est venu s'ajouter à partir du XIVe siècle le type en -us (voulus) qui allait triompher.

1er type ancien		
1. volui réduit à *vóli	*voil* [4]	(je *voulus* cf. plus loin)
2. voluísti → *volī́stī (interm. *volwī́sti)	*volis* et *vols*	

1. On trouve même une évolution vuelt > *vialt* (*Perceval* v. 2 et passim) : ü > i.

2. Il est raisonnable de penser que l'on a eu une forme vulgaire **volēmus* : à la terminaison *-émus* s'est substituée la terminaison *-ŭ́mus*. Mais tout s'est passé comme si la forme classique *volumus* s'était conservée — et peut-être l'a-t-elle fait, contribuant ainsi à la généralisation de *-ons*.

3. *Volroie, volroies*, etc. dans *Perceval* à côté des futurs *volrai*/*voldrai*.

4. P. Fouché (*Morph.*, p. 276) l'explique ainsi : « vŏli (avec un y[od] devant mot commençant par une voyelle) a abouti primitivement à **vuoyl'i*. Après l'absorption de u dans le v initial on a eu [voi̯l] (et on aurait dû avoir ce même résultat au présent peut-être si l'analogie de vuels, vuelt n'avait pas joué son rôle). Palsgrave croit que *volt* est une syncope de volut : c'est évidemment inexact.

3. voluit → *vólit	*volt*	
4. voluimus → *volímus	*volimes*	
5. voluístis → *volístis	*volistes*	
6. voluĕrunt → *vólwĕrunt	*voldrent* et *voudrent* (var. *volrent* *vourrent,* etc. dans le Nord et Est)	
2e type ancien (en *-si*) :		
1. *vólsī	*vols*	
2. *volsísti	*volsis* > *vousis* [1]	
3. *vólsit	*volst*	
4. *volsímus	*volsimes* [1] > *vousimes*	
5. *volsístis	*volsites* > *vousistes* [1]	
6. (*vólsĕrunt)	(*voldrent, voudrent*)	
3e type je *voulus* (à partir du XIVe siècle) (d'après le type je *valus* (ou je *parus*), voir p. 43).		
Subjonctif présent		
1. *vŏ́lĕam	*vueille/veuille* [2]	que je *veuille*
3. *vŏ́lĕat	*vueille/veuille* (*voillet, Rol*) [3]	qu'il *veuille*
4. *volĕámus	*voilliens* *veuillions* [3]	que nous *voulions* [3]
5. *voleátis	*voilliez* *veuilliez* [3]	que vous *vouliez* [3]
6. *vŏ́leant	*vueillent (Rose)* et *veuillent*	qu'ils *veuillent*
Subjonctif imparfait (nous ne trouvons en anc. fr. que le type en -si)		
1er type		
1. volsíssem	*volsisse (Percev.)* *vousisse* [4] (ou *vosisse, Rose*)	type disparu après le XVIe s.
3. volsísset	*volsist (Percev.)* *vousist* [4]	

1. P. Fouché (*Morph.*, p. 293) relève même des formes réduites analogiquement (d'après *duisis... duisistes* réduits à *duis... duistes*) ; 2e pers. sing. : *vous/voulz ;* 1re pers. plur. : *vou(s)mes ;* 2e pers. plur. : *voustes/voulstes/voultes.*

2. De même qu'au présent de l'indicatif, P. Fouché considère que **vŏ́leam* aurait dû donner **voille :* en fait on trouve cette forme dans la *Chanson de Roland* (3e pers. sing. : *voillet,* voisinant avec *voeillet, voeille :* ces dernières formes ont bien un ŏ́ diphtongué comme *fŏ́lia* > fueille).

3. Littré indique qu'au XVIIe s. on préférait de beaucoup *veuillons, veuillez* mais que Mme de Sévigné, par exemple, emploie généralement *voulions, vouliez ;* il conclut : « c'est un barbarisme assez récent et désormais autorisé par l'usage que de dire *voulions/vouliez* ».

4. Palsgrave conseille d'employer *voulsisse* (plutôt que *voulusse*). Villon emploie *vousist,* Marot *voulust* (voir Littré).

5. volsissētis (et term. < -átis)	*volsissiés (Percev.)*	
6. volsíssent	*vousissent* (d'abord *volsissent*)	
2e type		
1.	*voulusse* (XVe s.)	que je *voulusse*
Impératif		
2.	a) *vueille/veuille* (subj.) b) *veulx* (indic.) (XVIe-XVIIe s.)	a) *veuille* b) *veux* [1]
4.	a) *veuillons*	a) *veuillons* b) *voulons* (XVIIe s.)
5.	a) *veuilliez/veuillez* (subj.) b) *voulez* (ind.)	a) *veuillez* b) *voulez*
Participe présent		
a) *voléntem	*volant/voulant*	*voulant*
b)	*voillant, veuillant* [2] (anal. de l'indic. présent ou du subj. présent)	
Participe passé		
C.R. *volūtu(m) (d'après volui)	*volu/voulu (Rose)*	*voulu*

Conclusion. — Bel exemple de réfection, en latin vulgaire, d'un verbe très irrégulier, parce que très ancien, en latin classique. Mais comme cette réfection est elle-même ancienne, les nouvelles formes ont connu les vicissitudes phonétiques qui ont atteint la langue à partir du Ve siècle surtout : d'où des radicaux aussi différents que *veuil(l)-* (et même *voil(l)-*), *voul-, voudr-* et d'autre part des hésitations sur des types de passé simple : la généralisation du type relativement simple *je voulus* à partir du XIVe siècle a été en somme un nouvel effort de régularisation, dix siècles plus tard.

Notes brèves sur quelques verbes en -oir

anc. fr. **ardoir** et **ardre**

Latin class. : ardēre, ardeo, -ēs, arsī, (arsūrus) (être en feu, brûler — fig. : brûler de...)

Infinitif. Ardḗre > rég. *ardeir (Rose)* puis *ardoir.*

On trouve aussi *ardre (Rou, Livre des Rois)* qui suppose un changement de

1. *Veux* (pour engager à vouloir) est rare ; de même que *voulez* (on cite un ex. de Lamennais). On les emploie, dit l'Académie (citée par Littré) quand on engage à avoir une volonté ferme.
Veuille et surtout *veuillez* sont des termes de civilité pour prier quelqu'un de faire quelque chose.

2. *Veuillant* se retrouve dans *bienveillant, malveillant* qui remontent à *bien veuillant, mal veuillant.*

conjugaison (*ardĕre), ou une influence analogique des futurs et conditionnels comme le pense Fouché (*Morph.*, p. 232).

Enfin on a dans le *Roman de la Rose arder* (rimant avec garder, v. 4349).

ital. : *ardere* (partic. passé *arso*)

esp. : *arder*

prov. : *ardre*.

Indicatif présent		
1. árdĕo	*ars* (anal. 2e pers.)	
2. árdes	*arz*	
3. ardet	*art*	*ard* (chez La Font. mais c'est un archaïsme)
4. ardḗmus (et subst. de term.)	*ardons*	
5. ardḗtis (et subst. de term.)	*ardez*	
6. árdent	*ardent*	
Indic. imparfait		
3. ardébat	*ardeit - ardoit (Rose)* *(arjoit, argoit* en picard, cf. *Aucassin)*	
Futur		
1. arder(e)-hábeo	*ardrai (Rose)*	
Passé simple		
a) *Type originel*		
6. ársĕrunt	*astrent* (*Livre des Rois* in Tobler-Lom.)	
b) *Type en -is (faible)*		
2. *ardivísti > *ardísti (?)	(ardis)	
3. *ardívit > *ardíit	*ardit* (Froissart et courant au XVIe s., cf. Huguet)	
6. *ardíverunt > *ardírunt	*ardirent* (G. Guiart in Tobler-Lom.) et XVIe s. (Vauq. de la Fresnaye)	
Subj. présent		
3. árdĕat	a) *arge* [1] (*Regres N. D.*, etc.) b) *arde* (anal. indicatif)	

1. Pour le traitement de *árdĕat* cf. hordĕu > orge.

6. árdeant	a) *argent* (cf. Tobler-Lom.) b) *ardent*	
Subj. imparfait		
a) *Type originel*		
3. arsísset	*arsist (Chartes de Douai)*	
b) *Type en -is*		
6. ardíssent	*ardissent (Rose)* (cf. 3ᵉ pers. sg. *ardist,* M. de Nav.)	
Participe présent C.R. sg. ardéntem -ántem	a) *ardant* b) *argant* (= arjant) *(Perceval* et *Dits artésiens)* [1]	*ardent* (adj.)
Participe passé C.R. masc. sg. *arsum*	*ars* (le cas sujet est *ars* également)	
C.S. plur. *arsi*	*ars (Yvain)* (le cas rég. est *ars* égal.) (nombreux ex. au XVIᵉ s.)	

Conclusion. — Tel est ce verbe *ardoir/ardre* courant encore au XVIᵉ s. et qui a cessé de s'employer aux XVIIᵉ et XVIIIᵉ s., où il n'est d'ailleurs vivant que dans des expressions toutes faites ou des souvenirs littéraires : (« Haro, la gorge m'art ! » de La Fontaine est déjà chez Villon). Voltaire dans une lettre à Mme Denis emploie *ardre* mais certainement dans une intention ironique.

Somme toute il n'est resté de lui que l'adjectif *ardent,* ancien participe présent.

anc. fr. **chaloir**

Il n'est guère employé actuellement que dans l'expression :

Peu me chaut (peu m'importe),

mais dans l'ancienne langue il avait tous ses temps.

Étymologie. Latin : *calēre,* caleo, -es, calui (part. fut. calitūrus) (être chaud — être à point).

Le développement sémantique paraît être le suivant : « s'échauffer pour », d'où : « s'intéresser à... » et à *l'impersonnel :* « cela me fait chaud, cela m'intéresse, cela m'importe », (cf. Bloch-Wartburg).

Dans le Midi l'impersonnel « chaut/caut » équivaut à « il faut ».

1. Ces formes en -jant (-gant) se trouvent en Picardie et en Champagne parfois (cf. plus les imparfaits *arjoit/argoit*) : elles paraissent analogiques du subjonctif présent (cf. encore un impératif 5 : *argiés, Dits de l'âme* in Tobler-Lom.). *Argoit* devait se prononcer [aržwẹt].

Infinitif. Calēre > régul. *chaleir* puis *chaloir.*
(Cf. ital. *calere* — esp. *caler*)

Indicatif présent	3. cálet > *chaut* [1] (a. fr. et fr. mod.), picard et normand : *caut.*
Imparfait	3. calḗbat > *chaloit* (Villeh.)
Futur	3. *caler(e)-hábet > *chaudra*
Subj. présent	3. cálĕat > *chaille* (« ne vous *chaille* », courant au XVIe s.)
Passé simple	3. *calúit > *chalut* (var. *chalit*)
Subj. imparf.	3. *calú(i)sset > *chalust*
Participe présent	caléntem > *chalant* (cf. *nonchalant* et le substantif *chaland* puis le verbe *achalander*)
Participe passé	*calū́tu > *chalu* (il lui a chalu).

anc. fr. **estovoir**

Très employé en anc. français, ce verbe a été remplacé par « falloir », à partir du XIVe siècle.

Étymologie. Il remonte très probablement à une expression latine courante mais n'a pas été comprise grammaticalement en Gaule : c'est *opus est* (besoin est, il faut) qui pouvait être suivie de l'infinitif.

Elle a dû être adoptée dans l'ordre *« est opus » ;* de là : « est ŏ́pus » > **estues,* forme qui a été affectée d'après le sens, d'une désinence de 3e personne ; d'où :
estuet (il faut), *estoet (Rol.), esteut (Rose)*

A partir de cet indicatif présent toute une conjugaison surtout impersonnelle (mais on rencontre aussi des emplois personnels du verbe qui signifie alors « est nécessaire ») a été faite.

Infinitif. Estoveir puis *estovoir* (par anal. de muet/moveir).
(Cf. l'expression : *par estoveir/-voir :* nécessairement.)

Indic. imparfait	3. *estoveit (Troie)* puis *estovoit*
Futur	3. *estovra (Rose) ;* var. : *estevra, estera*
Conditionnel prés.	3. *estovreit (estuvreit, Rou), estovroit*
Subj. présent	3. *estuece (Alexis)* et *esteuce (Amadas)* ou *estuisse (Troie)*
Passé simple	3. *estut (Charette, Rose,* etc.*)* *estot (Tristan* de Béroul*)*
Subj. imparf.	*estoüst* (Alexis) puis *esteüst (Rose)*

1. On invoque l'analogie de valet > valt > *vaut* car cálet aurait donné régulièrement *chielt* (cf. Fouché, *Morph.,* p. 66).

anc. fr. **manoir/maindre,** cf. **remanoir/remaindre**

Latin class. : *manēre,* máneo, -es, mansī, mansum (rester).

Infinitif. Manēre > *maneir (Rose)* et *manoir.*
(Cette forme a eu très tôt l'emploi substantif que l'on connaît : le *manoir,* cf. maison qui remonte à la même racine.)

Mais en ancien français l'infinitif le plus répandu paraît *maindre,* notamment dans *remaindre (Rou, Rose).* Comment l'expliquer ? Par l'analogie d'autres verbes tels que *plaindre* qui avaient à l'indicatif (il) *plaint* comme (il) *maint ?* Plus anciennement par un changement de conjugaison : *mánĕre ? Par l'influence des futurs (il) *mandra/maindra ?*

Ajoutons que *remaindre* a disparu au XVIe siècle ; *manoir* n'était alors plus qu'un substantif.

Indicatif présent	anc. fr.	fr. mod.
1. máneo	*maing (remaing, Rose)*	
2. mánes	*mains (Rose)*	
3. mánet	*maint (ibid.)*	
4. manēmus (et subst. de term.)	*manons*	
5. manētis (et subst. de term.)	*manez*	
6. mánent	*mainent (Rose)*	
Imparfait		
3. -manēbat	*-manoit (remanoit, Rose)*	
Futur		
3. maner(e)-hábet	*mandra* et *maindra* (cf. *Rose*)	
Condit. imparfait Conforme		
3.	*remanroit (Aucassin)*	
Passé simple		
1. mansi	*mains* (Ps. Oxf.)	
2. mansísti	*-mainsis* [1]	
3. mansit	-mest *(remest, Rou, Rose)* *(rēmist, Rou)*	

1. Nous n'avons pas d'attestation directe de ces formes : P. Fouché dit que *remainsis* est dans *Rou* (*Morph.*, p. 290). Le glossaire de Holden donne seulement le subj. imparf. *remainsist,* qui correspond bien à *remainsis.*

5. mansistis	*-mainsistes* [1] *-mesistes*
6. mánsĕrunt	*-mestrent/-mesdrent* *(remestrent, remistrent* dans *Rou)*
Subj. présent	
3. (re)maneat	*remaigne (Rose)*
Subj. imparfait	
3. (re)mansísset	*rema(i)nsist* (cf. *Rou*)
Impératif	
2. mane	*main* et *remain*
5. (indic.)	*manez* et *remanez*
Participe présent	
C.R. manéntem	*manant* [2] (et *remanant*)
Participe passé	
C.R. sg. masc. mansu	*mes* [3] (et *remes, Rose*)
C.R. sg. fém. mansa	*mese (remese, Rose)*

Conclusion. — En somme ces verbes (*manoir/maindre* et *remaindre*), disparus au XVIe siècle, n'ont laissé que des substantifs : *manant* en français, et *mas* en Provence — et, bien sûr, *manoir*.

Rester, habiter, demeurer étaient naturellement plus faciles à employer à tous les « temps ».

anc. fr. **paroir** (et **aparoir**)

Latin. Parēre, pareo, -es, parui, paritum.
(*apparaître ;* d'où apparaître aux ordres — obéir).

Infinitif. Parḗre > rég. *pareir* puis *paroir :* paraître, apparaître (ces deux verbes, le simple et le composé, viennent d'un dérivé vulg. de parēre : **parescĕre ;* le parfait du verbe simple a servi du reste au verbe dérivé).

Il faut remarquer que ce verbe est surtout employé impersonnellement (come il *pert :* comme il apparaît), mais aussi personnellement (la gravelle qui *paroit* au fonz, *Rose*).

1. Nous n'avons pas d'attestation directe de ces formes : P. Fouché dit que *remainsis* est dans *Rou* (*Morph.*, p. 290). Le glossaire de Holden donne seulement le subj. imparf. *remainsist*, qui correspond bien à *remainsis*.

2. Substantivé *manant* (à l'origine : habitant) est resté dans le sens qu'il avait pris au Moyen Age de « paysan ». Villon emploie « le remanant » : le restant, ceux qui restent.

3. En provence ce participe (substantivé) a donné (un) *mas :* une ferme, une maison de campagne.

Indicatif présent		
3. páret	> *pert*[1] (cf. fr. mod. : il *appert*) (vivant XVIe s.)	
6. párent	> *perent (Rose) perrent (Rou)*	
Ind. imparfait		
3. parēbat	> *pareit, paroit (Rose)*	
6. parēbant	> *paroient (Rose)*	
Futur		
3. parer(e)-hábet	> *parra (Rose) perra* (*Amadas* — Molinet — XVIe s.)	
Subj. présent		
3. pár(e)at[2] párĕat	> *pere (Rose,* etc.*)* *paire (Flor. de Rome)*	
6. pár(e)ant	> *perent (ibid.)*	
Parfait		
3. *parúit	> *parut* (cf. fut, valut)	
Subj. imparfait		
3. parú(i)sset (cf. *fusset)	*parust*	qu'il *parût*
Participe présent		
C.S. sing. parens -ans	*paranz*	
C.R. sing. parentem	*parant*[3]	(*paraissant* vient de paraître, mais cf. l'adj. *apparent*)
Participe passé		
*parūtu	*paru*	*paru* (sert à paraître)

Conclusion. — Tel est ce verbe encore bien représenté au XVIe siècle (cf. dict. Huguet) mais dans deux cas :

a) l'infinitif après *faire : faire paroir* (faire paraître, faire voir)

b) l'impersonnel : il (y) *pert* — il y *perra*... (et aussi *rien* n'y *pert*).

Il n'a d'ailleurs pas entièrement laissé la place à *paraître* puisqu'il lui a donné le passé simple et imparfait du subjonctif (il parut — qu'il parût) et le participe passé *(paru)*.

Il existe encore enfin dans le composé il *appert* — et l'adj. (anc. part. présent) *apparent*.

---

1. P. Fouché signale des formes dialectales il *piert* (et tu *piers* d'où je *pier*), *Morph.*, p. 72, note 1.
2. *Pere* a peut-être une origine secondaire (analogie de *quiert*, subj. *quiere* (< quaerat).
3. Il existe même un emploi substantivé : *« au mien parant »*.

Pleuvoir

Latin classique : plŭĕre, plŭit (arch. : plūvit).

Latin vulg. : *plŏvĕre (plovēbat attesté chez Pétrone), puis *plŏvḗre.

Infinitif. *Plŏvḗre > rég. *ploveir* puis *plovoir* et *plouvoir :* toutes ces formes — et même *plouveir (Rose)* — sont bien représentées.

La forme *pleuvoir* est analogique de l'indicatif : nous ne l'avons pas trouvée avant le XVIe s. (Amyot, Baïf, Calvin). D'ailleurs *plouvoir* est alors encore en usage chez le même Amyot (chez Rabelais c'est *pluvoir ;* de même chez Du Bellay, Ronsard).

Au XVIIe siècle Vaugelas écrit : « Il faut dire *pleuvoir,* avec e, et non pas *plouvoir,* avec o. »

ital. : *piovere*

esp. : *llover* — catal. : *plourer*

oc (prov.) : *ploure* — (lim.) : [plœu̯r(e)].

	anc. fr.	fr. mod.
Indicatif présent		
3. plŏ́vet	*pluet (Rou)* *pleut (Rose)*	il *pleut*
Indic. imparfait		
3. plovḗbat	*ploveit* puis *plouvoit* (encore XVIe s.) *(pluveit* in *Th. Beck.)*	il *pleuvait*
Futur		
3. plover(e)-habet	*plovera* *plouvra (Rose)* var. XVIe siècle *pleuvera* (Baïf) *plouvera* (Pasquier) *pluyra* (Rab., etc.)	il *pleuvra*
Condit. prés.		
3. plover(e-hab)ēbat	*plovereit/plovreit* *plouveroit/plouvroit* var. XVIe siècle : *pleuveroit* (H. Est)	il *pleuvrait*
Subj. présent		
3. plŏ́v(e)at	*plueve* *pluve (L. des Rois)* *pluve* (Ronsard)	qu'il *pleuve*
Subj. imparf.		
3. *plovuísset	*ploüst* (cf. movoir) puis *pleüst (Yvain)* *plust* (XVIe s.)	qu'il *plût*

Passé simple		
3. *plóvúit	*plut (Troie)* (cf. movoir) *plust*	il *plut*
Participe présent		
*plovéntem	*plouvant* (*pluvant,* Ronsard)	*pleuvant*
Participe passé		
*plovū́tu	*pleü (Cligès)* > *plu* var. : *pluit* (in Tobler-Lom.)	*plu*

Conclusion. — La langue a longtemps hésité entre les radicaux de l'infinitif (plov-/plouv-) et le radical accentué de l'indicatif ou du subj. présent : finalement elle a généralisé ce dernier *(pleuv-)* dès le XVIIe siècle ; mais Chifflet doit encore préciser, en 1700, qu'il faut dire *pleuvoir* et non *plouvoir.*

Souloir (cf. **douloir**)

Étym. Latin class. : sŏlēre, sŏleo, sŏles, solĭtus, sum (semi-déponent) : avoir coutume.

Infinitif. Sŏlḗre > a. fr. *soleir* puis *soloir* (XIIe s.) et enfin *souloir* (*suleir* en normand cf. *Roland*).

Très courant au XVIe s. encore, ce verbe ne gardait au début du XIXe s. que l'imparfait : « C'est une des plus grandes pertes que la langue ait faites » dit Littré [1].

ital. : *solere*

esp. et prov. : *soler* — port. : *soer.*

Indicatif présent	
1. sŏ́lĕo	*sueil (Rose,* etc.*)* et *seuil* (*soeil,* Frois.) var. *soil* (*Rou,* Coucy)
2. sŏ́les	*sueuz (Rou)* - *seuz (Rose)*
3. sŏ́let	*soelt* et *solt (Rol.)* *suelt (Florimont)/sielt* *sueut (Troie)/sieut* et *seut (ibid.)* et même *siaut (Guil. d'Angl.)*
4. solḗmus (-ū́mus)	*solons* (*solum* in Ph. de Th.)
5. solētis (-ā́tis)	*solez, soulez*
6. sŏ́lent	*suelent (Erec), seulent (Rose)* var. *solent (Thom. Beck.)*

1. La Bruyère a noté (chapitre « De quelques usages ») : « L'usage a préféré... être accoutumé à souloir.»

Imparfait	
1. sŏlēbam	*soleie* > *souloie* (*suleie* in *Rol.*) *souloys* (XVIe s.)
3. solēbat	*soleit* > *soloit* > *souloit*
5. solebātis	*solïez, souliez* (*Rose*)
Subj. présent	
1. sŏlĕam	(je) *sueille* (*Rose,* etc.)
Passé simple	
3. *soluit (?)	(il) *solt* (*Passion*) (il) *sout* (*Rou*)

B. Type en *-re* (latin -ĕre)

Cas particuliers ou généraux

1°) Le verbe *être.*

2°) Type en *-aindre* (*craindre, plaindre*).

3°) Type en *-eindre* (*feindre, geindre*).

4°) Type en *-oudre* (*absoudre, moudre,* etc.).

Être

Latin. Esse, sum, es, fui (être, exister et verbe copule).

Le verbe *esse* était évidemment très ancien en latin : en fait la conjugaison du verbe signifiant « être » était faite de deux verbes :

I. *esse* pour les temps de l'infectum ;

II. *fui* pour les temps du perfectum et le participe futur.

La racine du verbe *esse* se présentait elle-même sous des formes très différentes qui s'expliquent par une alternance entre

a) le degré plein : *-ĕs-* devenu -ĕr- quand la consonne s était suivie de voyelle (ex : futur *ĕro,* imparf. *ĕram*).

b) le degré réduit : *s ;* d'où *sum :* « je suis » (avec un élargissement ŭ qui représente la voyelle de la désinence pleine à la 3e pers. du pluriel *s -onti > *sunt* [1]) et le subj. présent *sim.*

---

1. Voir Monteil, *Éléments...*, p. 282.

En outre le latin vulgaire a utilisé un troisième verbe *stare* [1] (être, se tenir debout) pour former l'imparfait de l'indicatif et les participes présent et passé.

Infinitif présent.

Esse, verbe aberrant aux yeux de néo-latins, a reçu un suffixe plus caractéristique d'infinitif : il a ainsi été refait en

**essĕre* (3ᵉ conjugaison latine)

d'où l'anc. fr. *estre* (< *éss(e)re)

ital. : *essere*

esp. : *ser* — catalan : *esser*

oc (prov.) : *esser* — (lim.) : [əsta] (type stare).

Indicatif présent		
1. sŭ́m vulg. *sŭ́yyo [2]	*sui (Rose)* (et même *soi, Rol.*) puis *suis*	je *suis*
2. ḗs a) (forme accentuée) b) (forme atone, proclitique)	 *ies (Rose,* etc.*)* *es (Rose,* etc.*)*	 tu *es*
3. ḗst	*est*	il *est*
4. sŭ́mus	*somes* [3] puis *sommes*	nous *sommes*
5. éstis	*estes*	vous *êtes*
6. sŭ́nt	*sont*	ils *sont*

Indicatif imparfait (type vulgaire qui a triomphé)		
1. stā́bam > *estḗba(m)	*esteie* puis *estoie* et *estois*	j'*étais*
3. stabat > *estḗbat	*estei(e)t* puis *estoit*	il *était*
5. stabā́tis > *este(b)ā́tis	*estiez (Rose)*	vous *étiez*

Ind. imparfait (type issu du latin classique *ĕram, ĕras,* etc.)		
1. ḗram (ou eram)	a) *iere* (forme tonique) b) *ere* (forme atone)	(type disparu après 1300)

1. *Stare* a donné en anc. fr. *ester,* qui avait son existence propre (voir fiche consacrée à ce verbe). Que *stare* soit à l'origine du participe présent *estant/étant* et du participe passé *esté/été* n'est pas discutable. Dans ces conditions l'imparfait ne peut pas avoir une autre origine et remonter à *estre* (cf. Fouché, *Morph.,* p. 422).

Au fond on peut dire avec Foulet *(Glossaire de la Chanson de Rol.)* que ces formes — et le futur *esterez (Roland)* — « ont été prêtées » par *ester* au verbe *estre.*

2. Sur cette forme faite par analogie avec *ayo < habeo voir Fouché (*Phonétique,* pp. 406-407 et *Morph.,* p. 416).

3. Il est curieux de voir que la terminaison -ŭ́mus qui est à l'origine de la désinence *-ons* qui s'est généralisée dans tous les verbes n'ait donné *-omes* que pour le verbe pilote. On explique cette évolution par un emploi de sŭ́mus devant consonne (*sumus venū́ti) ; on peut penser aussi à l'influence de estis → *estes. Sons* est attesté aussi.

Il existe une forme *esmes* qui paraît calquée sur *estes* (voir Fouché, *Morph.,* p. 419).

3. ĕ́rat (ou erat)	a) *iert* (tonique) b) *ert* (atone) (*eret* in *Roland*)	
4. erā́mus	*eriens* puis *erions*	
6. ĕ́rant (tonique) erant (atone)	a) *ierent (Rose)* b) *erent (Roland)*	
Futur		
1°) *Type nouveau* (périphrastique)		
1. (es)ser(e)-hábeo > *seraio	*serai*	je *serai*
2. (es)ser(e)-hábes	*seras*	tu *seras*
3. (es)ser(e)-hábet > *serát	*sera*	il *sera*
4. *(es)ser(e)-(hab)ḗmus (et term. -ons<ŭ́mus)	*serons*	nous *serons*
5. *(es)ser(e)-(hab)ḗtis (et term. -ez<ā́tis)	*sereiz* puis *seroiz (Rose)* *serez* (var. *esterez, Rol.*)	vous *serez*
6. *(es)ser(e)-*hábunt	*seront*	ils *seront*
2°) *Type issu du latin class. : ĕro, ĕris, etc.*		
1. ĕ́ro (tonique) ero (atone)	a) *ier* b) *(er)*	(type disparu après 1300)
3. ĕ́rit erit (atone)	a) *iert (Rol., Rose)* b) *ert (Rol.)*	
4. ĕ́rĭmus erimus (atone)	a) *iermes* (Thomas Becket) b) *ermes (Rol.)*	
5. ĕ́ritis	(non attesté)	
6. ĕ́runt erunt (atone)	a) *ierent (Rol., Rose)* b) *erent (Rol.)*	
Conditionnel présent		
1. (es)ser(e-hab)ḗbam	*sereie* puis *seroie (Rose)* et *serois*	je *serais*
4. (es)ser(e-hab)ebā́mus	*seriiens* puis *serions (Rose)*	nous *serions*
5. (es)ser(e-hab)ebā́tis	*seriiez* et *seriez (Rose)* [1]	vous *seriez*
6. (es)ser(e-hab)ḗbant	*sereient* puis *seroient (Rose)*	ils *seraient*
Subj. présent		
1. sĭm vulg. *sĭ́am	*seie (Rol.)* puis *soie (Rose)*	que je *sois*
2. *sĭ́as	*seies (id.)* puis *soies (id.)*	que tu *sois*
3. *sĭ́at	*seit (id.)* puis *soit (id.)*	qu'il *soit*

1. Au vers 7472 du *Roman de la Rose*, *seriez* semble compter pour deux syllabes.

4. *siắmus	*seiiens* puis *soiions* (*seiuns, Rol.*)	que nous *soyons*
5. *siắtis	*seiiez* puis *soiiez* (*seiez, Rol., Rose*) (*soiez*)	que vous *soyez*
6. *sǐant	*seient* puis *soient*	qu'ils *soient*
Passé simple (voir plus haut p. 43)		
1. fŭi	*fui* (*Rol., Rose,* etc.)	je *fus*
2. fŭ́(i)stī etc.	*fus* (*id.*)	tu *fus*
Subj. imparfait		
1. *fú(i)ssem	*fusse* (*Rose*)	que je *fusse*
3. *fŭ́(i)sset	*fust* (*Rol., Rose,* etc.)	qu'il *fût*
5. *fu(i)ssḗtis (avec term. < -átis)	*fussiez* (*Rose*)	que vous *fussiez*
6. *fú(i)ssent	*fussent* (*Rose*)	qu'ils *fussent*
Impératif		
2. *sǐas (subj.)	*seies* (*Rose*) puis *soies*	*sois*
5. *siắtis	*seiez* (*Rol., Rose,* etc.) puis *soiiez*/*soiez*	*soyez*
Participe présent		
C.R. sg. stántem	*estant*	*étant*
Participe passé		
C.R. státu	*esté*	*été* [1]

Conclusion. — Un verbe de cette importance, dont les formes sont immédiatement connues de tout le monde, devait évoluer phonétiquement, parfois en simplifiant ses formes (**fusti, *fussem* par exemple au lieu de *fuisti, fuissem*). Ainsi les imparfaits et les futurs anciens (en *eram* et *ero*) se sont conservés jusqu'au début du XIVe siècle ; mais les futurs et conditionnels de type nouveau ont fini par s'imposer ; d'autre part *stare,* verbe de type courant, s'est imposé aussi à l'imparfait. Ajoutons qu'il a donné les participes qui n'existaient pas en latin.

Il faut cependant constater que la conjugaison du verbe signifiant « être », du fait de sa triple racine (dont l'une est double) s/es, fu-, st-, est encore très complexe.

1. Le participe passé français ne prend pas la marque du féminin contrairement à d'autres langues romanes (cf. limousin [əstadå], esp. : estada, ital. : stata).

Verbes en -aindre, -eindre et -oindre

En principe chacun de ces types a une origine latine déterminée :

1°) *-aindre* < lat. -ángĕre (ex. : *plaindre* < plángĕre)

2°) *-eindre* < lat. -íngĕre (ex. : *feindre* < fíngĕre)
(cf. *ceindre* < cíngĕre — *peindre* < píngĕre)

3°) *-oindre* < lat. -úngĕre (ex. : *poindre* < púngĕre)
cf. *joindre* < júngĕre

En réalité deux ordres de faits ont troublé l'ordonnance des deux premiers types :

a) *-ain-* s'est confondu phonétiquement avec *-ein-* dès le début du XIIe siècle, semble-t-il : dès lors des hésitations graphiques se sont produites : ainsi **infrangĕre* a donné d'abord *enfraindre,* qui s'est écrit plus tard aussi *enfreindre,* graphie qui a finalement triomphé ; de même **attangĕre* a d'abord donné *ataindre,* encore courant au XVIe s., et finalement *atteindre.* Inversement le latin *constrĭngĕre* est représenté par *contraindre.*

b) des verbes tels que
*crĕmĕre > anc. fr. *criembre*
gĕmĕre > anc. fr. *giembre*
imprĭmere > vulg. imprĕmere > anc. fr. *empriembre*

ont rejoint assez tôt l'un ou l'autre des types précédents, d'où : *craindre* — *geindre* — *empreindre.*

Signalons que ces verbes ont eu tendance, au XVIe s. surtout, à se conjuguer d'après l'infinitif : du moins observe-t-on de nombreuses formes de présent telles que :

nous *complaindons* (et nous *attayndons,* in Palsgr.)
vous *plaindez*
ils *conjoindent*
part. prés. : *plaindantes* (voir Fouché, *Morph.,* p. 133 et dict. d'E. Huguet).

Type en *-aindre* < lat. -angĕre

Plaindre

Latin. *Plangĕre,* plango, -is, planxi, planctum (1. frapper. 2. se frapper (la poitrine). 3. se livrer à des manifestations de douleur).

Cf. plaga : coup.

Infinitif. Plángĕre > *plángyere > *plányĕre > *plañere puis *plái̯ñ(ĕ)re (yod de transition) ou *plái̯n(ĕ)re [1] (yod de réfraction) > **plai̯ndre* (d épenthétique). Dès lors -ái̯n- > -áĩn- > -éĩn- > -ẽ(ĩ)n- > -ẽn- écrit encore *-ain-*

Indicatif présent

lat. class.	lat. vulg.	anc. fr.	fr. mod.
1. plángo	pláng(o)	*planc* puis *plaing* *(Yvain)* (anal. des 2ᵉ et 3ᵉ personnes)	je *plains*
2. plángis	*planyis > *pláñis > *plai̯ns [2]	(tu) *plains* = [plẽns] au XIIᵉ s.	tu *plains*
3. plángit	*planyis > *pláñit > plai̯nt [2]	il *plaint* (*Trist.* Béroul)	il *plaint*
4. plángĭmus	*plangímus > *plañímus puis plañúmus (subst. de termin.)	(nos) *plagnons* puis *plaignons* [3] (anal. du sing. ?)	nous *plaignons*
5. plángĭtis	*plangítis > plañítis et term. -átis	(vos) *plagnez* puis *plaigniez* *(Rou)*	vous *plaignez*
6. plángunt	plángunt	*planguent* puis *plaignent* (Vie St Nic.) (d'après *plaignez*)	ils *plaignent*
Indicatif imparfait			
1. plangébam	*plangéa > *plañéa > *plai̯ñéie	*plaigneie* puis *plaignoie* [4] etc.	je *plaignais*
Futur			
	*planger(e) + áio > *plañer áio > plai̯n'ráio	*plaindrai*	je *plaindrai*

1. Dans sa *Phonétique* (p. 466) P. Fouché explique les choses autrement et peut-être d'une manière plus simple :

« plangere > *pland'ĕre ou plandyĕre etc. »

2. La transformation phonétique est assez complexe : en voici les étapes à la 3ᵉ personne : *plañit ou *plai̯ñit (yod de transition) > *plái̯nit > *pláĩnt > *plãĩnt > *plẽĩnt > *plẽ(nt).

3. Dès lors [ai̯] > [ei̯] > [ę] selon le schéma habituel. Le yod est un yod de transition (*plai̯ñons) ou de réfraction (-ñ- > i̯n-).

P. Fouché (*Morph.*, p. 130) dit qu'ici « *playñons* et *playñez* ont maintenu leur yod par analogie avec les personnes du singulier ». L'analogie était-elle nécessaire ?

4. Au XIIIᵉ siècle la prononciation était [plęñwęę] car, d'une part : ai̯ > ei̯ > ę dès le XIIᵉ siècle, et, d'autre part oię > ọéę > wé(ę).

Conditionnel présent : conforme

Passé simple			
1. plánxi = plancsi		(je) *plains* *(Thom. Beck.)*	je *plaignis*
2. planxísti	plancsísti	(tu) *plainsis* [1]	tu *plaignis*

etc., voir type : *ceignis* (< cĭnxi) plus haut p. 36.

Les formes modernes (je *plaignis,* tu *plaignis*) sont analogiques de nous *plaignons,* vous *plaignez, plaignant.*

Participe présent C.R. plangéntem (> *planyénte *plai̯ñénte, -ánte, etc.	*plaignant (Trist.* Bér.*)*	*plaignant*
Participe passé plánctu(m)	*plaint* (cf. sánctu > saint)	*plaint*
Présent du subj. 3. plángat	*pleigne (Rol.)* *plaigne / plaingne*	qu'il *plaigne*

Imparfait du subj. 1. planxíssem	*plancsísse(m)	*plainsisse* puis *plaignisse*	que je *plaignisse*

(Voir 2e personne du passé simple et, pour l'explication phonétique le présent de l'indicatif ; voir aussi le type : *ceignisse.*)

Conclusion. — L'évolution du type latin en *-ángĕre* (et *-ĭ́ngere*) était phonétiquement complexe. Néanmoins, dans la première époque (jusqu'au XIIIe siècle), ces verbes ont évolué phonétiquement. Un peu de simplification est venue au passé simple et à l'imparfait du subjonctif, du fait de l'extension du radical *plaign-* des 1re et 2e pers. du plur. de l'indicatif présent, de l'imparfait, du participe présent. Il ne restait plus que trois radicaux : plain-, plaindr-, plaign- ; c'est encore beaucoup.

Autre type en *-aindre*

Craindre

Latin. *Trĕmĕre,* trĕmo, trĕmis, tremui (trembler, cf. le dérivé tremulare qui a donné le fr. *trembler*).

---

1. Cf. 3e pers. du plur. : *plainstrent* (< plánxĕrunt) in *Livre des Rois.*

En Gaule *tremere* a été altéré par croisement avec le radical **crit* qu'on restitue d'après l'irlandais *crith* (tremblement), cf. Bloch-Wartburg : de là le latin vulgaire **cremĕre*.

Infinitif. Crĕ́mĕre a donné régulièrement *criembre*, var. *crembre, creimbre*.

On trouve d'autres variantes qui s'expliquent par des changements de conjugaison : *cremir* (*Berte*, Commynes) — *cremeir/cremoir* (*Thomas Becket*, Marie de Fr.) et même *cremer (St Brendan)*.

On trouve aussi très tôt *criendre (Ps. de Cambrid.)*, qui explique peut-être le passage de *criembre* au type *plaindre* (*craindre* est la forme du *Roman de la Rose*).

oc (limousin) : *crågna*.

(L'italien *temere* et l'espagnol *temer* viennent du lat. timēre.)

Indic. présent		
1. trĕ́mo > *crĕ́mo	*criem (Yvain)* ou *crien (Nîmes)* ou *crienc (Escoufle)* var. *cren (Roncesvals)* *creim (Troie)* *craing (Rose)* [1]	je *crains* (cf. plains)
2. trĕ́mis > *crĕ́mis	*criens*	tu *crains*
3. trĕ́mit > *crĕ́mit	*crient* (courant) [2] var. *crent (Roland)*	il *craint*
4. *cremimus et term. < -ŭ́mus	*cremons* var. *craindons* XVIe s.	nous *craignons*
5. *cremitis et term. < -ā́tis	*cremez* var. *cremeiz (Th. Becket)* *craingnez* (E. Deschamps)	vous *craignez*
6. *crĕ́munt	*criement* var. *crement (Trist.)*	ils *craignent*

Indic. imparfait (régulier)			
3. tremḗbat	*cremḗ(b)at	*cremeit* puis *cremoit (Yv.)*	il *craignait*
3. tremḗbant	*cremḗ(b)ant	*cremoient* (Villehard.)	ils *craignaient*

Futur		
1. *cremere-hábeo > *crem'raio	*crembrai* *crendrai (Ps. Cambridge)*	je *craindrai*
2. *cremere-hábes > *crem'ras	*crembras (Troie)* [3] et *crendras* (cf. *Rol.*) var. *crenderas*	tu *craindras*

1. Au XVIe s., Palsgrave écrit *je craings* ou *crayngs*.

2. *Crient* se rencontre encore au XVIe s. (cf. Huguet).

3. P. Fouché signale que *cremerát [< cremere-hábet] aurait dû aboutir à **crembra*... mais que la seule forme avec -mbr- que l'on signale est *criembroie* (conditionnel) chez Jean Bodel, dans la *Chanson des Saxons* (*Morph.*, p. 400). Nous trouvons cependant (tu) *crembras* dans le *Roman de Troie* (v. 1670) ainsi que (il) *crembra* (v. 9643).

5. *cremere-habḗtis > *crem'rḗtis	*criembreiz (Eneas)* *crendrez (Rol.)* (term. < -ā́tis) *craindreiz (Rose)*	vous *craindrez*
6. *cremere-*hábunt > *crem'ront	*crembront (Troie)* *crendrunt (L. Psaumes)* *craindront*	ils *craindront*
Conditionnel présent		
1. *cremere-(hab)ḗbam > *crem'rḗa	*crembreie (Troie)* var. *criembroie* *crendreie (Saxons, Rol.)* *craindraie (Rose)*	je *craindrais*

Passé simple. On trouve trois types en anc. fr. :

a) type en *-us* < latin *-ui*

1. *cremui	*cremui*	
3. *cremuit	*cremut (Rose)*	

b) type en *-eins* < lat. *-si* (cf. type : je ceins)

1. *crḗmsi > *crensi	*criens (Ps. Oxford)*	je *craignis*
2. *cremsī́sti	*crensis*	tu *craignis*
3. *crḗmsit	*crienst* (Ps. Oxford)	il *craignit*
5. *cremsī́stis	*crensistes*	vous *craignîtes*
6. *crḗmsĕrunt	*crienstrent (Oxf.)* et *crenstrent*	ils *craignirent*

c) type en *-is* (type je dormis, cf. l'infinitif *cremir*)

3. *cremī́it	*cremit (Th. Becket)*	

Subj. imparfait (cf. passé simple)

a) type *-usse*		
3. *cremú(i)sset	([il] *cremust*) [1]	
b) type *-sisse*		
1.	(je) *crainsisse (Rose)*	que je *craignisse*
3.	(il) *crainsist* ou *cre(i)nsist (Troie)*	qu'il *craignît*
c) type *-isse*		
1. *cremī́ssem	(je) *cremisse (Rose)*	
d) type *-disse*		
3.	(il) *craindist* (XVIe s.)	

Subj. présent 1. trḗmam	*crḗma(m)	(que je) *crieme* (cf. *craime* in Tobl.-L.) *crienge (Troie)*	que je *craigne*

1. Mais nous n'avons pas trouvé d'attestation de cette forme.

5. tremā́tis	*cremā́tis	(que vos) *cremez*	que vs *craigniez*
6. trĕ́mant	*crĕ́mant	*criement* (*criengent* in *Troie*)	qu'ils *craignent*
Impératif			
2.	*crĕ́me	(attest. manque) *criem ?*	*crains*
5.	*cremā́tis (*indic.*)	*cremez (Troie)* puis *craignez* (Marot, etc.) var. *craindez* (XVIe s.)	*craignez*
Participe présent			
C.S. *crĕmens		*cremanz* (Job)	*craignant*
C.R. *creméntem		*cremant* puis *craignant* (var. *craindant* XVIe s.)	
Participe passé			
a) type en *-ĭtu :*			
*crĕ́mĭtu		*crient* (cf. *Troie*)	*craint*
b) type en *-ūtu :*			
*cremū́tu		*cremu* (*Rose,* Froissart, etc) (*cremeu* encore chez Palsgrave)	

Conclusion. — La conjugaison de ce verbe était « dispersée » au Moyen Age du fait :

— de l'alternance de l'accent : d'où *criem-* ou *crem-*

— des hésitations sur les types de passé simple (et par suite d'imparfaits du subjonctif) et du participe passé ;

— de l'apparition d'un d épenthétique au futur et conditionnel, d'où : *crendrai,* etc.

C'est peut-être en définitive cette dernière forme qui a rapproché ce verbe du type *plaindre* (cf. d'ailleurs le verbe de sens parent gemĕre > *geindre*).

Au XVIe s. on rencontre des « fautes » à plusieurs temps et modes (impér. : *craindez ;* subj. imparf. : qu'il *craindist ;* part. prés. : *craindant*) ; elles n'ont finalement pas pris corps et vie ; les formes alors usuelles vous *craignez,* qu'il *craignît, craignant,* etc., vont triompher.

Type en *-eindre* < lat. -ángĕre

Atteindre (brèves notes)

Étymologie. Le latin classique a un verbe de ce sens ; c'est *attĭngĕre* (toucher, atteindre), composé de ad + tangĕre.

La forme première de l'anc. fr. suppose une recomposition de ce verbe en bas latin : *ataindre* s'explique en effet par *a(d)tángĕre.

Les graphies en *-ain-* se sont employées jusqu'au XVIe s. (ce sont celles de Montaigne) ; mais la graphie -ein- apparaît déjà dans la *Chanson de Roland* et d'une manière générale dans les textes normands.

Indic. présent		
3. *attángit	*ataint (Rose)* *atteynt* (Palsgrave)	il *atteint*
4. *attangĭmus (-ŭ́mus)	*ataignons* *attayndons* (Palsgrave)	nous *atteignons*
6. *attángunt	*ataignent* *ataingnent (Cligès)* XVIe s. *attaindent* (cf. Huguet)	ils *atteignent*
Indic. imparfait		
3. *attangēbat	*ataignoit (Fergus.)*	il *atteignait*
Futur		
1. *attangere-hábeo	*ataindrai/ateindrai (Charette)*	j'*atteindrai*
5. *attangere-habḗtis	*ataindroiz (Yvain)*	vous *atteindrez*
Passé simple		
3. *attánxit	*atainst* (Rutebeuf) *attainct* (Rabelais) et *attaygnyt* (Palsgrave)	il *atteignit*
6. *attánxĕrunt	*attainstrent* var. *atindrent (G. de Rousil.)* XVIe : *attaindrent* (in Huguet)	ils *atteignirent*
Subj. présent		
3. *attángat	*ataigne* *ataingne (Yvain)* (cf. *ateignet, Rol.*) *atteinde* (Calvin)	qu'il *atteigne*
Subj. imparfait		
3. *attanxĭ́sset	(attest. manquent)	qu'il *atteignît*
Impératif		
5. cf. indicatif prés.	*ataignez* *ateignez (Trois dits)*	*atteignez*
Participe présent		
C.R. plur. attangéntes (-antes)	*ataignanz* ou *ateignanz* (in Tobler-Lom.) *attindans* (XVIe s.)	*atteignant*
Participe passé		
C.S. sg. *attánctus	*atains* ou *atainz* *ateins (Rou)*	
C.R. sg. *attánctu(m)	*ataint* XVIe : *attainct* (Palsgrave)	*atteint*

Autre type en *-eindre* < lat. -ángĕre

Enfreindre (brèves notes)

Étymologie. Latin *infrĭngĕre,* refait en *infrangĕre* d'après le verbe simple *frangĕre, frango,* -is, frēgī, *fractum :* briser, heurter (cf. une fracture, une infraction).

Infinitif. *Infrangĕre > a. fr. *enfraindre* (cf. plangere > *plaindre*) ; écrit *enfreindre* après le XVIe s.

Ital. : *infrangere*

Anc. prov. : *enfranher.*

Indic. présent		
3. *infrángit	*enfraint (Thom. Becket)* *enfreint (N. D. Chart.)* *enfreind* (Ramus XVIe s.)	il *enfreint*
5. *infrangitis → átis	*enfragnez* (?) [1] *enfreindez* (Ramus)	vous *enfreignez*
6. *infrángunt	*enfraignent (Yvain)* *enfreignent* (attesté) et *enfreindent* (Ramus)	ils *enfreignent*
Imparfait ind.		
3. *infrangēbat	*enfraigneit/-oit* (Wace)	il *enfreignait*
Futur		
3. *infrangere-hábet	*enfraindra* (cf. Tobler-Lom.)	il *enfreindra*
Passé simple		
	(attestations manquent) cf. il *plaignit* analogique de vous plaignez, ils plaignent	il *enfreignit*
Subj. présent		
3. *infrángat	*enfraigne* var. *enfragne (R. Alix)*	qu'il *enfreigne*
Participe présent		
C.R. sg. *infrangéntem > -ánte	*enfraignant*	*enfreignant*

1. Cf. *plagnez :* nous n'avons pas trouvé d'attestation pour *enfragnez.*

Participe passé. 2 types en anc. fr. :

C.R. fém. sg.		
1. infrácta(m)	*enfraite (Rigomer)* ou *enfrete (Ren.)*	
2. *infráncta(m)	*enfrainte (Mir. N.-D.)* ou *enfrente (Alexis)* (pour *enfreinte ?*)	*enfreinte*

Conclusion. — Il n'est pas étonnant que ce verbe soit écrit à l'origine comme *plaindre* puisqu'il représentait la même forme -ángĕre. Par la suite et parfois très tôt on observe des graphies *ein-* (et *eign-*) comme dans le cas de *ceindre :* c'est que *ain* et *ein* ou *aign-* et *eign-* représentent les mêmes sons dès le XIIe siècle. Ainsi *enfreindre* a abandonné la graphie du type *plaindre* — sa graphie étymologique.

Type en *-eindre* < lat. -ĭngĕre

Feindre

Latin. *Fĭ́ngĕre,* fĭngo, -is, finxī, fictum (façonner — façonner en déguisant — imaginer).

Verbes de ce type : cĭngĕre > *ceindre* — pingere > *peindre* — exstĭnguĕre > *éteindre* — tĭnguĕre ou tĭngĕre > *teindre,* etc.

Infinitif. Fĭ́ngĕre > régul. *feindre* [1] (var. *faindre* aussi fréquente).

Cf. ital. : *fingere* — esp. : *fingir.*

Indic. présent		
1. fĭ́ngo	*fein* var. *feng*	je *feins*
2. fĭ́ngis	*feins*	tu *feins*
3. fĭ́ngit	*feint (Rose, Roland,* etc.*)* var. : *faint/feing/faing*	il *feint*
4. fingĭmus -ŭ́mus	*feignons*	nous *feignons*
5. fingĭtis -ā́tis	*feigniez, faigniés* (ou *feigniez, Rose*)	vous *feignez*

1. L'évolution phonétique de l'infinitif semble avoir été la suivante (cf. *plaindre*) :
1°) résolution de g en yod : fĭ́ngĕre > *fingyĕre > fĭ́nyĕre
2°) palatalisation de n : > *fĭ́ñĕre ou fẹñĕre (cf. Bourciez § 199, IV)
3°) chute de la voyelle pénultienne : > *féñdre
4°) dégagement d'un yod (de transition ou de réfraction)
transition : > *féịñdre puis féịndre
réfraction : > *feịndre, écrit *feindre*
5°) nasalisation : [fẽịndre] puis [fẽĩndre] (Xe siècle) puis réduction du yod [fẽ(ĩ)ndre] (début du XIIe s.).

6. fĭngunt	*feignent (Rose)* (var. : *faingnent*)	ils *feignent*
Indic. imparfait		
3. fingḗbat	*feigneit* puis *feignoit* *(faigneit, Rose)* *(faignoit, Cléomagès)* var. *faindoit* (Ph. de Vign.)	il *feignait*
Futur		
3. fingĕr(e) hábet	*feindra (faindra)*	il *feindra*
Conditionnel présent		
3. finger(e) (hab)ḗbat	*feindreit* puis *feindroit*	il *feindrait*
Passé simple		
a) Type en *-si(s)* (cf. type *cĭnxi*)		
1. fĭnxi	*feins* ou *fains*	je *feignis*
2. finxísti	*feinsis* ou *fainsis*	tu *feignis*
3. fĭnx̣it	*feinst, foignit (Gir. de R.)* *faignit* (Commynes)	il *feignit*
6. fĭnxĕrunt	*feinstrent/feintrent*	ils *feignirent*
b) Autre type (fait sur l'infinitif feindre)		
3.	*faindit* (Louis XI) *findit* (Marg. de Nav.)	
Subj. présent		
3. fĭngat	*feigne* (*faigne* in *Roncesv.*) var. *fagne* (in Tobl.-Lom.)	qu'il *feigne*
Subj. imparfait (cf. type *cĭnxi*)		
3. finxísset	*feinsist (fainsist* in *Thomas le Martyr)*	qu'il *feignît*
6. finxíssent	*feinsissent (Rose)*	qu'ils *feignissent*
Impératif (cf. indicatif)		
Participe présent		
C.R. sg. fingéntem	*feignant (faignant)*	*feignant*
Participe passé		
C.R. sg. fictu (class.) *fĭnctu (vulg.)	*feint* (et *faint*)	*feint*

2e type en *-eindre*

Geindre < gĕmĕre

Ce type présente quelques particularités du fait de sa voyelle radical ĕ qui s'est diphtonguée en -ie sous l'accent.

Latin. Gĕ́mĕre, gĕ́mo, gĕ́mis, gĕmuī, gemĭtum.

Infinitif. Gĕ́mĕre > *giembre* et *gembre (Roman de Renart)* (cf. *crĕ́mĕre > criembre — prĕ́mĕre > *priembre*[1] — redĭmere vulg. redĕmere > *raiembre*).

La ressemblance entre l'indicatif présent de *giembre* et celle de *feindre* (voir plus loin) a amené le remplacement de *giembre* par *geindre ;* on trouve aussi *giendre*.

Le doublet *gémir* paraît être une réfection tardive sur le latin gemere, changé en **gemīre* (Bloch et Wartburg situent son apparition vers 1150)[2].

Ital. : *gemere*

Esp. : *gemir*

Oc (limousin) : *dzœu̯mi*

Indicatif présent	anc. fr. et moy. fr.	fr. mod.
1. gĕ́mo	*giem/gem* d'où *geins*	je *geins*
2. gĕ́mis	*giens/gens* d'où *geins*	tu *geins*
3. gĕ́mit	*gient (Renart)* d'où g(i)ent > *geint*	il *geint*
4. gemimus -ŭ́mus	*gemons* puis *geignons*	nous *geignons*
5. gemĭtis -átis	*gemez* puis *geigniez*	vous *geignez*
6. gĕ́munt	*giement/gement* puis *geignent*	ils *geignent*
Indic. imparfait 3. gemébat	*gemoit* puis *geignoit* (cf. *gehaignoyt,* Rabelais, *Pant.*)	il *geignait*
Futur 3. gemer(e)-hábet	*geindra*	il *geindra*

Conditionnel présent : conforme.

1. Cf. le composé mod. *empreindre*, participe *empreint*.
2. Le *Roman de la Rose* (XIIIe s.) ne donne que *gémir*.

Passé simple	Ancien français : nous n'avons guère trouvé d'attestations : *gent* pour *geinst* in Tobler-Lom.)	1. je *geignis* 2. tu *geignis,* etc.
Subj. présent 3. gĕ́mat	*gieme*	qu'il *geigne*
Subj. imparfait 3. gemuĭ́sset (class.)	attest. manquent (geinsist ?)	qu'il *geignît*
Participe présent C.R. sg. geméntem	forme faite sur geindre : *geindant* (in dict. Huguet)	*geignant*
Participe passé C.R. sg. gém(ĭ)tu	(attest. nous manque)	*geint*

Conclusion. — Ce verbe pour lequel nombre d'attestations manquent en ancien français, du fait de l'existence de son doublet *gémir,* est devenu analogique de *feindre, peindre* après avoir présenté les particularités radicales que nous avons signalées en commençant.

Type en *-eindre* issu de lat. *-ĭ́mĕre*

Empreindre (brèves notes)

Aujourd'hui ce verbe s'est réduit à l'infinitif *empreindre* et au participe passé *empreint,* mais en ancien français, et même au XVIIe s., il a eu d'autres formes (cf. nous *empreignons,* chez Pascal, *Pensées*).

C'est son doublet savant *imprimer* qui a recueilli ses emplois anciens et nouveaux (cf. imprimer un livre).

Étymologie. Latin *ĭmprĭmĕre* (composé de in + prĕmĕre), imprĭmo, -is, impressi, impressum.

Le vocalisme de l'ancien français s'explique par le verbe simple qui a aussi existé : prĕ́mĕre > *prembre* puis *priembre* sous l'influence de il *prient* (< prĕ́mit) ; sans doute *empriembre* ne paraît-il pas attesté mais *il emprient* existe (XIIIe s., *Romans de Carité*).

Le verbe a évolué comme *gĕmĕre* > *gembre* puis *giembre,* et de nouveau *gembre* et enfin *geindre* (voir ce verbe, voir aussi Fouché, *Morph.,* p. 71) : d'où *empreindre.*

Ital. : *imprimere*

Esp. : *emprimir*

Prov. : *empremar*

Indic. présent		
3. *imprĕmit	(il) *emprient* (cf. Tobler-L.) (*il*) *empreint* (Rons.)	il *empreint*
4. impremimus	nous *empreignons* (Pascal)	
6. imprĕmunt	(ils) *empriement* (?) *empreignent* (XVIe s.)	ils *empreignent*
Passé simple		
1.	j'*empreignis* (cf. Palsgrave)	j'*empreignis* donné encore par Littré
Subj. présent		
1.	que j'*empreigne* (cf. Palsgrave)	que j'*empreigne* (in Littré)
Participe passé		
C.R. sg. *imprémĭtu	*empreint* ou *empraint* (*emprainct* dans Palsgrave)	*empreint*

Type en *-oindre* issu de lat. *-ŭngĕre*

Poindre

Latin. Pŭngĕre, pŭngo, -ĭs, (pupugi), punctum : piquer.
Cf. ŭngĕre > *oindre,* jŭngere > *joindre.*

Infinitif. (Cf. peindre, plaindre) : pŭngĕre > *pŭnyĕre > *pọñ(ĕ)re > *pọñdre > [poịndre] (yod de transition ou de réfraction) écrit *poindre* > [pọ̃ịndrẹ] puis [poẽndrẹ] et [pwẽndrẹ], écrit encore *poindre ;* var. *puindre* (normand).

Indic. présent	anc. et moy. fr.	fr. mod.
1. pŭngo	*poing* [1]	je *poins*
2. pŭngis	*poinz*	tu *poins*
3. pŭngit	*point* (écrit *poinst* dans *Rou*)	il *point* [2]
4. pungĭmus *pungŭmus	*poingnons* [3]	nous *poignons*
5. pungĭtis *pungātis	*poingnez* [3]	vous *poignez*

1. *Pŭngo* aurait dû aboutir à ***ponc :* la forme *poing* est donc analogique de *pŭngis, pŭngit.*

2. Fouché signale que certains romanciers (A. Daudet notamment) emploient une 3e pers. : *il poigne ;* sans doute le proverbe « poignez vilain... » a-t-il fait passer ce verbe au type -er.

3. Fouché, *Morph.,* p. 67 considère que « [wẽ] s'est dénasalisé en moyen français devant nasale explosive et est passé à [wè] — [wa] ». Il admet, autrement dit, qu'en anc. français *poignons* était prononcé [pwẽñõns] et qu'il est devenu *[pwañõ]* (au XVIIIe siècle).

6. pŭ́ngunt	*poingnent* *poignent (Rose)*	ils *poignent*
Indic. imparfait 3. pungḗbat	*poigneit/-oit (Rose)* var. *pongnoit (Bastard de B.)*	il *poignait*
Futur 3. *punger(e)-hábet	*poindra*	il *poindra*
Conditionnel présent : poindreit/-oit, mod. il *poindrait*		
Passé simple (voir type *ceignis*, p. 36)		
3. *pŭ́nxit	*poinst* puis *poignit* (Amyot) var. il *poindist* (J. d'Arras)	il *poignit*
Subj. présent 1. pŭ́ngam	*poingne* et *poigne (Rose)*	que je *poigne*
Subj. imparfait 3. *punxĭ́sset	(poinsist) [1] *poignist*	qu'il *poignît*
Participe présent C.R. pungéntem -ante	*poignant* *poingnant* *(puignant, Rol.)* var. *poindant* XVIe s.	*poignant*
Participe passé C.R. pŭnctu	*point* (var. : *poindi* *poigny* [2])	*point*
Impératif 2. *pŭ́ngis (indic.)	*poins*	*poins*
5. *pungátis (indic.)	*poingnez* et *poigniez*	*poignez*

1. A vrai dire nous n'avons pas trouvé d'attestation de *poinsist* mais de *joinsist* (*Eracle*, 6196) < junxĭ́sset.

2. Ces variantes signalées par Fouché, *Morph.*, pp. 367-368, montrent les hésitations des sujets parlants (ou écrivants) pour conjuguer un verbe que les évolutions phonétiques avaient rendu irrégulier. Littré signale même *poigné* (chez Fréd. Soulié) et dit que c'est un barbarisme.

Verbes en -ondre

Répondre (cf. fondre, pondre)

Latin classique : *respondēre, respondeo, -es, respondi, responsum* (répondre).

Observations générales.

1°) L'ancien français *respondre*[1] ne peut s'expliquer que par une forme populaire **respóndĕre*.

2°) On observe des formes telles que l'inf. *responre*, (vos) *responez (Rose)*, (il) *responent (Aimery de Narb.)*, etc. qui ont perdu le d : c'est peut-être un fait comparable à ce qui s'est passé dans le Midi pour *anar* (aller), cf. ital. et esp. *andare/andar*.

3°) Enfin un d étymologique a été réintroduit très tôt dans certaines formes :
il répond (anc. fr. *respont*)
tu réponds (anc. fr. *respons*), etc.

Formes romanes

Ital. : *respondere* — esp. : *responder*

Oc (lim.) : *respondre*.

Indic. présent		
1. *respóndo	*respon* et *respons*[2] *(Rose)*	je *réponds*
2. *respóndis	(responz) *respons*	tu *réponds*
3. *respóndit	*respont (respunt, Rol.)* *respond* (Marot)	il *répond*
5. *responditis (et subst. de termin.)	*respondez* et *responez*	vous *répondez*
6. *respóndunt	*respondent* et *responent*	ils *répondent*
Futur		
3. respondere-hábet	*respondra* (norm. : *respundra*) *respondera* (courant au XVIᵉ s.)	il *répondra*

Conditionnel présent : conforme.

1. L'ancien français a aussi un verbe *repondre* = cacher (< re-pónĕre) : dans le *Roman de la Rose* il rime avec *respondre* (v. 6404, etc.). Le verbe simple *pondre* vient du reste de *ponĕre*.

2. *Responc* dans le *Roman de la Violette*.

Subj. présent		
3. respóndat	*responde* var. *respoigne (Rose)*	qu'il *réponde*
Passé simple [1]		
3. a) type en -i(t) respondit	*respondi (Eneas, Troie)* *respundi (Rou)*	il *répondit*
b) type en -dedit > dié(t)	*respondié (Floovant)* *respundié (Thom. Becket)*	
6. a)	*respondirent (Troie, Rose)*	ils *répondirent*
b)	(*respondierent ?* attest. manquent)	
Impératif		
2. responde	*respon (Troie, Rose)* *respont (Perceval)*	*réponds*
5. *respondite (subst. de term. < ắtis comme à l'indicatif)	*respondez (Yvain)* *responez*	*répondez*
Participe présent		
C.R. sg. respondénte(m) -ánte	*respondant* *responnant* (cf. Tobler-L.)	*répondant*
Participe passé		
C.R. sg. type -ūtu	*respondu*	*répondu* [2]

Verbes en -oudre (absoudre, moudre, coudre)

Cette terminaison française a en fait des origines très différentes.

1°) *absoudre, résoudre, dissoudre,* composés de *soudre,* remontent au latin *-sŏlvĕre, -sŏlvo, -is ;*

2°) *moudre* vient du latin *mŏlĕre,* mŏlo, mŏlis ; a. fr. *toudre* (< tollĕre), doublet : *tollir ;*

3°) *coudre* représente consŭĕre vulg. *cósuĕre.

1. Outre les deux types cités on trouve même : (il) *respondu* (Mousket).
2. La forme classique (responsus, a, um) a donné des substantifs : des *répons* — une *réponse.*

Absoudre

(et verbes en -oudre : *résoudre, dissoudre*)

Latin. Absolvĕre, absolvo, -is, absolvi, absolūtum
(délier, laisser libre, acquitter)

Infinitif. Absolvĕre > *assoldre* puis *assoudre* (*Rose,* etc.), cf. mólĕre > moudre. Un b étymologique a été réintroduit très tôt dans toutes les formes (*absousist* par ex. chez Joinville) et s'est prononcé. Variantes : *assaure (Rou)* — *assorre* (cf. Godefroy).

Ital. : *assolvere*

Esp. : *absolver.*

Indic. présent		
1. absólvo	*assolz* (Joinv.)	j'*absous*
2. absólvis	*assolz*	tu *absous*
3. absólvit	*assolt* et *assout (Rose)*	il *absout*
4. absolvimus > *assolǘmus	*assolon(s)* (cf. Tobler-Lom.) et *absolons* (Godefroy)	nous *absolvons* (réfection savante)
5. absolvitis > *assolắtis	*assolez*	vous *absolvez*
6. absólvunt	*assolent*	ils *absolvent*
Indic. imparfait		
3. absolvḗbat etc.	*assoleit* (var. : *asoilleit*) puis *assoloit* (Villeh.) *absoloit* (Joinv.) (cf. *absouloit,* Rabelais)	il *absolvait* (réfect. savante)
Futur		
1. absolver(e)-hábeo > *assolráio etc.	*assoldrai (Roland)* puis *assoudrai*	j'*absoudrai*
Conditionnel présent		
1. absolver(e)-(hab)ēbam > *assolrḗa	*assoldreie, -droie* puis *assoudrois*	j'*absoudrais*
Passé simple		
a) type en *-si*		
3. *absolsit	*assost* (*Turpin* in Tob.-L.)	
4. *absolsimus	*assousismes* (in Godef.) et *assousimes*	

b) type en *-ui* [1]		
3. *absoluit ?	*absolut* (Amyot) *absolvit* (Seyssel, XVIᵉ s.)	il *absolut* (in Littré) [2]
Subj. présent		
1. absólvam	a) *assoille* b) *absolve*	que j'*absolve*
3. absólvat	a) *assoille* (Joinv.) [3] *absoyle* (Joinv. in Godef.) b) *absolve* (Commynes) var. XVIᵉ s. : *absoue* (Calvin)	
Subj. imparfait		
a) *1er type*		
3. *absolsī́sset	a) *absousist* (Joinv.) *assousist* (God.)	
b) *2e type*		
absolū́(ĭ)sset	b) *absolust* (Brantôme)	qu'il *absolût* (Littré)
Impératif (cf. indicatif)		
2.	(attest. manquent)	*absous*
4.	cf. indicatif présent	*absolvons*
5.	*id.*	*absolvez*
Participe présent		
C.R. sg. absolvéntem	*assolant ?* attest. manquent	*absolvant*
Participe passé		
C.S. sing. masc.		
a) absolū́tus	*assoluz, absoluz*	
b) *absóltus (< *absólvĭtus)	*assolz, assols (Rol.)* *assous (Ronc.), absous*	*absous* (participe) [4]
C.R. sing. masc.		
a) absolū́tu	*assolu, absolu*	*absolu* (adjectif)
b) *absóltu (< *absólvĭtu)	*assolt, absoult* (Amyot)	

1. Godefroy donne une forme *assorit* qui semble bien un passé simple fait sur l'infinitif *assore (Serm. de St Bern.)*.

2. Littré reconnaît que « j'*absolus* » et le subj. imparfait « que j'*absolusse* » sont peu usités mais il ajoute qu'on ne doit pas les exclure de l'usage puisqu'on dit je *résolus*, que je *résolusse*. Bescherelle *(L'art de conjuguer)* ne les mentionne plus.

3. *Assoille* est évidemment fait à partir de l'indicatif *assolt*, d'après des subjonctifs présents qui s'opposaient à l'indicatif par un yod (cf. *vaut/vaille, veut/veuille*, etc.).

4. Villon (*Test.*, v. 884) écrit :

De luy (Jésus-Christ) soyent mes pechiez *abolus*...

mais c'est, semble-t-il, un participe de *abolir* et non de *absoudre*.

C.S. ou rég. fém.		
a) absolū́ta	*assolue*	*absolue* (adj.)
b) *absólta	*assoste (Rose)*	*absoute* (subst.)
(< *absólvĭta)	*assoute/asoute*	
	var. *assousse*	

Conclusion. — La conjugaison moderne de ce verbe est en somme plus régulière que celle de l'ancien français. Elle présente des réfections savantes :

— le préfixe ab- (au lieu de as-) ;

— des formes telles que *nous absolvons, vous absolvez, j'absolvais,* que *j'absolve,* etc., et même *j'absolus...*

à côté de formes où le l est vocalisé : il *absout,* etc.

Moudre

Latin. Mŏlĕre, mŏlo, mŏlis, moluī, molĭtum
(moudre, tourner la meule : mŏla)

Infinitif.

Mŏ́lĕre > *moldre* (d épenthétique)
> *moudre* [1], var. *meudre* (in Tobl.-Lom.) — *maudre* (Rutebeuf) — *maurre.*

On trouve aussi *moloir* (* < molére) (cf. Tobler-Lom.) et *meuldre* au XVIe s. chez Monluc par exemple.

Ital. : (autre type)

Esp. : *moler,* catal. : *moldrer,* port. : *moer.*

Oc (lim.) : [mœu̯rə] — prov. : *molre.*

Indic. présent		
1. mŏ́lo	*muel* (cf. Tobl.-Lom.)	je *mouds*
2. mŏ́lis	*muels* > *mueus* et *meus*	tu *mouds*
3. mŏ́lit	*muelt, meu(l)t* [1]	il *moud*
4. mŏlimus -ū́mus	*molons* puis *moulons*	nous *moulons*
5. molitus -ā́tis	*molez* puis *moulez*	vous *moulez*
6. mŏ́lunt	*muelent* puis *meulent*	ils *moulent* (anal. de *moulez*)
Indic. imparfait		
3. molḗbat	*moleit* puis *moloit* *mouloit*	il *moulait*

1. L'anc. français présente un homonyme, issu du lat. *mulgere,* et qui signifie « traire (une vache) ».

2. *Miaut* dans Perceval : pour ce texte le dict. de Tobler et Lommatzsch donne les variantes suivantes : *mieut, melt, meut, meust, muet, mout, most.*

Futur		
3. moler(e)-hábet	*moldra* puis *moudra* var. *meuldra*	il *moudra*
Conditionnel présent		
3. moler(e-hab)ḗbat	*moldreit-moldroit* puis *moudroit* var. *meuldroit* (Monluc)	il *moudrait*
Passé simple : type en -ui > -us, cf. *valui*		
1. molui	(je) *molui* puis *molus/moulus*	je *moulus*
2. moluī́sti > *molústi (cf. fústi) etc.	(tu) *molus/moulus*	tu *moulus*
Subj. présent		
3. mŏ́lat	*muele* (in Tobler-Lom.) *mueille* (J. de Meun)	qu'il *moule*
Subj. imparfait		
3. moluī́sset > *molŭ́sset	*molust* puis *moulust*	qu'il *moulût*
Impératif		
2.	?	*mouds*
5.	?	*moulez*
Participe présent		
C.R. sg. moléntem -ánte	*molant* puis *moulant*	*moulant*
Participe passé		
C.R. sg. *molūtu	*molu* puis *moulu*	*moulu*

Conclusion. — Verbe somme toute régulier, si l'on considère qu'il a pris un participe passé en -ūtu. Quelques hésitations au futur et conditionnel entre le radical de l'infinitif (mou-) et celui de l'indicatif (meu-).

Toudre (et **tollir** anc. fr.)

Latin class. : *tollĕre,* tollo, -is (sustŭlī, sublatum)
1. *soulever, élever*
2. *enlever :* c'est ce dernier sens qui s'est maintenu en anc. fr.

Infinitif. Tóllĕre > rég. *toldre, toudre.*

D'autre part un infinitif *tol(l)ir* apparaît dès les premiers textes *(Eulalie)* ; il résulte évidemment d'un changement de conjugaison : *tollĕre* a passé à **tollīre.*

Ital. : *togliere* (ôter, prendre, empêcher).

Indicatif présent		
1. tŏ́llo	a) *tol (Rou)* b) *toil* (*Rom. Carité,* etc.) [1]	(Ce verbe a disparu au XVIIe siècle : l'infinitif utilisé au XVIe s. était du reste *tollir*)
2. tóllis	a) tols > *tous* b) *tous* (*toulz* au XVIe s.)	
3. tŏ́llit	a) *tout (tost, Rose)* b) *toilt* (cf. Tobler-Lom.) et *tollist* (Rabelais) (forme inchoative)	
4. tollĭ́mus (ou *tollī́mus) -ŭ́mus (par subst.)	*tolons*	
5. tollĭ́tis (ou *tollī́tis) -ātis (par subst.)	*tolez*	
6. tŏ́llunt ou *tolliunt	a) *tollent* b) *toillent* (Elie) *tueillent* *tollissent* (Garnier, XVIe s.)	
Imparfait		
3. tollébat	*tol(l)eit / tol(l)oit* (et *tollissoit* XVIe s.)	
Futur		
3. toller(e)-hábet	*toldra, toudra (Rose)* (XVIe s. *touldra* et *tollira*)	

Conditionnel présent : conforme (cf. *toudrait, Rose* et *tòlliroit,* Rabelais).

Passé simple		
1er type (en *-i*)		
3. *tollī́vĭt [2] > *tolī́it	*tolit (Roland)* *toli (Rose)* *tollit* (Seyssel, etc., XVIe s.)	
6. *tollī́vĕrunt > *tollī́runt	*tolirent (Rose)*	
2e type (en *-si*)		
2. *tolsī́sti	*tousis (Rose)* [3]	
3e type (en *-ui*)		
3. *toluit	*tollut* (Rabelais, etc.)	

1. Pour Fouché (*Morph.*, p. 141) *toil* comme *moil* (de moudre) serait analogique de *voil, vueil* (< vŏlĕo). C'est peut-être vrai pour *moil* mais *toil* ne viendrait-il pas de tŏ́llĭo (de *tollī̆re) ? Il est vrai que régulièrement on aurait dû avoir **tueil ;* en fait on trouve *tueillent* à la 3e pers. du pluriel (cité par Fouché, p. 142). D'autre part **vŏ́lĕo* a bien produit *voil* à côté de *vueil.*

2. P. Fouché (*Morph.*, pp. 267 et 309-310) explique ce parfait à partir de **tolluit* et le classe dans le type je *vendis :* ainsi *tolluit, *tolluerunt auraient donné **tóllwet,* **tólleront.* L'explication par *tollīvit, *tollīverunt (de tollīre) nous paraît bien plus simple et plus naturelle.

3. Rabelais (II, 28) donne un imparf. ind. *ils toussissoient* qui semble fait à partir de ce passé simple.

Subj. présent	
3. tŏ́llat	a) *tole*
*tŏlliat ?	b) *toille (Cligès, Rose)*
	tolge(t) (Bened. : *St Brend.*)
Subj. imparfait	
3. *tolsísset	*tousist (Rose)*
	var. *tossist, taussist*
6. *tolsíssent	*tousissent (ibid.)*
Impératif	
2. tolle ou *tolli	*tol (Troie)*
5. cf. indic.	*tolez (Troie)*
Participe présent	
*tolléntem	*tolant* et *tollissant* (forme inchoative, chez Rabelais, etc.)
Participe passé	
1er type : *tóllĭtu	*tolt, tout* (fém. *toute*)
2e type (le plus courant)	
C.R. sg. *tollū́tu	*tolu (Roland, Rose,* etc.)
3e type	
(récent, fait sur *tollir*)	*tolli* (XVIe-XVIIe s.) [1]
4e type : < *tollectu (?)	*toleit (Troie)*

Conclusion. — La langue a progressivement préféré *tollir* à *toudre :* il offrait un cadre verbal plus facile ; c'est du reste la raison qui l'avait fait naître aux origines de la langue. Ainsi au XVIe siècle on ne rencontre guère que *tollir* qui s'est rapproché de *finir* (d'où : ils *tollissent* (ind. présent, 3e pers. plur.), *tollissant* (part. présent), *tolli* (part. passé). Ce verbe a néanmoins disparu : *enlever, ôter* étaient tellement plus faciles encore à employer !

Coudre (et composés)

Latin. Consuĕre, consuo, -is, consŭī, consūtum
(même sens)

Infinitif. Co(n)suĕre > *cós(ĕ)re > *cosdre* (attesté, cf. Tobler-Lom.) ; réduit à *coudre (Thomas Becket)* — *keudre* (chez Rutebeuf) (*coustre* attesté au XVIe siècle).

Ital. : *cucire*

Esp. : *coser ;* port. : *cozer.*

Oc (prov.) : *coser, cozir, couzir* — (lim.) : [kʋžə].

1. Le Tobler-Lommatzsch cite même une forme *toletes* (fém. pluriel), en l'accompagnant, il est vrai, d'un point d'exclamation.

Indic. présent		
1. cọ́(n)sŭo	a) *keus* [1] b) *cous*	je *couds* (d analogique)
2. cọ́(n)suis	a) *keus* b) *cous*	tu *couds*
3. cọ́(n)suit	a) *keust* ou *queust* *(Erec, Perceval)* b) *cost* et *coust (Yvain)*	il *coud*
4. consuimus puis > *co(n)sŭ́mus [2]	*cosons* puis *cousons*	nous *cousons*
5. consuitis puis *co(n)sā́tis	*cosez* puis *cousez*	vous *cousez*
6. cọ́(n)sŭunt puis *cọ́sunt	a) *keusent* [1] b) *cousent*	ils *cousent*
Indic. imparfait		
3. consuḗbat réduit à *co(n)sḗbat	*coseit* puis *cousoit*	il *cousait*
Futur		
3. *co(n)ser(e)-hábet	*costra* puis *coustra* ou *cosdra/cousdra*	il *coudra*
Conditionnel présent		
3. *co(n)ser(e-hab)ḗbat	*costroit* (in Tobler-Lom.) *coustroit* (XVIe s., in Huguet) *cousdroit*	il *coudrait*
Passé simple		
a) *type en -is* < -ī́(v)i		
1. *co(n)sī́(v)ī	*cousi(s)*	je *cousis*
2. *consivī́sti>*cosī́sti	*cousis*	tu *cousis*
5. *cosī́stis	*cousistes*	vous *cousîtes*

1. Les formes *keus, keust, keusent* (où *eu* provient de la diphtongaison de ọ fermé accentué) paraissent surtout fréquentes dans le Nord-Est : Chrétien de Troyes emploie (3e pers. sing.) *queust* et aussi *coust*. Le picard moderne a gardé *je keuds*, tu *keuds*, etc., comme le fait remarquer P. Fouché (*Morph.*, p. 60, note 5).

2. P. Fouché pense qu'on a eu à un moment *cosĭmus, *cosĭtis qui auraient dû donner **cosmes*, **costes* mais constate que ces dernières formes n'ont pas existé.

Il est probable que ces formes intermédiaires **cosĭmus*, **cosĭtis* ont existé si l'on en juge pour cons(u)ĕre > *cósĕre > cosdre. Mais très tôt et selon l'habitude constante, ces intermédiaires ont reçu les terminaisons -ŭ́mus et -ā́tis, d'où :

*cosŭ́mus > cosons
*cosā́tis > cosez

Cela indique que ces terminaisons se sont placées là très tôt (sinon *cosĭmus aurait donné *cosmes en effet).

6. *consíverunt > *cosírunt	*cousirent* (Froissart) var. *cousierent* (Villeh.) [1]	ils *cousirent*
b) *type en -us* (cf. valus) [2]		
	(je) *cousu(s)* (XVIe s., Sebillet) [3] (tu) *cousus* etc.	
Subj. présent		
3. co(n)suat > *cọ́sat	a) *keuse* b) *couse*	qu'il *couse*
6. *cọ́sant	a) *keusent* b) *cousent (Livre des mest.)*	qu'ils *cousent*
Subj. imparfait		
3. *consivísset > *cosísset	*cosist* puis *cousist*	qu'il *cousît*
6. *cosíssent	*cousissent (G. de Dole)*	qu'ils *cousissent*
Impératif		
2. co(n)sŭe > *cọ́se	*cous (Rose)*	*couds*
5.	*cousez* (indic.)	*cousez*
Participe présent		
C.R. sing. consuentem puis *cosánte(m)	*cosant* puis *cousant*	*cousant*
Participe passé		
C.R. sg. masc. co(n)sútu	*cosu (Rou)* puis *cousu (Rose)*	*cousu*

Conclusion. — La conjugaison de ce verbe est actuellement relativement simple : il n'a que deux radicaux — ou une variante du même radical : *cou(d)-/cou(s)-*. Pour en arriver là il a fallu des simplifications ou amplifications phonétiques. Il a fallu aussi renoncer à des alternances (keu(s) — cou(s)) ou à certains types (je *cousus* a disparu après le XVIIIe siècle).

1. Cette unique forme, signalée par Fouché, est analogique de *vendierent*.

2. Ce type en *-us* paraît dominer au XVIe siècle : exemples de Sebillet, Amyot, Brantôme, Calvin in Huguet et Littré.

3. P. Fouché signale que ce passé simple en -us se trouve encore chez les grammairiens du XVIIIe siècle.

Boire

Latin. Bĭ́bĕre, bĭ́bo, -is, bĭbī, (bĭbĭtum)

Infinitif. Bĭ́bĕre > a. fr. *beivre* puis *boivre* (les deux formes sont dans le *Roman de la Rose*).

La forme *boire* qui apparaît dès le XIIe siècle et XIIIe s. (cf. *Doon de Mayence, Berte...*) est d'abord une simplification, due peut-être à des analogies telles que croit : croire = boit : boire (cf. Fouché, *Morph.*, p. 95).

Ital. : *bevere*

Esp. : *beber*

Oc (limousin) : [byoéu̯rə] — prov. : *béure.*

Indic. présent		
1. bĭ́bo	*beif* puis *boif*	je *bois*
2. bĭ́bis	*beis* puis *bois*	tu *bois*
3. bĭ́bit	*beit (Troie)* puis *boit*	il *boit*
4. bĭbĭmus -ŭ́mus	*bevons* puis *buvons* [1]	nous *buvons*
5. bibĭtis -átis	*bevez* [2] puis *buvez* [2]	vous *buvez*
6. bĭ́bunt	*beivent (Troie)* puis *boivent* [3]	ils *boivent*
Indic. imparfait		
3. bĭbḗbat	*beveit* puis *bevoit* et *buvoit* (XIIIe s.) [4] (cf. nous buvons, etc.)	il *buvoit*
Futur		
3. *bibĕr(e)-hábet	*bevra* puis *boira* [5]	il *boira*
5. biber(e-hab)ētis -átis	*bevreiz (Rose)* *bevrez* puis *boirez*	vous *boirez*
Condit. présent		
3. biber(e-hab)ēbat	*bevreit* puis *bevroit* puis *boiroit*	il *boirait*

1. Le passage de e à œ puis ü est dû à l'action des deux consonnes labiales qui entourent cette voyelle (cf. Fouché, *Morph.*, p. 46).

2. *Bevez* ou *bevés* est encore employé au XVIe s. (Des Périers, Monluc).

3. Au XVIe s. on trouve (cf. dict. Huguet) ils *buvent* (J. Bouchet), ils *beuvent* (Rabelais IV, 43).

4. Au XVIe s. on trouve il *bevoit* (Monluc), nous *bevions* (Rabelais), ils *bevoient* (Brant.) et il *boivoit*, nous *boivions* (Ronsard, etc.).

5. On trouve je *buverai* dans Froissart ; au XVIe s. je *bevrai*, je *beuvray*, je *buvrai* (et même nous *burons*, ils *buront*), cf. Huguet.

Passé simple		
1. *bĭ́bŭi > *bíwwī[1] > ou > *búwwī >	*biü* (Nord-Est) puis *bui* *bui*	je *bus*
2. *bibuĭ́stī > *biwwĭ́stī > *bewwústī > *beẅüs(t) [1]	*beüs* (Aiol)	tu *bus*
3. *bĭ́buit > *bĭ́bwit > *bíwwit > *búwwet > *bü(ẅe)t [2]	*but (Troie)*	il *but*
4. *bibuimus > *bibwímus > *bewwúmus > *be(ẅ)ümes	*beümes*	nous *bûmes*
5. *bibuĭ́stis > *biwwĭ́stis > *bewwustis > be(ẅ)üstes	*beüstes*	vous *bûtes*
6. *bibuerunt > *bíwwĕrunt > *búwweront > *bü(ẅe)ront	*burent* [3]	ils *burent*
Subj. présent		
3. bĭ́bat	*beive(t)* puis *boive* (var. *beuve/buve*, XVIe s.)	qu'il *boive*
5. bibā́tis	*bevez*	que vous *buviez*
Subj. imparfait		
3. *bibuĭ́sset > *biwwĭ́sset > bewwusset > *be(ẅ)üss(e)t	*beüst (Berte)*	qu'il *bût*
Impératif		
2. bĭ́be	*beif* puis *boif*	*bois*

---

1. Voir plus haut parfaits en *-iu* (type debui) : P. Fouché dans sa *Phonétique* donne, en somme, deux explications :

a) dans certains dialectes ibuī > íwwī > *iụ̈ puis -üį par interversions (en picard notamment) (page 316).

b) en francien il y a palatalisation de i sous l'influence de la géminée labio-vélaire -ww- (íwwī > úwwī > ü(ẅ)i).

Dans les deux cas ĭ accentué garde d'abord son timbre par suite de l'influence de i final.

2. Nous ne donnons, pour ces personnes, que la transformation qui serait celle du francien (avec palatalisation de ĭ́ en ü). Dans les dialectes du Nord-Est (picard etc.) on a eu, semble-t-il, *bewis* (voir Fouché, *Phonét.*, p. 728, Remarque), *biut, bewimes, bewistes, biurent.*

3. Au XVIe s. on trouve couramment des graphies il *beut*, ils *beurent* : elles sont analogiques de nous *beumes*, vous *beustes*.

4. (*bibŭmus ind.)	*bevons* puis *buvons* (var. *boivons* au XVIe s., Rons.)	*buvons*
5. (*bibātis, ind.)	*bevez* puis *buvez* (var. *boivez,* Béroad de Verv.)	*buvez*
Participe présent		
C.R. sg. bibéntem -ante(m)	*bevant* puis *buvant* (var. *boivant,* Rons., etc.)	*buvant*
Participe passé (class. bĭbĭtu-)		
C.R. sg. masc. *bĭbū́tu	*beü (Troie)* (*boüd* dans *Rol.*)	*bu*
C.R. sg. fém. *bĭbū́ta	*beüe* [1] (cf. Villon)	*bue*

Conclusion. — Du fait de l'alternance de l'accent, de la nature de ses phonèmes (ĭ > ẹ d'une part, deux consonnes labiales qui se suivaient d'autre part), ce verbe a subi des altérations importantes de son radical : d'où en moy. fr. *boif/bois/boit/* à côté de *bev-* (et même *bevr-* au futur et conditionnel) puis *buv-,* de *bu/beü* au passé simple et au participe passé. Et pourtant la langue avait spontanément réagi dès le latin vulgaire en adoptant des formes mieux caractérisées que les formes classiques au parfait (**bíbui* au lieu de *bíbi*) et au participe passé (**bibū́tu* au lieu de *bĭ́bĭtu*).

La conjugaison moderne, simplifiée par rapport à celle de l'ancien et du moyen français, a encore au moins deux radicaux différents, compliqués ou non de la consonne radicale finale ; ce sont :

— *boi-* (et *boiv-* à la 3e pers. du pluriel du présent de l'indicatif, au subj. présent).

— bu- (et *buv-* aux 1re et 2e pers. du présent de l'indic. à l'imparfait de l'indic., à l'impératif pluriel, au participe présent).

On comprend aussi qu'il y ait eu de nombreuses hésitations au XVIe siècle (*boivons, boivez, boivant, beuvray/buvrai,* nous *burons,* etc.) avant que l'état des choses actuel ne soit fixé.

Clore, cf. éclore, forclore

Étym. Latin claudĕre, claudo, -dis, clausi, clausum (fermer)

Dans les composés claudĕre aboutissait à -clūdere (conclūdere, exclūdere, etc.).

Infinitif. Claudere > rég. *clorre* (cf. Joinville, Froissart) et *clore* (chez Montaigne *clorre* alterne avec *clore*).

Les composés qui sont en-*clore* (*éclore, enclore, forclore,* cf. anc. fr. parclos) supposent une réfection latine en -claudere, ex. *inclaudere).

1. Une forme *biute* est attestée pour le participe féminin (cf. Tobler-Lom.).

Au contraire les verbes tels que *conclure* (et *exclure*, etc.) sont des emprunts relativement récents au latin : *conclure* (voir fiche suivante) apparaît au XIIIe s., *exclure* au XIVe ; quant à *inclure*, fait sur le part. *inclus* (fin XIVe s.), il n'apparaît qu'au XIXe siècle (cf. Bloch-Wartburg).

Ital. : *chiudere* (semble fait sur la forme simple *clūdere* attestée dans Suétone).

Oc (lim.) : [kl̯au̯rə], enfermer (les animaux à l'étable).

Indic. présent		
1. cláudo	clo (?)	je *clos*
2. cláudis	*cloz*	tu *clos*
3. cláudit	*clot* et *cloe* [1] *(Saxons)* XVIe s. : *cloust* (Rabelais)	il *clôt* [2]
4. claudimus -ǘmus	*cloons* puis *clouons* [1] et *closons* [3]	(simple inusité) mais nous *enclosons*
5. clauditis -átis	*cloez* puis *clouez* et *closez* [3]	*(id.)* mais vous *enclosez*
6. cláudunt	*cloent/clouent* et *closent* [3]	ils *closent* [4]
Indic. imparfait		
3. claudḗbat	*cloeit* puis *clooit* XVIe s. : *clouoit* puis *closoit*, etc.	(inusité)
6. claudḗbant	*cloeient* puis *clooient* var. *cloyoient* (Froissart) XVIe s. : *clouoient*	
Futur		
3. *clauder(e) hábet	*clorra* puis *clora* d'où : *cloura*	il *clora*
Passé simple		
1er type (en *-i*)		
3. *claudíit	*cloï* XVIe s. : *clouit* *clouyt*, etc.	(inusité)
6. *claudírunt	*cloïrent/clouirent*	

1. Dans un exemple de la *Chanson des Saxons* cité par Littré, *cloe*, habituellement subjonctif, semble bien un indicatif : en ce cas il serait analogique des formes nous *clouons*, vous *clouez* d'après lesquelles a été fait un infinitif *clouer*. On sait que Malherbe a remarqué que *clouer la porte* était une expression provençale ; nous pouvons assurer qu'elle est encore employée dans le Midi, notamment à Aurillac.

2. L'accent circonflexe de *clôt* ne se justifie pas, mais il est là. Grévisse remarque que l'Académie est inconséquente avec elle-même en écrivant il *clôt* et il *éclot*, il *enclot*.

3. Ces formes en -s- = [-z-] sont analogiques du participe passé féminin : porte *close* (de même occire : *occise* a fait nous *occisons*, que nous *occisions*, etc.).

4. Littré ne mentionne plus ils *closent* ; Bescherelle (ouvr. cité) et Grévisse *(Le Bon Usage)* le gardent (avec l'indication « rare » chez ce dernier).

2e type (en -si)		
1. cláusi	*clos (Rose)*	
2. clausísti	*closis (Louis)*	
3. cláusit	*cloïst* (C. Muset)	
6. cláuserunt	*clostrent* (Villeh.) *cloudrent* (cf. Tobler-Lom.)	
Subjonctif présent		
3. cláudat	*cloe/cloue* (cf. *encloe*) var. *close*	qu'il *close*
Subj. imparfait		
1er type (-i)		
3. *claudísset	*cloïst*	(inusité)
6. *claudíssent	*cloïssent* (cf. XVIe s. *enclouissent*)	
2e type (en *-si*)		
6. *clausíssent	*closissent* (cf. XVIe s. : *enclosissent*)	
Impératif		
2. cláude	*clo* (?) (cf. *esclou* in Tobler-Lom.)	*clos*
5. claudite (remplacé par ind.)	*cloez/clouez* var. (XVIe s.) *closez* (in Huguet)	
Participe présent		
C.R. sg. claudéntem	1. *cloant/clouant* 2. *closant* (anal. part. passé)	*closant*
Participe passé		
C.R. sg. masc. cláusu(m)	*clos* (var. XVIe s. : *cloué*[1] *encloué*)	*clos*

1. Littré cite un exemple de Marot
   ... en prison je fus *cloué.*

Huguet relève un exemple fort comparable du même poète (avec *encloué*) :

J'euz a Paris prison fort inhumaine,
A Chartres fuz doulcement *encloué* (Rond. 67).

Il ajoute qu'il y a confusion avec le verbe *enclouer* (dérivé de *clou*). Ce n'est pas exact : *cloué* et *encloué* chez Marot sont les participes de *clouer* (et *enclouer*), variantes méridionales de *clore* (cf. infinitif et note). Littré dit fort bien qu'il ne s'agit que d'une confusion « pour le son », l'infinitif *clouer* ayant été fait sur nous *clouons,* etc.

On pourrait ajouter que la fortune de ce *« clouer »* dans le Midi a dû être favorisée ou provoquée par l'existence d'un verbe *clava(r)* (lim. [kḷåva]) dérivé de *clavis* (clef). Le français du nord *clouer* est quant à lui dérivé de *clou* (lat. clavus), de même que l'italien (in)*chiodare* et, semble-t-il l'espagnol *clavar.*

C.R. sg. fém. cláusa(m)	*close* [1]	*close*

Conclusion. — Tel est ce verbe peu usité actuellement si ce n'est à l'infinitif *(clore)* et au participe passé *(clos/close)* ; il est néanmoins important car il a des composés *enclore, éclore.* Ses irrégularités viennent

a) de la chute du d intervocalique du radical : d'où nous *clouons,* vous *clouez* (et l'infinitif *clouer* et le participe *cloué* dans le Midi où ils sont encore vivants).

b) de l'existence de formes en -s- = [-z] au passé simple et au participe passé qui ont amené des variantes telles que (vous) *closez, closant,* etc.

Conclure (cf. exclure, inclure, perclure [2])

Ce verbe (comme d'ailleurs *exclure* et *inclure*) est demi-savant : il n'a, semble-t-il, été emprunté au latin qu'au Moyen Age. Voici les formes latines : conclūděre, conclūdo, -dis, conclūsī, conclūsum (verbe composé de cum + claudere, cf. clore).

Infinitif. Conclū́dere, bien que tardivement adopté par la langue, a cependant subi une action phonétique : d'où *conclurre* puis *conclure.*

Exclure n'apparaît qu'au XIVe siècle ; *perclure* est attesté au XVIe s. ; quant à *inclure* il date du XIXe siècle (mais *inclus* existait dans la langue depuis la fin du XIVe s.), cf. fiche *clore.*

Ital. : *conchiudere*

Esp. : *concluir.*

Indic. présent		
1. (conclū́do) [3]	je *conclus* (Villon)	je *conclus*
2. (conclū́dis)	*concluz*	tu *conclus*
3. (conclū́dit)	*conclut* (*conclud* chez Commynes, Montaigne)	il *conclut*
4. (conclūdimus -ū́mus)	*(concluons)*	nous *concluons*
5. (conclūditis -átis	*(concluez)*	vous *concluez*
6. (conclū́dunt)	*concludent* (Froissart) [4] *concluent* (Montaigne)	ils *concluent*

1. Fouché *(Morphol.)* cite même une variante : masc. *clot,* fém. : *clote.*
Les participes des verbes composés sont *éclos, forclos, enclos* en face de *conclu, exclu* — et de *inclus, perclus.* Certains sont faits sur *clos,* d'autres, que ce soit *conclu* ou *inclus,* sont calqués sur le latin auquel ils ont été empruntés tardivement (vers le XIIIe siècle ou plus tard).

2. *Perclure,* comme le constate déjà Littré, n'existe plus dans les dictionnaires sauf par son participe *perclus.*

3. Nous ne citons naturellement les formes latines que comme référence, puisque ce verbe est un emprunt récent.

4. Cette forme chez Froissart paraît tout à fait savante (calque du latin concludunt).

Indic. imparfait		
3. (concludḗbat)	*(concleueit)/concluoit*	il *concluait*
5. (concludebā́tis)	*(concluiez)*	vous *concluiez*
Futur		
3. (*concluder(e)-hábet)	*conclura*	il *conclura*
6. (*concluder(e)-hábunt)	*concluront* (Villon)	ils *concluront*
Passé simple (cf. type *mīsī* et type *valui*)		
1. (conclū́si)	(je) *conclus*	je *conclus*
2. (conclusī́sti)	(tu) *conclusis (Ps. de Cambr.)*	tu *conclus*
3. (conclū́sit)	(il) *conclust*	il *conclut*
4. (*conclūsímus)	(attest. nous manquent)	nous *conclûmes*
5. (conclusī́stis)	1) (vos) *conclusistes* 2) (vos) *conclustes* [1]	vous *conclûtes* (anal. de fûtes [1] valûtes)
6. (conclū́sĕrunt)	1) (conclustrent ?) [2] 2) *conclurent* [1] (anal. de valurent)	ils *conclurent* [1]
Subj. présent		
3. (conclū́dat)	*conclue (Rose)*	qu'il *conclue*
5. (concludā́tis)	?	que vous *concluiez* (analogique)
Subj. imparfait		
3. (conclusī́sset) (*conclū́sset ?)	1) *(conclusist ?)* [2] 2) *conclust*	qu'il *conclût*
Impératif		
2. (conclū́de)	*conclus* (s anal. indic.)	*conclus*
5. (conclū́dite) *-ā́tis (indic.)	*(concluez ?)*	*concluez* (indic.)
Participe présent		
C.R. sg. : (concludéntem -ántem)	*concluant*	*concluant* (part. et adj.)
Participe passé		
1er type (originel)		
masc. :		
(conclū́sus) (sujet) (conclū́sum) (rég.)	*conclus (Rose)* *conclus (Renart)*	(cf. *clus* dans *inclus*, *perclus*)

1. Ce verbe s'est assimilé « de bonne heure » dit Anglade — mais sans autre précision — aux parfaits en -us.

2. Nous n'avons pas trouvé d'attestations.

fém. :		
(conclū́sa)	*concluse* (*Rose,* etc.) (un seul ex. dans Huguet)	
2e type (en -ūtu, -ū́ta)		
masc. :		
(*conclū́tum)	*conclu(t)*	*conclu* (cf. j'ai *conclu*)
fém. :		
(*conclū́ta)	*conclue (Rose)* et *conclute* (Nombreux ex. dans le dict. de Huguet, cf. exclu/exclue)	*conclue*

Conclusion. — Au fond tout s'est passé comme si ce verbe tardivement emprunté avait évolué phonétiquement d'une manière à peu près régulière ! Ce qui surprend, c'est le triomphe du participe passé *conclu,* fém. : *conclue,* alors que l'ancien français est généralement à en juger par les dictionnaires, *conclus/concluse,* conformément à l'origine latine.

Les composés de claudere se sont d'ailleurs partagés (*inclus, perclus* en face de *conclu, exclu*).

Connaître

(Verbe latin en *-ōscĕre*)

Latin class. : *cognṓscĕre, cognosco, -cis, cognōvi, cognĭtum*
(verbe inchoatif : apprendre à connaître, chercher à savoir)

Infinitif. Pour expliquer l'anc. fr. *conoistre* on trouve deux explications :

1°) Bourciez (*Phonét.,* § 136, II) suppose une interversion de s et de c : **conṓcsĕre* > **conóys(e)re* > *conoistre.*

Remarquons d'ailleurs la réduction de -gn- à -n- admise par tout le monde.

2°) Fouché (*Phonét.,* p. 466) a une explication sans doute plus simple : il suppose qu'au niveau *conṓskyere > *conṓstyĕre, et après chute du e pénultième atone, on a eu : *conoi̯stre* [1].

Le yod serait ainsi un yod anticipé (pour d'autres ce serait un yod de transition — de « passage »).

Ital. : *conoscere* — esp. : *conocer*

Oc (lim.) : counèiche [kᴜnèi̯š(ə)].

Indic. présent		
1. cognōsco > *conṓsco (ou *conṓcso)	*conois (Troie)* puis *connois (Parth.)*	je *connais*
3. cognōscit > *conṓscit	*conoist* puis *connoist*	il *connaît*

1. Puis -oi- devenu [wę] se simplifiera en [ę] vers le début du XVIIe s., mais le verbe s'écrira encore *connoistre* jusqu'au XVIIIe s. (cette graphie est celle du dict. de l'Académie, en 1694), puis *connoître* pendant le XVIIIe s. (c'est encore la graphie de l'édition de 1814) ; cf. à ce sujet *paraître* et la note.

4. cognoscimus > *conoscimus (et subst. de term. < -ŭ́mus)	*conoissons* et *connoissons*	nous *connaissons*
5. cognoscĭtis > conoscitis (et subst. de term. < -ắtis)	*conaissiez (Troie)* puis *connoissez*	vous *connaissez*
Indic. imparfait		
1. cognoscḗbam > *conoscḗ(b)a	*conoisseie* puis *conoissoie* et *connoissois* (cf. *Rose*)	je *connaissais*
3. cognoscḗbat > *conoscḗbat	*conoisseit/-oit* (*conuisseit* en norm.)	il *connaissait*
Futur		
	(je) *conoistrai* var. *quenoistrai* (in Tobler-L.)	je *connaîtrai*
Conditionnel		
	(je) *conoistreie*	je *connaîtrais*

Subj. présent			
1. *cognṓscam*	**conṓcsam (?)*	*conoisse* (et *connoisse*)	que je *connaisse*
4. cognoscámus	**conocsámus (?)*	*conoissiens*	que nous *connais-sions*
Subj. imparfait			
1. cognovissem	*conovuĭ́ssem (cf. passé simple)	*coneüsse*	que je *connusse*
3. cognovĭ́sset	*conovuĭ́sset	*coneüst* (cf. *Rose*, 1200) et *conneüst* *(Veng. Rag.)*	qu'il *connût*
5. cognovissḗtis	*conovuissḗtis (-átis)	*coneüssiez* (cf. *Rose*, 12095)	que vous *con-nussiez*
etc.			
Passé simple			
1. cognṓvi	*conṓvui	*conui (Yv.)* et *connui (Rose)*	je *connus* (anal. 2ᵉ pers.)
2. cognovĭ́sti	*conovuĭ́stī [1] > *conowwústi > *conow̆üs(t)	 *coneüs* et *conneüs*	 tu *connus*

1. Sur cette évolution phonétique voir Fouché (*Phonétique*, p. 728) et plus haut p. 41.

3. cognṓvuit	*conṓvuit *conū́wwit > *conüẅ(e)t	 *conut (Cligès)* *connut*	 il *connut*
6. cognóvĕrunt	*conū́werunt (infl. de 3ᵉ pers. du sing.)	*conurent* *(quenurent* in *Rose)*	ils *connurent*
Participe présent C.R. cognoscéntem	 *conoscénte(m) > *conocsénte (?)	 *conoissant*	 *connaissant*
Participe passé C.R. cognĭtu(m)	 *conovū́tu > *conowū́tu	 *conëu*	 *connu*

Conduire

et verbes en **-duire**

Latin. Condūcĕre, -dūco, -dūcis, -dūxī, ductum
(composé de dūcĕre).

Infinitif. Condūcĕre > régulièrement *conduire* (cf. lū́ces — de lucēre — luis).
Sur ce modèle se conjuguent les autres composés de dūcĕre > duire : *déduire, induire* et même *souduire dont il reste au Moyen Age le participe présent *souduiant,* le plus souvent substantivé (cf. *Aucassin* XV).

Pratiquement, en français moderne, le verbe *cuire,* bien que de vocalisme originel différent (**cŏ́cĕre* pour *cŏquĕre*), se conjugue comme les précédents.

Ital. : *condurre.*

Esp. : *conducir.*

Indic. présent		
1. condū́co	*condui* [1]	je *conduis* (anal. de la 2ᵉ pers.)
2. condū́cis	*conduis*	tu *conduis*
3. condū́cit	*conduit*	il *conduit*
4. conducimus	**conduimes* (non attesté) *conduisons* [2] (d'après l'imparfait, le participe présent)	nous *conduisons*

---

1. Condū́co aurait dû donner *condu (cf. Fouché, *Morph.*, p. 119). De même conducunt > *conduent.

2. P. Fouché cite *conduium (Chron. des Ducs Norm.)* et *deduiiez* (Erec).

5. conducitis	**conduites* (non attesté) *conduisez*	vous *conduisez*
6. condū́cunt	*conduient* [1] et *conduisent* (fin XIIe s.)	ils *conduisent*
Indic. imparfait		
3. conducḗbat	*conduiseit*/ *-duisoit* (*condiseit* in *Grég. le Gr.*)	il *conduisait*
Futur		
3. *conducĕr(e) hábet	*conduira (Saxons)*	il *conduira*
Conditionnel présent		
3. *conducer(e)-(hab)ébat	*conduiroit* (*condiroit* in Villeh.)	il *conduirait*
Passé simple (voir plus haut l'étude de ce passé simple, p. 37)		
3. condūxit	*conduist* (*conduysit,* à partir de Commynes, notamment)	il *conduisit*
Subj. présent		
1. condū́cam	*conduie*	que je *conduise*
2. condū́cas	*conduies*	que tu *conduises*
3. condū́cat	*conduie* (var. *condoist, Roland*) *conduise (Enf. Ogier)*	qu'il *conduise*
4. conducā́mus (> -ū́mus)	*conduions* [2]	que nous *conduisions*
5. conducā́tis	*conduiiez* [2]	que vous *conduisiez*
6. condū́cant	*conduient* et *conduisent* (fin XIIe s.)	qu'ils *conduisent*
Subj. imparfait		
3. conduxī́sset	*conduisist* (in Amyot) et *conduist* (cf. Huguet)	qu'il *conduisît*
Impératif		
2. condū́c(e)	*condui*	*conduis*
5. condūcā́tis (subj.)	*conduiez (Rou)*	*conduisez*
Participe présent		
C.R. sg. condūcéntem	*conduisant* [2]	*conduisant*

1. Voir la note 1 de la page précédente.

2. Cf. toutefois des formes d'anc. fr. en *-uiant* (les *souduians Auc.* XV — *deduiant, Doon de May.* cité par Fouché).

Participe passé		
C.R. sg.		
condúctum	*conduit*	*conduit*

Conclusion. — La grande innovation de ce type de conjugaison est l'extension analogique du radical *-duis-* qui apparaissait phonétiquement à l'imparfait, au participe présent et aussi aux personnes faibles du parfait (conduxísti > conduisis).

Croire

Latin. Crēdĕre, crēdo, -ĭs, credĭdī, credĭtum, même sens.

Infinitif présent. Crḗdĕre > *creire, croire* assez régulièrement, après chute de la voyelle pénultième atone.

Forme réduite : crere (dans Montaigne, *voyage*).

Ital. : *credere*

Esp. : *creer*

Limousin : [creįrə].

Indic. présent	anc. et moy. fr.	fr. mod.
1. crḗdo	*crei* puis *croi (Rol.)* et *croy*	je *crois* [1]
2. crḗdis	*creiz* puis *crois*	tu *crois*
3. crḗdit	*creit* puis *croit (Rol.)*	il *croit*
4. crēdĭmus *-ǘmus	*creons* [2] (Villeh.) *croyons* (XVIe s.)	nous *croyons*
5. creditis *-ấtis	*creez (Rol.),* *croyez (Perceforest)*	vous *croyez*
6. crḗdunt	*creient* puis *croient* (*croyent,* graphie ordinaire du XVIe s.)	ils *croient*
Indicatif imparfait		
1. credḗ(b)a(m)	*crëeie, crëoie*	je *croyais* [2]
3. credḗ(b)at	*crëeit, crëoit* *croyoit (Perceforest)*	il *croyait*
4. crede(b)ấmus	*creiiens* puis *croiiens/-ions* *croyions* (XVIe s.)	nous *croyions*

1. Vaugelas dit qu'on prononçait je *cres ;* Littré ajoute d'après Chifflet qu'au théâtre (en 1703) on prononçait déjà je *croa.*

2. Les formes *croyons, croyez, croyais, croyant,* ont reçu un yod de transition d'après je *croy* (cf. *veons* > veįons > *voyons*). *Croyons* (ou *croions*) paraît tardif (cf. Fouché, *Morph.,* p. 90) : on le trouve du moins au XVIe s. (cf. Rabelais in Huguet).

5. crede(b)ấtis	*creiiez* puis *croiiez, croyiez*	vous *croyiez*
6. credḗ(b)ant	*crëeient* puis *crëoient*[1] et *croyoient*	ils *croyaient*
Futur		
1. credere-hábeo	*crer(r)ai, kerrai* et *croirai (Floovant)*	je *croirai*
3. credere-hábet	*crera/crerra (Rose)* *kerra (Fierabras)* puis *croira*	il *croira*
5. credere-habḗtis -ātis	*crerez (Rol.)* puis *croirez*	vous *croirez*
6. credere-hábent *habunt	*creront (Rose), kerront* et *croiront*	ils *croiront*
Conditionnel présent		
3. *creder(e)-(hab)ḗbat etc.	*croiroit* (Tobler-L.) (cf. [tu] *croieroys* chez Rabel.)	il *croirait*

Passé simple			
1. credĭdī	a) *credii (?)	a) (je) *creï* (Ps. Oxford) *cri (Huon Bord.)*	je *crus* (anal. 2ᵉ pers.)
	b) type *crḗdui > *crídui > *crúwwi > **crü(ẅ)i*	b) (je) *crui*[2]	
2. credidĭ́sti	a) > **credĭ́sti*	a) (tu) *creïs*	
	b) *creduĭ́sti > *crewwústi > *cre(ẅ)üs(t)	b) (tu) *creüs*	tu *crus*
3. credĭdit	*credí(d)it	a) *creï(t)* *(Renart le Nouv.)*	
	*creduit > *cridwit > *crúwwet > *crüẅ(e)t	b) *crut*	il *crut*
			nous *crûmes* (anal. 2ᵉ pers.)
5. credidĭ́stis	*creduĭ́stis	*creüstes* (cf. 2ᵉ pers. sing.) *creütes* (Villeh.)	vous *crûtes*
6. crediderunt	a) *credírunt (?)	a) *creïrent*	

1. *Creoient* se trouve encore parfois au XVIᵉ s. (cf. Huguet).
2. Cf. Fouché, *Phonét.*, p. 726.

	b) *crēduerunt *crídwerunt *crúwweront *crüẅ(e)rent	b) *crurent* (écrit parfois *creurent* au XVIe s.	ils *crurent*

On voit que le type en -us l'a emporté — très tôt.

Subj. présent		
1. crḗdam	*creie/croie* (*croye*, XVIᵉ s.)	que je *croie*
3. crḗdat	*creiet/croie*	qu'il *croie*
4. credā́mus	*creiiens* puis *croiions*	que nous *croyions*
etc.		
Subj. imparfait		
1. *creduíssem	*creüsse*	que je *crusse*
3. *creduísset	*creüst*	qu'il *crût*
etc.		
Impératif (cf. indicatif)		
2. crḗde	*crei* puis *croi* (*Rose*) et *crois* (XVIᵉ s. : *croy*)	*crois*
4.	*creons* puis *croions* ou *croyons*	*croyons*
5. (credite) ind. *credátis	*creez* ou *creés* puis *croiez* et *croyez* (*Perceforest*)	*croyez*
Participe présent		
C.R. sing. credéntem	*creant* [1] *croyant* (XVᵉ s.)	*croyant*
Participe passé		
C.R. sing. *credū́tu	*creü* *creu* (1 syll. XVIᵉ s.)	*cru*

Conclusion. — Ce verbe relativement déformé par l'évolution phonétique en ancien français (radicaux *creį-/croį-*, *cre-*, *crai-*, *creü-*) s'est simplifié en généralisant le radical *croy-* aux temps dits « du présent » et *« cru- »* aux temps issus du perfectum, participe compris.

1. Conservé dans *mécréant*. Fouché indique (*Morph.*, p. 90), d'après Ehrlicher, que *croiant* ne paraît pas exister en ancien français, pas plus d'ailleurs que *croions*.
On trouve du moins les formes *croyant* et *croyons* aux XVᵉ et XVIᵉ s. (cf. Littré et Huguet).

Croître

Latin. Crescĕre, cresco, -is, crēvī, crētum

Infinitif. Créscĕre > *creistre, croistre,* mod. *croître* (tendance à une simplification de prononciation aux XVIe et XVIIe s. : *crestre*).

Ital. : *crescere*

Esp. : *crecer.*

Indic. présent	anc. et moy. fr.	fr. mod.
1. créсsco > *crécso (?)	*crois*	je *croîs*
3. crḗscĭt	*creist (Rose), croist (Rose)*	il *croît*
4. crescĭmus -ǘmus	*creissons/croissons*	nous *croissons*
5. crescĭtis -ā́tis	*creissez/croissez*	vous *croissez*
6. crḗscunt	*creissent/croissent*	ils *croissent*
Imparfait		
3. crescḗbat	*creisseit* *creissoit/croissoit* var. *craissoit*	il *croissait*
6. crescḗbant	*creisseient/croissoient* (cf. *creissaient, Rose,* 8757)	ils *croissaient*
Futur		
1. *crescer(e)-hábeo	*creistrai/croistrai* (in Tobler-L.)	je *croîtrai*
3. *crescer(e)-hábet	*creistra/croistra* var. *croistera* (XVIe s.)	il *croîtra*

Passé simple	lat. vulg.		
1. crēvī	*crḗvui > *crīvui[1] > *criwwi > *crúwwi	(je) *crui (?)*	je *crûs*
	> *crü(ẅ)i > *crui	(je) *cru*	

1. Pour expliquer ce parfait nous utilisons l'explication donnée par P. Fouché dans sa *Phonétique* (pp. 397 et 394) c'est-à-dire, dans un premier temps, passage de *crḗvuī à *crívuī (influence dilatrice de ī final sur ẹ) d'où *críwwī (consonantisation de ŭ) et, dans un second temps, labialisation de í accentué en u puis ü sous l'influence de la bilabio-vélaire ww, d'où

*cruwwī > *crü(ẅ)i

L'explication donnée dans la morphologie du même auteur (pp. 308-309) est moins convaincante :

crevit > *creu̯wit > *kreu̯wet

Mais comment les choses se sont-elles passées ?

2. crevĭ́sti	*crevuĭ́sti > *crewwústi > *cre(ẅ)üsti	 (tu) *creüs* var. *cressis*	 tu *crûs*
3. crḗvit	*crḗvuit > *criwwit > *crúwwet > *crüẅ(e)t	 (il) *crut* *(Rose, Rou,* etc.*)*	 il *crût*
4.			(nous *crûmes)*
5. cf. 2e pers. sing.	*crevuĭ́stis	(vos) *creüstes*	vous *crûtes*
6. creverunt	*crévwĕrunt > *criwwĕrunt > *crüẅ(e)ront	 (il[s]) *crurent* (*Rou,* III)	 ils *crûrent*
Subj. présent 1. crḗscam		 *creisse/croisse*	 que je *croisse*
Subj. imparfait 3. crevĭsset	 crevuĭ́sset > *crewwússet > *creẅüst	 *crèüst*	 qu'il *crût*
Participe présent C.R. crescéntem -antem	 *crecsánte (?)	 *creissant* *croissant*	 *croissant*
Participe passé C.R.	 *crevū́tu fém. *crevū́ta	 *creü* *creüe* var. *croissut* *cressut*	 *crû* *crue*

Conclusion. — La principale innovation à remarquer est la création par analogie d'un parfait en -ui *(*crevui)* et d'un participe en -ūtu (*crevūtu) ; après la réduction du e en hiatus, éventuellement (tu *crëus* — il a *creü,* etc.) on avait un seul nouveau radical *cru-* qui s'ajoutait aux radicaux phonétiques : crois- et croi(s)tr-/croîtr-.

On a remarqué également des hésitations sur le participe passé *(croissut, cressut).*

Cuire (Notes)

Latin class. : cŏquĕre, cŏquo, -is, cŏxī, cŏctum devenu en latin vulg. : *cŏcĕre, *cŏco, -is, cŏxī, cŏctum.

Infinitif. *Cŏ́cĕre > *kógyĕre > *kúoy(ĕ)re > *kúeyre > [kǘire] puis [kẅíre] (cf. dūcĕre > duire) écrit *cuire* (sens : cuire et faire cuire).

Ital. : *cuocere*

Esp. : *cocer*

Anc. prov. : *coire*

Prov. mod. : *cozer*

Lim. : [kyœ́u̯r(e)].

Indic. présent		
1. *cŏ́co	*cui(s)* (anal.) [1]	je *cuis*
2. cŏ́cis	*cuis*	tu *cuis*
3. *cŏ́cit	*cuist (Cligès,* etc.*)* et *cuit, quit*	il *cuit*
4. *cocimus (et subst. de term. -úmus)	*cuisons* [1]	nous *cuisons*
5. *cocitis (et subst. de term. -átis)	*cuisiez* et *cuisez* [1]	vous *cuisez*
6. *cŏ́cunt	*cuient* [1] puis *cuisent (Rose)* (anal. de *cuisez, cuiseit)*	ils *cuisent*
Indic. imparfait		
3. cocḗbat	*cuiseit* puis *cuisoit*	il *cuisait*
Futur		
3. cocer(e)-hábet	*cuira* (anal. de l'infinitif ou de l'indicatif)	il *cuira*
Conditionnel : conforme	*cuiroit*	il *cuirait*
Passé simple		
1. cŏ́xī	*cuis* [2]	je *cuisis* (paradigme régulier)

1. P. Fouché fait remarquer que l'on aurait dû avoir phonétiquement
1. *cueu 4. *cuimes 5. *cuites 6. *cuéent.

La forme 1. cui(s) est analogique de la 2e et 3e pers. du sing. Les formes *cuisons, cuisez, cuisent* sont analogiques du participe présent (*cocéntem > *cuisant*) ou de l'imparf. de l'indic. (*cocēbat > *cuiseit*), formes où c se trouvait devant e.

Remarquons d'ailleurs que *cocéntem et *cocḗbat auraient dû donner **coisant, coiseit* mais l'analogie de l'infinitif et des pers. du sing. de l'indic. présent a joué.

2. P. Fouché remarque que dans des régions de l'Est et même du sud de la Normandie le ŏ ne s'est pas diphtongué : d'où *cois, coist* (on trouve cette forme dans *Eulalie*).

2. coxístī	*cuisis*	
3. cŏ́xit	*cuist*	
4. coximus	(coisimes) [1] *cuisimes*	
5. coxístis	(coisistes) *cuisistes*	
6. cŏ́xĕrunt	*cuistrent* puis *cuisirent*	
Subj. présent		
3. cŏ́ceat	(cuie) *cuise* (analogie des formes en cuis-) forme attestée : *quisce* (in Tobler-Lom.)	qu'il *cuise*
Subj. imparfait		
3. coxísset	(coisist) *cuisist* (cf. 6. *cuisissent,* Amyot)	qu'il *cuisît*
Impératif		
2.	*cuis* (cf. indic.)	*cuis*
5.	*cuisiez* *cuisez (id.)*	*cuisez*
Participe présent		
C.R. sg. : cocéntem	(coisant) *cuisant* (cf. *Rose*)	*cuisant*
Participe passé		
C.R. masc. sg. : cŏ́ctu	*cuit* (écrit souvent *cuict* en moy. fr.)	*cuit*

Conclusion. — Le radical avait, selon l'accentuation, deux formes en ancien français : *cui(s)-* (tonique) — *cois-* (en syllabe initiale). On s'aperçoit que très tôt *cui(s)-* s'est généralisé : on le comprend aisément : c'était *à la fois* le radical de l'infinitif et des personnes du sing. du présent de l'indicatif (et même de la 3e pers. du pluriel) — et aussi, par un autre processus, celui du participe passé (*cuit* < cŏ́ctu) : dès la période du plus ancien français le radical *cui-* avait vraiment l'avantage.

Détruire (et **construire**), **instruire**

Latin class. : destrŭ́ĕre, destruo, -is, destrūxī, destructum
(démolir, abattre, détruire)

Infinitif. L'a. fr. *destruire* (mod. *détruire*) s'explique par un infinitif vulg. *destrŭ́gĕre fait à partir du parfait *destruxī* et du participe *destructu-*.

Ital. : *distruggere.*

Oc (lim.) : *[dəstrwïi].*

---

1. P. Fouché donne *coisimes, coisistes* mais nous ne les trouvons pas dans les textes.

Indic. présent		
1. *destrū́go	*destrui(s)* (anal. 2e et 3e pers.)	je *détruis*
2. *destrū́gis	*destruis*	tu *détruis*
3. *destrūgit	*destruit*	il *détruit*
4. *destrugimus (et subst. de term.)	*destruions* puis *destruisons* (fin XIIIe s.) (anal. type *conduisons*)	nous *détruisons*
5. *destrugitis (et subst. de term.)	*destruiez* puis *destruisez*	vous *détruisez*
6. *destrū́gunt	*destruent* et *destruient* puis *destruisent*	ils *détruisent*
Imparfait		
3. *destrugēbat	*destruioit* puis *destruisoit*	il *détruisait*
Futur		
3. *destruger(e)-hábet	*destruira*	il *détruira*
Conditionnel présent : conforme.		
Passé simple : type en *-si*		
1. destrū́xī	*destruis*	je *détruisis*
2. destrūxī́sti	*destruisis*	tu *détruisis*
3. destrū́xit	*destrui(s)t (Macchabées)*	il *détruisit*
4. *destrūximus	*destruisimes* [1]	nous *détruisîmes*
5. destruxī́stis	*destruisistes* [1]	vous *détruisîtes*
6. destrū́xĕrunt	*destruistrent* puis *destruirent* [2] et *destruisirent* (anal. des 2e pers.)	ils *détruisirent*
Subj. présent		
3. destrū́gat	*destruie (Thomas Becket, Renart,* etc.*)* *destruise* (anal., cf. *destruisez*)	qu'il *détruise*
Subj. imparfait		
3. destrūxī́sset	*destruisist*	qu'il *détruisît*
Impératif		
1. *destrū́ge	*destrui(s)*	*détruis*
5. (indic.)	*destruisez*	*détruisez*

1. Sur (je) *destruis,* (il) *destruit,* (ils) *destruirent* on a pu faire (nous) *destruimes,* (vous) *destruistes,* formes qui existaient encore au XVIIe s. (cf. Fouché, *Morph.,* p. 283).

2. *Destruirent* existait encore au XVIIe s. (cf. Fouché, *Morph.,* p. 295).

Participe présent C.R. *destrugéntem	*destruiant* (Joinville)	*détruisant*
Participe passé C.R. sg. *destrŭ́ctu	*destruit*	*détruit*

Dire

Latin. Dīcĕre, dīco, dīcis, dīxī, dĭctum (même sens)

Infinitif présent. Dī́cĕre > *dī́gyĕre > *dī́y(ĕ)re > *dire.*

Ital. : *dire*

Esp. : *decir*

Limousin : *d̬ire.*

Indic. présent	anc. fr.	fr. mod.
1. dī́co > *dī́(go)	*di* (écrit *dy* in Palsgrave)	je *dis* (-s de 2ᵉ pers.)
2. dī́cĭs > *dī́gyĭs > *dī́yis	*dis*	tu *dis*
3. dīcĭt > dī́gyit > *dit*	*dit* [1]	il *dit*
4. dīcĭmus > *dī́gyĭmus	*dimes* var. *dïons,* *dium* (norm.) *disons* (in God.)	nous *disons* [2] (dès XIIᵉ s., forme anal. de *disant* *diseie/disoie*)
5. dī́cĭtis > *dī́gyĭtis	*dites* var. *disez* [3] *dïez*	vous *dites*
6. dī́cunt > *dī́(g)unt	*dïent* puis *disent* [4]	ils *disent* (cf. 1ʳᵉ pers. plur.) (apparaît fin XIIIᵉ s.)
Indic. imparfait		
1. dicēbam>*dīcéa	*diseie/disoie* puis *disois* (cf. placēre>plaisir)	je *disais* (-s de 2ᵉ pers.)
2. dicḗbas>*dīcéas	*diseies/disoies* puis *disois*	tu *disais*
3. dicḗbat>*dicéat	*disei(e)t/disoit*	il *disait*

1. *Dit* est la forme régulière, opposée ainsi au passé simple *dist,* mais on trouve parfois au présent, une graphie *dist (Roman d'Alexandre).*

2. *Médire* fait *médisons* (et *médisez*) ; *maudire* au contraire fait *maudissons* (et *maudissez*) comme *finir.*

3. Fouché (*Morph.*, p. 121) remarque que seule l'influence de l'impératif *(dites)* a empêché *disez* de triompher. *Dites* est avec *faites* (et *êtes*) la seule 2ᵉ pers. plur. qui ne soit pas en *-ez.* Les composés (sauf *redites*) sont en *-disez* actuellement *(médisez, contredisez,* etc.).

4. *(Ils) dient* est encore bien employé au XVIᵉ s., même par Montaigne (cf. dict. d'E. Huguet).

4. dicebámus > *diceámus	*disïens/disiens*	nous *disions*
5. dicebátis > *diceátis	*disïez/disiez* (*disïés* in *Aucassin*)	vous *disiez*
6. dicébant > dicéant	*diseient/disoient*	ils *disaient*
Indic. futur		
1. dicere-hábeo > *diráio	*dirai* [1]	je *dirai*
4. dicere(hab)émus	*dirons* (subst. de terminaison)	nous *dirons*
6. dicere(h)á(b)unt	*diront*	ils *diront*
Conditionnel présent		
1. dicere-(hab)ēbam > *diréa	*direie/diroie* puis *dirois*	je *dirais*
3. dicere-(hab)ēbat > *diréat	*direit/diroit*	il *dirait*
4. dicere(hab)ebámus > direámus	*diriens* puis *dirions*	nous *dirions*
6. dicere(hab)ébant > *diréant	*direient/diroient*	ils *diraient*
Subj. présent		
1. dícam	(je) *die* (et même *disse* chez Garnier)	(que) je *dise* (anal. de *disant, disois* ; apparaît au XVᵉ s.)
2. dícas	(tu) *dies*	(que) tu *dises*
3. dícat	(il) *die* (vivant jusqu'au XVIIIᵉ s.) [2]	(qu')il *dise*
4. dicámus	*dïons (Renart)* et *dyons* (XVIᵉ s.)	(que) nous *disions*
5. dicátis	*diiez/dïez* (et *dissiez*, *Mont.*)	(que) vous *disiez*
6. dícant	*dïent*	(qu')ils *disent*
Passé simple (parfait fort)		
1. díxī (= dícsī)	*dis (Percev.)*	je *dis*
2. dixístī	*desis*	tu *dis*
3. díxit	*dist*	il *dit*

1. On trouve *didrai* dans *La vie de St Léger*.

2. Vaugelas use de (il) *die* et (il) *dise* indifféremment ; en 1687 Thomas Corneille constate que la plupart des écrivains sont persuadés que *die* n'est bon qu'en vers et que *dise* est généralement employé en prose (voir Fouché, *Morph.*, p. 122-123).

4. *dixĭ́mus (accent. anal. de la 2e pers.)	*desimes* et *deïmes*	nous *dîmes*
5. dixĭ́stis	*desistes* et *deïstes*	vous *dîtes*
6. díxerunt	*distrent* puis *dirent* (picard : *disent* ou *dissent*)	ils *dirent* (anal. du type virent, et finirent, etc.)
Subj. imparfait		
1. dixĭ́ssem	*desisse* et *deïsse* [1] (*Rose*, 17701 etc.)	que je *disse*
3. dixĭ́sset	*desist* et *deïst* (*Rose*, 9431) puis *dist*	qu'il *dît*
5. dixĭssétis (> -ấtis)	*deïssiez* (*Rose*, 15308)	que vous *dissiez*
6. dixĭ́ssent	*deïssent* (*Rose*, 6395)	qu'ils *dissent*
Participe présent		
C.R. dicéntem puis -ánte	*disant* (cf. placentem>plaisant)	*disant*
Participe passé		
class. dĭ́ctu(m)	*dit* [2] (qui suppose *dī́ctu anal. de dīcĕre et dīxī)	*dit*
Impératif		
2. class. : dīc vulg. *dī́ce	*di* (*dy* in Palsgrave)	*dis*
5. dī́cĭte	*dites* (suppose *dī́citis*, indic. cf. *faites*)	*dites*

Conclusion. — Ce verbe ancien (qui présentait en latin une alternance du radical dīc-/dĭc-) a eu dès l'ancien français une conjugaison relativement facile grâce à la généralisation du radical stable dīc-, du moins quand il était accentué.

Autres innovations de la langue :

1°) l'extension du radical *dis-* (apparu phonétiquement au participe présent et à l'imparfait de l'indic.) au subjonctif présent ou à la 1re pers. et à la 3e pers. du plur. de l'indic. présent (nous *disons* au lieu de *dimes* ou *dions, disent* au lieu de *dient*) ; toutefois vous *dites* a résisté à cause de l'impératif *dites*, forme de grande fréquence.

2°) La régularisation du « parfait fort » *di*/desis/dit > je dis, tu dis, il dit... par l'abandon des formes faibles *(desis, desistes...)*.

---

1. Le dict. d'E. Huguet relève une curieuse forme dans Larivey :
   ... affin que je ne *dist* mot.

2. Toutefois l'un des participes des composés benedīcere (et de maledicere aussi) a gardé ĭ ; d'où :
   benedī́ctu > *beneoit* (mod. benoit et ... benêt)
   maledīctu > *maleoit*
mais *béni(t)* suppose *benedīctu.

Écrire

Latin. Scrībĕre, scrībo, -is, scrīpsī, scrīptum

Infinitif. Scrībĕre a donné régulièrement *escrivre* et par simplification *escrire* (fin XIIe s. ou début du XIIIe s.) : l'analogie de *dire, lire,* verbes associés dans l'usage, a dû faciliter les choses ; var. : *escripre (Rose)* et encore chez Palsgrave, Maurice Scève, etc.).

Ital. : *scrivere*

Esp. : *escribir*

Oc (lim.) : [ə*scri(r)*] — (prov.) : *escriure.*

Indic. présent		
1. scrībo	*escrif*	j'*écris*
2. scrībis	*escris*	tu *écris*
3. scrībit	*escrit*	il *écrit*
4. scrībimus term. -ŭmus	*escrivons* (var. *escrisons*) [1] *(Meliad.)*	nous *écrivons*
5. scribitis term. -ātis	*escrivez*	vous *écrivez*
6. scrībunt	*escrivent* (var. *escrisent*) [1] *(Fl.* et *Blanch.)*	ils *écrivent*
Indic. imparfait		
3. scrībēbat	*escriveit/-voit* (var. *escrisoit,* cf. Frois.)	il *écrivait*
Futur		
3. scrīber(e)-hábet	*escrivra/escrira*	il *écrira*
Passé simple (voir plus haut p. 38)		
1. scrīpsī	*escris*	j'*écrivis* [2]
2. scrīpsīsti	*escresis/escressis* (ou *escrisis*)	tu *écrivis*
3. scrīpsit	*escrist* (var. *escrisi, escriut*)	il *écrivit*
Subj. présent		
1. scrībam	*escrive* (*escripve* in Palsgr.) (var. *escrise*)	que j'*écrive*

1. Ces formes *escrisons, escrisent* (cf. aussi que j'*escrise*, etc., *escrisant*) sont analogiques de celles de *dire* et, par suite, de *lire*. Palsgrave écrit : *escripvons.*

2. Rappelons que ce type en *-vis* (analogique de *écrivons, écrivais,* etc.) est relativement récent : nous trouvons un exemple chez Agrippa d'Aubigné.

4. scribámus term. -ǘmus	*escrivons* puis *escrivions* (var. *escrisons*)	que nous *écrivions*
5. scribā́tis	*escrivez* puis *escriviez* (var. *escrisiez, Mel.* *escripsiez,* Palsgrave)	que vous *écriviez*
Subj. imparfait		
1. scripsíssem	*escresisse* var. que j'*escrisse* (Brant.) que je *escripvisse* (Palsgr.)	que j'*écrivisse*
3. scripsísset	*escresist* qu'il *escrist* (Brantôme)	qu'il *écrivît*
Impératif		
2. scrī́be	*escrif* (? attest. nous manquent)	*écris*
5. scribā́tis [1]	*escrivez (Rose)* (var. : *escrisiez, Gaufrey*)	*écrivez*
Participe présent		
C.R. sg. *scribéntem*	*escrivant*	*écrivant*
Participe passé		
C.R. sg. masc. scrī́ptu(m)	*escrit* (var. graph. *escript*)	*écrit*
C.R. sg. fém. scrī́pta(m)	*escrite*	*écrite*

Conclusion. — Du fait de sa voyelle longue ī — qui a presque toujours gardé son timbre par analogie même quand elle n'était pas accentuée — ce verbe a eu une conjugaison relativement simple : les seules formes alternantes, au fond, sont celles du passé simple et de l'imparfait du subjonctif. Les hommes ont peu hésité, en somme, devant ce verbe (P. Fouché signale cependant un participe *escrutes* chez Ph. Mousket, par analogie de *lutes* = *lues*).

Faire

Latin. Fácĕre, facĭo, facĭs, fēcī, factum

Infinitif. Fácĕre a évolué probablement en **fágere,* d'où *fáy(e)re > *faire* (cf. Fouché, *Phonét.,* p. 626), (var. *fere* en anc. fr.) — *fare* (picard)

Esp. : *hacer*

Ital. : *fare*

Oc : *fa(r).*

1. *Escrivez* peut provenir du subjonctif *scribātis.* Il est plus probable que l'impératif, comme pour la plupart des verbes, est emprunté à l'indicatif — l'indicatif vulgaire s'entend.

Indic. présent		
1. fácio	(je) *faz/faiz* puis *fais* (Coincy) pic. : *fach* *fois* (XVIe s.) [1]	je *fais* (anal. de 2e pers.)
2. fácis > *fágis	(tu) *fais* (*fez* in *Passion*)	tu *fais*
3. fácit > *fágit	il *fait* (var. *fet*)	il *fait*
4. fácĭmus > *fágimus	(nos) *faimes* var. *faions, façons* (in God.)	nous *faisons* (anal. de *faisant,* (je) *faisoie*)
5. fácĭtis > *fágĭtis	(vos) *faites* var. *feites/fetes* et *fasez* [2]	vous *faites*
6. fáciunt > *fágont	(il) *font* (*funt* en angl.-norm.)	ils *font*
Indic. imparfait		
1. faciḗbam > *facḗba(m)	(je) *faiseie* puis *faisoie* et même *feisoie*	je *faisais* [3]
2. faciēbas > *facḗ(b)as	(tu) *faiseis* *faisois* var. XVIe : *fasois*	tu *faisais*
3. faciēbat > *facēbat	(il) *faiseit* puis *faisoit* (var. *faissoit*)	il *faisait*
4. faciebā́mus > *facēbámus	(nos) *faisiens* puis *faisions*	nous *faisions*
5. faciebā́tis > *facebā́tis	(vos) *faisiez*	vous *faisiez*
6. faciḗbant > *facḗbant	(il) *faiseient* puis *faisoient* var. XVIe s. : *fasoient*	ils *faisaient*
Indic. futur		
1. *facere-hábeo > *faráio	(je) *farai *ferai* [4] (dès *Roland*)	je *ferai*
2. *facere-hábes > *farás	(tu) *feras*	tu *feras*
3. *facere-habet > *fárat	*fara (il) *fera* [4]	il *fera*

1. Je *fois* est assez répandu au XVIe s. (cf. dict. d'E. Huguet). Il semble que l'on prononçait en ce cas [fwę(s)] si l'on en juge par la transcription — populaire — de Marot : « foua », citée par Huguet.

2. On trouve même *faitez* (Gaufrey cité par Tobler-Lom.).

3. La prononciation actuelle de la syllabe initiale [fə-] — ou [fœ-] comme le note Fouché — daterait seulement du XVIe s. (cf. *Phonétique*, p. 451). On trouve cependant *fesoit* dans le *Roman de Renart* déjà : mais peut-être faut-il lire [fęzwę(t)].

4. « *fera* ne remonte pas à **facerát* mais plutôt à une forme **fárat* tirée de l'infinitif vulgaire **fare*. L'*e* de *fera* s'explique à la fois par l'influence de f initial et par l'emploi proclitique du verbe *faire*. » (Fouché, *Morph.*, p. 397). Gaston Paris l'expliquait par un emploi prétonique de a dans **si farai*, par exemple.

Au XVIe s. les formes je *fairai*, il *faira*, nous *fairons*, vous *fairez*, ils *fairont* sont courantes.

4. *facere-(hab)ḗmus (et term. < -ŭmus)	*ferons* (*feruns* dans *Roland*)	nous *ferons*
5. facere-(hab)ḗtis (-ā́tis)	*ferez* puis *ferés* [1]	vous *ferez*
6. *facere-*há(b)unt	*feront*	ils *feront*
Conditionnel présent		
1. facere(hab)ḗbam > *farḗa	**fareie* *fereie* (dans *Rol.*) puis *feroie*	je *ferais*
3. facere(hab)ḗbat > *farḗat	*fereit* (dans *Rol.*) puis *feroit* var. XVIe s. *fairoit*	il *ferait*
4. facere(hab)ebámus > *fareámus	*feriens* puis *ferions*	nous *ferions*
6. facere(hab)ēbant > *farḗant	*fereient* (*feroient* dans *Rom. de la Rose*) var. XVIe s. *fairoient*	ils *feraient*
Subj. présent		
1. fáciam	*face* [2] (dialect. : *faise* anal. de plaise)	(que) je *fasse* (différence de graphie)
3. fáciat	*face* (*facet* in *Rol.*)	qu'il *fasse*
4. faciámus	*faciens* puis *facions* [3] (vers XIVe s.)	(que) nous *fassions*
5. faciátis	*faciez* [3] pic. : *fachiez*	(que) vous *fassiez*
6. fáciant	*facent* pic. : *fachent*	(qu')ils *fassent*
Subj. imparfait (pour son évolution cf. 2e pers. sing. du passé simple)		
1. fecíssem	*fesisse* [4] et *feïsse* (la chute de [z] intervocalique s'explique sans doute par analogie du type *veïsse*) [5]	(que) je *fisse* (réduction de e en hiatus)
2. fecísses	*fesisses* et *feïsses*	(que) tu *fisses*
3. fecísset	*fesist (Berte)* et *feïst* (courant)	(qu')il *fît*

1. Var. : *feroiz* (*Chevalier au Lion*, v. 5715).

2. En picard : *fache*.

3. Au XVIe s. des formes que nous *faisions*, que vous *faisiez* que vous *facez* et même que vous *faites* se trouvent souvent (voir dict. d'E. Huguet).

4. Fecíssem évolue comme le parfait *fecístī*, *fecístis* où ĭ accentué garde son timbre sous l'influence dilatrice de ī/ĭ final.
Fisse apparaît dès le début du XIVe siècle (Fouché, *Morph.*, 348).

5. Cf. Fouché, *Phonét.*, p. 600.

4. fecĭssémus	*fesissiens* puis *fesissions* et *feïssiens* (Joinv.) *feïssions* (et même *feissons*)	(que) nous *fissions* (influence de *fassions* [1])
5. fecissétis	*fesisseiz* *fesissoiz* et *feïssez* et *feïssiez* (subst. de terminaison parfois très tôt)	(que) vous *fissiez* (*-iez* sous l'influence de *-ions*)
6. *fecíssent*	*fesissent* et *feïssent*	(qu')ils *fissent*
Passé simple (voir plus haut p. 34) : Ce passé simple a été choisi comme type de « parfait fort » en -i.		
1. fḗcī > *fīcī	*fis*	je *fis*
2. fecístī	*fesis* puis *feïs*	tu *fis*
3. fécit > *fícit	*fist* (var. *fix* in Tobl.-L.)	il *fit*
Participe présent C.R. faciéntem > *facénte(m) -ánte	*faisant*	*faisant* prononcé [fəzã] depuis l'époque du moy. fr. [2]
Participe passé fáctu	*fait* (à l'origine [fai̯t] var. *fet*/*feit*	*fait* = [fę(t)]
fém. *fácta*	*faite, fete, feite*	*faite*
Impératif 2. (class. fac) vulg. *face > *fáge	*fai*	*fais*
4. (cf. indicatif)	*faisons* (R. Clary)	*faisons*
5. (class. fácĭte *vulg. fácĭtis (indic.)	*faites* *fetes* var. *feitez*	*faites*

Formes résiduelles (d'origine latine)

Fouché (*Morph.*, p. 336) retient des formes anciennes issues du plus-que-parfait latin *fecerat ;* ce sont :

fistdra, fisdra, furet, fedre, feira, firet.

---

1. Cf. Fouché, *Morph.*, p. 344. Au XVIIe s. Vaugelas atteste l'existence d'un subj. présent *faisiez* (on trouve aussi *faisions*) qu'il considère comme un solécisme.

2. Cf. Fouché, *Morph.*, p. 276 et note sur *faisais.*

Conclusion. — Ce verbe latin de très grande fréquence a eu une évolution phonétique régulière : il faut cependant admettre une sonorisation de c intervocalique (fac- > fag-) à l'infinitif et à l'indicatif présent puis une réfection analogique (*faisons* au lieu de *faimes*). D'autre part le futur et le conditionnel présent se sont faits à partir d'un radical très syncopé *far(e)* qui s'est ensuite affaibli en *fer-* [fər]. Enfin les formes dites faibles du passé simple et de l'imparfait du subjonctif ont perdu leur [z] intervocalique par analogie du type *veïs/veïsse*.

Lire (cf. élire)

Latin. Lĕgĕre, lego, -is, lēgī, lectum
(composé : elĭgĕre, elĭgo, -is, elēgī, electum)

Infinitif. Lĕ́gĕre > *lĕgyere > *liey(e)re > *lire*

Ital. : *leggere*

Esp. : *leer*

Oc (lim.) : *[lədži]*.

Indic. présent		
1. lĕ́go	*li*	je *lis*
2. lĕ́gis	*lis*	tu *lis*
3. lĕ́git	*lit* (et *list, Troie,* etc.)	il *lit*
4. legimus (termin. < -úmus)	*lisons* [1]	nous *lisons*
5. legitis (term. < -ā́tis)	*lisez* [1]	vous *lisez*
6. lĕ́gunt	*lisent* [1]	ils *lisent*
Indic. imparfait		
3. legḗbat	*liseit* puis *lisoit* (anal. de *diseit*) [2]	il *lisait*
Futur		
3. *leger(e)-hábet	*lira* (au lieu de *leira, analogie de l'indicatif *lit* ou de l'infinitif *lire*)	il *lira*

1. Il est évident que les personnes du pluriel ne sont pas phonétiques. P. Fouché note qu'elles auraient dû devenir **limes, *lites, *lient. Lisons, lisez, lisent* sont analogiques, apparemment de formes correspondantes de *dire* (*lire* et *dire* étant souvent associés). Tout semble avoir commencé avec l'imparfait et le participe présent de dicere devenus (je) *diseie/disoie* et *disant* très régulièrement (voir *dire*).

2. Leg*ḗbat* aurait donné phonétiquement d'abord **leieit* (cf. flagĕ́llum > flaiel). *Liseit/-oit* est analogique de dīcē̆bat > *diseit/-oit* (cf. placḗre > plaisir).

Passé simple

1er type (en *-si :* *lēxi analogique de dīxī, class. lēgi)

1. *lēxī > *līcsi	*lis* (et *lisis* in Palsgr.)	
2. *lexī́sti	*leisis* et *lisis* ou *lesis*	
3. *lḗxit	*list* [1] (encore au XVIe s.) ou *lit* (*Roncesv.*, XVIe s.) et *lisit* (Froiss., etc.)	
4. *lexímus	*leisimes/lisimes* (ou *lesimes*)	
5. *lexī́stis	*leisistes/lisistes* (ou *lesistes*)	
6. *lḗxĕrunt	*leistrent* (in Fouché) *lisierent* (in Tobler-Lom.)	
2e type (en *-ui,* cf. type *valui,* p. 43)		
1. lḗgui	*lui* [2] *(Percev., Rose)*	je *lus*
2. *legū́stī ou leguī́stī	*(leüs)* [3] puis *lus*	tu *lus*
3. *lēguit	*lut* [4] (Béroul, Clary, etc.)	il *lut*
4. *leguímus ou *legúmus	*(leümes)*	nous *lûmes*
5. *leguístis ou *legústis	*(leüstes)* puis *lustes* [5]	vous *lûtes*
6. *lḗguĕrunt = lḗgwérunt	*lurent* [6]	ils *lurent*
Subj. présent		
3. lḗgat	(*lie) en fait : *lise* (et *lisse*) (anal. de *lisant, liseie* eux-mêmes anal. de *disant*)	qu'il *lise*

1. Fouché, *Morph.*, p. 283 pose *leist.*

2. Le processus d'évolution phonétique n'est pas assuré (voir ce que nous avons dit à propos du passé simple de *boire*). P. Fouché a eu, semble-t-il, deux explications successives et admet finalement que l'une concerne le Nord-Est, l'autre le francien (cf. *Phonét.*, pp. 314-316 et 726-728 et la Remarque I de la page 728) :

1°) *Nord-Est :* *lḗgui > *líwwi > *líẅi > *líü et finalement *[lṻi̯]* par interversion.

2°) *Francien :* *lḗguī > *líwwi > *lúwwi (passage de *-íww-* à -úww-) > *lṻẅi > *[lṻi̯].*

Dans les deux cas le résultat est *lui,* puis *lus* (après la réduction de i̯ final vers le début du XIIe s., puis addition de -s de 2e pers.).

3. A défaut d'attestations directes (il doit en exister), nous avons des formes de phonétisme comparable :

imparf. du subj. 3e pers. sg. : *leüst (Rose)* < *leguisset ou *legússet.
participe passé *leü* < *legū́tu

L'explication de *leüs* est plus simple si l'on part de *legústi, forme réduite (cf. *fústi, *valústi) que si l'on part de **leguī́sti,* mais même en ce cas P. Fouché y parvient (cf. *Phonét.*, p. 728) :

*leguī́sti > *lewwī́sti > *lewwústi > *le(ẅ)üs > *leüs.*

4. Voir l'évolution phonétique de la 1re pers.

5. Voir l'évolution phonétique de la 2e pers. du sing.

6. Comme à la 1re et à la 3e pers. du sing. P. Fouché semble avoir une double explication :
a) soit (Nord-Est) lēguĕrunt > *líwwerunt > *liürent > *[lṻ(i̯)rent].*
b) soit (francien) lēguĕrunt > líwwerunt > *luwwerunt > **lü(ẅe)rent* = *lurent.*
(cf. verbe *devoir*).

Subj. imparfait		
1er type :		
3. *lēxĭ́sset	*lisist* (cf. 4. *lisissions* au XVIe s.)	
2e type :		
3. *leguĭ́sset ou *legússet	*leüst (Rose)*	qu'il *lût*
Impératif		
2. lĕ́ge	*li* puis *lis*	*lis*
5. lĕ́gĭtis	(*lites) en fait : *lisez* (indic.) et *lisiez (Th. Beck.)*	*lisez*
Participe présent		
C.R. sg. legéntem	(*leiant) en fait : *lisant* (anal. de disant)	*lisant*
Participe passé		
1er type		
C.R. sg. masc. lĕ́ctu(m)	*lit* (Marie de Fr., etc.) [1]	
C.R. fém. lĕ́cta(m)	fém. *lite,* var. : *leit*	
2e type		
C.R. sg. masc. *legū́tu(m)	*leü* (et même *liu*)	*lu*
C.R. sg. fém. *legū́ta(m)	*leue* (*lute* in R. de Clary) (cf. XVIe : *leutte* la lettre) [2]	*lue*

Conclusion. — La conjugaison de ce verbe pendant la période romane et celle de l'ancien français devait être complexe du fait que sa consonne radicale (g intervocalique) était peu solide, du fait aussi du « balancement » de l'accent. Mais très tôt la langue a emprunté des formes à un verbe qui lui était étroitement associé dans l'usage, le verbe *dire,* qui avait donné phonétiquement *disant* au participe présent et gérondif et je *diseie* à l'imparfait et, par suite, nous *disons* au présent de l'indicatif et encore je *dirai* au futur.

D'autre part le verbe a été muni de deux types de parfait bien caractérisés, un type en *-si* et un type en *-ui* (ce dernier l'a lentement emporté) et d'un nouveau type de participe en -ūtu (qui l'a emporté aussi). Très longtemps cependant des formes concurrentes ont coexisté (passé simple il *lisit,* imparf. du subj. que nous *lisissions* au XVIe s. encore — participe passé *li(c)t* au XVIe s.).

Actuellement le verbe est assez simple puisqu'il n'a que deux radicaux :

a) li- (d'où *lis-*, d'après *dis*[ant]).

b) *lu-*

---

1. On trouve encore *lict* et le fém. *lite(s)* au XVIe siècle (voir dict. Huguet).
2. Cf. la formule « après la lettre leutte » (trois exemples dans Huguet).

Luire

Latin class. : *lūcēre,* lūceo, -es, lūxī
(luire, briller)

Infinitif. La forme ancienne est *luisir.*

Luire qui apparaît au XIIe siècle est considéré comme analogique d'un verbe comme *conduist/conduire* = *luist/luire* (Fouché, *Morph.,* p. 165).

Il ne serait pas nécessaire d'invoquer un infinitif vulg. *lucīre pour expliquer *luisir* car placēre > plaisir, nŏcēre > noisir, etc. Mais un passé simple faible (je luisi, tu luisis, etc.) semble le supposer, comme d'ailleurs d'autres langues romanes (esp., occitan, etc.).

Ital. : *lucere* (type en -ēre)

Prov. : *luzer* (type en -ēre)

Esp. : *lucir* (type en -īre ?)

Cat. : *lluir* (type en -īre ?)

Lim. : *[lüji]* (type en -īre ?)

Autre forme « provençale » : *luzir* (type en īre ?)

Indic. présent		
1. lū́cĕo	(*luis,* anal. de 2e pers.) [1]	je *luis*
2. lū́ces	*luis* (*luises* in *Roland*)	tu *luis*
3. lū́cet	*luist (Rose)*	il *luit*
4. lūcḗmus (et subst. de term.)	*luisons*	nous *luisons*
5. lucḗtis (et subst. de term.)	*luisez*	vous *luisez*
6. lū́cent	*luisent (Rol.,* etc.)	ils *luisent*
Indicatif imparfait		
3. lucḗbat	*luiseit* puis *luisoit*	il *luisait*
Futur		
3. lucer(e)-hábet	*luira*	il *luira*
Conditionnel présent : conforme.		
	luiroit	il *luirait*
Passé simple		
1er type (faible en -īvi ?)		
1. *lucí(v)i	*luisi* puis *luisis*	
2. *luci(v)isti > *lucísti	*luisis*	

1. P. Fouché indique que lūceo aurait dû donner **luz.*

3. *lucī́(v)it	*luisit* (*Dial. Grégoire*, etc.)	il *luisit* [1]
4. *luci(v)imus > *lucímus	*luisimes*	
5. *luci(v)ístis > *lucístis	*luisistes*	
6. *lucī́(ve)runt > *lucīrunt	*luisirent*	
2e type [1]		
1. lūxī (?)	*luis* (*luy* in Palsgrave)	
2. lūxī́sti	*luisis*	
3. lū́xit	*luist*	il *luit* [2]
4. luximus	*luisimes* (anal. 5e pers.)	
5. luxī́stis	*luisistes*	
6. lū́xerunt	*luirent* (*luyrent* in Palsgrave)	ils *luirent* [2]
Subj. présent		
3. lū́ceat	*luise* [3]	qu'il *luise*
Subj. imparfait		
3. lūxī́sset	*luisist* (*Rose*)	qu'il *luisît*
Impératif		
2.	*luis* (indic.)	*luis*
5.	*luisez* (indic.)	*luisez*
Participe présent		
C.R. sg. lūcéntem	*luisant* (*Rose*) var. *luyant* (Ch. d'Orl.)	*luisant*
Participe passé		
C.R. masc. sg. *lucītu	1) *luisit* (forme attestée) 2) *lui(t)* (anal. de *nui(t), cui(t)*)	*lui*

1. On peut se demander si ce deuxième type, assez rare selon Fouché, est secondaire et analogique comme il le pense (cf. *Morph.*, p. 300, où il invoque les types en -duire et -struire) ou s'il est d'origine. Tout n'aurait-il pas pu commencer par les 2es personnes *luisis/luisistes* < luxisti/luxistis ? C'est ce qu'admet Nyrop (II, p. 140).

Quoi qu'il en soit ces deux types existaient au XVIe siècle et même au XVIIe s. (cf. Grévisse, § 678).

2. Littré constate avec regret que l'Académie ne donne plus de passé simple ni d'imparfait du subjonctif et que des grammairiens se sont plaints qu'elle eût ainsi restreint la conjugaison : « rien n'empêche, ajoute-t-il, d'employer le parfait défini [luisit] et l'imparfait du subj. [luisist]. »

Plus récemment Grévisse constate que ces formes sont rares et que l'on a plutôt tendance à reprendre, pour le passé simple, « les formes anciennes » *je (re)luis, ils (re)luirent.* Il ne cite d'ailleurs chez les écrivains, que des 3es pers. du pluriel.

3. P. Fouché indique que *lū́cĕam, lū́cĕas, lū́cĕat,* etc. auraient dû aboutir à *luece, *lueces, *luece, etc. et qu'ainsi *luise* est analogique du présent de l'indicatif *(luis)*. C'est bien possible ; mais le fait est que l'on n'a jamais eu **luece*, pas plus que **nuece* pour nŏceat.

Conclusion. — Ce qui frappe surtout dans cette conjugaison c'est :

1°) l'hésitation, jusqu'au XVIIe s., entre deux types de passés simples. On paraît surtout s'être tiré de la difficulté en laissant ce temps de côté (cf. Littré). Toutefois (ils) *luirent/reluirent* renaît.

2°) l'établissement d'un parallélisme analogique entre les présents de l'indicatif et du subjonctif : que je *luise* d'après je *luis*.

Mettre

Latin class. : mĭ́ttĕre, mĭtto, mĭttis, mī́sī, mĭssum
(envoyer)

Infinitif. Mĭttĕre > rég. *mettre,* écrit tantôt *mettre* tantôt *metre* en anc. fr. ; *mettre* semble l'emporter au XVIe s.

Ital. : *mettere* — esp. : *meter* — port. : *metter*

Indic. présent		
1. mĭ́tto	*met (Rose)* puis *mets*	je *mets*
2. mĭ́ttis	*mez (Rose)* puis *mets*	tu *mets*
3. mĭ́ttit	*met*	il *met*
4. mittimus (et subst. de term. -ŭ́mus)	*metons/mettons* var. pic. : *metomes* (Couci)	nous *mettons*
5. mittitis (et subst. : ā́tis)	*metez (Rol.)/mettez*	vous *mettez*
6. mĭ́ttunt	*metent/mettent*	ils *mettent*
Imparfait		
3. mĭttḗbat	*metoit (Rose)* et *mettoit*	il *mettait*
Futur		
3. mĭ́tter(e)hábet	*metra (Rose)/mettra*	il *mettra*
Condit. : conforme.	*metroit (ibid.)/mettroit*	il *mettrait*
Passé simple (donné comme type p. 35)		
1. mī́sī	*mis*	je *mis*
2. mīsī́stī	*mesis* puis *meïs* et *mis*	
etc.		
Subj. présent		
3. mĭttat	*mete* puis *mette*	qu'il *mette*
Subj. imparfait		
3. mīsĭ́sset	*mesist* puis *meïst (Rose)* et *mist*	qu'il *mît*

Impératif (cf. indicatif)		
	2. (mez) *mets*	*mets*
	5. *metez / mettez*	*mettez*
Participe présent		
C.R. sg. mĭttentem	*metant* et *mettant*	*mettant*
Participe passé		
C.R. sg. : class. mĭssu		(cf. subst. *messe*)
vulg. *mīssu (anal. du parfait)	*mis,* fém. *mise*	*mis, mise*

Conclusion. — Ce verbe ne pose pas de grands problèmes ; notons cependant :

a) la réduction des personnes faibles du passé simple (et imparfait du subj.) : tu mesis > *meïs* (anal. de veïs) puis *mis*

b) le changement de vocalisme du participe passé mĭssu- devenu *mí̄ssu ou *mí̄su. On sait cependant que *mĭssa* (de la formule « ite, missa est ») est devenu anciennement *messe ;*

c) enfin le ĭ a gardé le timbre i à l'imparfait du subjonctif sans doute sous l'influence du type dormīsset.

Naître

En latin classique ce verbe était déponent :
nasci, nascor, nasceris, nātus sum

En latin vulgaire il est devenu « actif » :
*nascĕre, *nasco, *nascĭs, etc.

Cependant le participe *nātus* s'est conservé.

Infinitif. **Náscĕre* > naịstre (par un intermédiaire *nacsĕre — avec interversion sc > cs que l'on est presque obligé de supposer [1] au moins pour l'indicatif présent : (je) nais < *nácso < *násco
(cf. Bourciez, *Phonétique,* § 136, II). Var. : *nasquir* (cf. Tobler-Lom.) encore attesté au XVIe s. (du Fail) [2] : cette forme a été évidemment faite sur il *nasquit,* etc.

Indic. présent		
1. *násco > *nácso (?)	*nais*	je *nais*
3. *náscit > *nácsit (?)	*naist* puis *neist*	il *naît*
4. *nascímus -úmus	*naissons*	nous *naissons*

1. Toutefois P. Fouché (*Phonét.,* p. 466) ne suppose pas cette interversion des consonnes : il pose en principe qu'au niveau **nastyĕre* (< *naskyĕre) le ĕ est tombé.
On aimerait une plus ample explication. Quoi qu'il en soit, le plus ancien français est [naịstre] avec un yod d'anticipation ou, pour certains, de transition ; voir aussi *connaître* a. fr. *conoistre.*

2. D'où : imparf. : *nasquissoit* — fut. : *nasquira* — part. prés. : *nasquissant(e)* au XVIe s.

5. *nascḗtis -átis	*naissez*	vous *naissez*
6. *náscunt > *nácsunt	*naissent* et *neissent (Erec)*	ils *naissent*
Indic. imparfait		
3. *nascḗbat	*naisseit* puis *naissoit*	il *naissait*
Futur		
3. *nascer(e) hábet	*naistra* var. *nasquira* (attesté encore au XVIe s.)	il *naîtra*
Conditionnel présent		
3. *nascere + (hab)ḗbat	*naistreit/naistroit*	il *naîtrait*
Passé simple (voir type en -*is*, page 33)		
1. *nascuī > *naskwi	*nasqui (Rose)*	je *naquis*
2. *nascuī́stī > *naskwī́stī	*nasquis (St Brand.)* et *naquis (St Gille)*	tu *naquis*
3. *nascuit	a) *nasquit* [1] b) *nasquiet* (refait sur *nasquierent*)	il *naquit*
5. *nascuī́stis	*nasquistes*	vous *naquîtes*
6. *náscuĕrunt > *nask(w)ḗrunt	*nasquierent* (et *nasquirent (Rose),* anal. de *nasquit*)	ils *naquirent*
Subj. présent		
1. *náscam > *nácsa(m)	*naisse* [2] var. *naquisse* (Marot)	que je *naisse*
Subj. imparfait		
3. *nascuī́sset	*nasquist* et *nasquesist (Beaumanoir)*	qu'il *naquît*

1. Les explications que l'on donne de ce passé simple ne sont pas concordantes :

a) Pour Nyrop (*Morph.*, p. 137) *nasquit* est une forme demi-savante comme *vesquit* qui serait une transcription de vixit > *visquit.

b) Fouché (*Morph.*, pp. 309-310) pense qu'un certain nombre de verbes semblables (voir plus haut p. 34) ont eu à la 3e pers. du pluriel une accentuation : *náscuerunt puis **nask(w)ḗrunt*, d'où *nasquierent*.

Ils ont ainsi rejoint le type -*vendis*. D'où 3e pers. du sing. *nasquit* et 1re pers. : *nasquis*.

Le fait est que le passé simple a gêné nos ancêtres : au lieu de *il nasquit on trouve *il fu nez* dans la Chanson de Roland, et souvent ensuite (cf. Littré, qui dit que Régnier écrit encore *il fut né*).

2. P. Fouché (*Morph.*, p. 128) donne des formes *nasche, nasches,* etc. qui paraissent purement théoriques (il indique lui-même p. 132 que « des modifications analogiques se sont produites à date prélittéraire ».)

Participe présent		
C.R. nascénte(m) -ante	*naissant*	*naissant*
Participe passé		
C.S. nā́tus	*nez* (var. *nasquis/naquis*)	
C.R. nā́tu(m)	*né* (*nay* XVIe s.)	*né*
var. C.S. *nascū́tus	*nascuz (Troie)* [1]	

Conclusion. — Le seul problème qu'a posé ce verbe, après son passage à la forme active en latin vulgaire, est celui du passé simple (et de la forme toujours correspondante de l'imparfait du subjonctif) : il faut constater qu'il a, comme nombre d'autres verbes, adopté le type en *-is.*

Paître (et **repaître**)

Étym. Latin *pascĕre, pasco, pascis, pāvī, pastum*
(mener paître — nourrir cf. repaître — et enfin, en poésie, paître, brouter).

Si le français moderne n'a plus guère que le sens de *brouter* (en parlant d'herbivores), l'ancien français a souvent le sens transitif de *nourrir* (et parfois celui de *manger*). Ce sens de *nourrir,* repaître se trouve encore aux XVIe et XVIIe s. (cf. Littré).

Infinitif. Páscĕre > *paistre* (cf. nascere > naître) ; variantes : *peistre, pestre.* La graphie *paître* date, comme on sait, du XVIIIe s.

Ital. : *pascere*

Esp. : *pacer* — port. : *pascer*

Oc (limousin) : *pai̯sse* ou *pai̯che.*

Indic. présent		
2. páscis	*pais*	tu *pais*
3. páscit	*paist (Alexis)* var. peist *(Cligès)* *pest* (Béroul, *Trist.*)	il *paît*
4. pascimus (et subst. de term.)	*paissons* var. *peissum* (in Tobler-L.)	nous *paissons*
Imparfait		
3. pascḗbat	*paisseit/paissoit* var. *peissoit/pessoit*	il *paissait*

1. Fouché (*Morph.*, pp. 375-376) signale aussi un type *naissu ;* c'est lui qui est vivant en limousin actuel (prononcé [nei̯šü]) ; a-t-il été emprunté au français ?

Futur		
3. pascere-hábet	*paistra* (Brut) var. *paistera* (in Tobler-L.) *pestera*	il *paîtra*
Conditionnel présent		
6. pascere-(hab)ḗbant	*paistroient* (cf. *Rose*)	ils *paîtraient*
Passé simple		
3. pā́vit	*pout (Alexis), pot (Th. Beck.)* [1]	inusité (cf. il se *reput*)
Subj. présent		
3. páscat	*paisse/peisse* (cf. *Cligès*)	qu'il *paisse*
Subj. imparfait		
3. pavī́sset	*peüst (Rose)*	inusité (cf. qu'il se *repût*)
Impératif		
2. pásce	*pais (Alexis)*	*pais*
5. *pascátis (subj. ou indic. vulg.)	*paissiez* (*peissiez* in *Th. Becket*)	*paissez*
Participe présent		
C.R. sg. pascénte(m) -ánte	*paissant (peissant, Perc.)*	*paissant*
Participe passé		
C.S. sg. *pavū́tus (d'après pāvit)	*peüz (Percev., Rose,* etc.*)*	inusité (mais cf. il s'est *repu*)
C.R. sg. : *pavūtu	*poüd* (Alexis) *peü* (courant) *pu* au XVIe s. (= nourri) (chez Baïf)	

Conclusion. — Verbe dont le sens s'est restreint depuis le moyen français — et dont quelques formes sont tombées en désuétude (passé simple et imparf. du subj., participe passé) : il est vrai que le composé *repaître* les a conservées.

1. P. Fouché fait état de formes **pascuit, *pascuerunt* que nous ne voyons pas représentées ensuite (*Morph.*, p. 309).

Nuire

Lat. class. : nŏcēre, nŏceo, -es, nocuī, nocĭtum
(nuire, faire du tort)

Infinitif. Nŏcḗre donnait régulièrement *noisir* (cf. potione > poison) ; en fait c'est *nuisir* qui est surtout attesté, très tôt (cf. *Psautier d'Oxford, Thomas Becket,* etc.) : il est analogique des formes accentuées sur o (ex. : nŏ́cet > nuit). Quant à *nuire* qui a triomphé (c'est la seule forme du *Roman de la Rose* par ex.), on considère qu'il est analogique de verbes comme *duire, conduire* (cf. Fouché, *Morph.*, p. 165) [1].

Ital. : *nuocere*

Esp. : *nocir*

Oc (prov.) : *nozer*

Indic. présent		
1. nŏ́cĕo	(*nuez) *nuis* (2ᵉ pers.)	je *nuis*
2. nŏ́ces	*nuiz, nuis*	tu *nuis*
3. nŏ́cet	*nuit (Rose), nuist (R. Viol.)* (cf. *noist, neust*)	il *nuit*
4. nocḗmus (puis subst. de term.)	(*noisons) *nuisons*	nous *nuisons*
5. nocētis (puis subst. de term.)	(*noisez) *nuisiés (Ogier)* puis *nuisez*	vous *nuisez*
6. nŏ́cent	*nuisent*	ils *nuisent*
Indic. imparfait		
3. nocḗbat	(*noiseit) *nuiseit/nuisoit* (anal. de il *nuit*)	il *nuisait*
Futur		
3. nocer(e)-hábet	*nuira* (cf. *nuiserai, Ps. Oxf.*, cf. *Troie* : (vous) *nuiserez*)	il *nuira*
Conditionnel : conforme.	3. *nuiroit (Rose)*	il *nuirait*

1. *Nuire* apparaît au XIIᵉ siècle seulement.
La forme régulière *noisir* (o initial + yod) a cédé rapidement la place à *nuisir*. Dans les dialectes de l'Est, en Bourgogne et en france-provençal on trouve des participes présents *noisent/noisant*.

Passé simple		
a) *type originel*		
1. nǒ́cui	*nui* [1]	
2. nocuĭ́stī	*noüs* [1] puis *neüs*	
3. nǒ́cuit	*nut (Rou, Yvain,* etc.)	
4. nocuimus	*noümes* et *neümes* [2]	
5. nocuístis	*noüstes* et *neüstes* [2]	
6. nocŭĕrŭnt > *nǒ́kwĕrunt	*nürent* [3]	
b) *type analogique du type conduire,* passé simple *conduis, conduisis...* etc.)		
1.	*nuis* puis *nuisis*	je *nuisis* [4]
2.	*nuisis*	tu *nuisis*
3.	*nuist* puis *nuisit*	il *nuisit*
4.	*nuisimes*	nous *nuisîmes*
5.	*nuisistes*	vous *nuisîtes*
6.	*nuistrent (Chron. ducs de Norm.)* puis *nuisirent*	ils *nuisirent*
Subj. présent		
3. nǒ́ceat	*nuise* (anal. de l'ind. prés., > **nuece)	qu'il *nuise*
Subj. imparfait		
a) *type originel :*		
3. nocuĭ́sset	*noüst* puis *neüst (Rou, Rose,* etc. ; existe encore au XVIe s.)	(type disparu)
b) *type nouveau (analogique)*		
	3. *nuisist* (*Aiol,* etc.)	qu'il *nuisît*
	6. *nuisissent* (*Yvain,* etc.)	qu'ils *nuisissent*
Impératif (cf. indicatif)		
2. nǒ́ce	*nuis*	*nuis*
5. nocḗtis (et subst. de term.)	*nuisez* (cf. *noisiez (Troie)* < noceā́tis ?)	*nuisez*

1. P. Fouché (*Phonétique,* p. 726-772) explique ainsi, semble-t-il, l'évolution :
nǒ́cui > *nógwi > *nuowwi > *nüẅ(w)i > [nüi].
A la 2e personne du sing. les transformations auraient été nocuĭ́sti > *nogwísti > *nowwísti > *nowwústi > nowüs(ti) > [noüs] puis [neüs].

2. Cf. 2e pers. du sing.

3. Cf. 1re et 3e pers. du sing.

4. « Forme qui n'est pas indiquée par l'Académie mais qui est dans l'usage », note Littré.

Participe présent		
C.R. sg. nocéntem	*noisant* (dialectal régulier, Est) *nuisant* (anal. de *nuis*)	*nuisant*
Participe passé		
C.R. masc. sg. *nocū́tu (class. nocĭtu)	*noü* puis *neü (Enéas, Rose,* etc.*)* et *nui(t)* (anal. de *conduit,* cuit) (cf. (a) *nuisi* (B. de Condé)	(type disparu) *nui*

Conclusion. — Comporter une voyelle ŏ libre tantôt accentuée, tantôt initiale non accentuée, suivie tantôt de *c* + *e* (c donnant un yod), tantôt de c + u (où c s'effaçait), c'était pour ce verbe être exposé à des alternances profondes du radical : d'où, en effet, en ancien français :

nui(s)/nu(t)
nois-
noü- > neü-

La langue a rétabli une relative régularité en généralisant un radical *nui(s)/nui(t),* soit par extension du radical accentué de l'indicatif présent aux dépens de *nois-* (ou de **nuec(e)* au subjonctif), soit en adoptant un passé simple (et imparf. du subj.) *nuis* > *nuisis* et un participe passé *nui(t)* analogiques de verbes tels que conduire, cuire.

Occire

Étym. Latin occīdĕre, occīdo, occīdis, occīdī, occīsum : *tuer* (composé de caedĕre).

Infinitif. Occī́dĕre > *ocire* ou *ocirre (Yvain) ;* var. *ocierre (Rose).*

Au XVIe s. on trouve la graphie *occir* à côté de *occire.*

Littré déclare que, de son temps, ce verbe est vieilli : aujourd'hui il ne s'emploie que par plaisanterie.

Indicatif présent		
3. occī́dit	(il) *ocit* puis *occit* [1] (graphie étym.) *ochit* (picard)	il *occit*
5. occīdĭtis (> -ā́tis)	(vos) *ocïez* puis *occiez*	vous *occiez*
6. occī́dunt	(il[s]) *ocient*	ils *occient*
Imparfait		
3. occidḗbat	(il) *ocïoit (Yv.)* var. XVIe : *occisoit* (d'après *occis*)	il *occiait*

1. On trouve aussi la graphie *ocist* par confusion avec le passé simple : l'inverse a lieu aussi.

Futur		
1. occidere-hábeo	a) *ocidrai (aucidrai* in *Passion)* b) *ocisirai (Gaydon)* c) *oscirai* (cf. Marie de Fr.)	
Conditionnel présent : conforme.		
3. occidere-(hab)ēbat	*occidroit*	il *occirait*
Passé simple		
3. vulg. *occī́sit* [1]	*ocist (Gaimar)* *occist* (*Trist.* de Th.)	il *occit*
5. occisístis	*oceïstes* [2] *(Yvain)* var. XVe : *occisistes* (in Littré)	vous *occîtes*
6. occī́sĕrunt [3]	*ocistrent (Gaymar)* *ocirent (L. Rois)*	ils *occirent*
Subj. présent		
1. occī́dam	(j')*ocie* et j'*occie* var. : que j'*occise* (cf. Marot)	que j'*occie*
5. occidā́tis	(vos) *ocïez* (cf. *ocïeiiez* in *Erec*)	que vous *occiiez*
Subj. imparfait		
3. occisísset	*ocesist* (Marie de Fr.) var. *oceïst (Gaimar)*	qu'il *occît*
5. occisissétis (et -ā́tis)	*oceïssiez (Percev.)*	
Impératif		
2. occī́de	*oci* (cf. Tobler-Lom.)	*occis*
5. occidā́tis (subj. ou ind. vulg.)	*ociez (Thomas Becket)*	*occiez*
Participe présent		
C.R. sg. occidénte(m) > -ánte	*ocïant/occiant* var. XVIe : *occisant* (Lem. de Belg.)	
Participe passé		
C.R. sg. occīsu(m)	*ocis/occis* (cf. *aucis, Passion* *ochis, Huon de B.*)	*occis*

1. Occī́sit est une forme « souvent employée dans les documents de basse latinité », dit Fouché (*Morph.*, p. 281, n. 4) (class. : *occīdit*).

2. *Oceïstes* peut s'expliquer par *occidī́stis* mais ce n'est pas nécessaire car le type en -si perd son -s- intervocalique (misistes > *me(s)istes*).

3. On rencontre aussi dans *Floovant* un type en -er (tu *ocïas,* et qu'il *ocia(s)t* au subj. imparf.) qui est un solécisme.

Conclusion. — Ce qui est surtout remarquable c'est la tendance, aux XVe-XVIe siècles surtout, à généraliser le radical *occis-*, issu d'une forme de base (occisu[s]). Le verbe *tuer* était encore plus simple et plus unifié : la langue contemporaine nous montre qu'il s'est généralisé...

Paraître (voir **paroir**)

composés : **apparaître, comparaître, disparaître,** etc.

Étym. : Latin de basse époque *parēscĕre, parēsco, parēscis,* dérivé inchoatif de *parēre* (apparaître) qui a donné l'anc. fr. *pareir/paroir* (voir ce verbe).

Le parfait *parui* est celui de parēre.

Infinitif. Paréscĕre > *pareistre* (cf. náscĕre > naistre) puis *paroistre.*

Au Moyen Age ce verbe est beaucoup moins employé que *paroir* qui lui fournit non seulement son passé simple et son participe passé mais parfois son futur (il *parra* à côté de *pareistra*).

La prononciation de -oi- > [wę] a dû se réduire à [ę] au début du XVIIe s. (cf. Fouché, *Phonét.*, pp. 272 et suiv.) ; la graphie est restée *paroistre* jusqu'au XVIIIe s. (le premier dict. de l'Académie écrit ainsi, en 1694), puis *paroître,* qui est encore dans les éditions de 1777 et 1814 [1].

esp. : *parecer*

Indic. présent		
3. parēscit	*pareist (Troie)* puis *paroist* (cf. Montaigne)	il *paraît*
4. parescimus (et term. -ŭmus)	*pareissons* puis *paroissons*	nous *paraissons*
6. paréscunt	*pareissent (Troie)*	ils *paraissent*
Indic. imparfait		
3. parescēbat	*pareisseit (Troie)* puis *paroissoit*	il *paraissait*
Futur		
3. parescere-hábet	*pareistra (Troie)* et *paroistra* (ou *parra,* de paroir)	il *paraîtra*
Subj. présent		
3. paréscat	*pareisse* puis *paroisse*	qu'il *paraisse*

1. On sait que ce n'est qu'en 1835 que l'Académie a décidé de remplacer la graphie *-oi-* par *-ai-* quand la prononciation était [ę] (cf. la terminaison des imparfaits, conditionnels, etc.) et le verbe *connaître,* ancien *connoistre*).

Participe présent		
C.R. sg.		
parescénte(m)	*pareissant/paroissant*	*paraissant*
-ánte	var. *parissant (Troie)*	
Participe passé		
*parûtu (cf. paroir)	*paru*	*paru*

Perdre (brèves notes)

Latin class. : *perdĕre, perdo,* -is, *perdĭdī, perdĭtum*
(1° perdre = ruiner, anéantir — 2° faire une perte)

Infinitif. Pérdĕre > rég. *perdre*
ital. : *perdere* — esp. : *perder*
oc (limousin) : *perdre* et *pyardre*.

Indic. présent		
1. perdo	*pert*	je *perds* [1]
2. perdis	*perz* (*pers,* Machaut)	tu *perds*
3. perdit	*pert*	il *perd*
4. perdimus (et subst. de termin.)	*perdons*	nous *perdons*
5. perditis (et subst. term. < -ấtis)	*perdez*	vous *perdez*

Passé simple : deux types (cf. *vendre, répondre*)

a) *type en -is :*		
3. *perdí(v)it	*perdit*	il *perdit*
6.	*perdirent* (Commynes)	ils *perdirent*

b) *type en -ié* (voir page 33 type *vendiet*)

3. *perdẹ́dit	*perdie(t)*	
6. perdẹ́dĕrunt	*perdierent*	
Subj. présent		
3. perdat	*perde*	qu'il *perde*
Subj. imparfait		
3. perdísset	*perdist* (cf. *perdesse, Eulalie*)	qu'il *perdît*
Impératif		
2. pérde	*pert*	*perds* (anal. indic. prés.)

1. Je *perds* est analog. de tu *perds ;* le d (étymologique) réapparaît au XVIe s., semble-t-il.

5. *perdátis (cf. indic.)	*perdez*	*perdez*
Participe passé		
C.R. sg. *perdūtu	*perdu* var. *pierdu* (Chr. de Reims)	*perdu*

Note. Froissart présente un curieux conditionnel : nous *perderiemes* (nous *perdrions*), cité par Littré.

Plaire et plaisir

Plaisir était à l'origine un verbe : il s'est progressivement spécialisé comme substantif, mais au Moyen Age il est encore parfois un verbe :

Pur mielz *plaisir* al rei... (*Thomas Becket* in Littré)
Cument purrad-il a sun seigneur *plasir (Rois, ibid.)*

Pratiquement — et rapidement — il a été remplacé, dans son emploi de verbe par son doublet *plaire*.

Latin. Placḗre, pláceo, pláces, placuī, plácĭtum
(plaire, être agréable).

Infinitif présent. Placḗre > régul. *plakyḗre > *platsyḗre > *plai̯dzyéi̯re > *plaisir*.

On considère généralement *plaire* comme analogique de *faire*, selon la proportion (cf. Bloch-Wartburg, *dict. étym.*).

$$\frac{\text{il fait}}{\text{faire}} = \frac{\text{il plaist}}{\textit{plaire}}$$

Comme faire < *fácĕre*, tout s'est passé comme si *plaire* venait de *plácĕre.

ital. : *piacere*

esp. : *placer*

oc (prov.) : *placer*

Indicatif présent		
1. pláceo	*plaz* et *plais* [1]	je *plais*
2. plácēs	*plais*	tu *plais*
3. plácet	*plaist (Rol., Rose)* *pleist (Chans. Guil.)* *plest (Rose)*	il *plaît*
4. placḗmus (term. *-ons* < -ǘmus) [2]	*plaisons* [2]	nous *plaisons*

1. P. Fouché, *Morph.*, p. 165, pense que *plais* a dû apparaître dès le début du XIIe s. — un subjonctif analog. *plaisent* étant de cette époque.

2. P. Fouché fait remarquer justement (*Phonét.*, p. 365) que la substitution de la terminaison -ŭmus à -ēmus ne peut avoir eu lieu qu'après la palatalisation de -ce-. En effet si *placǘmus avait existé très tôt le résultat eût été : pla(c)ǘmus > *plaons > *plons (cf. secǘru > seür et... *placǘtu > *ploü/plëu* précisément).

5. placḗtis (term. *-ez* < -ā́tis)	*plaisez*	vous *plaisez*
6. plácent	*plaisent*	ils *plaisent*
Indic. imparfait		
3. placḗbat	*plaiseit* puis *plaisoit (Rose)* écrit même *plaisait*	il *plaisait*
5. placēbā́tis	*plaisiez*	vous *plaisiez*
6. placḗbant	*plaiseient* puis *plaisoient*	ils *plaisaient*
Futur		
3. placer(e)-hábet	*plaira* (*plaisirat*, in *Ps. d'Oxf.*)	il *plaira*
Conditionnel présent		
3. placer(e)-(hab)ḗbat	*plaireit* puis *plairoit*	il *plairait*
Passé simple (voir plus haut p. 41 ce passé choisi comme type)		
1. plácui	1. *ploi*	je *plus*
2. placuísti	2. *pleüs*	tu *plus*
3. plácuit	3. *plout, plot*	il *plut*
Subj. présent		
1. pláceam	*place* et *plaise* (anal. de l'indic. *plais*)	que je *plaise*
3. pláceat	*place* (*Rose*, 6696) *plaise* (*Rose*, 1812) *pleise (Erec)*	qu'il *plaise*
4. placĕā́mus	*(*placiens) plaisions*	que nous *plaisions*
5. placeā́tis	*(*placiez) plaisiez*	que vous *plaisiez*
6. pláceant	*placent* et *plaisent* (*Rose*, 17707)	qu'ils *plaisent*
Subj. imparfait (cf. plus haut p. 42)		
3. placuísset	*ploüst* (*Alexis*, etc.) puis *pleüst (Rose)* var. *plaisist* (in Tobler-Lom.) var. XVIe s. : *pleusist* (à lire : pleüsist, cf. d'ailleurs *plusist*)	qu'il *plût*
6. placuíssent	*pleüssent*	qu'ils *plussent*
Impératif		
2. place	*plais*	*plais*
5. (voir indic.)	*plaisez* (ind.)	*plaisez*

Participe présent		
C.R. sg. placéntem [1] -ántem	*plaisant* [1] (et *plesant, Dolop.*)	*plaisant*

Participe passé

*placū́tu	*ploü* → *pleü*	*plu*

Conclusion. — Tel est ce verbe qui, dès le latin vulgaire, était phonétiquement analogue, à beaucoup de personnes ou de temps, à facio/facere (aux consonnes initiales près) :

a) *personnes accentuées sur a :*
  pláceo > *plákyo évolue comme fácio = fákyo
  pláces évolue comme fácis
  plácĕam > *plákya évolue comme fáciam > *fákya
  etc.

b) *imparfait :*
  placḗbam évolue comme fac(i)ēbam > *fakḗbam
 participe présent :
  placéntem évolue comme fac(i)énte > *fakénte

Il n'est donc pas étonnant que l'infinitif ancien *plaisir* < placḗre ait cédé la place à *plaire,* d'après *faire.* Le subjonctif présent primitif, *place* tout à fait comparable à *face,* avait pris son indépendance très tôt mais on a eu aussi, par exemple, qu'il *plaise* comme *plaisant* ou il *plaisait,* etc., et aussi comme *plaisir.*

Quant aux « formes » de perfectum et de participe passé, elles ont toujours été — dès le latin ancien — et sont restées — très différentes des autres.

Prendre cf. **rendre** (lat. reddĕre > *rénd(e)re > rendre) et **apprendre, comprendre, reprendre, surprendre,** etc.

Latin class. : *prehendĕre,* prehendo, -is, prehendi, prehensum (saisir, prendre, surprendre).

Ce sont les formes syncopées de ce verbe (*prendere, prendo,* etc.), existant déjà à l'époque classique, qui ont passé dans les langues romanes.

Infinitif. Prendĕre > rég. *prendre,* var. *prandre.*

On observe au Moyen Age une forme : *penre/panre* (Beaum. ; *Florimont,* etc.), réduction de *prenre* (cf. futur il *prenra,* condit. il *penroit*).

Indic. présent		
1. préndo	*prent* [2] *(preign, Rose)* et *praign (ibid.)*	je *prends*
2. préndis	*prenz (prens, Rose)*	tu *prends*
3. préndit	*prent*	il *prend*

1. La palatalisation de -c- s'est faite devant -e- (*placántem aurait donné *plaiant cf. pacántem > paiant, payant). L'apparition du suffixe *-ante(m)* est donc postérieure au VIe siècle.

2. On trouve aussi *prenc* (= *prench*) en picard.

4. prendimus (-ŭ́mus par subst.)	*prendons (Job)* puis *prenons* [1]	nous *prenons*
5. prenditis (-átis par subst.)	*prendez / -és (Huon)* puis *prenez (Rose)*	vous *prenez*
6. préndunt	*prendent (Passion)* puis *prenent (Alexis)* et *prennent (Rose)* [2] *pre(i)gnent* (XVIe s., Calvin, etc.)	ils *prennent*
Indic. imparfait		
3. prendḗbat	*prendeit* (?) *preneit (Rou)* et *prenoit*	il *prenait*
Futur		
3. prend(e)r(e)-hábet	*prendra* *prendera* *pranra* (cf. Baïf)	il *prendra*
Conditionnel présent		
3. prend(e)r(e)-(hab)ḗbat	*prendroit* (Villeh.) *penroit* (Men. de Reims) *pranderoit* (Montaigne)	il *prendrait*
5. prend(e)r(e)-(hab)ebā́tis	*prendrïez (Troie)*	vous *prendriez*
Passé simple		
1. *prḗ(n)si > **prī́si* (**prensi* fait d'après participe *prensus*)	*pris* (*prin,* XVIe s., Baïf, etc.)	je *pris*
2. pre(n)sī́sti (ou *prisī́sti)	*presis* puis *preïs* (prisis, *Ps. d'Oxf.*) *prennis* attesté (Palsgrave)	tu *pris*
3. prḗ(n)sit > *prísit	*prist* [3] et *print* (XVe-XVIe s.)	il *prit*
4. pre(n)simus	*presimes* puis *preï(s)mes*	nous *prîmes*
5. pre(n)sī́stis (ou *prisī́stis)	*presistes (Roland)* puis *preïstes* (Béroul, *Rose,* etc.) *(prensistes, Myst. V. Test.)*	vous *prîtes*
6. pre(n)sĕrunt > *prísĕrunt	*pristrent (Gormont)*	ils *prirent* [4]

1. Le passage de *prendons/prendez* à *prenons/prenez* est généralement considéré comme analogique de tenons/tenez et venons/venez (cf. Fouché, *Morph.*, 107). Le rapport sémantique entre prendre et tenir est, en effet, étroit.

Les formes avec -d- se rencontrent surtout au Nord, Nord-Est et à l'Est (Fouché).

2. On trouve même : *prangnent* (Florimont).

3. P. Fouché (*Morph.*, p. 286) remarque que des textes anciens *(Passion, Vie de St Léger)* ont des formes en -e- : (il) *pres/prest* — (ils) *presdrent.*

4. La forme *prirent* s'est généralisée tardivement (nous n'en trouvons pas d'attestation au Moyen Age) : au XVe et XVIe s. on dit « il *print,* ils *prindrent* ». Vaugelas au XVIIe s. remarque que ces dernières formes « ne valent rien » mais que M. de Malherbe en use toujours.

(anal. prīsĭt)	*pristent (Rose)* 'picard : *prisent/prissent*) (*prindrent,* Marot, Rab., etc.)	(cf. *mirent*)
Subj. présent [1]		
3. préndat	a) *prende* puis *prenne* b) *preigne* *(Rou, Rose,* et XVIe s.*)* c) *prenge (prainge, Rou)*	qu'il *prenne*
5. prendátis	*prenez (Troie)* *preniez* (anal. de *teniez*)	que vous *preniez*
Subj. imparfait		
type 1		
1. *pre(n)sísse(m)	*presisse (Perceval)* (*prennisse* attesté)	
4. *pre(n)síssemus	*presissions* (Froissart)	
type 2		
1. *prisíssem	(que je) *prisse*	que je *prisse*
3.	(qu'il) *prist* (Joinville)	qu'il *prît*
type 3 (XVe-XVIe s.)		
1.	(que je) *prinsse* (Marot, Du Bel.)	
3.	(qu'il) *prinst* (Montaigne)	
4.	(que nous) *prinsions* (Baïf)	
Impératif		
2. *prende	*pren(t)*	*prends*
5. *prendátis (subj. ou ind. vulg.)	*prendez* *prenés* (cf. Tobler-Lom.)	*prenez*
Participe présent		
C.R. sg. **prendentem*	*prendant* et *prenant*	*prenant*
Participe passé		
C.R. sg. masc. *pré(n)su	*pris* (et *prins,* courant au XVIe s.) (influence du passé simple et du type *mis*)	*pris*
var. *prendūtu	*prendu (Enf. Ogier)*	

1. Les deux premiers types de subjonctif présent sont encore bien représentés au XVIe s. :
— *prende* (*anc. poésies fr.*, cité par Huguet)
— *pre(i)gne* (Baïf, cf. Calvin, St Gelais)

Le type en -ge caractérise les dialectes de l'Ouest (cf. *tienge, vienge*) : il résulte d'une consonification du yod en ž (cf. laněu > lange), par ex. dans veniat > *vienge.*

Conclusion. — Ce qui caractérise cette conjugaison c'est :

1°) le passage de *prendons/prendez/prendent* à *prenons,* etc. : il faut invoquer l'analogie de *tenons/tenez.*

2°) Le passé simple je *pris*/tu *presis/preis...* qui est phonétique sans doute (influence dilatrice de ī final) ou peut-être analogique.

3°) L'apparition tardive, semble-t-il, d'un passé simple je *prins,* etc. et d'un participe passé *prins* qui a été très employé au XVIe s. Ce passé simple doit être analogique de je *tins.*

Pondre (et a. fr. **repondre :** cacher)

Étym. Pondre continue, dans une faible mesure au point de vue du sens, le latin *pōnĕre,* pōno, pōnis, pŏsui, pŏsĭtum (poser, établir, installer)

Pondre n'a gardé, comme on sait, dès le Moyen Age, que le sens de « déposer ses œufs » en parlant d'un animal. Dans le sens et la forme de *« poser »,* il a été remplacé par **pausare,* fait sur le substantif *pausa* (cessation, arrêt).

Infinitif. Pōnĕre > rég. *pondre.*

Indic. présent		
3. pṓnit	*pont* var. *punst* (Mousket)	il (ou elle) *pond*
5. ponitis et subst. de termin.	*ponez*	vous *pondez* (réfect. sur l'inf.)
6. pṓnunt	*ponent/ponnent* var. *pounent*	ils (ou elles) *pondent*
Imparfait		
3. ponḗbat	*poneit/ponnoit (Renart)* norm. : *punoit*	il (elle) *pondait*
Futur		
3. ponĕre-hábet	*pondra(t)* var. *pundrat* (Ph. Thaon)	il (elle) *pondra*
Passé simple		
3. posuit > *pósit [1]	*post (Rose)* var. *pust* (Renclus)	il (elle) *pondit*
6. posuĕrunt > *pósĕrunt	cf. *repostrent (Troie)*	ils (elles) *pondirent*
Subj. présent		
3. pṓnat	*poigne* (cf. *repoigne*) (cf. *reponge, Troie*)	qu'il (elle) *ponde*

1. Forme admise par Fouché (p. 307) et faite probablement sur le modèle de postus, issu du classique *pósĭtus.*

Participe présent		
C.R. sg. ponéntem	*ponant*	*pondant*
-ánte	*ponnant* (Coincy)	
Participe passé		
C.R. sg. pós(i)tu	*post*	
var. *pósu	var. *pons, puns, pus* [1]	
var. *ponū́tu	et *ponnu* (cf. Tobler-L.)	*pondu*

Conclusion. — Les formes de l'ancien français sont assez fidèles au radical latin *pon-* (et *pos-*). La langue a par la suite régularisé la conjugaison en généralisant le radical de l'infinitif caractérisé par un d épenthétique (cf. aussi le futur *pondra*).

Notes sur le composé anc. fr. *repondre* (cacher, enfoncer et refuser, (se) refuser), var. : *rebondre.*

D'une manière générale les formes du composé sont conformes à celles du verbe simple. Ce qui frappe surtout en lui, c'est la variété des participes passés :

C.S. sg.	
type *repósus	*repus (Mon. Guill., St Graal)*
C.R. sg.	
type **repostu*	*repost (Rou)*
type -ūtu	*repon(n)u* var. *re(s)pondu* (in Tobler-L.) etc.

Rire

Latin class. : rīdēre, rīdĕo, rīdes, rīsī, rīsum (rire)

Infinitif. Le français suppose une forme vulgaire **rī́dĕre.*

A partir de **rīdĕre* et du parfait *rīsī* la conjugaison ne pose pas de grands problèmes puisqu'on sait que le d intervocalique s'amuït.

ital. : *ridere* — esp. : *reir* — port. : *rir* — oc (lim.) : [rei̯rə].

Indic. présent		
1. *rī́do	*ri* et *ris* (*Trist.* Bér.)	je *ris*
2. *rī́dis	*ris*	tu *ris*
3. *rī́dit	*rit* [2] (écrit parfois *rid* au XVIe s.)	il *rit*

1. Ces formes paraissent bien des cas-régime singuliers : on les trouve dans des phrases telles que :
geline qui a post *(Pèlerin. de vie humaine)*
geline qui n'a *puns* (= pons en francien) (in Tobler-L.)
geline qui a *ponnu (Menagier de Paris)*
Le cas-régime pluriel est aussi *pons* (ues *pons,* couvés).

2. On peut trouver des graphies *rist* à côté de *rit* (cf. Tobler-Lom.).

4. ridimus (et subst. de term.)	*rions*	nous *rions*
5. rīditis (et subst. de term. < -átis)	*riez*	vous *riez*
6. *rídunt	*rient* = [rïent]	ils *rient*
Imparfait		
3. rīdḗbat	*rïoit*	il *riait*
Futur		
3. rīder(e) hábet	*rira*	il *rira*
Conditionnel : conforme.	*riroit*	il *rirait*
Passé simple		
1. rísī	*ris* (*Trist.* Béroul)	je *ris*
2. rīsísti	*risis* [1] et *ris*	tu *ris*
3. rísit	*rist* (*Rose,* etc.) (*risit* chez Lemaire de B.)	il *rit*
4.	? attestat. manquent [2]	nous *rîmes*
5.	?	vous *rîtes*
6. ríserŭnt	*ristrent (Rose)* puis *rirent* (cf. mirent)	ils *rirent*
Subj. présent		
3. *rídat	qu'il *rie* (*riet* in *Rol.*)	qu'il *rie*
Subj. imparfait		
a) *type originel*		
6. *risíssent*	*risissent* [3] *(Rose, Renart)*	
b) *type fait sur le modèle des formes fortes*		
	1. *risse* (cf. misse)	que je *risse*
	3. *rist*	qu'il *rît*
	6. *rissent* (Amyot)	qu'ils *rissent*
Impératif (cf. indic.)		
2. rīde	*ri(s) ?*	*ris*
5. comme indic. (*ridátis)	*riez*	*riez*

1. On attendrait sans doute **resis* (cf. mīsísti > *mesis*) ; mais *mesis* lui-même a donné parfois *misis* (cf. Fouché, *Morph.*, p. 287).

2. Huguet cite un exemple de nous *riames* au XVIe s.

3. Cf. 3e pers. sing. : *resist* (*Escanor* in Tobler-Lom.).

Participe présent		
C.R. sg. rīdéntem -antem	*riant* (= *rïant*)	*riant*
Participe passé		
C.R. sg. rísu	*ris*	*ri* (s final a disparu de la graphie)

Conclusion. — Si l'on met à part l'hésitation entre les deux formes de subjonctif imparfait, que l'on retrouve par exemple dans *mesisse* et *misse,* c'est-à-dire entre une forme faible d'origine et un radical fort, cette conjugaison est régulièrement phonétique, compte tenu de la modification rīdēre > *ridĕre et des habitudes prises aux origines de la langue (substitution de terminaisons aux 1re et 2e pers. du plur. de l'indicatif présent).

Rompre (comp. interrompre)

Latin class. : rūmpĕre, rŭmpo, -is, rūpī, rŭptum (rompre)

Infinitif. Rŭmpĕre > régul. *rompre* (*rumpre* en anglo-normand, *Rol-* par ex.).
ital. : *rompere* — esp. : *romper* (catal. : *romprer*)
prov. : *rompre/rumpre.*

Indic. présent		
1. rŭ́mpo	(attestations manquent)	je *romps* (cf. 2e pers.)
2. rŭ́mpis	*rons*	tu *romps*
3. rŭ́mpit	*ront (Troie, Rose)* (*rumpt* in *Roland*)	il *rompt*
5. rumpitis et subst. de termin.	*rompez* (*rumpez* en norm.)	
Futur		
3.	*rompra* (XVIe s. : *rompera*)	il *rompra*
Passé simple (types en *-is,* et en *-ié,* voir p. 33)		
a) *type en -is* *rompī́(v)it	*rompi (Mort Aimery)* *rompit*	il *rompit*
b) *type en -ié* (cf. *vendié*)	*rompié (Louis)*	
Impératif		
4.	*rompons*	*rompons*
5.	*rompés/-ez*	*rompez*

Participe passé : deux types :

a) *type latin classique*		
C.R. pl. rŭ́ptos	*rouz (Rose)* [1]	
C.R. fém. rŭ́ptas	*routes (Rose)* [1]	
	sing. *rote (Yvain)*	
	rompte (Gaydon)	
b) *type en -ūtu*		
C.R. sg. *rumpū́tu	*rompu*	*rompu*
	(*rumput* in *Rol.*)	

Conclusion. — Ce qui caractérise ce verbe, c'est :

1°) des graphies étymologiques qui apparaissent très tôt (*rumpt* dans Roland, puis (tu) *romps,* etc.)

2°) l'abandon du parfait classique rūpi et la réfection de parfaits en *rump- ;*

3°) l'adoption d'un participe passé en -ūtu (rompu) ; cependant les formes issues du classique *ruptus,* fém. *rupta* se sont maintenues parfois jusqu'au XVIe s. — et le substantif *route* (< *rupta* via : la voie frayée) en est un vestige.

Sourdre cf. **surgir** [2]

Latin class. : sŭrgĕre, sŭrgo, -is, surrexī, surrectum (se lever, s'élever).

Infinitif. Sŭ́rgĕre > a. fr. *sordre* (*surdre* en anglo-normand) puis *sourdre* (cf. *fŭlgere — pour fulgure — > (la) foudre). Au XVIe s. on trouve parfois *sourdir* (cf. Huguet).

ital. : *sorgere*

esp. : *surgir*

oc (prov.) : *sorger, surzir.*

Remarque. — P. Fouché donne toutes les personnes de ce verbe à l'indicatif présent (*Morph.,* p. 127). En fait dans les textes nous ne l'avons trouvé en ancien français qu'aux 3e pers. du sing. et du pluriel pour parler surtout de ruisseaux, de sources mais aussi d'apparitions, de nouvelles, etc. (au XVIe s. encore, jaillir, couler, surgir, s'élever, commencer et provenir, résulter).

Indic. présent		
3. sŭ́rgit	*sort* puis *sourt* (*Rose,* Amyot)	il *sourd*
	(*surt* in *Rol.*)	
	seurt (Gaufrey)	
4. surgimus	(*sorjons* cité par Fouché)	

---

1. Au XVIe s. les formes *rout(e) — roupt(e) — ront(e)* sont encore en usage.

2. *Surgir* (d'abord *sourgir* notamment dans l'expression « *sourgir/surgir* au port » = jeter l'ancre) n'apparaît qu'au XVe siècle et a été emprunté à l'espagnol (voir Bloch-Wartburg, *Dict. étym.*). Rabelais en ce sens a un imparfait *surgeoit* (IV-36).

6. sŭ́rgunt	*sordent* (*surdent* in *Rol.*) *sourdent (Rose)* [1]	ils *sourdent* (*sourdissent* chez Buffon)
Indic. imparfait		
3. surgḗbat	*sordoit* puis *sourdoit*	*sourdait*
6. surgḗbant	*sordoient* (Villeh.) var. *sourjoient (Sone)* (cf. 3. *sourgoit (ibid.)* [2]	ils *sourdaient*
Futur		
3. surgĕr(e)-hábet	*sordra* puis *sourdra*	il *sourdra*
Conditionnel prés.		
3. surgĕr(e-hab)ḗbat	*sordroit* puis *sourdroit*	il *sourdrait*
Passé simple		
3. (type en *-it*)	*sordit* puis *sourdit* [3] (Commynes)	il *sourdit* (St-Simon in Littré)
6.	*sordirent* puis *sourdirent* (Amyot)	ils *sourdirent* (Racine in Littré)
Subj. présent		
3. sŭ́rgat	a) *sorge* b) *sorde*	qu'il *sourde*
Subj. imparfait		
3. (cf. passé simple)	*sordist* puis *sourdist*	qu'il *sourdît*
Participe présent		
C.R. sg. sŭrgéntem	*sorjant* (*sourgeant* au XVIe s.) et *sordant (Rose)* (anal. de *sordre* ou de l'indicatif prés.)	*sourdant*
Participe passé		
C.R. masc. *sŭ́rsu	*sors* (*surs* in *Rou*)	
C.R. fém. *sŭ́rsa	*sorse* (Béroul), *sourse (Rose)* (écrit *source*, XIVe s.)	(subst. : la *source*)

Conclusion. — Ce verbe est d'un emploi restreint ; il a été concurrencé par *surgir* (au fond de même origine bien qu'il vienne de l'espagnol).

1. P. Fouché donne *sorguent* (p. 127).

2. Au XVIe s. à côté de *sourdoit/sourdoient*, forme habituelle, on trouve au moins une fois : « des fontaines *sourgeoient* », forme qui doit continuer celles du Moyen Age (où *sourgoit* = *sourjoit*).

3. On trouve dans Tobler-Lommatzsch des formes
   3. *surst*
   6. *surstrent* et *so[r]strent (Rou)*

qui paraissent bien représenter le latin surrexit et surrexerunt mais avec l'accent sur u, soit *sŭ́rxit et *sŭ́rxĕrunt — ou simplement un néo-parfait en -si : *súrsit et *súrsĕrunt.

A certains « temps » ou « modes » (subjonctif présent — participe présent) l'ancien français a présenté des formes phonétiques (qu'il *sorge* — *sorjant*) mais il les a bien vite remplacées par des formes à radical semblable à celui de l'infinitif ou de l'indic. présent (sord-).

Suivre

Latin. *Sĕqui,* sĕquor, sĕquĕris, secūtus sum (dépon.).

Devenu en latin vulgaire un verbe actif : *sĕquĕre,* *sĕquo, *sĕquis, *sequīvī, partic. passé : secūtus et *sequītus.

Infinitif. Sĕ́quĕre > *sĕ́ww(e)re > **síe̯u̯re,* d'où :

1°) en ancien français : [siüre] écrit *siure* (*siudre* chez Chrét. de Tr.) et *suire* (par interversion, cf. indicatif présent *siu* > *sui*) — *suir* (*Aucassin,* etc.).

2°) *autres formes : sivre* (*Roman de la Rose* et français central) — *siwre* (anglo-normand) — *sievre* (Nord, Est) — *soivre* (anal. de *boivre*) — *sire* (cf. dire).
La forme qui l'a emporté, *suivre,* paraît une contamination de *sivre* par *suit/suire.*
Autres variantes[1] *: sivir* et *suivir* (*Rose,* encore vivant au XVIe s. et au début du XVIIe s.) — *sieuvir/sievir* — *siegre/segre* (Bourgogne).

ital. : *seguire*[2]

esp. et port. : *seguir*[2]

oc (prov.) : *seguir* et *segre*[2] — (lim.) : *[šẹgrə].*

Indicatif présent		
1. *sĕ́quo > *síew(o)	*siu* puis *sui*	je *suis*
2. *sĕ́quis > *síew(e)s	*sius* puis *suis* *(suiz, Rose)*	tu *suis*
3. sĕ́quit > *síew(e)t	*siut (Rol.)* *suit (Rose)* *sieut* (Molinet)	il *suit*
4. *sequimus -ŭ́mus (par substit.)	*sivum (Thomas Becket)* *sevons, sivons (Perc.)* (*suivons* anal. de *suit*)	nous *suivons*
5. *sequitis -ā́tis (par substit.)	*sevez, sivez* (puis *suivez,* anal.)	vous *suivez*
6. *sĕ́quunt > *síewent	*sivent (Rou, Rose)* *sieuwent* *siwent (Rou), siuent (Erec)* *sigent* (*suivent* anal. de *suit*)	ils *suivent*

1. Le dict. de Tobler et Lommatzsch donne en outre *seure, sevre, seire, suigre, suiwir.*
2. Ces formes en *-ire, -ir* supposent un latin vulgaire **sequī́re,* tandis que *segre* repose sur *sĕ́quĕre.

Indicatif imparfait		
3. sequḗbat	*sevoit*	il *suivait*
	sivoit (Rose) écrit *sivait*	
	suivoit (Amyot)	
	suoit (Chr. du Guesclin)	
Futur		
3. sequer(e)-hábet	*sivrat (Rol.), suivra*	il *suivra*
	siwra, siurra (Rou)	
	suira (Rose)	
	suivra (anal. de *suivre, suit*) [1]	
Conditionnel présent		
3. sequer(e)-(hab)ḗbat	*sivroit* (cf. *Rose*)	il *suivrait*
	suivroit (anal.)	
Passé simple		
1. *sequívī	*sevi*	je *suivis*
	sivi (*Troie*, cf. *Rose*)	
	siwi (Rou) et *suï (ibid.)*	
	sieuwi (Richard le Beau)	
	sieuvy (Molinet)	
	(je) *suivis* (cf. Mont.)	
6. *sequīverunt > sequírunt	*sevirent*	ils *suivirent*
	sivirent (Rose)	
	suirent (Villeh.)	
	suivirent (Mont.)	
Subj. présent		
3. sĕ́quat	*sive (Troie, Rose)*	qu'il *suive*
	siue	
	sieue	
	sieuve (Molinet)	
	suive (anal. de *suit*, XVe s.)	
Subj. imparfait		
3. *sequīvísset > *sequísset	*(sevist)*	qu'il *suivît*
	sivist, siwist	
	sieuvist (Froissart)	
Impératif		
2. *sĕ́que	*siu (Perceval)* et *sui*	*suis*
5. *sequā́tis (subj. ou indic. vulg.)	*sevez/sivez*	*suivez*
	suivez (anal.)	

1. Au XVIe siècle on trouve aussi je *suyveray* et je *suyviray* etc. (cf. dict. de Huguet).

Participe présent		
C.R. sg. sequéntem	*(sevant ?)* *sivant (Rose, Rou)* var. *siwant (Rol., Rou)* *suiant (Erec, Rou)* [1] *sieuvant* (Molinet) *suivant* (anal. de *suivre*)	*suivant*
Participe passé		
C.R. masc. sg. *1er type* **sequĭtu*	*sewi* (in Tobler-L.) *sievi, siwi (Rou)* *sieuvi* (Molinet) *sui* (fém. *suite*) [2] *suy* enfin *suivi*	*suivi*
2e type (classique) secū́tu	*seü* (cf. *conseü*) *(Troie)*	(type disparu)

Conclusion. — Quel verbe présentait en ancien français une gamme de formes aussi diverses, dues à une évolution phonétique complexe ? La langue a réagi selon une loi bien naturelle en généralisant un radical : sui-/suiv-.

Suffire cf. **confire**

Étym. : latin *sŭffĭcĕre, suffĭcio, -fĭcis, suffēcī, suffĕctum,* composé de facere signifiant en particulier « être suffisant, suffire ».

Infinitif. Suffĭ́cĕre devait donner *soffeire* et cette forme est attestée (*Serm. de St Bernard,* cité par Fouché, *Morph.,* p. 171).

La forme ordinaire de l'anc. fr. *sof(f)ire* et *soufire (Rose)* est analogique du participe passé : *suffĕ́ctu(m)* donnait régulièrement, en effet, *soufit* (cf. lĕctu > lit, despĕ́ctu > dépit).

Le moderne *suffire* résulte d'une réfection sur *sufficere.* Au XVIe s. on rencontre parfois encore *souffire* (cf. Huguet).

Indic. présent		
3. *suffĭ́cit (déplacement d'accent d'après suffĭ́cio, dit Fouché)	*soffeist (Serm. St B.)* et *soufist* (*Rose,* etc.)	il *suffit*
6. suffĭ́ciunt	*soufisent* (anal. de *disent*)	ils *suffisent*
Indic. imparfait		
3. *suffic(i)ḗbat	*soufisoit (Rose)*	il *suffisait*

1. Le dict. d'Edmond Huguet donne deux exemples de *suiant/suyant* au XVIe s., notamment chez du Bartas.

2. *Suite* est resté comme substantif.

Futur		
3.	*sof(f)ira/souf(f)ira* [1] (anal. de l'infinitif)	il *suffira*
Subj. présent		
3. suffíciat	*soffeiset (Serm. St B.)* *souffice* [2] (cf. Fouché, p. 172) et *suffice* (Gréban) *suffise* (Marie Fce) [3]	qu'il *suffise* (anal. de *dise*)
Participe présent		
C.R. sg. suffic(i)énte(m) -ante	*sufisant* (cf. *Ps. Oxf.*) [3] *soufisant (Rose)* *souffissant (Fl. et Bl.)*	*suffisant*
Participe passé		
C.R. sg. suffĕ́ctu	*soufit* puis *suffi(t)*	*suffi*

Conclusion. — Ce qu'il faut surtout retenir ici c'est :

1°) l'influence du phonétisme du participe passé sur l'infinitif : d'où *soufire* (et même *soufir* et, au XVIe s., *suffir*) ;

2°) l'influence analogique de verbes comme *dire* : d'où ils *suffisent* — qu'il *suffise*, etc. ; des formes régulières comme il *soifisoit* ou *soufisant* (comparables à *disoit* — *disant*) appelaient en quelque sorte cette aide analogique.

Taire

La conjugaison de ce verbe est tout à fait comparable à celle de *plaire*.

Latin class. : *tăcēre,* tăceo, -es, tacuī, tacĭtum.

Infinitif. Tacére > rég. *taisir* (cf. placēre > plaisir), puis **teisir (Erec). Taire,* qui apparaît dès le XIIe siècle, semble analogique de *faire*. Dans les *Chansons* du châtelain de Coucy (fin XIIe s.) on trouve à la fois *taisir* et *taire*. Dans le *Roman de la Rose* il n'y a plus que *taire ;* autres graphies : *teire, tere (Rou,* etc.*).*

ital. : *tacere*

oc (prov.) : *taser, taiser* — (lim.) : *[tejža].*

---

1. Cf. conditionnel 3. *sofireit* (Troie).

2. Et *soffisse* (*Bastard de Bouillon* in Tobler-Lom.).

3. Ce *sufisant* (*sufisanz* en fait) correspond à *sofisant* en francien. Il en est sans doute de même de la forme de subj. présent *suffise* que l'on trouve chez Marie de France : elle correspond au francien *soffice/souffice*.

Indicatif présent		
1. tácĕo	*taz* puis *tais* (anal. 2e pers.) ou *tès (Rose)* [1]	je *tais*
2. táces	*taiz* puis *tais/tès*	tu *tais*
3. tácet	*taist (Rose)*	il *tait*
4. tacēmus (et subst. de termin.)	*taisons* [2]	nous *taisons*
5. tacētis (et subst. de termin.)	*taisiez (Rose)* puis *taisez*	vous *taisez*
6. tácent	*taisent (Rol.)*	ils *taisent*
Indicatif imparfait		
3. tacēbat	*taiseit* puis *taisoit*	il *taisait*
Futur		
3. tacer(e)-hábet	*taira* (cf. (tu) *tasiras* in *Ps. Oxf.*)	il *taira*
Conditionnel : conforme.		
3. tacer(e-hab)ḗbat	*taireit* puis *tairoit*	il *tairait*
Passé simple (cf. type *placui*, p. 41)		
1. tácui	*toi* (var. *tui, Ps. d'Arundel*) *tou* in *Job*	je *tus*
2. tacuístī	*toüs* et *teüs*	tu *tus*
3. tácuit	*teüt (Chron. de Reims)*	il *tut*.
4. tacuimus	anal. 5 : *teü(s)mes*	nous *tûmes*
5. tacuístis	*toüstes* → *teüstes*	vous *tûtes*
6. tacuerunt > *tákwérunt > *táwgwĕrunt (?)	*toürent* → *teürent* *(Rom. de Mahomet)* et *turent* (*Psautier* du XIIIe s.) *torent (Enéas)*	ils *turent*
Subj. présent		
1. táceam	*tace* puis *taise* (anal. de l'indic. *tais*) *teise (Erec)*	que je *taise*
3. táceat	*tace (Troie)* puis *taise*	qu'il *taise*
5. taceátis etc.	(*taciez) *taisiez*	que vous *taisiez*

1. P. Fouché cite même une 1re pers. je *taise* qui paraît appartenir à un verbe *taisier* qui figure dans *Girart de Roussillon* et est donc une forme méridionale (cf. limousin act. : teija). Cf. d'autres attestations dans Tobler-Lommatzsch.

2. Sur la date de substitution de la terminaison -ŭmus > -ons à *-ēmus* > *-eins*, voir la note concernant *plaisons*.

Subj. imparfait		
3. tacuisset	*toüst* → *teüst*	qu'il *tût*
Impératif		
2. táce	*tais (Rol.), tès (Yvain)* *tai (Rou)*	*tais*
5. cf. subj. taceátis ou ind. vulg.	*taisiez (Rose), teisiez (Char.)* (et *taisez, Rol.*)	*taisez*
Participe présent		
C.R. sg. tacentem	*taisant (Rose)*	*taisant*
Participe passé		
C.S. sg. masc. *tacūtus	*teüz (Rose)*	
C.R. sg. masc. *tacūtu	*toü* → *teü*	*tu*

Conclusion. — Voir *plaire.*

Traire (composés : **distraire, soustraire, retraire, extraire**)

Il faut d'abord remarquer que ce verbe était très employé au Moyen Age au sens de « tirer (et tirer [l'épée] du fourreau) » et de « se diriger vers ».

Dans la langue moderne on ne dit plus que « traire » (les vaches ou autres animaux) c'est-à-dire « leur tirer le lait ».

Étymologie. Latin classique : *trahĕre,* traho, -is, traxi, tractum.

La ressemblance de *tractum* avec *factum* a entraîné celles des infinitifs : au lieu de *trahere* on a sans doute **trágĕre* au temps où fácĕre était au stade **fágĕre.*

Ainsi : *trágĕre > *tráyĕre > *traire* puis parfois *trere* (cf. *fere*).

ital. : *trarre* (tirer, amener)

esp. : *traer* (apporter, attirer)

oc (prov.) : *traire* (tirer).

Indic. présent		
1. *trágo ou *trágio [1]	*trai* [1] *(Rose)*	je *trais*
2. *trágis	*trais*	tu *trais*
3. *trágit	*trait*	il *trait*
4. *tragimus (et subst. de termin.)	*traions* [2]	nous *trayons*

1. P. Fouché indique (*Morph.*, p. 114) qu'on attendait **trou :* mais l'analogie avec facere/facio devait amener *trai* comme *fai.* De même la 3ᵉ pers. du plur. s'explique bien à partir de *tragiunt (*trágunt aurait donné **tront*).

2. On a dû avoir d'abord *traimes/*traites (cf. *faimes* — disparu — et surtout *faites*) puis les terminaisons ordinaires *-ons* et *-ez* se sont imposées (on a eu parfois *faions* et *faiez* aussi).

5. *tragitis (et subst. de term.)	*traiez* [1]	vous *trayez*
6. *tragiunt [2]	*traient (Rose)*	ils *traient*
Indic. imparfait		
6. tragḗbant	*traioient* (Froiss.)	ils *trayaient*
Futur		
3. trager(e)-hábet	*traira* var. *trarra* (cf. *Ps. Cambridge*)	il *traira*
Conditionnel : conforme.		
Passé simple		
1. tráxī	*trais (Rose)* (ou *trés*)	(temps inusité)
2. traxístī	*traisis*	
3. tráxit	*traist*	
4. traximus	*traisimes*	
5. traxístis	*traisistes*	
6. tráxĕrunt	*traistrent*	
Subj. présent		
3. *trágat	*traie (Rose)*	qu'il *traie*
Subj. imparfait		
1. traxíssem	*traisisse*	(temps inusité)
3. traxísset	*traisist (Rose)*	
Impératif (cf. *indic.*)		
2. *tráge	*trai(s)*	*trais*
5. *tragátis (indic.)	*traiez*	*trayez*
Participe présent		
C.R. sg. tragéntem -ántem	*traiant*	*trayant*
Participe passé		
C.R. masc. tráctum	*trait* [3]	
C.R. fém. trácta	*traite* [3] (cf. les épées traites [du fourreau])	*traite* [4]

1. On a dû avoir d'abord *traimes/*traites (cf. *faimes* — disparu — et surtout *faites*) puis les terminaisons ordinaires *-ons* et *-ez* se sont imposées (on a eu parfois *faions* et *faiez* aussi).

2. P. Fouché indique (*Morph.*, p. 114) qu'on attendait **trou :* mais l'analogie avec facere/facio devait amener *trai* comme *fai*. De même la 3e pers. du plur. s'explique bien à partir de *tragiunt (*trágunt aurait donné **tront*).

3. Les subst. *trait* et *traite* sont en fait, des participes substantivés. L'adjectif *trait* (de l'argent *trait* = filé) aussi.

4. Olivier de Serres écrit (XVIe s.) : « Les agneaux seront redonnés aux mères [...] toutefois après les avoir un peu *traitées.* »

Conclusion. — Comme beaucoup de verbes relativement difficiles celui-ci a été victorieusement concurrencé par un verbe en -er : *tirer*. Il n'est resté, en somme, que dans un sens : traire des vaches, des brebis, etc. Et encore dans ce sens emploie-t-on *tirer* dans certaines régions comme la Lorraine[1].

De même *retraire* et *soustraire* sont-ils concurrencés par *retrancher*.

Tordre (cf. **perdre, mordre**)

Latin class. : *tŏrquēre,* tŏrqueo, -ēs, torsī, tortum.
(tordre, faire rouler, enrouler — tourmenter).

Les langues romanes (cf. plus bas) postulent un latin vulgaire : **tŏrkĕre,* tŏrko, torkis, etc. (cf. coquere > *cŏkĕre > *cuire*).

Infinitif. *Tŏrkĕre > a. fr. *tortre* selon le processus : *torkĕre > *tórkyĕre > *tórts(y)ĕre > *tórts(ĕ)re > *tórtstre d'où *tortre.*

Tordre qui apparaît à date ancienne[2] vient de la ressemblance qui existait à l'indicatif présent avec des verbes tels que *mordre :*

$$\frac{\text{il mort}}{\text{il tort}} = \frac{\text{mordre}}{\textit{tordre}}$$

Littré cite même un infinitif normand *teurdre* qui semble analogique de formes (indic. présent, impératif) avec o diphtongué.

ital. : *torcere*

esp./port. : *torcer*

oc (prov.) : *torser* — (lim.) : *torse.*

Indic. présent		
1. *tŏ́rko	(tors, anal. de 2ᵉ pers.)	je *tords*
2. *tŏ́rkis	*torz* puis *tors*	tu *tords*
3. *tŏ́rkit	*torst*	il *tord*
4., 5. et 6. Pas de type phonétique		
a) type en -t-	*tortons* puis *tordons*[3]	nous *tordons*
b) type en -d-	*tortez* puis *tordez*	vous *tordez*
c) type en -g- [ž]	*tortent* - *torgent* - *tordent*	ils *tordent*
Imparfait indicatif		
3. (analogie de l'indicatif présent)	*tortoit* (Rabelais, Garnier) *tordoit* *teurdoit* (Lemaire de Belges)	il *tordait*

1. Lors d'une manifestation récente à Nancy des paysans avaient écrit sur une pancarte « Nous *tirons* nos vaches toute l'année ».

2. P. Fouché (*Morph.,* p. 129) cite au moins des composés *estordre (voy. de Charlem.), detordre (Erec),* etc.

3. Les attestations manquent pour les trois types à chaque personne, sauf à la 3ᵉ (cf. Fouché, *Morph.,* p. 129-130) qui considère que *torgent* est analogique de *sorgent ;* on peut se demander s'il ne s'agit pas de l'analogie d'un subjonctif issu de *tórdĕant).

Futur		
3. torker(e)-hábet	(tortra : attestations manquent) *tordra*	il *tordra*
Conditionnel présent		
5.	*tordriez* (*tourdriez*, des Périers)	vous *tordriez*
Passé simple		
a) *type en -si* (latin)		
2. torsísti	*torsis*	
3. torsit	*torst* puis *torsit* (anal. 2ᵉ pers.)	
b) *type en -di(s)* (fr.)		
	3. *tordit* (cf. *mordit*)	il *tordit*
	4. *tordimes* (Sebillet, XVIᵉ s.)	
	6. *tordirent* var. : tordèrent (in Huguet)	
Subjonctif présent		
3ᵉ pers.	a) type : *torte* b) type : *torde* c) type : *torge* d) type : *torse* (La Grise, in Huguet)	qu'il *torde*
Subjonctif imparfait		
	a) (torsist : attest. manquent)	
	b) *tordist*	qu'il *tordît*
Impératif		
2. (cf. indicatif)		*tords*
5. *(id.)*		*tordez*
Participe présent		
	a) type : *tortant* (attesté XVIᵉ s.) var. : *tuertant* (XVᵉ s.)	
	b) type : *tordant* (XIIIᵉ s. *Blonde et Jeh.*)	*tordant*
	c) type : *torjant/torgant* (XIIIᵉ in Littré)	
Participe passé		
a) type *tortu, torta*	*tort* [1], *torte* (*torte* adj. XVIᵉ s.)	
b) type *torsu, torsa*	*tors, torse*	(adj. *tors* [masc.], *torse* [fém.])

1. Le substantif *tort* est ce participe substantivé très anciennement. L'adjectif *tort(e)* est fréquent au XVIᵉ s. Alors il est parfois écrit *tord*.

c) type en *-u*	*tordu* var. : *tortu* [1]	*tordu* (participe et adj.)

Conclusion. — Ce verbe est un bon exemple de la constitution d'une conjugaison en plusieurs étapes :

1°) au début *tŏrquēre* a laissé la place à **tŏrkĕre* mais ce radical *tŏrk*- n'explique que certaines formes de base du français : l'infinitif, les personnes du sing. du présent de l'indicatif, soit *tort-* et *tord-*.

Et encore à la 2ᵉ pers. du sing. (et à la première) a-t-on eu un radical *tors-*, qui rencontrait celui du passé simple en *-si(s)*.

2°) C'est entre ces radicaux que se sont produites des hésitations jusqu'au XVIIᵉ siècle ; on a vu apparaître aussi un radical *torj-* et un radical *tuert*/*teurd-* (avec o diphtongué). Finalement *tord-* l'a emporté mais *tort-* et *tors-* ont laissé des traces (adjectifs et même substantif).

Vaincre

Latin. *Vĭncĕre,* vĭnco, vĭncis, vīcī, victum

Infinitif. Vĭ́ncĕre avait donné régulièrement *veintre* (var. *vaintre*) dans le plus ancien français (*Eulalie, Roland, Roman de Troie,* etc.). On trouve aussi *veindre.* Cet infinitif a été refait en *veincre* ou *vaincre* d'après le participe passé *vencu,* devenu *veincu*/*vaincu.*

Composé : *convaincre.*

Indicatif présent		
1. vĭ́nco	*(venc)*/*veinc* [2]	je *vaincs* (analogie 2ᵉ pers.)
2. vĭ́ncis	*veinz*/*vainz*	tu *vaincs*
3. vĭ́ncit	*(veinst)*/*veint (Rol.)* *vaint (Rose)*	il *vainc* [3]
4. vĭncĭmus termin. < -*ŭ́mus	*vencons* *venquons*	nous *vainquons*
5. vincitis termin. < -*ắtis	*(vencez)*/*venquez*	vous *vainquez*
6. vĭ́ncunt	*venquent*	ils *vainquent*
Imparfait (indicatif)		
3. vincébat > *vincéat	(**vençoit) *vainquoit* (Amyot) [4]	il *vainquait*

1. *Tortu* (adj. et emploi adverbial) ne dépasse pas le XVIIᵉ, semble-t-il (cf. Littré).

2. Les formes entre parenthèses ne sont pas attestées : le subj. *venque* suppose l'indicatif *venc-*.

2. Le -c de la 2ᵉ et 3ᵉ personnes est analogique de la 1ʳᵉ personne *(veinc)* ou étymologique : il n'était pas prononcé — il n'existait même pas — en ancien français. Il est peut-être prononcé « en liaison » à la 3ᵉ personne.

On trouve *vainc* dans la *Satire Ménippée* (c'est une réfection étymologique).

4. *Vainquissoit* est attesté au XVIᵉ s. : il semble fait d'après il *vainquit ;* mais est-ce autre chose qu'une « faute » ?

Futur

3. *vĭncĕre hábet	*veintra(t) (Rol.)* *vaincra*	il *vaincra* (refait sur vaincre)
4. *vincĕre (hab)émus -úmus	*vainquerons*[1] *(Roncesv.)*	nous *vaincrons*

Conditionnel présent

3. *vincĕre + (hab)ēbat	(veintroit)	il *vaincrait*

Passé simple (voir verbes en *-ui* passés au type *vendi[s]*)

1. (vīcī)	*vincui (d'après partic. *vincūtu)	*venqui*	je *vainquis*
2.	*vincuĭ́sti > *vink(w)ísti	*venquis*	tu *vainquis*
3.	*vincuit	*venquit*[2] (et *venquiet,* anal. de 3ᵉ pers. pluriel)	il *vainquit*
4.	*vincuímus	*venquimes*	nous *vainquîmes*
5.	*vincuístis	*venquistes*	vous *vainquîtes*
6.	*vincuĕrunt > *vink(w)ẹ́runt	*venquierent*[3] et *vainquirent* (Villehardouin)	ils *vainquirent*

Subjonctif présent

1. vĭ́ncam	(venche) *venque*	que je *vainque*
2. vĭ́ncas	(venches) *venques* *(Psaut. Cambr.)*	que tu *vainques*
etc.		

Subj. imparfait (cf. passé simple, 2ᵉ pers. sing.)

1. *vincuĭ́ssem	*venquisse*	que je *vainquisse*

Impératif

2.	(attestations manquent)	*vaincs*
4. formes de l'indicatif		*vainquons*
5. « «		*vainquez*

Participe présent

C.R. vincéntem	*vençant*	*vainquant*[4]

---

1. Le type *vainqueray/vainquera* est abondamment représenté au XVIᵉ (cf. Huguet).

2. Le type il *vaincut* est attesté au XVIᵉ s. (2 ex. dans Huguet).

3. C'est cette troisième pers. plur. *venquierent* qui a amené ce passé simple au type *vendis*.

4. A partir du XVIIIᵉ siècle on a distingué *convainquant* (participe et gérondif) et *convaincant* (adj. verbal).

> -ánte	*vencant* (fait sur le participe passé *vencu/vaincu*) (var. *vainquissant*)	
Participe passé C.R. *vĭncū́tu	*vencu(t) (Rol.)* *veincu/vaincu*	*vaincu*

Conclusion. — Un traité de conjugaison moderne conclut : « les irrégularités du verbe vaincre se réduisent à ceci : c'est qu'il ne prend pas *t* à la 3ᵉ pers. du sing. de l'indic. présent ». Pour en arriver à cette relative régularité il a fallu nombre d'aménagements : remplacement du radical *venç-/vainç-* à certaines personnes (et généralisation de *vainq-/vainc-*), création — très tôt — d'un nouveau type de parfait *(*vincui)*, alignement de ce parfait sur *vendis* (ou verbes de ce type), création d'un participe passé **vincutu*.

Vivre (et survivre, revivre)

Ce verbe ne pose pas de grands problèmes sauf au perfectum (passé simple, imparfait du subjonctif) et au participe passé.

Latin classique : *vīvĕre,* vīvo, vīvis, vīxī, vīctum

Infinitif. Vī́vĕre > régul. *vivre. Vesquir* attesté au XVIᵉ s. est analogique de (je) *vesquis* ou dialectal (cf. wallon actuel : vesqui).

ital. : *vivere*

esp. : *vivir* — port. : *viver*

oc (prov.) : *viure* — (lim.) : [vyœu̯r(e)].

Indic. présent		
1. vī́vo	*vif* (*Rol.* v. 2030) puis *vis* [1]	je *vis*
2. vī́vis	*vis*	tu *vis*
3. vī́vit	*vit*	il *vit*
4. vī́vĭmus puis term. < -ū́mus	*vivons*	nous *vivons*
5. vī́vĭtis puis term. < -ā́tis	*vivez*	vous *vivez*
6. vī́vunt	*vivent*	ils *vivent*
Imparfait		
3. vīvḗbat	*viveit* puis *vivoit*	il *vivait*
Futur		
3. *viv(e)r(e)-hábet	*vivra* (cf. tu *viveras,* Molinet [2])	il *vivra*

1. Littré remarque que Malherbe a écrit « je vi ».

2. Cette forme de futur (je *viveray,* tu *viveras,* etc.) est très employée au XVIᵉ s. (cf. dict. d'E. Huguet).

Conditionnel présent : conforme.

Passé simple [1]		
1er type : type lat. vulg. en *-ui* à l'origine, devenu passé simple en *-is* cf. *vendis :*		
1. *vescui	*vesqui* puis *vesquis* (bien vivant au XVIe s.)	
2. *vescuísti	*vesquis*	
3. *vescuit > *veskẹ́t	*vesquiet* puis vesquit *(Saxons)* (var. *visca, Job*) *visquet (St Lég.)*	
4. *vescuimus	*vesquimes* (Montaigne)	
5. *vescuístis	*vesquistes*	
6. *vescuerunt > veskẹ́runt	*vesquierent* puis *vesquirent* [1] (d'Aubigné, etc.)	
2e type : type en *-us* (cf. fus et valus) : ce type a triomphé :		
		(je *vécus,* tu *vécus*)
3.	*vescut* [1] (Amyot)	il *vécut*
		(nous *vécûmes*)
		(vous *vécûtes*)
6.	*vescurent* (Montaigne)	ils *vécurent*
Subjonctif présent		
3. vívat	*vive*	qu'il *vive*
4. vivámus	*vivain(s)* (*Rose,* 19606)	que nous *vivions*
5. vivátis	*vivez* (*Rose,* 19898)	que vous *viviez*
6. vívant	*vivaint* (*Rose,* 2614)	qu'ils *vivent*
Subjonctif imparfait		
1er type : en *-isse*		
1.	*vesquisse* (Du Bellay)	
3.	*vesquist* (Rabelais) (var. *vesquisist,* Froissart)	
4.	*vesquissions* (Calvin)	
2e type (cf. type je fusse)		
1.	*vescusse*	1. que je *vécusse*
		2. que tu *vécusses*

1. Le parfait ancien *vesqui* provient sans doute d'un latin vulgaire **vescui* fait à partir d'un participe *vescĭtus* de **vescere,* haplologie de vīvescere (cf. Fouché, *Morph.,* pp. 305 et 356).

Le parfait récent je *vescus* (selon Nyrop, *Morph.,* p. 134, il ne devient commun qu'au XVe siècle) est lui aussi formé sur le participe passé *vescu,* issu de **vescūtus* qui avait remplacé très tôt **vescĭtus.*

Au XVIe siècle le type *vesqui(s)* paraît largement dominer. Le dict. d'E. Huguet ne cite que des exemples de ce type, sans doute parce qu'il a disparu par la suite.

Au XVIIe s. Vaugelas admet il *vesquit* ou il *vescut* selon qu'il sonnera mieux à l'endroit où il sera mis ». Mais en 1687 Th. Corneille constate qu'on n'emploie plus il *vesquit* et il *survesquit.*

3.	*vescust*	3. qu'il *vécût*
		4. que nous *vécussions*
		5. que vous *vécussiez*
6.	*vescussent*	6. qu'ils *vécussent*
Impératif		
2. víve	*vif* puis *vis*	*vis*
4. formes de l'indic.	*vivons* (ind.)	*vivons*
5. « «	*vivez* (ind.)	*vivez*
Participe présent		
C.R. sg. vivéntem -ánte	*vivant*	*vivant*
Participe passé		
C.R. sg. masc.		
a) **vescĭtu* remplacé par *vescūtu [1]	*vescu* (ou *vesqu,* in Littré)	*vécu*
b) type en -i	*vesqui* [2]	

Conclusion. — Aux temps de « l'infectum » ce verbe ne pose pas de grands problèmes : la voyelle et les consonnes de son radical étaient solides et se sont maintenues (v final devenant f ou s'effaçant devant s final et t final).

Mais au *perfectum* (participe compris) la langue latine vulgaire a dû innover : d'où un parfait de l'indicatif *vescui > *vesqui(s)* et un participe passé *vescûtu > *vescu.* A partir de ce participe l'ancien ou le moyen français ont d'ailleurs créé un nouveau passé simple (je *vescus,* tu *vescus,* etc.) qui l'a définitivement emporté sur *vesqui(s)* au XVIIe siècle : d'où je *vécus,* etc.

Brèves notes sur des verbes en -re

Frire

Latin. *Frīgĕre,* frīgo, -is, frīxī, frictum ou frixum.
(faire griller, frire)

Infinitif. Frīgĕre > rég. *fríyĕre > *frire*

cf. ital. : *friggere* — esp. : *freir* — catal. : *fregir* — port. : *frigir* — prov. : *frire* et *fregir.*

1. On considère qu'il a dû exister un verbe latin populaire *vescĕre, haplologie de *vīvescere ;* d'où un participe **vescĭtus* remplacé très tôt comme la plupart des participes en *-ĭtus* par le type -ūtus (cf. Fouché, *Morph.,* p. 356) ; cf. le passé simple.

2. Le type *vesqui* est attesté mais n'existe plus au XVIe s. selon Fouché (*ibid.,* p. 366).

Indic. présent :

1. frī́go > je *fri(s)*
2. frī́gis > tu *fris*
3. frī́git > il *frit*
6. a. fr. *frisent* (dans le *Ménagier*) (pas de pers. du pluriel en fr. mod.)

Indic. imparfait

3. a. fr. *frioit (Rose)* (ne s'emploie pas en fr. mod.)

Futur

je *frirai* (conj. régul.)

Conditionnel : conforme (conj. régul.)

Passé simple

3. frīxit > a. fr. *frist* (*frit* dans certains textes, XIIIe s.) (ne s'emploie pas en fr. mod.)

Impératif

2. (cf. indic.) : *fris*
5. a. fr. *frisiez* (*Ménagier,* ne s'emploie pas en fr. mod.)

Participe présent : frī́gentem > a. fr. *friant* (resté en fr. mod. comme adj. : *friand*)

Participe passé : frīctu, frīcta > *frit, frite*

Conclusion. — Tel est ce verbe, plus défectif en français moderne qu'en français ancien. Littré se demande « pourquoi [il] est défectif et ne se conjugue pas comme rire ». Mais le fait est là...

C. Type normal en *-ir* (*dormir, mourir,* etc.) issu de la 4e conjugaison latine en *-īre*.

Beaucoup de verbes latins (ou latinisés) en *-ire* ont adopté au moins à certaines formes le suffixe inchoatif -īsco (voir plus loin III : la conjugaison inchoative ou 2e conjugaison vivante).

Seuls suivent, la conjugaison « archaïque » [1] *:*

acquérir
assaillir
bouillir
offrir
ouïr
ouvrir (et couvrir)

1. La liste est donnée notamment par P. Fouché (*Morph.,* p. 31) qui ne donne pas *couvrir* ni *ouir.*

conquérir
courir
(recourir, secourir, accourir, concourir, etc.)
cueillir
dormir
fuir
mentir
mourir

partir [1]
quérir et requérir
saillir et tressaillir [2]
sentir
servir
sortir et ressortir [3]
souffrir
tenir
venir

Au cours de l'histoire de la langue on observe beaucoup d'hésitations :
— d'une part certains verbes ont au Moyen Age des formes simples à côté de formes inchoatives ([tu] *emples* à côté de (il) *raemplist* — (ils) *heent* à côté de *haïssent,* etc.) ;
— d'autre part certains des verbes de la liste précédente présentent parfois des formes en *-iss-* (vous *cueillissez* — vous *offrissez,* etc.).

Dormir

Latin. *Dormīre,* dormio, dormīs, dormīvī (et dormiī [4]), dormītum

La conjugaison de ce verbe ne présente pas de grandes difficultés parce que le yod résultant de i devant voyelle accentuée (dormiḗbam, dormiéntem) ou devant voyelle finale (dormiunt, dormiam, etc.) s'est réduit de bonne heure ; m + y aurait dû aboutir à ž, ce qui aurait singulièrement compliqué les choses. Il faut peut-être rechercher dans des complications de ce genre — ou plutôt dans le besoin instinctif de les éviter — la cause de cette réduction.

Infinitif. Dormī́re > dormir
ital. : *dormire*
esp. : *dormir*
oc (prov.) : *dormir* et *dʋrmir* — (lim.) : *dʋrmi.*

Indic. présent		
1. dórm(i)o	*dorm (Serm. St B.)* et *dor* [5]	je *dors* (s de 2ᵉ pers.)
2. dórmis	*dorz* et *dors*	tu *dors*

1. Mais *répartir* (distribuer) fait : nous *répartissons,* je *répartissais,* etc. (type finir). De même *départir* est souvent conjugué comme finir (cf. Grévisse, p. 538).

2. Mais *saillir* se conjugue aussi comme *finir.*

3. Toutefois *sortir* employé comme terme de jurisprudence (cette sentence sortira son plein effet...) fait (il) *sortissait,* qu'il *sortisse, sortissant.*
Ressortir, au sens de « être de la juridiction de » fait de même *ressortissait,* etc.

4. *Dormiī* était « la forme de la prose » (Fouché, *Morph.,* p. 246). Le dict. Gaffiot donne dormiī (une voyelle devant une autre voyelle s'abrège).

5. *Dorm* est la forme phonétique ; *dor* est refait d'après la 2ᵉ pers. dorz/dors.

3. dórmit	*dort*	il *dort*
4. dormīmus (class.) term. < -ŭ́mus	*dormons*	nous *dormons*
5. dormītis (class.) term. < -átis	*dormez*	vous *dormez*
6. dórmiunt > *dormunt	*dorment*	ils *dorment*
Indic. imparfait 3. dormiēbat > *dormē(b)at	*dormeit/dormoit*	il *dormait*
Futur 3. dormire-hábet	*dormira* [1]	il *dormira*
Conditionnel présent 3. dormire-(hab)ébat	*dormireit/dormiroit*	il *dormirait*
Passé simple (voir plus haut p. 32)		
1. dormívī devenu dormiī réduit à *dormí	(je) *dormi* puis *dormis* (anal.)	je *dormis*
2. dormī(v)ísti > *dormísti	(tu) *dormis*	tu *dormis*
3. dormíīt > *dormít	(il) *dormit*	il *dormit*
4. dormívĭmus réduit à *dormímus et même *dormīmmus [2]	*dormimes* (et dormīmes ?)	nous *dormîmes*
5. dormivĭstis réduit à *dormístis	*dormistes*	vous *dormîtes*
6. dormíverunt réduit à *dormírunt	*dormirent*	ils *dormirent*
Subj. présent 3. dórmiat réduit à *dormat	*dorme*	qu'il *dorme*
Subj. imparfait (voir plus haut p. 49)		
1. dormī(v)íssem réduit à **dormíssem*	*dormisse*	que je *dormisse*
4. dormivissémus > *dormissémus term. < -ŭ́mus	*dormissons* devenu *dormismissiens* [3] et *dormissions*	que nous *dormissions*

1. P. Fouché (*Morph.*, p. 403) signale qu'on ne trouve en anc. fr. aucune trace de la forme syncopée (*dorbra) mais que ce verbe a adopté dès l'époque prélittéraire la forme analogique en *-ira*.

2. Forme postulée par l'italien *dormimmo*.

3. L'origine de cette terminaison de subj. présent en *-iens* est à chercher dans le verbe avoir : *aiiens/aiens ;* cf. d'ailleurs les 1res pers. du pluriel des imparfaits de l'indicatif (p. 24).

Impératif		
2. dórmi	*dorm*	*dors*
5. dormī́tis remplacé par *dormā́tis (indic.)	*dormez*	*dormez*
Participe présent		
C.R. sg. dormiéntem réduit à *dorméntem et *dormánte(m)	dormant	dormant
Participe passé		
C.R. sg. dormī́tu	*dormi*	*dormi*

Cueillir
(et composés)

Latin. *Cŏllĭgĕre,* cŏllĭgo, -is, collēgi, collectum
(composé de *legere, lego ;* sens : *rassembler*)

Infinitif. Les formes courantes de l'ancien français sont *coillir* et *cuillir* (cf. *Rou, Rose,* etc.) ; plus tard *cueillir,* analog. du présent de l'indicatif (cf. *Flore et Blanch., Lancelot* en prose).

P. Fouché veut écarter l'explication admise depuis longtemps, à savoir que ces formes s'expliqueraient par un changement de conjugaison : **cŏllĭgī́re.* Son seul argument est que l'italien a *cògliere,* le castillan *coger* et le portugais *colher.* Pourquoi ne pas signaler les formes en -ir, soit :

provençal : *coillir, cuelhir, cuillir* (in Littré)

cf. limousin actuel : [küḷi]

catalan : *cullir ?*

La forme *collĭgī́re présent *cŏllĭgĭo paraît bien nécessaire pour expliquer l'a. fr. : je *cueil ;* sinon, on est obligé de recourir à l'analogie (voir Fouché, *Morph.,* p. 138).

Par contre les formes *cuedre, cuidre (Clef d'Amors), cuiedre (Mén. de Reims), coudre (Lyon Ysop.)* ne peuvent venir que de cŏlligĕre.

Indicatif présent		
1. *cŏlligio > *cŏ́lliyo > *cŏ́lyo	*cueil* puis *cueille* [1] (dès XIIIe s.)	je *cueille*
2. cŏ́llĭgis > *cólliyis > *cŏ́lyis	*cueils > cueus* (cf. *kieus, Rom. de Carité*)	tu *cueilles*

1. *Cueille* est ancien ; P. Fouché cite *acueille* (3e pers. sing.) dans le *Couronnement de Louis* v. 1475.

3. cŏ́lligit	**cueilt* > *cuelt* > *cueut*[1] ou *quelt* > *queut* (vivant encore XVIe s.) var. : *coilt* et *coille*	il *cueille*
4. *colligĭ́mus (?) term. < -úmus	*coillons* et *cueillons* (anal. sing.)	nous *cueillons*
5. *colligĭ́tis (?) termin. < -átis	*coilliez (cuilliez, Rose)* puis *cueillez*	vous *cueillez*
6. *cŏ́lligiunt > *cólliyunt > *cŏ́lyunt	*cuillent (Ps. Oxf.)*[2] *cueillent* (*Nîmes,* etc) *cuellent* (*Rose,* var.)	ils *cueillent*
Indic. imparfait		
3. *collig(i)ḗbat ou colligḗbat	*coilloit* ou *cuillait (Rose)* puis *cueilloit* (Commynes) (*cuilloit,* XVIe, d'Aubigné, etc.)	il *cueillait*
Futur		
3. colligĕr(e)-hábet ou *colligir(e)-hábet	*cueudra* (cf. *Rose*) puis *cueillera* (XIVe s. [?]) et *cueillira*[3] (type courant au XVIe s.)	il *cueillera*
Conditionnel prés. : conforme.		
	cueudroit - *cueilliroit* (XVIe) *cueilleroit* (Rabelais)	il *cueillerait*
Passé simple		
1. [4]	*coilli (Rose)* *(cuilli, St Th. Becket)* *quelli (Ogier)*	je *cueillis*
2.	*coillis* puis *cueillis*	tu *cueillis*
3.	*coilli(t)* puis *queuilli* (Joinv.) et *cueillit*	il *cueillit*

---

1. A cette 3e pers. du sing. on trouve encore au XVIe s. des formes anciennes : *quelt* (Gringore), *cueult* (Marot, Ronsard), *cœuil* (Taillemont), *cœuillit,* etc. (cf. Dict. Huguet). Par analogie de la 2e pers. *(cueus)* on a, aussi, au XVIe je *cueus* (*queux* in Palsgrave).

2. On trouve des formes je *coil,* ils *coillent* en ancien normand dit P. Fouché (*Morph.,* p. 138, note).

3. P. Fouché note l'existence d'un *coildra* que nous n'avons pas trouvé. *Cueudra* est analogique de l'indicatif *cueut. Cueillera,* qui semble apparaître au XIVe s., est analogique des formes cueille (indic. prés. 1re pers. ou subj. présent). Au XVIIe s. la langue hésite entre *cueillera* et *cueillira ;* Vaugelas qui constate « qu'à la Cour tout le monde dit *cueillira* et *recueillira* et qu'à la ville tout le monde dit *cueillera* et *recueillera* » préfère, à son habitude, les formes de la Cour. Ménage au contraire est pour *cueillera,* qui a triomphé (cf. Fouché, *Morph.,* p. 406).

4. P. Fouché qui était parti de *collēgi* (forme classique) pour expliquer ce passé simple *régulièrement faible* est obligé de supposer que la 2e pers. du sing. (devenue *colgĭ́stī) a généralisé son phonétisme (*Morph.,* p. 280).
Tout ne serait-il pas plus simple si l'on partait d'un parfait *colligĭ́(v)i, *colligivisti > *colligĭ́sti... d'un infinitif **colligĭ́re,* que nous avons invoqué pour l'infinitif *coillir* puis *cueillir.*

4.	*coillimes* puis *cueillimes*	nous *cueillîmes*
5.	*coillistes* puis *cueillistes*	vous *cueillîtes*
6.	*coillirent* (*colirent* in Tobler-L.) puis *cueillirent* (*cuillirent* attesté XVIᵉ s.)	ils *cueillirent*
Subj. présent		
3. cŏlligiat> *cŏlyat	*cueille (Rose)* et *coille*	qu'il *cueille*
Subj. imparfait		
3. colligísset	*coillist* *cuillist (Rose)*	qu'il *cueillît*
Impératif		
2. cŏllige ou *cŏlligi	*cueille*	*cueille*
5. cf. indicatif	*cuilliez (Rose)* *cueillez* (Ronsard)	*cueillez*
Participe présent		
C.R. sg. colligéntem	*coillant* *cuillant* et *cueillant* var. *cueillissant* (XVIᵉ s.)	*cueillant*
Participe passé		
C.R. sg. masc. *colligítu	*coilli (Eneas, Gaydon)* *cuilli* (courant XVIᵉ s.) *cueilli* (*Louis,* R. de Clari, etc.)	*cueilli*
var. en -útu	*quellu* (Rutebeuf)	
var. fém. colléct‌a	*cuilleite (Thom. Beck.)*	

Conclusion. — Il semble bien qu'aux origines de la langue on ait hésité entre deux formes :

1°) la forme classique *cŏllĭgĕre* qui explique quelques infinitifs *cueudre, cuidre, coudre* peu fréquents, à vrai dire, et sans doute le futur et le conditionnel anciens (il *cueudra,* il *cueudroit*).

2°) une forme *colligīre qui permet d'expliquer les infinitifs courants *coillir/cuillir/cueillir,* le présent de l'indicatif, le subjonctif présent, le passé simple, le part. passé.

Le radical *cuill-* est encore bien vivant au XVIᵉ siècle (*cuillir* — *cuilli* (part. passé) — *cuillant* (part. prés.) — ils *cuillent* — il *cuillit,* etc.).

Mais un fait à retenir aussi, c'est qu'après avoir abandonné un type de futur-conditionnel sans doute phonétique, mais très différent de l'infinitif *coillir,* la langue a hésité entre *cueillerai,* fait sur l'indicatif présent, et *cueillirai,* fréquent au XVIᵉ s. et fait sur l'infinitif, pour garder le premier. En somme le futur-conditionnel ne semble jamais, — sauf peut-être au début (cueudrai) et au XVIᵉ siècle — avoir eu de liens privilégiés avec l'infinitif.

Faillir (cf. **défaillir**) et **falloir**

Latin class. : *fallĕre,* fallo, fallis, fefelli, falsum
1. tromper
2. échapper à l'observation, à l'attention
3. impersonnel : il échappe (à quelqu'un)

Le vulg. **fallīre* (cf. italien *fallire*) a pris le sens de :
— faire défaut, manquer ;
— commettre une faute, manquer à un devoir, manquer à ou de (+ infinitif).

Infinitif présent. **Fallīre* a donné anciennement *falir ; faillir* apparaît dès l'ancien français (*Roland,* v. 801) : on l'explique par l'influence de l'indicatif présent (*fallio > *fail*) et du subj. présent (*falliam > *faille*).

On rencontre en outre un infinitif *faudre* (cf. *Clef d'amor,* 2682, etc.) qui vient certainement de fallĕre.

Remarque. — A partir de il *faut* = il *manque, besoin est de,* la langue fait un infinitif *falloir* (sur le modèle vaut/valoir).

Indicatif présent		
1. *fállio	(je) *fail* var. *fal* (Mousket)	je *faux* [1]
2. *fállis	(tu) *faus*	tu *faux*
3. *fállit	(il) *falt (Roland), faut (Erec)*	il *faut*
4. *fallímus	(nos) *falons* [2] (subst. de termin.)	nous *faillons*
5. *fallítis	(vos) *falez, failliez* (subst. de termin.)	vous *faillez*
6. *fálliunt	(il[s]) *falent/fallent* et *faillent (Thomas Becket)*	ils *faillent*
Indic. imparfait		
3. a) *falliēbat	*failleit (Alexis)* puis *failloit* (*Berte,* etc.)	il *fallait*
b) *fall(i)ĕbat ou class. fallĕbat ?	*faloit (Sone)* *falloit (Enf. Ogier)*	(+ il *faillissait* [3])

---

1. A vrai dire, ces formes modernes de présent ne se rencontrent guère après le XVIIe siècle. Littré cite cependant l'exemple de « je faux » chez Paul-Louis Courier. Actuellement seule l'expression « le cœur me *faut* » semble vivante. On trouve à la 3e pers. des formes *fault* représentant le l vocalisé et maintenu dans la graphie.

2. Des formes *-faillons* et *-faillez* apparaissent anciennement dans le composé *défaillir.*

3. Je *faillirai* etc. Voici ce que dit Littré : « Les personnes qui ont besoin du futur et du conditionnel [de faillir] et qui en ignorent la véritable forme, les composent suivant la règle des verbes en *-ir* et disent : je *faillirai,* je *faillirais,* etc. C'est un barbarisme mais qui a chance de s'introduire et de devenir correct [...]. Déjà quelques grammairiens disent que ce verbe dans le sens de faire faillite, se conjugue sur finir : quand un négociant *faillit ;* s'il *faillissait* », etc.

En fait Nyrop constate que, dans le sens de faire faillite, faillir se conjugue régulièrement sur finir (*Morphol.,* § 69) ; de même *Grévisse* (§ 701).

On dit aussi « je ne faillirai pas à mon devoir », solennellement, — alors que « le cœur me *faut,* me *faudra* » traduit un caprice d'archaïsme ou un certain badinage (cf. Grévisse, *ibid.*).

Indic. futur		
1. *fallire-hábeo		
(ou fallĕre-hábeo)		
> *faldrái(o)	(je) *faldrai*	je *faudrai*
	faudrai	et je *faillirai* [1]
	var. *farrai* (in Godef.)	(récent)
3. *fallīre-hábet		
> *faldrát	(il) *faldra*	il *faudra*
	faudra (et *fauldra*)	il *faillira* [1]
	var. *farra/faurra*	
6. *fallire-*habunt		
> *faldráont	(il) *faldront (Rol.)*	ils *faudront*
	faudront	
	ou *faurront* (*Cléomadès*,	
	Molinet, etc.)	ils *failliront*
Conditionnel présent		
1. *fallire-(hab)ēbam		
> *faldrḗa	(je) *faldreie*	je *faudrais*
	faudrois	et je *faillirais* [1]
	(*fauroie* chez Molinet)	(récent)
3. *fallire-(hab)ēbat		
> *faldrḗat	(il) *faldreit*	il *faudrait*
	faudroit	et il *faillirait*
	(*fauldroit*, Molinet)	
	var. *farroit (Dolop.)*	
etc.		
Subj. présent		
1. *fálliam	(je) *faille*	que je *faille*
		faillisse [2]
4. *falliámus	(que nos) *falons* et *faillons*	que nous *faillions*
(ou *fallámus ?)		*faillissions*
5. *falliátis	(que vos) *falez*	que vous *failliez*
(ou *fallátis ?)	et *failliez (Charette)*	*faillissiez*
6. *fálliant	*faillent*	qu'ils *faillent*
		faillissent

1. Je *faillirai* etc. Voici ce que dit Littré : « Les personnes qui ont besoin du futur et du conditionnel [de faillir] et qui en ignorent la véritable forme, les composent suivant la règle des verbes en *-ir* et disent : je *faillirai*, je *faillirais*, etc. C'est un barbarisme mais qui a chance de s'introduire et de devenir correct [...]. Déjà quelques grammairiens disent que ce verbe dans le sens de faire faillite, se conjugue sur finir : quand un négociant *faillit ;* s'il *faillissait* », etc.

En fait Nyrop constate que, dans le sens de faire faillite, faillir se conjugue régulièrement sur finir (*Morphol.*, § 69) ; de même *Grévisse* (§ 701).

On dit aussi « je ne faillirai pas à mon devoir », solennellement, — alors que « le cœur me *faut*, me *faudra* » traduit un caprice d'archaïsme ou un certain badinage (cf. Grévisse, *ibid.*).

2. Au moins dans le sens de « faire faillite » puisqu'il est admis que le verbe se conjugue en ce cas comme finir.

Subj. imparfait		
a) *type en -si(ss-)*		
1. *falsĭssem	*faussisse (Rose,* 14946*)*	
3. *falsĭsset	*faussist* ou *fausist* (cf. *Erec,* 35)	
b) *type en -i(ss-)*		que je *faillisse*
6.	*faillissent* (Rose, 14098)	qu'ils *faillissent*
Passé simple : 1er type, en *-i(s)* (cf. *dormis*)		
1. *fallī́(v)ī > *fallī́i	*(failli)*	je *faillis* [1]
3. *fallī́(v)it > *fallī́it	*failli* (courant) var. *faillist*	il *faillit*
6. fallīverunt > *fallī́runt	*faillirent* [2]	ils *faillirent*
Participe présent		
C.R. *fallientem. *fall(i)entem ou fallentem (class.)	*faillant* *fallant*	*faillant* [3]
Participe passé : deux types en anc. fr. :		
a) type en -ītu	a) *failli(t)* var. : *fali(t)*	*failli* [4]
b) type en -ūtu	b) *faillu* et *falu* (c. suj. : failluz *faillus*)	(cf. il a *fallu)*

1. Dans la langue moderne le passé simple s'emploie surtout comme semi-auxiliaire pour exprimer qu'un fait fut sur le point de se produire (je *faillis* tomber, cf. manquer).

2. Nous n'avons pas trouvé d'autres formes de passé simple que la 1re pers. du singulier et les 3es pers. du sing. et du plur. *(faillit, faillirent) :* cela ne signifie pas qu'il n'en existe pas. Ce qui surprend un peu c'est que le passé simple ne concorde pas avec l'imparfait du subjonctif ; dans le *Roman de la Rose* à un passé simple *failli, faillirent* correspond bien un imparfait du subjonctif, 3e pers. plur., *faillissent* mais, même dans cette œuvre, la forme la plus répandue est *faussisse* (1re pers. sg.), *faussist* (3e pers.).

3. De nos jours *faillant* ne semble se trouver que dans le composé *défaillant.* Littré mentionne l'expression « à jour faillant » : à la chute du jour.

Montaigne écrivait : « faillant à sa parole » (in Littré).

4. *Faillite* est bien un participe féminin substantivé mais provient de l'italien *fallita* influencé par *failli.*

Le substantif *faute* suppose un participe vulgaire **fallĭta* non de *fallīre mais du classique *fallĕre* (cf. Bloch-Wartburg).

Quant à l'adjectif *faux* il remonte bien au participe passé de *fallĕre* mais il était déjà usuel en tant qu'adjectif en latin classique.

Conclusion. — La conjugaison de ce verbe était complexe, d'abord du fait de l'évolution phonétique : il présentait au Moyen Age

1°) un radical normalement palatalisé à partir de *fallio, de *falliam, etc. : -fail-

2°) un radical dépalatalisé devant consonne ; -fal- (d'où il *faut*, il *faudra*)

3°) et un 3e radical à l'imparfait du subjonctif : fals- > faus- (d'après le supin *falsum*).

Ce verbe difficile n'a cependant pas disparu : il est resté dans des emplois ou des sens particuliers :
— il *faillit* (tomber), il a *failli* (tomber)
— il est *failli* (il a fait faillite)

Dans le sens courant de *« manquer à »* on lui a préféré... *manquer*, plus facile à conjuguer.

Cependant à partir de *il faut* (« il manque », puis « il est nécessaire ») la langue a créé pour ainsi dire un verbe nouveau : *falloir* (impersonnel).

Celui-ci a gardé certaines formes de *faillir*
indic. présent : il *faut*
futur et condit. : il *faudra*/il *faudrait*
subj. : qu'il *faille*
mais ailleurs il a généralisé le radical *fall-*
imparf. : il *fallait*
passé simple : il *fallut*
imparf. subj. : qu'il *fallût*
participe passé : *fallu* (d'où les temps composés : il a *fallu*, il aurait *fallu*, etc.).

Férir

Latin class. : fĕrīre, fĕrio, fĕrīs, ferīvī (et ferii) : frapper

Infinitif. Ferīre > anc. fr. *ferir* puis *férir* [1]
var. anc. fr. : *frir* (plus. attestations dans Tobler-Lom.).
(cf. ital. : *ferir* — esp. : *herir* — prov. : *ferir*)

Littré constate avec regret que ce verbe n'est plus usité que dans l'expression « sans coup férir », bien que des écrivains au XVIIe et au XVIIIe siècles aient essayé de le faire vivre ou revivre.

Indic. présent		
1. fĕ́r(i)o	*fier* puis *fiers*	je *fiers* [2]
2. fĕ́ris	*fiers*	tu *fiers*

1. A la fin du Moyen Age [dans les mots latins] e initial se prononçait [œ] = e central comme en français, dit Fouché (*Phonét.*, p. 432). Les savants ont réagi et prononcé [ẹ] (c'est la réforme « érasmienne »). La réaction s'est appliquée à des mots français savants et même populaires *(défendre, quérir)*.

2. Nous donnons ces formes modernes d'après Littré : en fait elles se trouvent peu (cf. ce que dit Littré lui-même).

3. fĕrit	*fiert* (*ferist* chez Rabelais)	il *fiert*
4. ferī́mus (puis subst. term.)	*ferons*	nous *férons*
5. ferī́tis (puis subst. term.)	*ferez*	vous *férez*
6. fĕ́r(i)unt	*fierent* (*ferissent* chez Rabelais)	ils *fièrent*
Indic. imparfait		
3. fer(i)ēbat	*feroit* (Joinville)	il *férait*
Futur		
3. ferire-hábet	*ferra* (et même *fierra*) et *ferira* (en moy. fr.)	il *ferra*
Conditionnel (conforme)		
3.	*ferreit*/*ferroit*	il *ferrait*
Passé simple		
a) *type latin régulier*		
3. ferīvit > *ferī́it	*feri* [1] *(Joinville, Rose,* etc.*)* *(Thomas Beck.)*	il *férit*
b) *type en -ui*		
3. *ferúit	*ferut* (courant au XVIe s.)	
Subj. présent		
3. fĕ́riat > *fĕ́rat	*fiere (Rose)* var. *fierge (Voy. Charl.)*	qu'il *fière*
Subj. imparfait		
3. *ferī́sset	*ferist*	qu'il *férît*
Impératif		
2. fĕ́ri	*fier* (et *feris,* Rabelais)	*fier*
5. cf. indic.	*ferez (Roland)*	*férez*
Participe présent		
C.R. sg. fer(i)éntem	*ferant*	*férant*

1. P. Fouché (*Morph.*, pp. 268-269) considère que *férir* a un passé simple du type *vendei*/je *vendis* et il établit ainsi le paradigme :

1. *feri* 3. *feriet* 6. *ferierent*

Or nous n'avons trouvé que les formes suivantes :

1. (je) *feri (Rose)*
3. (il) *feri* (*Thomas Beck.*, *Rose,* Joinville, etc.)
6. (ils) *ferirent (Troie).*

Participe passé		
C.R. sg.		
a) *type ferī́tu*	*feri(t)* [1]	
b) *type *ferū́tu*	*feru* [2]	*féru* (employé comme adjectif surtout)

Fuir

Latin class. : *fŭgĕre,* fŭgio, -is, fūgī (fŭgĭturus).

Latin vulg. : **fŭgīre,* fŭgio, īs, fūgī

Infinitif. *Fŭgíre > rég. anc. fr. *foïr* (*Roman de la Rose,* nombreux cas) puis *fouïr/fouir.*

Très tôt cependant on rencontre *fuir* [3] (*fuire* in *Rose* et encore parfois au XVIe s.), dont le vocalisme est analogique de je *fui,* tu *fuis,* etc., mais *fouir* se rencontre encore au XVIIe siècle puisque Vaugelas doit préciser que « *foüir* pour *fuyr* ne vaut rien, quoy que plusieurs le disent à la Cour » (*Remarques,* cité par Fouché) [2].

Il reste à expliquer le vocalisme de je *fui(s)* qui a triomphé. Normalement ŭ accentué suivi de yod aboutit à oi (cf. crŭce > croix). Aussi a-t-on pensé que le vocalisme du parfait (fūgi) s'était généralisé. P. Fouché (*Phonétique,* p. 407) rejette cette solution en disant que cette généralisation est un cas trop isolé pour paraître vraisemblable. Il pense alors que ŭ́ suivi d'un yod géminé (*fŭ́gyo > *fŭ́yyo) a pu donner -ui- ; si cela ne s'est pas produit à l'infinitif c'est que, selon lui, ŭ était devant l'accent (fŭgíre). Il est peut-être une autre explication de ces résultats différents.

Nous retiendrions volontiers l'explication traditionnelle soit : fui < *fūgĭo même si le cas est exceptionnel.

A l'infinitif le ū, n'étant plus accentué, s'abrégeait normalement. De toute façon le fait est là : le présent est, dès l'origine, je *fui,* tu *fuis,* il *fuit.*

infinitif italien : *fuggire*

esp. : *huir*

prov. : *fugir*

Indic. présent		
4. *fugímus (et subst. de term.)	*fuions* (voc. radical anal. du sing.)	nous *fuyons*

1. Littré cite ce passage de Montaigne : « Le perigordin appelle *lettre-ferits* ces savanteaux ; comme si vous disiez *lettre-ferus* » (*Essais* I, 46). Comme le suggère ce passage la forme *feri* est surtout méridionale (le dict. de Tobler-Lom. donne un ex. dans les *Sermons poitevins*).

2. En anc. fr. on trouve d'autres formes des participes passés : *fru (Huon de Bord.), fruis* (cas-sujet sing. in *Cheval. au cygne*), *feruit, firit* (cf. Godefroy).

3. Ne tenons pas trop compte du *fuïr* de la *Chanson de Roland* puisque le u représente habituellement dans ce texte la voyelle qui résulte de ọ ou de ŭ latin.

5. *fugītis (et subst. de term.)	*fuiez* (voc. radical anal. du sing.)	vous *fuyez*
6. fúgiunt	*fuient*	ils *fuient*
Indic. imparfait		
3. fugĭḗbat	*fuioit*	il *fuyait*
Futur		
3. *fugīr(e)-hábet	*fuirat (Roland), fuira*	il *fuira*
Passé simple		
1. a) *fŭgí(v)i b) fŭ́gī (?)	*foï* (*Rose,* 7246) *fui* (*Rose,* 10310) [1]	 je *fuis*
2. *fugístī	*foïs*	tu *fuis*
3. a) *fugí(v)it b) fŭ́git (?)	*foï (Rose)* *fui(t)* [1]	 il *fuit*
4. fugímus	*foïmes*	nous *fuîmes*
5. fŭgístis	*foïstes (Rose)*	vous *fuîtes*
6. *fŭgívĕrunt > *fugíront	*foïrent (Rose)* et *fuirent* (cf. je *fui* et il *fuit*)	ils *fuirent*
Subj. présent		
3. fŭ́giat	*foie* (Villehardouin) et *fuie*	qu'il *fuie*
4. fugiā́mus	*fuiiens* puis *fuiions* (ou *fuions*)	que nous *fuyions*
Subj. imparfait		
6. fugíssent	*foïssent (Rose)* et *fouyssent* (Commynes) puis *fuyssent* (cf. Littré)	qu'ils *fuissent*
Impératif		
2. *fugī	*fui* puis fuis	*fuis*
5. fugiā́tis (subj. ou ind. vulg.)	*fuiez*	*fuyez*
Participe présent		
C.R. sg. fugiéntem	*fuiant* (Joinville)	*fuyant*
Participe passé		
C.R. masc. sg. *fugítu	*foï (Rose)* *fouï (Berte)* *fouy* (in Rabelais)	*fui*

1. Le u [ü puis ẅ] de (je) *fui* et par suite celui de (il) *fuit* peut simplement s'expliquer par l'influence dilatrice de ī final.

Conclusion. — Si l'on n'est pas sûr du radical vulgaire aux temps de l'infectum (est-ce fŭgi- ou fūgi- ?), on sait du moins que le verbe était devenu *fugīre en latin vulgaire.

L'ancien français et le moyen français gardent des formes en *foi-/foui-* quand le u du radical n'était pas accentué, mais elles sont moins nombreuses que l'on attendrait : si l'on a un passé simple *foï*, un participe passé *foï*, des traces d'un subj. présent qu'il *foie*, on n'a pas eu, semble-t-il, nous **foions*, il **foioit*, **foiez*, **foiant*. Très tôt, donc, l'analogie a étendu le radical *fui-*, mais ne l'a vraiment généralisé qu'au XVIIe siècle.

anc. fr. **issir**

Étym. : latin class. *exīre*, ĕxĕo, ĕxis, exīvī (rare) et ĕxĭī, exĭtum (composé de ire : aller) : *sortir.*

Phonétiquement exíre représente [ĕksīre] ; selon la place de l'accent on a eu deux radicaux en anc. fr. :

1°) ĕksíre > *eissir* (-ks- > i̯s-)

2°) ĕ́ksit > *ist* (indic. prés. 3e pers. sing.).

Il apparaît que le radical accentué a eu tendance à s'imposer partout.

Infinitif. A côté de *eissir* on trouve *issir* qui existe seul au XVIe s. et même *eistre*, *istre*.

Le verbe, encore très employé au XVIe s. (une page et demie d'exemples dans le dict. d'E. Huguet), disparaît au XVIIe siècle. Littré ne le note plus.

ital. : *escire, uscire*

catal. : *exir*

oc (prov.) : *eissir, issir*

Indic. présent	
3. ĕ́xit (= ĕ́ksit)	*ist* (*eist* in *Alexis*) XVIe s. *ist/yst*
6. ĕ́xeunt (= ĕ́kseunt)	*issent (Erec)* var. *ussent* (in Tobler-L.)
Imparfait	
3. exībat > *eksḗbat	*isseit/issoit (Percev.)*
Futur	
3. exire-hábet	*istra* (*Rose*, etc.) XVIe s. *ystra* (Lem. de B.) et *issira* (Calvin)
Conditionnel présent	
3. exire-(hab)ēbat	*istreit/istroit (Percev.)*

Passé simple		
1. exĭ́ī [1]	(j')*issi (Yvain)*	
3. exĭ́it [1]	a) *eissi(t)* (*Chans. Guil.*, etc.) b) *issi(t)* (cf. *issid, Passion*) XVIe s. *issit/yssit*	
6. a) exiĕrunt > *exírunt (?)	*eissirent* (*Rol.*, etc.) et *issirent* (Sax.) XVIe s. : *issirent*	
b) *ĕ́xĕrunt (?)	*istrent* (Beuve de Com.) (cf. *mistrent*)	
Subj. présent		
1. ĕ́xĕam	(j')*isse* (M. de Fr.)	
3. ĕ́xĕat	(il) *isse* XVIe s. écrit il *ysse*	
Subj. imparfait		
3. exiī́sset > *exísset	*eissist (Yvain)* et *issist (Turpin, Rose)* (form. analogique)	
Impératif		
5. exeā́tis (subj., ou indic. vulgaire)	*issiez (Cligès)* ou *issiés*	
Participe présent		
C.R. sg. *exentem (?) *exánte	*issant (Rigomer)* et XVIe s. (Rabelais, etc.)	
Participe passé		
C.S. sg. *exū́tus	*eissuz (Chans. Guil.)* *issuz* (et *isçuz*)	*issu*
C.S. fém. exū́ta	*eissue* (in Tobler-L.) et *issue (Erec)*	cf. *l'issue* (subst.)

Conclusion. — Tel est ce verbe bien vivant jusqu'à la fin du XVIe siècle et qui a été remplacé par *sortir, s'en aller*. Il a laissé le participe *issu* et le substantif *issue*. « La cause de sa disparition, dit E. Huguet, c'est son manque de consistance, sa prononciation étant parfois réduite à un son unique. »

1. Le passé simple français suppose un accent sur i (sauf la 3e pers. du plur. istrent) : cette accentuation est certainement analogique de types comme dormī́vi > **dormí. Ici on a donc eu : **eksí*.
P. Fouché (*Morph.*, p. 269) fait état, dans l'Est et l'Ouest, d'un type *issei, isseit, isseirent :* nous ne l'avons pas trouvé dans les textes.

Mentir

Latin class. : *mentīri* (déponent), mentior, mentiris, mentītūs sum.

Latin vulg. : **mentīre,* *mentio, *mentis, *mentí(v)ī, *mentītu.

Infinitif. *Mentīre > *mentir*

cf. ital. *mentire* — esp., prov. : *mentir*

Indic. présent		
1. *méntio	*menz*	je *mens*
2. *méntis	*menz*	tu *mens*
3. *méntit	*ment*	il *ment*
4. *mentímus (+ -ŭmus)	*mentons*	nous *mentons*
5. *mentítis (+ -átis)	*mentez*	vous *mentez*
6. * mént(i)unt	*mentent* var. *mentissent*	ils *mentent*
Indic. imparfait		
3. *ment(i)ēbat	*mentoit*	il *mentait*
Futur		
3. mentīr(e)-hábet	*mentira*	il *mentira*
Conditionnel : conforme		
Passé simple (faible, régulier, type *dormir*)		
1. *mentí(v)i	*menti(s)*	je *mentis*
2. *menti(v)ísti > *mentísti etc.	*mentis*	tu *mentis*
Subj. présent		
1. a) *mentiam b) *ment(i)am	*mence* (dial. Est) *mente*	que je *mente*
Participe présent		
C.R. sg. ment(i)éntem	*mentant*	*mentant*
Participe passé		
C.R. sg. *mentítu	*menti* (écrit *menty* parfois au XVIe s.)	*menti*
Impératif		
2. *mentī	*ment*	*mens*

Conclusion. — Conjugaison facile et régulière phonétiquement si l'on considère que ĭ (= yod) s'est réduit comme il est habituel, à l'imparfait de l'indic., au participe présent et peut-être au subjonctif présent.

Mourir

Ce verbe était déponent en latin class. : *morior, moreris, mortuus* (est), *mori.* Il a passé à la 4e conjugaison active en latin vulgaire : d'où l'inf. **mŏrīre.*

Infinitif. *Mŏríre > anc. fr. *morir* (normand *murir* = *[mʋrir],* XIIIe s. : *mourir*

ital. : *morire*

esp. : *morir*

limousin : *mʋri(r)*

Indic. présent		
1. *mŏ́rio	*muir* [1] (cf. pŏdiu > puy)	je *meurs* (anal. 2e pers.)
2. *mŏ́ris	*meurs* (d'abord *muers*)	tu *meurs*
3. *mŏ́rit	*meurt* (d'abord *muert*)	il *meurt*
4. *morímus et term. < -úmus	*morons* (*Troie,* etc.)	nous *mourons*
5. *morítis et term. < -átis	*morez*	vous *mourez*
6. mŏ́riunt > mŏ́r(i)unt	*muerent* [2] et *meurent* (cf. *Perceval*)	ils *meurent*
Indic. imparfait		
1. *mor(i)ḗbam > *moréa	*moreie/moroie* (puis *mourois*)	je *mourais*
4. *mor(i)ēbámus > *morĕámus	*moriens* *(moriiens)* puis *mourions*	nous *mourions*
Futur		
3. morire hábet > *mor(i)rát	*morra* (*murrat* in *Rol.*) puis *mourra*	il *mourra*
5. morir(e)-(hab)étis	*mourreiz (Rose)* puis *mourrez*	vous *mourrez*

1. On trouve aussi *je muer* (dans *Florimont*), (ge) *moerc* (dans *Roland ;* -c final doit représenter tch), cf. *moerge* au subjonctif.

2. *Mŏriunt,* en gardant son yod, aurait dû aboutir à *muirent. Mais *muerent* est une forme analogue à *tu muers, il muert :* ainsi le paradigme de l'*indicatif présent* s'opposait bien à celui du *subjonctif présent* (que *je muire*... qu'*il muire,* qu'*il(s) muirent*).

Conditionnel		
3. morir(e) + ĕ́bat > mor(i)ḗat	*morreit* (*murreit* en norm.) puis *mourroit*	il *mourrait*
Subj. présent		
1. mŏ́riam	*muire* (et var. *muere*) *moerge (Rol.)* [1]	que je *meure* (anal. de l'indic.)
4. moriámus	*moriens* [2] puis *morions/mourions* (*muriuns* et *moerium* dans *Rol.*)	que nous *mourions*
6. mŏ́riant	*muirent* var. *muerent* et *moergent* dans l'Ouest et dans *Roland* *mourent* chez Rabelais	qu'ils *meurent*
Subj. imparfait		
2 types en anc. fr. (en *-isse* et *-usse*) (voir ci-après le passé simple)		
a) 1. *mor(u)ĭ́ssem [3]	*morisse* (*Rose* 2448) *mourisse* attesté XVIe s.	
3. *mor(u)ĭ́sset	*morist* (et *mourist*) *(Rose)*	
b) 1. *moruissem > **morússe(m)* (cf. fussem)	*morusse* *mourusse* (*Rose* 8721)	que je *mourusse*
3. *morú(i)sset (cf. *fŭ́sset)	*morust* puis *mourust (Rose)*	qu'il *mourût*
Passé simple		
a) *type en -i* (cf. dormir)		
3. *morī́t (< *morī́vit)	*morit (Troie)* puis *mourit* (cf. Littré)	
b) *type en -ui* (cf. valui)		
1. *morúi (anal. de fúi)	*morui (Parthenop.)*	je *mourus*
2. *morú(i)sti (cf. fústi)	*morus* et *mourus*	tu *mourus*
3. *morúit	*morut* et *mourut*	il *mourut*

---

1. C'est dans l'Ouest que l'on trouve *muerge/moerge* (voir les généralités sur le subjonctif présent), cf. ici même les formes de *Roland :* je *moerge,* il(s) *moergent,* etc.

2. On trouve aussi *moirons* (*Troie* 16450), forme apparemment secondaire par rapport à *morions* (anticipation du yod, cf. glorie > gloire).

A la 2e pers. plur. la forme *muiriez,* analogique des pers. du sing., est attestée (R. de Houdenc). Au XVIe s. on trouve même que vous *meurez (Amadis).*

3. Sur la transformation phonétique de **moruĭ́ssem* en **morúissem* (déplacement d'accent) et finalement *morússe(m) comme *fússe(m) voir Fouché, *Phonét.*, p. 729.

Participe présent		
C.R. sing. *mor(i)éntem*	*morant* *mourant* (var. *murïant* [1], *Thom. Beck.*) *meurant* attesté XVIe s.	*mourant*
Participe passé		
C.R. class. mórtuum *mórtu	*mort* d'où fém. *morte*	*mort*
Impératif		
2. *mŏ́ri	*muer* (cf. Tobler-L.)	*meurs*
5. *mor(i)átis [2] cf. indicatif	*mourez*	*mourez*

Conclusion. — Ce verbe de grande fréquence — pour cause ! — avait en ancien français une conjugaison complexe, du fait surtout des formes diverses prises par son radical lors de l'évolution phonétique du latin en Gaule, entre le Ve et le XIe siècle.

Une simplification s'est cependant produite au cours du XVe siècle avec la disparition du radical *muir-* (que *je muire* est chez Froissart mais n'est plus chez Villon).

Ce verbe avait cependant encore quatre radicaux — et les a gardés :

1. *mour-* (*mourir,* nous *mourons, mourant,* etc.)
2. *mourr-* (je *mourrai,* je *mourrais,* etc.)
3. *meur-* (je *meurs,* il *meurt,* etc.)
4. *mort* (participe passé).

On s'explique certaines hésitations ou « fautes » des écrivains du XVIe siècle :

— indic. présent, 3e pers. plur. : ils *mourent* (Rabelais)
— ind. futur, 1re pers. sing. : je *mouriray* (Monluc)
— participe présent : *meurant* (d'Aubigné)
— subj. présent, 2e pers. plur. : que vous *meurez (Amadis)*
— infinitif présent : *meurre* (Beroalde) (cf. dict. d'E. Huguet).

Ouïr

Latin. Audī́re, áudio, áudīs, audī́vī, audītum

Infinitif. Audī́re > anc. fr. *oïr,* d'où, dès le XIIIe s., *ouïr.*

ital. : *udire*

esp. : *oir*

oc (limousin) : *œu̯vi.*

---

1. *Murïant,* francien *morïant* est certainement une forme refaite sur le latin.

2. **Moriatis* (subjonctif) est-il à l'origine de la 2e pers. du pl. de l'impératif ? Le fait est que cette forme est, comme dans la plupart des verbes, très tôt semblable à l'indicatif, issu théoriquement de *morátis (substitution de -ātis à -ītis).

latin	anc. et moy. fr.	fr. mod.
Indic. présent		
1. áudio	*oi* (*oy* XVIe s.) var. : *o(s)* (*Berte* et XVIe s.)	j'*ois* [1 2]
2. áudīs	*oz* et *ois* [3] *(oys)*	tu *ois*
3. áudit	*ot* et *oit* (écrit *oyt* au XVIe s.)	il *oit*
4. audī́mus *-ū́mus	*oons* puis *oions* *oyons*	nous *oyons*
5. audī́tis -ā́tis	*oez* puis *oiez* *oyez*	vous *oyez*
6. áudiunt	*oent* et même *oient* (*Rose,* etc.) et *oyent* (XVIe s.)	ils *oient*
Indic. imparfait		
3. aud(i)ḗbat	*oeit* puis *ooit* (écrit *oait, Rose*) (*ouoit,* XVIe s.)	il *oyait*
4. audiebā́mus	*oiiens* *oyions* (Montaigne)	
5. audīebā́tis	*oiiez*	
6. audiḗbant	*oeient* puis *ooient* (écrit *oaient* dans le *Roman de la Rose*) *ouyoient/oyoient* XVIe s.	
Futur		
1. *audir(e)-hábeo	(j')*orrai* (courant au XVIe encore)	j'*ouïrai* (et j'*orrai*) [4]
3. *audir(e)-hábet	(il) *orra*	il *ouïra*
5. audir(e)-(hab)ētis	(vos) *orreiz* puis *orroiz (Rose)* et *orrez*	vous *ouïrez*

1. Littré donne toutes ces formes en disant que, selon l'Académie, sont seuls usités l'infinitif et le participe présent ; il ajoute que sont usités encore « le parfait défini et l'imparfait du subjonctif » et que « les autres temps ne s'emplòient que dans le style marotique ». Il voulait que l'on remît en usage *oyant,* car *« en entendant »* est bien désagréable à l'oreille.

2. Au XVIIe siècle des grammairiens donnent les formes suivantes :
— j'*ouy,* tu *ouis,* il *ouit* (Piat, 1662)
— j'oïs, tu oïs, il oït, nous oïons (Kramer, 1696) (voir Fouché, *Morph.*, p. 35).

3. Ces formes ois, oit et oient paraissent analogiques de tu *vois,* il *voit,* ils *voient* mais ont d'abord été déterminées par j'*oi* (cf. Fouché, *Morph.*, p. 152).

En ce qui concerne *oions, oiez,* il semble que l'introduction d'un yod soit due aussi à l'influence de j'*oi* (oy) ; c'est le participe présent *oant* qui a, semble-t-il, commencé (en devenant *oiant*).

4. Littré ne donne que j'*orrai* et j'*oirai,* etc., et j'*orrais*/j'*oirais,* j'*ouïrais* au conditionnel.

Le type j'*orrai,* condit. j'*orrois* est courant au XVIe mais voisine avec j'*oyrai*/j'*oyrois* et aussi j'*ouyrai*/j'*ouyrois* (cf. dict. d'E. Huguet).

Conditionnel présent		
1. *audir(e)-(hab)ḗbam	(j')*orreie* puis *orroie* *orrois*	j'*ouïrais* [1]
Passé simple		
1. audívī > audíi	(j')*oï*	j'*ouïs*
2. audivísti > *audísti	(tu) *oïs*	tu *ouïs*
3. audīvit > audíit	(il) *oït* (*odit* in *Alexis*)	il *ouït*
4. audivĭmus > *audímus	(nos) *oïmes*	nous *ouïmes*
5. audivĭstis > *audístis	(vos) *oïstes*	vous *ouïtes*
6. audiverunt > *audírunt	(il[s]) *oïrent*	ils *ouïrent*
Subj. présent		
1. áudĭam	(j')*oie* (ou *oye* XVIe s.)	que j'*oie* (j'*oye* in Littré)
2. áudias	(tu) *oies* (*oyes* XVIe s.)	que tu *oies (oyes)*
3. áudiat	(il) *oie* (*oye* XVIe s.)	qu'il *oie (oye)*
4. audiámus	(nos) *oiiens* puis *oiions* et *oions* (*oyons,* XVIe s.)	que nous *oyions*
5. audiátis	(vos) *oiiez* et *oiez* (*oyez* XVIe)	que vous *oyiez*
6. áudiant	(il[s]) *oient* (*oyent* XVIe s.)	qu'ils *oient (oyent)*
Subj. imparfait		
1. audīvíssem > audíssem	(j')*oïsse*	que j'*ouïsse*
3. audísset	(il) *oïst (Rose,* etc.)	qu'il *ouït*
5. audissétis -ātis	(vos) *oissiez (Perceval)*	que vous *ouïssiez*
Impératif		
2. áudi	*o* *oy* au XVIe s.	
5. aud(i)átis (subj.) ou *audātis (indic. vulg.)	*oez* et *oiez* (Béroul) (*oyez,* XVIe s.)	*oyez*

1. Littré ne donne que j'*orrai* et j'*oirai,* etc., et j'*orrais*/j'*oirais,* j'*ouïrais* au conditionnel. Le type j'*orrai,* condit. j'*orrois* est courant au XVIe mais voisine avec j'*oyrai*/j'*oyrois* et aussi j'*ouyrai*/j'*ouyrois* (cf. dict. d'E. Huguet).

Participe présent		
C.R. sg. aud(i)éntem	*oant* et *oiant* [1] (*oyant/ouyant* XVIe s.)	*oyant*
Participe passé		
C.S. sing. (masc.) audītus	*oïz* [2]	
C.R. sing. (masc.) audítum	*oï* puis *ouï*	*ouï*

Conclusion. — Ce verbe a en général perdu le -i du radical quand, devant voyelle, ce phonème était réduit à yod. Toutefois ce yod s'était conservé à la 1re pers. du sing. du présent de l'indicatif d'une part (j'*oi*), au subj. présent d'autre part (que j'*oie*, que vous *oiiez*, etc.) — et même aux 1re et 2e pers. du pluriel de l'imparfait de l'indicatif (peu attestées, à vrai dire) —. Par la suite de nouvelles formes avec yod se sont développées :

oons > *oions/oyons*
oez > *oiez/oyez*
oant > *oiant/oyant*
etc.

Ainsi un parallélisme a pu s'établir avec les formes correspondantes de *voir* et amener (tu) *ois*, au lieu de *oz*, (il) *oit* au lieu de *ot*, il(s) *oient* au lieu de *oent*.

Partir

(départir, repartir et répartir)

Étym. Latin *partīri, partior, partiris, partītus sum ;* déponent (partager) ; d'où latin vulgaire : **partīre*.

Infinitif. *Partīre > *partir :* évolution du sens :

1°) *partager* (cf. avoir maille à *partir*), *séparer ;*

2°) *se partir de* qqu'un (ou d'une localité), d'où : *partir de...*, et enfin : *partir* (s'en aller).

Le sens de *partager* se trouve encore dans *répartir.*

ital. : *partire* (diviser et partir)

esp. : *partir :* partir, séparer — *se partir :* partir.

oc (limousin) : [pårti̯] = partir.

La conjugaison est régulière (ce qui suppose comme dans le type *dormire* la réduction du yod devant voyelle). Des problèmes se posent pour *départir* et *répartir.*

---

1. P. Fouché (*Morph.*, p. 152) pense que *oant* est devenu *oiant* dès le début du XIIIe s. sous l'influence de j'*oi* puis que *oons* et *oez* ont suivi (voir, plus haut, indicatif présent).

1. P. Fouché relève un type en -ūtus, -ūta (analogique de veü (vu) : *oüz (Vie de St Thomas,* etc.*), oü (Péler. Renart),* fém. *oiue* (*Morph.*, p. 371).

Indic. présent		
2. *pártis	*parz* [1]	tu *pars*
3. *partit	*part*	il *part*
6. párt(i)unt (var. *partīscunt)	*partent* *partissent (Troie)* (type inchoatif)	ils *partent*
Imparfait		
3. part(i)ébat	*parteit/-oit*	il *partait*
Futur		
3. partire-hábet	*partra* [2] refait en *partira*	il *partira*
Subj. présent		
6. *part(i)ant	*partent* (*parcent* en Lorraine)	qu'ils *partent*
Subj. imparfait		
3. *partísset	*partist*	qu'il *partît*
Participe présent		
C.R. sg. part(i)éntem -ánte	*partant*	*partant*
Participe passé		
C.R. sg. *partítu	*parti* [3]	*parti*

Conclusion. — Le verbe simple — sauf minimes exceptions — est resté fermement fidèle à ses origines (type *dormire/dormir*). Il n'en est pas de même de tous ses composés :

a) *repartir* (partir de nouveau — s'en aller) se conjugue comme *partir* au sens moderne, aux temps simples et composés *(il est reparti).*

b) *repartir* (répliquer) fait, aux temps composés, *il a reparti, ayant reparti,* etc.

c) *impartir* ne s'emploie guère qu'au participe passé (le temps *imparti,* i.e. : attribué, accordé).

d) *répartir* et *départir* qui ont gardé comme le précédent le sens premier de *partir* (i.e. partager) ont généralement passé au type inchoatif ; encore faut-il distinguer entre les deux :

— en ce qui concerne *répartir* il n'y a, semble-t-il, pas eu d'hésitation : Littré ne donne qu'une conjugaison inchoative (nous *répartissons* — je *répartissais,* etc.) ;

1. Fouché (p. 162) donne je *parz.*

2. P. Fouché indique que cette forme est très rare (*Morph.,* p. 404).

3. *Parti* peut-être, naturellement, un participe passif (cf. le fabliau dit *« la housse partie » :* la couverture partagée) ou un participe intransitif (étant parti).
Fouché (*Morph.,* p. 371) relève aussi quelques participes *partut, departut, repartue.*

— mais en ce qui concerne *départir* l'usage n'est pas encore parfaitement fixé.

Dans l'ancienne langue le verbe se conjugue comme *partir* (ex. : Dieu *depart* les graces, Commynes — je *departois,* Montaigne) ; au début du XVIIe s. Oudin écrit : « *departir* ne fait pas *departisse* et *departissons* mais *departe* et *departons*... » [1]. Littré dit encore que le verbe se conjugue comme *partir* (il *départ,* vous *départez,* je *départais, départant*). Mais Grévisse note que « l'usage [actuel] est chancelant » et ajoute que d'excellents auteurs le conjuguent comme finir :

[il] se *départit* (Barrès)
[elle] se *départissait* (Schlumberger, etc.)
se *départissant* (Émile Henriot).

Quérir (et **acquérir, requérir,** etc.)

Ce verbe ne s'emploie actuellement qu'à l'infinitif présent (et encore rarement) mais il a des composés très vivants *(acquérir, conquérir, requérir).*

Étym. Latin *quaerĕre,* quaero, quaeris, quaesīvi ou quaesiī, quaesītum.

Infinitif. Quaerĕre a donné régulièrement *querre.*

Quérir — qui a triomphé — n'apparaît qu'au Moyen Age (fait sans doute, dit Fouché, par analogie, d'après férons/férir). On avait de même *aquerre, conquerre* jusqu'au XVIIe s., etc.

ital. : *acquistare* (dérivé) — esp. : *adquirir* — oc (lim.) : *[åkəji].*

Indic. présent		
1. quaero > *quę̂ro	(je) *quier (Rol.)*	(j'*acquiers*)
2. quaeris	(tu) *quiers*	(tu *acquiers*)
3. quaerit	(il) *quiert* (encore chez H. Estienne)	(il *acquiert*)
4. quaerimus -ŭ́mus	(nos) *querons*	(nous *acquérons*)
5. quaeritis -átis	(vos) *querez* [2] (encore chez Rabelais)	(vous *acquérez*)
6. quaerunt > *quę̂runt	(il[s]) *quierent (Rose)*	(ils *acquièrent*)
Indic. imparfait		
3. quaerēbat	(il) *quereit/queroit*	(il *acquérait*)
Futur		
3. *quaerer(e)-hábet	(il) *querra* (cf. *acquerera,* Monluc) *(acquierera, Sat. Ménip.)*	(il *acquerra*)

1. Cité par Fouché (*Morph.,* p. 30).

2. Monluc écrit : « vous apprenés et *acquerissés.* »

5. *quaer(e)-(hab)ḗtis	(vos) *querreiz* puis *querrez*	(vous *acquerrez*)
Conditionnel présent		
3. *quaer(e)-(hab)ēbat	(il) *querreit/querroit* (cf. *querrait, Rose*)	(il *acquerrait*)
Passé simple		
1. quaesī́(v)ī > *quẹsii > *quẹ́sī et *quīsi (par dilation)	(je) *quis*	(j'*acquis*)
2. quaesivī́sti > *quesī́sti	(tu) *quesis* puis *queïs* (Rutebeuf)	(tu *acquis*)
3. quaesī́vit > *quī́sit	(il) *quist (Rose)*	(il *acquit*)
4. quaesīvĭmus > *quesímus	(nos) *quesimes* puis *queïmes*	(nous *acquîmes*)
5. quaesivī́stis > *quesī́stis	(vos) *quesistes* puis *queïstes*	(vous *acquîtes*)
6. quaesī́vĕrunt > *quī́sĕrunt	(il[s]) *quistrent (Rose)*	(ils *acquirent*)
Subj. présent		
1. quaéram > *quẹ́ram	(je) *quiere (Rose)*	(que j'*acquière*)
3. quaerat > *quẹ́rat	(il) *quiere (ibid.)*	(qu'il *acquière*) (qu'il *conquière* [1])
Subj. imparfait		
1. quaesivī́ssem > *quesī́ssem	(je) *quesisse* puis *queïsse (Rose)*	(que j'*acquisse*)
3. quaesivī́sset > *quesī́sset	(il) *quesist* puis *queïst*	(qu'il *acquît*)
Impératif		
2. quaere > *quẹ́re	*quier (Rose)*	*(acquiers)* (cf. indicatif)
5.	*querez* (indic.)	*(acquérez)*
Participe présent		
C.R. sg. quaeréntem	*querant*	*(acquérant)* cf. *conquérant* *requérant*

1. Vaugelas blâme un auteur qui écrit : « il ne tient qu'à luy qu'il ne *conquere* toute la terre ».

Participe passé

L'ancien français présente deux et même trois participes passés :

1°) *quis* (cf. *acquis, conquis, requis*) qui s'explique par l'influence analogique du passé simple :

*quaesī > *quísī > je *quis*

a entraîné la formation d'un participe

*quaesu > *quísu > *quis*

(cf. Fouché, *Morph.*, p. 364 : remarquons toutefois que Fouché ne pose pas *quīsu (ni *quīsī) forme bien nécessaire).

2°) *acquest* > *acquêt* resté comme substantif (cf. d'ailleurs le substantif simple *quête* — et *conquête, requête*).

On donne deux explications :

a) Bloch et Wartburg considèrent que *acquest* vient d'un participe populaire *acquaésĭtu [*akwẹ̄s(i)tu]

b) P. Fouché (*Phonétique*, pp. 461-462) estime qu'il s'agit simplement du participe ancien *quaestus* de quaero (cf. les subst. quaestor, quaestio, etc), le participe quaesītus de l'époque classique étant analogique de quaesīvī.

3°) des choses *aquerues* (Lyon Ysop.).

Conclusion. — Le verbe simple *quérir* a eu beau pratiquement disparaître de l'usage, il vit, nous l'avons dit, dans ses composés très importants — et il vit avec ses alternances anciennes, et même des variantes si l'on considère le participe passé.

Saillir (cf. assaillir, tressaillir)

Latin. *Salīre,* salio, -is, salui, saltum
(sauter, bondir)

Infinitif. Salīre > régul. *salir* qui existe en picard (cf. *Aucassin*) ; mais très tôt l'influence du présent (salio > je *saill*) a joué : d'où l'infinitif *saillir* (*Rou, Rose* par exemple). Sens : sauter, bondir, s'avancer en hâte, faire saillie.

ital. : *salire*

esp. : *salir* — port. : *sahir*

oc (prov.) : *salhir* [= saḽir] — (lim.) : [šåḽi] (pour animaux).

Indic. présent		
1. sálio	*saill* (cf. *Roland*)	je *saille* je *saillis* [1]
2. sális	*saus*	tu *sailles* tu *saillis*
3. sálit	*salt (Rol.), saut (Rose)*	il *saille* il *saillit*
4. salímus > -ŭmus	*saillons*	nous *saillons* nous *saillissons*

5. salī́tis > -átis	*sailliez, saillez*	vous *saillez* vous *saillissez*
6. sáliunt	*saillent (Rol.,* etc.*)* et *salent*	ils *saillent* ils *saillissent*
Indic. imparfait		
3. saliḗbat	*sailloit (saillait, Rose)*	il *saillait* [1] il *saillissait*
Futur		
3. salir(e)-hábet	*saudra* (*Rose* et au XVIe s., Gringore, etc.)	a) il *saillera* b) il *saillira*
5. salir(e)-(hab)ētis	*saurrés* et *saudrés* in Tobler-Lom.	(vous *assaillirez*)
Conditionnel présent		
3. salir(e)-(hab)ḗbat	*saudroit (saudrait, Rose)*	a) il *saillerait* b) il *saillirait*
Passé simple (type faible en -i(s) < -ī́vi)		
3. salī́(v)it	*sali(t)* (*Mon. Guil.,* etc.) et *sailli(t)* (*Rose, Yvain,* etc.)	il *saillit*
Subj. présent		
3. sáliat	*saille (Rose)*	a) qu'il *saille* b) qu'il *saillisse*
Subj. imparfait		
3. sali(v)ī́sset > *salī́sset	*saillist (Rose)*	qu'il *saillît*
Impératif		
2.	*saille*	*saille* (cri d'exhortation chez les marins)
4.	*saillons* (Guil. Guiart)	
5. saliátis (subj. ou indic. vulg.)	*saillez (sailliez, Rose)*	*saillez*
Participe présent		
saliéntem (C.R.) -ántem	*saillant (Rose)* et *sal(l)ant*	a) *saillant* b) *saillissant*
Participe passé		
a) *salītu (C.R. masc.) b) var. *salū́tu	*sailli* *saillu* (cf. *Thom. Becket*)	*sailli* (cf. le subs. : *saillie*)

1. Le verbe *saillir* a en somme une double conjugaison :

a) dans le sens de « sortir avec impétuosité, jaillir », il se conjugue comme *finir* et... *jaillir* (type inchoatif).

b) dans le sens de « faire saillie », il a gardé le type ancien : je *saille,* ils *saillent.*

Conclusion. — Ce verbe avait plus d'importance en ancien français. Dans nombre de ses emplois on lui a substitué *sauter, bondir,* verbes bien plus faciles à conjuguer.

Notons pour terminer que les formes telles que il *saillissait,* il *saillira,* il *saillirait...* s'emploient en général pour le sens restreint aux animaux de « couvrir une femelle » tandis que (il) *saillait,* (il) *saillera,* (il) *saillerait* correspondent au sens de « faire saillie, dépasser, déborder », etc.

Assaillir (et **tressaillir**)

Ce sont des composés de **saillir** (voir ce verbe).

*Étymologie. *Adsălīre > *assălīre,* assálio, -is, assalui, assáltum.

C'est une recomposition car le latin classique avait *adsĭlīre* (< ad + salīre) : *sauter contre.*

Infinitif. *Assalīre > *assaillir* (*Rose,* par ex.) sous l'influence des formes ayant un yod : *assálïo > *as(s)aill (Roland),* etc.

Le picard est *assalir* (*Aucassin,* Molinet).

On trouve *assallir* chez Froissart. Tobler-Lom. cite *assaudre.*

ital. : *assalire*

esp. : *asalir*

oc (prov.) : *assalhir* (assaillir).

Indic. présent		
1. *assálio	*assaill (Rol.)* *assaulx* (Marot) *assauls* (Rons.)	j'*assaille*
2. *assális	assals > *assauz* *assaus* (Garnier)	tu *assailles*
3. *assálit	*assalt (Roland)* *assaut (Rose)* [2]	il *assaille* [1]
4. *assalīmus et term. < -ŭ́mus	*assaillons*	nous *assaillons*
5. *assalītis termin. < -ā́tis	*assailliez* et *assaillez*	vous *assaillez*
6. *assáliunt	*assaillent* (*Rose,* etc.) *(assalent, Aucassin)*	ils *assaillent*
Imparfait		
3. *assaliébat	*assailloit* (Villeh.)	il *assaillait*

1. L'Académie constate que certains auteurs modernes ont écrit, au présent, il *assaillit ;* elle ne les approuve naturellement point.

2. *Assaut* est encore employé au XVIe siècle (Montaigne, Régnier) et même par Malherbe — qui repousse *tressaut ;* on trouve aussi *assaillit.* Mais *assaille* (déjà employé au Moyen Age) triomphe au XVIIe siècle.

Futur		
3. *assalir(e)-hábet	*assaldra* puis *assaudra* [1] *(Rose)* (cf. *tressalderai, Ps. Cambr.*)	il *assaillira*
4. *assalir(e)-habemus -úmus	*assaldrum (Roland)* *assaudrons*	nous *assaillirons*
6. *assalir(e)-hábunt	*assaudront (Rose)*	ils *assailliront*
Conditionnel présent		
3. *assalir(e)-(hab)ḗbat	*assaudroit/-ait (Rose)* *assauldroit* (Commynes) *assaurroit* (Clary)	il *assaillirait*
Passé simple		
1er type (en *ī́vi* > *i[s]*)		
3. *assalī́vit	*assali(t)* [1] *assailli (Berte, Rose)*	il *assaillit*
2e type (en *-si*)		
2. *assalsísti	*(assausis)* [2]	
5. *assalsístis	*asausi[s]tes (Renart)*	
Subj. présent		
3. *assáliat	*assaille*	qu'il *assaille*
Subj. imparfait		
1er type		
1. *assalīvíssem > *assalíssem	j'*assaillisse (Rose)* (analogie de l'infinitif, etc.)	que j'*assaillisse*
2e type		
6. *assalsíssent	il(s) *assausissent* (Villeh.) (cf. 3. *asausist,* in Tobl.-Lom.)	
Impératif		
2. cf. indic. 1er pers.	?	*assaille*
5. cf. indic. *assalītis/*-ā́tis*	*assailliez*	*assaillez*
Participe présent		
C.R. *assal(i)éntem	*assalant* (in Littré) et *assaillant*	*assaillant*

1. J'*assaudray,* etc. est encore très usité au XVIe siècle.
2. Forme postulée par le subj. imparfait : *assausissent* (Villeh., 73) et la 2e pers. du pluriel *(Renart).*

Participe passé		
1er type (-ītu)		
C.R. sg. masc. *assalītu	*assailli* (*Rose*, etc.)	*assailli*
2e type (-ūtu)		
C.R. sg. *assalûtu	*assalu* (cité par Fouché, p. 371 et Tobler-Lom.) *assallu* (XVIe s. in Huguet)	

Conclusion. — Ce verbe semble actuellement peu employé, sauf dans l'expression « être *assailli* par... », ou dans les récits historiques (*attaquer* est plus facile à conjuguer)... Mais il a existé longtemps à tous les temps de tous les modes.

Se repentir (cf. mentir)

Étym. Le latin classique avait un verbe *paenitēre,* indicatif : *me paenitet :* je me repens (litt. : le repentir me tient).

Se repentir suppose (se ou sei) *repœnitere* attesté au IXe s. et même (se) *repœnĭtīre* (pœnitīre est attesté au VIIe s., dit le dict. de Bloch et Wartburg).

Ainsi **repœnĭtīre* > *repentir.*

(L'anc. fr. a aussi *peneïr* < lat. pœnitīre ; lui correspond l'anc. prov. penedir).

ital. : *pentirsi* — esp. : *arrepentirse*

Indic. présent		
1. repœ́nĭt(i)o	(je me) *repent* (*Troie, Rose,* etc.) (je me) *repens (Rose)*	je me *repens*
3. repœ́nĭtit	(il se) *repent*	il se *repent*
6. repœ́nĭt(i)unt	(il[s] se) *repentent* (*Rol.*, etc.)	ils se *repentent*
Subj. présent		
1. repœ́nĭt(i)am	(je me) *repente (Rose)*	que je me *repente*
2. repœ́nĭt(i)as	(tu te) *repentes (Rol.)*	que tu te *repentes*
Subj. imparfait		
3. repœnitī́sset	(il se) *repentist (Troie)*	qu'il se *repentît*
Passé simple [1]		
3. repœnitī́(v)it	(il se) *repenti(t)*	il se *repentit*
Impératif		
2. repœ́nĭti	*repent*	*repens-toi*
5. (comme indic. prés.)	*repentez*	*repentez-vous*

1. P. Fouché part de *-repentuit* (*Morph.*, p. 267, 305) mais il est bien certain que ce type ancien a laissé la place à un parfait en -ī́(v)ī (type dormī́(v)i).

Participe présent		
C.R. sg. repœnit(i)éntem -ánte	*repentant (Rose)* var. *repantisant* (in Tobler-L.)	(se) *repentant*
Participe passé		
C.R. sg. *repœnitī́tu	*repenti* var. *repentu (Renart)* attestée au XVIe s. (Huguet)	*repenti* (cf. il s'est *repenti*)

Conclusion. — A la base de ce verbe tardif (il appartient à la langue de la religion chrétienne surtout) le français et même les autres langues romanes occidentales ont un infinitif en -īre. Mais dans les formes qui avaient normalement un i (devenu yod), *repœnitio, repœnitiam, repœnitientem,* etc. ce yod n'apparaît plus : mais c'est aussi ce qu'on a observé dans les verbes anciens de ce type (cf. mentir).

Sentir

et composés **ressentir, pressentir, consentir**

Latin class. : *sentīre, sentio, sentīs, sensī, sensum*
(percevoir par les sens — percevoir par l'esprit)

Observations générales.

1°) Ce verbe n'a pas conservé le radical du parfait et du supin ;

2°) Comme les autres verbes en *-īre, -io,* il a perdu son yod aux formes telles que sentiunt, sentiebam, etc.

Infinitif. Sentīre > sentir, écrit fréquemment *santir* aux XIIe-XIIIe s.

ital. : *sentire* — esp. : *sentir*

oc (prov.) : *sentir* — limous. : *[šẽṭi].*

Indic. présent		
1. séntio > *sento [1]	*sent* (*Trist.* Thom.) *sens (Rose)*	je *sens*
2. *séntis	*senz* (Est), *sens*	tu *sens*
3. séntit	*sent, sant (Charr.)*	il *sent*
6. sént(ĭ)unt	*sentent*	ils *sentent*
Passé simple		
1. *sentī́(v)ī > *sentī́	*senti (Rose)*	je *sentis*
2. *sentī́stī	*sentis*	tu *sentis*
3. *sentī́(v)it > *sentī́t	*senti(t)*	il *sentit*
6. *sentī́(ve)runt	*sentirent*	ils *sentirent*

1. P. Fouché (p. 162) signale une forme du Nord *sench :* elle ne peut venir que de *sentio.*

Subj. présent		
3. sént(ĭ)at	*sente*	qu'il *sente*
Subj. imparfait		
3. *sentī́sset	*sentist (Eneas)*	qu'il *sentît*
Impératif		
2. sénti	*sent* (attest. manquent)	*sens* (anal. indic.)
Participe présent		
C.R. sg. sent(i)éntem -ánte	*sentant, santant*	*sentant*
Participe passé		
C.R. sg. *sentī́tu	*senti*	*senti*
2ᵉ type : *sentū́tu	*sentu* (*Renart,* etc.)	

Servir

Latin class. : servīre, servio, servis (régul.)
(être esclave — se mettre au service de qqu'un).

Observations générales. — Il faut d'abord remarquer que comme d'autres verbes en -īre, io... servire a perdu son yod aux formes qui en avaient un ; ainsi :
servĭunt > vulg. *servunt > *servent*
servĭēbam > vulg. *servéba(m) > *serveie/-oie/-ois*
servĭentem > vulg. *servénte > *servant.*

Ajoutons cependant que *sergent* s'explique par *serviente(m)*

Infinitif. Sĕrvī́re > *servir*
ital. : *servire* — esp. : *servir*
prov. : *servir* — limousin : *[šərvi].*

Indic. présent		
1. servio > *sĕ́rvo	*serf* et *ser* *sers* (anal. 2ᵉ pers.) var. *sierc* (*Prière Theoph.* in Tobler-L.)	je *sers* (anal. 2ᵉ pers.)
2. sĕ́rvis	*sers* [1]	tu *sers*
3. sĕ́rvit	*sert*	il *sert*
4. servī́mus (et subst. termin.)	*servons*	nous *servons*
6. sĕ́rvĭunt	*servent (Rou)*	ils *servent*

1. Cf. servus > *sers* (cas-sujet) ou cervus > *cers.*

Imparfait		
3. serv(i)ēbat	*serveit/servoit*	il *servait*
Futur		
1. servire-hábeo	*servirai* var. *servrai* in Tobler-L. d'où : *serverai* [1]	je *servirai*
Passé simple		
3. servī́(v)īt > *servít	*servid* (forme anc.) *servi(t)* var. *siervi* (Mousket)	il *servit*
Subj. présent		
3. sérv(ĭ)at	*servet (Rol.)* *serve*	qu'il *serve*
Subj. imparfait		
3. *servī́sset	*servist*	qu'il *servît*
6. *servī́ssent	*servisent* (*Trist.* Béroul)	qu'ils *servissent*
Participe présent		
C.R. sg. serv(i)éntem -ánte	*servant* var. *siervant* (R. Coucy)	*servant*
Participe passé		
C.R. sg. servītu(m)	*servi* var. *siervi* (Mousket)	*servi*
Post script.		
Impératif		
2. sĕ́rvī	(*serf,* attest. manquent) *sers* (anal. indic.)	*sers*
5. cf. indic. prés.	*servez*	*servez*

Sortir (brèves notes)

Étym. : Probablement latin *sortīri,* sortior, sortiris, sortītus sum (déponent) : *tirer au sort* — obtenir par le sort — choisir. Comme tous les déponents il est devenu actif : **sortīre*.

En français au sens moderne (mouvement vers l'extérieur) ce verbe est très rare avant le XVIe siècle (c'est *eissir/issir* qui était employé). Le sens moderne a

1. Cf. Fouché, *Morph.,* p. 405.

probablement son point de départ au participe à sens passif : *sortītus* « qui a été désigné par le sort » (Bloch-Wartburg).

Seul le français a donné ce sens (de mouvement) au latin sortiri.

La conjugaison du verbe ne pose pas de grands problèmes : il est resté de type archaïque *(dormir, partir)*. Il a eu cependant tendance à passer au type inchoatif au cours des âges : en ancien et en moyen français on trouve des formes comme :

Indic. présent	3. il *sortit (Mist. Vieil Test.)* (à côté de il *sort*) 4. nous *sortissons* (Palsgrave)
Impératif	4. *sortissons (ibid.)* 5. *sortissez (ibid.)*
Subj. présent	3. qu'il *sortisse (Mist. Vieil Test.)*
Participe présent	*sortissant*

De nos jours le composé *« ressortir »* au sens juridique (« être de la juridiction de ») a gardé ce participe présent *ressortissant* (cf. le subst. les *ressortissants*).

Souffrir cf. **offrir**

Latin class. : sufferre, suffĕro, suffers, sustulī
(composé de ferre, supporter, endurer).

Latin vulg. : **sufferī́re*, *suffĕrio, -is, -īvi, -ītum.

Infinitif. *Sŭfferīre > rég. *sofrir* (cf. *Rose*) puis *souf(f)rir*.
Var. *soufrire* au XVIe s. (cf. Huguet).
ital. : *soffrire* — esp. : *sufrir* — lim. : [šʋfri].

Indic. présent		
1. *sŭ́ffĕr(i)o	a) *suefre* (*Rose*, etc.) [1] (*seuffre* courant au XVIe s. encore) b) *soffre* (cf. *Trist.* de Thomas) [2]	je *souffre*

1. Les formes telles que *suefre* (*Rose*, etc) *sueffre (Escoufle, Trist.* de Thomas, etc.*), soeffre* ne paraissent pas venir de *sŭ́fĕro, même avec simplification de la géminée : ŭ́ donne en effet ou < eu. P. Fouché voit là l'influence de verbes tels que ŏ́perat > *uevre* (il travaille). Il n'ajoute pas qu'entre *travail* et *souffrance* le rapport est étroit : *travailler* lui-même (< *tripaliare) ne signifiait-il pas étymologiquement torturer — et subir un tourment ? De même, sans doute, *ouvrer/œuvrer* évoquait la peine.

Ajoutons que ces formes « accentuées sur le radical » sont souvent employées au XVIe s. (cf. dict. d'E. Huguet).

2. Les formes telles que *sofre, souffrent* sont soit phonétiquement régulières (cf. cŭ́rtu > court), soit analogiques de l'infinitif (dans lequel ŭ est initial, cf. sŭbvenīre > souvenir).

3. *sŭ́ffĕrit	a) *suefre, seufre (Rose)* (*soefret* in *Roland*) b) *soffre/souffre* (*Escoufle, Couci,* etc.)	il *souffre*
5. *sufferítis (et subst. de term.)	*sofrez (Rose)* puis *souffrez*	vous *souffrez*
6. *sŭ́ffĕr(i)unt	a) *suefrent (Rose)* b) *suffrent (Escoufle)* *souffrent* [1] c) *souffricent* [2] (St Ber. de Menth.)	ils *souffrent*
Indic. imparfait		
3. *suffer(i)ḗbat	*sofroit* puis *souf(f)roit*	il *souffrait*
Futur		
3. *sufferir(e)-hábet	a) *sof(f)rera* (*souffrera* encore au XVIe s.) b) *soferra* (*Rose* etc., cf. *Alexis*) c) *sofrira* (*Alexis,* cf. *sofrirum, Rol.*) type rare en anc. fr., qui triomphe en moyen fr.	il *souffrira*

Conditionnel : conforme (cf. *soferroit (Rose), souffreroit* (XVIe s.)).

Passé simple (type faible en -is < ī́(v)i)

1. *sufferī́vi	*sofri* puis *soufris*	je *souffris*
2. *sufferi(v)ī́stī > *sufrī́sti	*sofris* puis *soufris*	tu *souffris*
Subj. présent		
3. *sŭ́ffer(i)at	a) *suefre/seufre* b) *sofre/souffre*	qu'il *souffre*
Subj. imparfait		
3. *sufferī́sset (cf. ind. passé 2e pers.)	*sofrist*	qu'il *souffrît*
Impératif		
2. *sŭ́fferi	a) *suefre (Rose)* b) *sofre/souffre*	*souffre*
5. cf. indicatif	*sofrez*	*souffrez*

1. Les formes telles que *sofre, souffrent* sont soit phonétiquement régulières (cf. cŭ́rtu > court), soit analogiques de l'infinitif (dans lequel ŭ est initial, cf. sŭbvenīre > souvenir).

2. *Souffricent (= souffrissent)* montre que ce verbe en -ir a eu tendance à passer au type *finir* (de même P. Fouché note je *sufris* (présent de l'indic.), *soffrissanz* (participe présent).

Participe présent		
C.R. sg.		
*sŭffer(i)éntem	*sofrant* puis *souffrant*	*souffrant*
Participe passé		
a) *sufferítu	*sofri* (*souffry* au XVIe s.)	
b) *sŭffér(ĭ)tu		
> *sufértu	*sofert* puis *souffert*	*souffert*

Tenir

Latin. Tĕnḗre, tḗneo, tḗnes, tĕnŭī, tentum

La conjugaison française actuelle montre tout de suite que des changements importants se sont produits, et d'abord à l'infinitif.

Infinitif. Tenir suppose évidemment le passage en latin vulgaire de *tĕnēre* à **tĕnīre*. Dès lors le verbe était phonétiquement très parent de vĕnīre (à la consonne initiale près) ; les conjugaisons des deux verbes se ressemblaient : venīre a certainement eu une influence sur *tenīre (au passé simple, au participe passé notamment). L'inverse a pu se produire ailleurs.

ital. : *tenere*

esp. : *téner* mais catalan *tenir*

oc (prov.) : *tener* et *tenir* — (lim.) : *[tənə].*

Indic. présent		
1. tḗnĕo	*tieng (Troie)* [1] *tienc (Rou)* *tien (Ombre)* var. *taing (Yvain)*	je *tiens*
2. tḗnes	*tiens*	tu *tiens*
3. tĕnet	*tient*	il *tient*
4. tenḗmus et term. < -ŭ́mus)	*tenons* (*tenuns* in *Rol.*)	nous *tenons*
5. tenḗtis et term. < -ā́tis	*tenez* ou *tenés*	vous *tenez*
6. tḗnent	*tienent* (*Alexis,* etc.) puis *tiennent* [2]	ils *tiennent*

1. P. Fouché (*Morph.*, p. 178, n° 1) considère que « si le consonantisme final de *tieng* et *vieng* est phonétique, il n'en est pas de même de leur vocalisme ».

Qu'en est-il du consonantisme ? Il faut sans doute admettre que -ng notait ñ : *tḗnio* donnait en effet (te)nyo puis (te)ño et enfin (te)ñ. Mais assez vite [tyẽñ] s'est réduit à [tyẽ (cf. Fouché, p. 85).

Quant au vocalisme on attendrait en effet *tin :* tḗnĕo > *tienyo > *tiei̯ño : la triphtongue ici devait en effet aboutir à i (cf. prĕtiu > prix) ; en fait on rencontre de rares fois *ting* et *ving,* mais l'analogie de *tḗnes* > *tiens* et *tḗnet* > *tient* a fait triompher *tieng,* devenu ensuite *tien* puis *tiens.*

2. Est-il besoin de rappeler que dans *tiennent* le premier n note e nasal (ẽ = en) et le second n consonne ? Quand la dénasalisation de ẽ s'est produite la graphie *tiennent* s'est maintenue (tyẽne[nt] > tyęne[nt]).

Imparfait		
3. tenḗbat	*teneit* puis *tenoit*	il *tenait*
Futur		
3. tenere-hábet (ou *tenire-hábet)	*tendra(t)* puis *tiendra* (anal. du présent)	il *tiendra*
Conditionnel présent		
3. tenere-(hab)ḗbat (ou tenire-(hab)ḗbat)	*tendreit/tendroit* puis *tiendroit*	il *tiendrait*
Subj. présent		
1. tĕ́neam (ou *tĕniam)	*tiegne* puis *tienne* [1] var. *tiengne* *taingne (Charrete)* *tienge* (Ouest, cf. *Troie*)	que je *tienne*
4. tenĕā́mus (ou *teniā́mus)	*(te(i)gniens/te(i)gnions)* puis *tenions*	que nous *tenions*
5. teneātis	*teigneiz (Troie)*	que vous *teniez*
6. tĕ́nĕant (ou *tĕ́niant)	*tiegnent* puis *tiennent* (Commynes) *(tiengent, Troie)*	qu'ils *tiennent*

Passé simple : il s'explique par une forme vulgaire *tĕ́nī sans doute analogique de vēnī

1. *tĕ́nī > *tī́nī (dilation)	*tin* var. *ting (Yvain)*	je *tins*
2. *tenī́stī	*tenis*	tu *tins*
3. *tĕ́nit > *tī́nit	*tint*	il *tint*
4. *tenímus	*tenimes*	nous *tînmes*
5. *tenī́stis	*tenistes*	vous *tîntes*
6. *tĕ́nĕrunt	*tindrent* [2] et *tinrent* (Nord, Nord-Est)	ils *tinrent*
Subj. imparfait		
3. *tenī́sset > *tínisset ?	*tinst* (et *tint,* Commynes)	qu'il *tînt*
4. *tenissémus (-ŭ́mus)	*tinssions* (*teinssions,* Mont.)	que nous *tinssions*

1. Le remplacement — progressif — de *tiegne* par *tienne* semble commencer à la fin du moyen français, mais au XVIe siècle les formes *tiegne/tiengne* dominent encore, comme le signale Fouché (*Morph.*, p. 179). Au XVIIe Vaugelas déclare que « c'est une faute familière aux courtisans... de dire *vieigne* pour *vienne* ». Il devait en être de même de *tieigne.*

2. Voir note concernant *vindrent* encore usité au XVIIe s.

6. *tenĭssent > *tínissent ?	*tinssent* (Commynes) (anal. du sing.)	qu'ils *tinssent*
Impératif		
2. tĕ́ne (ou *tĕ́ni)	*tien*	*tiens*
5. *tenētis ou *tenītis > -átis (indic.)	*tenez* ou *tenés (Aiol)*	*tenez*
Participe présent		
tenéntem (> -ántem)	*tenant*	*tenant*
Participe passé		
C.R. sg. *tenū́tu (cf. *venūtu)	*tenu*	*tenu*

Conclusion. — Conjugaison finalement tout à fait paralléle à celle de *venir :* ce parallèlisme explique des formes de tenir comme le passé simple, le subj. imparfait, le participe passé.

La conjugaison moderne a abandonné les formes en *tendr-* (futur et conditionnel) au profit de *tiendr-*, mais elle a gardé d'une part l'alternance *tien-/ten-* et d'autre part le radical de passé simple (et subj. imparfait) *tin-*. C'est dire le rôle de la phonétique en cette affaire.

Venir cf. **tenir**

Latin. *Vĕnīre,* vĕnio, vĕnis, vēnī, ventum

Il convient d'abord et surtout de remarquer l'alternance vocalique qui existait entre l'infectum *(vĕn-)* et le perfectum *(vēn-) :* elle explique les alternances actuelles.

Infinitif. Vĕnī́re > *venir.*

(Littré cite le berrichon *veindre* qui doit s'expliquer par *vénĭre.)

ital. : *veníre*

esp. : *venir*

oc (limousin) : *[vəñi].*

Indic. présent

latin	anc. et moy. fr.	fr. mod.
1. vĕ́nio	*vien* *vieng* (Couci) *ving*	je *vïens*
2. vĕ́nis	*viens*	tu *viens*
3. vĕ́nit	*vient*	il *vient*

4. venimus term. < -ŭ́mus	*venons*	nous *venons*
5. venitis term. < -ā́tis	*venez*	vous *venez*
6. vĕ́n(i)unt	*vienent* puis *viennent*	ils *viennent*
Indic. imparfait		
1. ven(i)ḗbam	*veneie/venoie* puis *venois*	je *venais*
4. ven(i)e(b)ā́mus etc.	*veniiens* puis *venions*	nous *venions*
Futur		
1. *venir(e)-hábeo	*venrai* [1] et *vendrai* puis *viendrai* (anal. du présent)	je *viendrai*
3. *venir(e)-hábet	*venra* et *vendra* puis *viendra*	il *viendra*
6. *venir(e)-hábunt	*venront* (Froissart) *vendront* et *viendront*	ils *viendront*
Conditionnel présent : conforme.		
3. venir(e)-(hab)ḗbat > *venirḗat	*venreit* et *vendreit* puis *venroit* et *vendroit* *viendroit* (Commynes)	il *viendrait*
Passé simple		
1. vḗnī > *vī́nī (par dilation)	*vin* *vinc (Roland)* *ving* (Du Cange)	je *vins*
2. venī́sti	*venis (Roland)*	tu *vins*
3. vḗnit	*vint* (courant)	il *vint*
4. venimus	*venimes (Rol.)*	nous *vînmes*
5. venī́stis	*venistes*	vous *vîntes*
6. vēnĕrunt > *vī́nĕrunt (anal. de la 3e pers. du sing.)	*vindrent (Rol.)* (courant encore au XVIe s. [2])	ils *vinrent*
Subj. présent		
1. vĕ́niam	*viegne/vieigne* [1] var. *vienge* (Ouest)	que je *vienne*

1. *Venrai* est resté en picard (cf. *Aucassin et Nicolette,* 8 ; *tenrai* fut. de tenir).

2. Il faut attendre le XVIIe siècle pour que *vinrent* s'impose. Vaugelas remarque : « Tous deux (*vinrent* et *vindrent*) sont bons mais *vinrent* est beaucoup meilleur et plus usité » (cité par Nyrop, II, p. 143). *Vinrent* est déjà dans *Aucassin et Nicolette* (XIIIe s.).

3. On trouve aussi *veigne* (*Roncesv.,* 157). Nyrop a même relevé *vigne.*

3. vĕ́niat	*viegne/vieigne/viengne* *vienne* (Froissart) [1]	qu'il *vienne*
4. venĭā́mus	*vegniens/-ions* puis *venions*	que nous *venions*
5. veniā́tis	*vegniez* [2] (*vengniez* in Villeh.) puis *veniez*	que vous *veniez*
6. vĕ́niant	*viegnent - vieignent* puis *viennent*	qu'ils *viennent*
Subj. imparfait		
1. venī́ssem	*venisse* puis *vinsse*	que je *vinsse*
3. venī́sset	*venist (Rose)* puis *vinst* [3]	qu'il *vînt*
6. venī́ssent	*venissent* puis *vinssent* [3]	qu'ils *vinssent*
Impératif		
2. vĕ́ni	*vien*	*viens*
4. cf. indicatif	*venons*	*venons*
5. cf. indicatif	*venez* (*venés*, Joinville)	*venez*
Participe présent		
C.R. sg. ven(i)éntem	1) *venant* (réduction du yod) 2) *vegnant* (Hues d'Oisy)	*venant*
Participe passé		
C.R. sg. ventu > *venĭtu [4] puis *venū́tu	*venu*	*venu*

Conclusion. — Ce verbe présente une réfection ancienne du participe passé : à *ventu* qui n'aurait pas eu de caractéristique morphologique a succédé **venūtu*.

Pour le reste les formes ont évolué phonétiquement : *vĕ́n-* (tonique) > *vien-*, *ven-* atone > *ven-* — vēnī > *vīni > *vin-*.

Un alignement analogique a eu lieu à l'intérieur du paradigme du passé simple : *venis, venimes, venistes* sont devenus *vins, vinmes, vinstes* d'après je *vins*, il *vint*... *Vindrent* a laissé la place à *vinrent* tardivement.

1. Cependant *vienne* (qui semble résulter d'une dépalatalisation de *viengne*) a mis du temps à s'imposer : Palsgrave (en 1530) ne donne que *viegne* et Vaugelas constate (vers 1636) que « c'est une faute familière aux courtisans, hommes et femmes de dire *vieigne* pour *vienne* » (cité par Nyrop, II, p. 114). Thomas Corneille (en 1687) ajoute qu'il n'y a que « le bas peuple qui dise *vieigne* pour *vienne* ».

2. Et *veigneiz* dans *(Troie)*, *viegnez (Rose)*.

3. L'hésitation a certainement duré longtemps : Commynes a *vinst* (fin du XVe s.) mais Calvin écrit encore *venist* (quarante ans plus tard). Le dict. d'E. Huguet a de nombreux exemples de *viensist* et *viensissent*.

4. Il paraît nécessaire de supposer une réfection vulgaire de *ventu* en *venĭtu (cf. Fouché, *Morph.*, p. 356) ; puis ce **venĭtu* a cédé la place à une forme mieux caractérisée **venū́tu*.

Enfin l'influence de je *viens,* il *vient* s'est exercée sur le futur et le conditionnel (ex. : *vendrai* > *viendrai*). Il n'est pas jusqu'au subjonctif présent qui n'ait subi l'influence du présent de l'indicatif.

Vêtir

Latin class. : *vestī́re,* vestïo, -is, vestīvi, vestītum
(couvrir d'un vêtement — vêtir — revêtir de).

Infinitif. Vestīre > a. fr. *vestir* mod. *vêtir* (on sait que s devant t a cessé de se prononcer à la fin du 12e siècle mais qu'il s'est écrit jusqu'au XVIIIe siècle — édition de 1740 du dictionnaire de l'Académie — : il a été remplacé par un accent circonflexe comme on l'avait proposé dès 1618).

ital. : *vestire* — esp. : *vestir* — prov. : *vestir.*

Indic. présent		formes inchoatives	
1. vestio	*vests*	*vestis* (Maupas, XVIIe)	je *vêts*
2. vestis	*vests*	*vestis*	tu *vêts*
3. vestit	*vest*	*vestit/vestist* (Palissy)	il *vêt*
4. vestīmus (et subst. de term.)	*vestons*	*vestissons* [1]	nous *vêtons*
5. vestītis (et subst. de term.)	*vestez*	*vestissez* (Palissy)	vous *vêtez*
6. vest(i)unt	*vestent*	vestissent (Rabelais, etc.)	ils *vêtent*

Imparfait		
3. vest(i)ēbat	*vestoit*	il *vêtait*
Futur		
3. vestīr(e)-hābet	*vestira*	il *vêtira*
Conditionnel : conforme.		
Passé simple (faible, régulier, type dormir)		
1. vestī́vi > *vestī́i	*vesti*	je *vêtis*

1. Vaugelas dans ses *Remarques* écrit : « Puisque *revestir* a *revests,* en la première personne singulière du présent de l'indicatif, il doit avoir *revestons* en la première pluriele du mesme temps, et par consequent *revestant,* en son participe. »

Mais Biju, en 1668 encore, note « *vestons* etiam *vestissons* » (cité par Fouché, *Morph.,* p. 28).

Ce n'est qu'à la fin du siècle que l'Académie, après Thomas Corneille, dit fermement : « Il faut dire *revestant* et non pas *revestissant,* parce que le verbe fait en sa première personne pluriele du présent de l'indicatif *revestons* et non pas *revestissons.* »

2. vestī(v)ĭsti > *vestísti	*vestis*	tu *vêtis*
3. (cf. type en *-dis*)	*vesti(t) (R. de Cambr.)* et *vestiet* (6. *vestierent*)	il *vêtit* 6. ils *vêtirent*

		formes inchoatives	
Subj. présent			
1. vést(i)am	*veste*	*vestisse* (XVIe)	que je *vête*
3. vést(i)at	*veste*	*vestisse*	qu'il *vête*

Subj. imparfait		
1. vestíssem	*vestisse*	que je *vêtisse*
3. vestísset	*vestist*	qu'il *vêtit*
Participe présent C.R. sg. vest(i)entem -antem	*vestant* (forme inchoative : *revestissant*, XVIe-XVIIe s.)	*vêtant*
Participe passé C.R. sg. *vestútu	*vestu(t)*	*vêtu*
type originel vestítu	*vesti* (*Serm. St Bern.*, etc.)	

Conclusion. — Ce que l'on observe surtout dans cette conjugaison — comme dans d'autres en -ir — c'est une tendance, aux XVIe et XVIIe s., à passer au type inchoatif : cette tendance a été arrêtée à la fin du XVIIe siècle.

La seule irrégularité maintenue, finalement — et elle est banale —, c'est l'adoption d'un participe passé en -ū́tu > -u.

Brèves notes sur certains verbes en -ír

Bouillir

Latin. *Bullīre,* bullio, -is, bullīvi et bullīī, bullītum (bouillir, et aussi faire bouillir)

Infinitif. Bullīre > rég. *boulir* (ou *boullir*) (qui existait encore au XVIIe s. [1]).

La forme *bouillir* vient des temps qui avaient régulièrement un l mouillé (imparfait de l'indic., présent du subjonctif). On trouve *boillir* chez Rutebeuf [2]. Au XVIe siècle Olivier de Serres emploie *buillir*.

---

1. P. Fouché signale qu'on trouve encore cette forme chez le grammairien Canel (en 1697).
2. La *Chanson de Roland* a une 3e pers. sing. du passé simple *buillit* qui a déjà un l mouillé.

Du Cange cite « *boudre* » (qui doit être analogique de l'indicatif il *bout*) : cet infinitif est noté dans Godefroy (chez Guiart, etc.).

ital. : *bollire*

catalan : *bullir*

oc (prov.) : *bulhir, bolhir,* etc. — (lim.) : [bül̯i].

Indic. présent		
1. bŭ̊llio	*boil, bouil* (et *bouille*) *bouils* (XVIe et XVIIe s.)	je *bous*
2. bŭ̊llis	bou(l)s puis *bous*	tu *bous*
3. bŭ̊llit	*bolt* > *bout* (au XVIe s. on trouve aussi *bouil, bouillist*)	il *bout*
4. bullimus (et term. < -ū̆mus)	*boulons* ou *boullons* [1] *bouillons* (anal.)	nous *bouillons*
5. bullitis (et term. < ātis)	*boulez* *bouillez* (anal.)	vous *bouillez*
6. bŭ̊ll(i)unt	*boulent (Rose)* et *bouillent* [2]	ils *bouillent*
Indic. imparfait		
3. bulliĕbat	*boilleit* puis *bouilloit*	il *bouillait*
Futur		
3. bullir(e)-hábet	*boldra* > *boudra* (encore au XVIe s.) (*bourra* en picard, wallon) *bouillera* (d'après *bouille*) *bouillira* (Montchrestien, XVIe s.)	*bouillira* (infl. de l'inf.)
Passé simple		
a) *1er type (originel)*		
3. bullı́vit > *bullı́it	*boillit/bouillit* (*buillit* dans *Roland*)	il *bouillit*
6. bullı́vĕrunt > *bullı́ront		ils *bouillirent*
b) *type en -ui > u(t)*		
3. *bullúit	*bolut (Chron. de Reims)* *boulut* (Amyot)	
Subj. présent		
3. bŭ̊llĭat	*boille/bouille*	qu'il *bouille*

1. Les formes *boulons, boulez* se trouvent encore au début du XVIIe siècle. P. Fouché fait remarquer que des grammairiens — dont R. Estienne — ne donnent au XVIe siècle, que *boulons*.

2. *Le Mesnagier de Paris* présente une forme *parboullissent* (cité par Fouché).

Subj. imparfait		
a) 3. bullivísset		
> *bullísset	*bouillist*	qu'il *bouillît*
b) 3. *bullú(i)sset	*boulust*	
(cf. valoir)		
Participe présent		
C.R. sg.		
bulliéntem	*boillant (Renart)/bouillant*	*bouillant*
*bull(i)éntem	*boulant*	
	var. (inchoat.) *esboillissant*	
Participe passé		
a) *type originel*		
C.R. sg. bullītu	*boul(l)i*	*bouilli*
	(XIVe s. cité par Littré)	
	et *bouilly* (Amyot, Mont.)	
b) *type en -ūtu*		
C.R. sg. *bullū́tu	*boul(l)u (Ménagier de Paris)*	
	cf. Villon, *Test.* 897 et auteurs du XVIe s. ; A. Paré, Amyot	
	var. : *bouillu*	

Conclusion. — Ce verbe a longtemps hésité entre le radical *boul(l)-* et le radical à l mouillé *bouill-* ; celui-ci a fini par l'emporter. Ainsi le verbe ne comporte plus qu'une alternance : *bou-* (je bous, il bout) et *bouill-*.

D'autre part les formes de type originel en -i l'ont emporté au passé simple et au participe passé sur des formes en -u.

Cas particulier : verbes en *-ir* issus de verbes latins en *-cēre :*

gésir < latin jacēre
a. fr. *loisir* < latin licēre
a. fr. *plaisir* < latin placēre (voir fiche plaire)

Gésir

Latin. *Jacēre,* jaceo, jaces, jacuī (part. fut. jaciturus)
(être étendu, être couché).

Ce verbe est défectif en français moderne (il n'existe qu'au présent et à l'imparfait de l'indicatif et au participe présent, rarement à l'infinitif) ; mais il est d'un emploi plus étendu en ancien français.

Infinitif. Jacḗre = [yakḗre] > *džai(d)zir et džẹdzir > anc. fr. *gesir* puis *gésir* [1] (écrit aussi *jesir, gisir*) (*gire*, anal. de dire, est attesté ; *gir* aussi, au XVIe siècle, cf. Fouché, *Morph.*, p. 165).

ital. : *giacere*

wallon : *jaire*

oc (limousin) : [dzai̯rə].

Indic. présent		
1. jácĕo > *džyai̯tsyo > *džyei̯ts(o)	*gis*	je *gis*
2. jáces	*gis* (et *giés, Rou*)	
3. jácet > *džyai̯tset > *džyei̯ts(e)t	*gist*	il *gît*
4. jacḗmus puis subst. de term.	*gesons* et *gisons*	nous *gisons*
5. jacḗtis puis subst. de term.	*gisiez (Rose)* et *gisez*	vous *gisez*
6. jácent	*gisent* *(giessent, Rou)*	ils *gisent*
Indic. imparfait		
3. jacēbat	*gesoit* et *giseit/gisoit* var. : *gissoit* (Frois.)	il *gisait*
5. jace(b)ā́tis	*gisiez*	vous *gisiez*
6. jacḗbant	*gisoient*	ils *gisaient*
Futur		
3. jacer(e)-hábĕt	*gerra* (ou *jerra*) [2] *(gisra, Berte), gira* (*geira*, cf. *Rom. u. Past.*)	
5. jacer(e-hab)ētis puis subst. de term.	*gerreiz (Rose)* et *gerrez*	
6. jacer(e)-hábunt	*gerront (Rose)* (*girront (Cligès)*)	
Conditionnel présent		
3. jacer(e-hab)ḗbat	*gerroit*	
Passé simple		
1. jácŭī	*jui (Rou, Rose)* (*giu* attesté, cf. Tobler-L.)	

---

1. *Gésir* doit s'être prononcé avec [ẹ] au XVIe s. (cf. quérir, férir, périr, *bénir* ; voir Fouché, *Phonét.*, p. 432).

2. Les formes *gerra (jerra)* paraissent dues à l'influence de *cherra, serra* (de *cheoir, seoir*), dit Fouché.

2. jacuĭ́stī	*jeüs* ou *geüs*	
3. jácuit	*jut*[1] (*Roland, Rose,* etc.)	
4. jacuimus	*jeümes* ou *geümes*	
5. jacuĭ́stis	*jeüstes* ou *geüstes*	
6. jacŭĕrunt > *yákwĕrunt	*jurent (Rou, Rose)* (anal. de *jut*)	
Subj. présent		
3. jácĕat	*gise (Rou)* (et aussi *giese, ibid.*)	qu'il *gise*
Subj. imparfait		
3. jacuĭ́sset	*geüst (Rose)* (ou *jeüst, Charette*)	
Impératif		
2. jáce	*gis*	*gis*
5. jacḗtis et subst. de term.	*gesez (Rou)* et *gisez*	*gisez*
Participe présent		
C.R. sg. jacéntem	*gesant* et *gisant*	*gisant*
Participe passé		
C.R. sg. *jacū́tu	*geü* (ou *jeü*) (*geüt,* in *Alexis*)	

Conclusion. — Ce verbe a évolué phonétiquement — et somme toute selon les normes — au point que l'on ne reconnaît plus aucun des phonèmes de son radical jac- :

— j (yod) initial a donné ž, écrit selon les besoins j ou g ;

— c s'est palatalisé devant e, i et a donné z en position intervocalique et s en position finale (cf. placḗre > plaisir, pláces > plais).
Devant u (parfait, participe passé) il s'est effacé (cf. *placūtu > pleü > plu).

— a, s'il était accentué et pris entre deux yods a abouti à i : s'il était initial, il est devenu e central [ẹ] puis vers le XVIe siècle, a été regénéré en é (gésir). Du reste l'influence analogique des formes en gir a joué.

Peut-on étudier la morphologie du verbe sans passer par la phonétique ?

Pourquoi ce verbe a-t-il presque entièrement disparu de l'usage, du moins dans les sens ordinaires de *coucher, se coucher ? Coucher,* verbe de 1re conjugaison, est évidemment plus facile à conjuguer.

1. L'explication phonétique des 1re et 3e personnes du singulier est assez difficile :
jácuī = [yákwī] > *[džyéwwī] > [džī́wwī] > [džúwwī] > [džū́(ẅ)i] > a. fr. *jui.*
Giu s'explique par une non-labialisation de i :
*džī́wwi > *giu* (cf. *biu* en face de *bui,* fiche *boire*).

anc. fr. **loisir**

Ce mot n'est employé en qualité de verbe qu'en ancien français (XIIe-XIIIe siècle) ; il est significatif que le *Roman de la Rose* (on sait que la 2e partie, écrite par Jean de Meun(g) est de 1270-78 environ) ne le connaît que comme infinitif substantivé.

Latin classique : *lĭ́cet* (impers.), lĭcére (infinitif), lĭcuit, licĭtum
(il est permis)

Infinitif. Lĭ́cére > régul. a. fr. *leisir* (attesté surtout comme substantif) puis *loisir.*

Indic. présent		
3. lĭ́cet	*leist* (*Troie,* etc.) puis *loist (Erec, Yvain)*	
Imparfait		
3. lĭcēbat	*loisoit* var. *lesoit*	
Futur		
3. licer(e)-hábet	*leira (Troie)*	
Passé simple		
3. lĭ́cuit	*lut* (*Rou, Florim.,* etc.) [1]	
Subj. présent		
3. lĭ́ceat	*loise (Escoufle)* *luise (N. D. Chartres)*	
Subj. imparfait		
3. licuĭ́sset	*leüst (Cligès)*	
Participe présent		
licéntem	*loisant*	

Addendum : ouvrir, couvrir (brève note)

Le latin class. *aperīre* (ouvrir) est devenu **ŏperīre*, précisément sous l'influence de *cŏŏperīre* > couvrir.

En anc. fr. on observe l'alternance du radical accentué *uevr-/cuevr-* (pers. du sing. de l'indic. et subj. présent) et du radical inaccentué *ouvr-/couvr-* (infinitif, 1re et 2e pers. du pluriel de l'indic. et subj. prés., etc.). C'est ce dernier qui s'est généralisé. Les participes passés *(ouvert, couvert)* remontent au latin (**opertu — coopertu).*

---

1. *Lut* paraît s'expliquer ainsi : lĭ́cuit > *lígwit > *líwwit > *lúwwit (í > ú sous l'influence de la géminée ww) > *lüẅ(e)t > *lut.*

III. La conjugaison inchoative
(ou deuxième conjugaison vivante ou « 2e groupe »)
(type *finir*)

Observations générales

En latin il existait des verbes inchoatifs, aux temps de l'infectum ; ils étaient ainsi nommés parce qu'ils marquaient le commencement de l'action ou l'entrée dans un état [1] :

ex. : *amāsco* (devenir amoureux) en face de *amo ;*
rubēsco (devenir rouge, rougir) en face de *rubeo*
obdormīsco (s'endormir) en face de *dormio.*

Ces verbes étaient formés, comme on voit, par l'addition du suffixe *-sc-* au thème verbal ou même plus anciennement au radical ([g]nōsco).

En Gaule seul le type *-īsco* s'est implanté [2] mais il a connu une grande fortune : *la plupart des verbes en -īre* > -ir ont adopté à certains temps (présent de l'indicatif, imparfait de l'indicatif, présent du subjonctif, impératif, participe présent) l'élargissement inchoatif *-iss-* < *-īsc- :* ainsi finir (< finīre) a fait : je finis, nous finissons, je finissais, que je finisse, finissons, finissant [3].

Aux verbes latins en -ire qui ont ainsi évolué il faut ajouter :

1°) des verbes latinisés d'origine germanique (les verbes en -jan) : *choisir, fournir, fourbir, garnir* — *guérir* — *haïr* — *saisir,* etc.,

2°) un verbe au moins d'une autre origine latine : *bénir* < benedīcere,

3°) enfin un certain nombre de verbes que la langue a créés et peut continuer de créer (ils sont, à vrai dire, peu nombreux) : tels sont : *atterrir* — *amérir* et, récemment, *alunir* [4].

---

1. Sur la valeur de ces verbes, voir Monteil, *Éléments de phonétique... du latin,* pp. 289-291.
2. En castillan le suffixe -esco s'est maintenu (cf. Fouché, *Morph.,* p. 23).
3. Sur l'extension du suffixe *-iss-* et les hésitations de la langue, voir Fouché, *Morph.,* pp. 26 à 30.
4. Bescherelle note qu'il y a environ 300 verbes qui se conjuguent comme *finir.*

Le verbe-type : *finir*

Finir

Latin class. : fīnī́re, fīnio, -īs, fīnīvī, fīnītum
(1. trans. : limiter — 2. int. : finir)

Infinitif. Fīnī́re > *fenir* refait « de bonne heure » dit le dict. de Bloch-Wartburg en *finir* d'après *fin* (< fī́nem) ; on pourrait sans doute ajouter : « et d'après le latin finire ». Dès le XIVe siècle on trouve des formes en *fin-* [1].

cf. ital. : *finire* — catalan : *finir*.

Indic. présent : il est inchoatif

	anc. et moy. fr.	fr. mod.
1. *finīsco	(je) *fenis* puis *finis*	je *finis*
3. *finī́scit	(il) *fenist* puis *fini(s)t*	il *finit*
4. *finiscimus term. < -ǘmus	(nos) *fenissons* puis *finissons*	nous *finissons*
5. *finiscitis termin. < -átis	(vos) *fenissez* puis *finissez*	vous *finissez*
6. *finī́scunt	(il[s]) *fenissent* puis *finissent*	ils *finissent*
Imparfait de l'indicatif (temps inchoatif)		
3. *finiscḗ(b)at	(il) *fenissoit* puis *finissoit*	il *finissait*
5. *finisce(b)ā́tis	(vos) *fenissiiez*	vous *finissiez*
Futur		
3. finīr(e)-hábet	(il) *fenira* [2] puis *finira*	il *finira*
Conditionnel présent		
3. finīr(e)-(hab)ēbat	(il) *fenireit/-oit* puis *finiroit*	il *finirait*
Passé simple		
1. fīnī́vī > finī́i	(je) *feni* puis *finis*	je *finis*
2. fīnivī́sti > *finī́sti	(tu) *fenis* puis *finis*	tu *finis*
3. fīnī́vit > finī́it	(il) *feni(t)* [3] puis *finit*	il *finit*

1. En ancien français le verbe le plus employé était *finer,* fait sur *fin* (cf. Littré).

2. P. Fouché (*Morph.*, p. 22) signale, non pour finir mais pour des verbes de ce type, quelques futurs et conditionnels en *-istra/-istroit* (esjoïstra) qui s'expliquent par des infinitifs en *-īscĕre.

3. Le dict. de Tobler-Lommatzsch donne *feni* (deux fois dans *Rou* notamment).

4. fīnivimus > *finímus	(nos) *fenimes* puis *finimes*	nous *finîmes*
5. finīvístis > *finístis	(vos) *fenistes* puis *finistes*	vous *finîtes*
6. finívĕrunt > *finírunt	(il[s]) *fenirent* puis *finirent*	ils *finirent*
Subj. présent (temps inchoatif)		
1. *finíscam	(je) *fenisse* puis *finisse*	que je *finisse*
2. *finíscas	(tu) *fenisses/finisses*	que tu *finisses*
3. *finíscat	(il) *fenisse* puis *finisse*	qu'il *finisse*
4. *finiscámus	(nos) (fenissiens) [1] puis *fenissons* *finissions*	que nos *finissions*
5. *finiscátis	(vos) *fenissez* puis *finissiez*	que vos *finissiez*
6. *finíscant	(il[s]) *fenissent* puis *finissent*	qu'ils *finissent*
Subj. imparfait		
1. finivíssem > *finíssem	(je) *fenisse* puis *finisse*	que je *finisse*
2. *finísses	(tu) *fenisses* puis *finisses*	que tu *finisses*
3. *finísset	(il) *fenist* puis *finist* [2]	qu'il *finît*
5. *finīssēmus puis -ǘmus	(nos) *fenissons* puis *finissions*	que nous *finissions*
6. *finíssent	(il[s]) *fenissent* puis *finissent*	qu'ils *finissent*
Impératif (cf. indicatif)		
2. cf. indic.	*(finis)*	*finis*
4. cf. indic.	*fenissons* *finissons*	*finissons*
5. cf. indic.	*fenissez* *finissez*	*finissez*
Participe présent		
C.R. sing. finiscénte(m) -ánte	*fenissant* puis *finissant*	*finissant*
Participe passé (faible)		
C.R. sg. masc. finítu	*feni/fini*	*fini*
C.R. sg. fém. finíta(m)	*fenie/finie*	*finie*

1. A vrai dire nous n'avons pas trouvé d'attestation de *(fenissiens)*. Anglade dit qu'elle est plus récente [que *fenissons*]. P. Fouché signale une forme non inchoative *finiens (Serm. St Bernard)*.

2. Littré donne une forme *finisist* (chez Oresme).

D'où les temps composés		
Passé composé	j'ai *fini*	j'ai *fini*
Plus-que-parfait ind.	j'avois *fini*	j'avais *fini*
etc.		

Bénir cf. **maudire**

Latin ecclésiastique : *benedīcere,* -dīco, -dīcis, -dīxī, -dĭctum
(qui signifiait — combler de bien (Dieu bénit X...)
— exalter, glorifier (du point de vue de l'homme)

Le verbe existait en latin classique déjà avec le sens de « dire du bien de quelqu'un ».

Observations générales et infinitif.

En ancien français on observe deux sortes d'infinitif présent :

1°) l'un simplement attesté est *beneïr* (Rose v. 7018) et peut-être d'abord *benir* (un ex. cité par Tobler-Lom. dans les *Patois* de Guillaume Breton) : c'est l'ancêtre du mod. bénir.

2°) l'autre, très répandu (au point que Fouché — *Morph.*, p. 124 — dit qu'il est le seul qu'on trouve en ancien français), est *beneistre* puis *benoistre* et *benistre,* ces deux dernières formes étant encore bien vivantes au XVIe s. (*benoytre* dans Palsgrave).

P. Fouché considère que ces *beneistre/benoistre* résultent de la prononciation ecclésiastique de benedīcere > *beneditsere > *benedi(t)s(e)re > beneistre. Pour lui *beneïr* est une forme analogique de finir et, par conséquent, secondaire [1]. Mais il est bien obligé d'admettre que dans les paradigmes « certaines formes [telles que beneïssons, beneïssez] semblaient appartenir à la conjugaison inchoative ».

C'est ce que nous allons montrer — et ce qui nous permet de penser que *beneistre* vient dès l'époque de basse latinité de l'inchoatif **benedīscere :* on s'explique mal, en effet, que *benedícere* ait donné un résultat différent de celui du simple dīcere.

Autrement dit nous verrions :

a) *beneïr, benir,* issu de benedīcere, et conservé au moins dans certaines régions au Moyen Age ;

b) des formes issues de *benedīscĕre :*
— *beneïstre* (chez Marie de France par ex.), d'où ensuite *benistre* vivant au XVIe s.
— *beneistre* (avec diphtongue ei̯), d'où ensuite *benoistre* et *benoytre,* vivants aussi au XVIe s. comme nous l'avons dit (cf. participe passé *beneeit* et *beneoit* ou *beneoist*).

Indic. présent		
1. a) type benedīco	*beneï*	je *bénis*
b) type benedīsco	*beneïs* (in Tobler-L.)	

---

1. Accordons lui que le couple *benissez/benir* correspond à *fenissez/finir* et que *benir* a profité de cette correspondance dans sa lutte avec *benoistre* et *benistre.*

2. a) type benedī́cis	*beneïs*	tu *bénis*
b) type benedī́scis	*beneïs*	
3. a) type benedīcit	?	
b) type benedī́scit	*beneïst (Roland)*	il *bénit*
4. a) type benedī́cimus	*benedïums* *(Psautier d'Oxford)*	
b) type benediscimus (et subst. de term. < -ŭ́mus)	*beneïssons*	nous *bénissons*
5. benediscitis et term. < -ā́tis	*beneïssez*	vous *bénissez*
6. a) benedī́cunt	*benient*	
b) benedīscunt	*benedissent* *(Ps. de Cambridge)* et *beneïssent* (*Chans. d'Antioche* in Tobler-L. et *Roland*)	ils *bénissent*

Conclusion sur le présent. — Toutes les formes dont nous avons trouvé l'attestation — et que nous soulignons — appartiennent au groupe inchoatif, sauf une très ancienne, *benedïums.*

P. Fouché nous donne aussi (p. 124) : je *bene(d)i* — tu *bene(d)is* — il(s) *bene(d)ient.*

En ce qui concerne la 3e pers. du sing. *beneïst,* elle est considérée par Foulet dans les trois cas où on la trouve dans la *Chanson de Roland* (v. 1137 - 2017 - 3066) comme un *prétérit :* or dans les trois cas beneïst est coordonné ou juxtaposé à un présent : c'est donc bien un présent qui s'explique très bien par *benedī́scit.

Imparfait indicatif		
1. type *benediscēbam	*beneïsseie / -ïssoie*	je *bénissais*
3. benediscḗbat	*beneïsseit / -ïssoit* *(benissoit, Charrette)*	il *bénissait*
6. benediscḗbant	*beneïsseient / -ïssoient*	ils *bénissaient*
et benedīcēbant	*benediseient (Ps. Oxford)*	
Futur		
1. *benediscere-hábeo	*beneïstrai (Ps. Oxford)*	je *bénirai*
6. *benediscere-hábunt	*beneïstront* (Ph. de Thaon)	ils *béniront*
Passé simple (cf. type vendi[s])		
1. benedī́xī ou *benedīscui ?*	*beneïsqui* [1]	je *bénis*

1. Pour P. Fouché (*Morph.*, p. 268) ce passé simple n'aurait pas besoin d'être expliqué, comme ceux de ce type, par un suffixe *-scui(t) :* on peut penser que le suffixe -ks- (de *dixit*) est devenu -sk- en latin mérovingien.

Cependant comme la plupart des autres formes (beneïstre, beneïssons/-ssez, beneïssent, beneïssoie, beneïstrai, beneïssant) postulent le radical latin inchoatif *benedīsc-,* il est vraisemblable que le passé s'explique lui aussi par ce radical (cf. par exemple, nascuit > *nasquiet* et le type vendi[t]).

Une forme comme *benoï* a pu être faite sur l'infinitif *benoistre.*

2. benedixísti ou benedīscuĭtis ?	*beneïsquis (Ps. Oxford)*	tu *bénis*
3. benedíxit ou benediscuit ?	*beneïsquiet* *(Voy. de Charlem.)* var. *benoï* (*Turpin,* I, 29)	il *bénit*
4. benediximus ou benediscuimus ?	*beneïsquimes*	nous *bénîmes*
5. benedixístis ou benediscuístis	*beneïsquistes*	vous *bénîtes*
6. benedíxĕrunt ou benediscuerunt ?	*beneïsquierent*	ils *bénirent*
Subj. présent		
1. benedícam et *benedíscam	*beneïe* puis *benie* [1] *beneïsse* (sur finisse)	que je *bénisse*
3. benedícat et *benedíscat	*beneïe* puis *benie* [2] *beneïsse (Roland)* *(beneissed, Ps. de Cambr.)* var. *beneie*	qu'il *bénisse*
4. benedicámus et *benediscámus -úmus	*bene(d)iiens* ou *benedions* (cf. *Ps. Oxford*) *beneïssons* *benissions*	que nous *bénissions*
5. benedicátis et benediscátis	*bene(d)iez / -iiez* *beneïssez* *benissiez*	que vous *bénissiez*
6. benedícant et benedíscant	*bene(d)ient* *beneïssent* *benissent*	qu'ils *bénissent*
Subj. imparfait		
1. (type *finir / finisse*)	*beneïsse*	que je *bénisse*
3.	*beneïst*	qu'il *bénît*
4.	*beneïssiens* *beneïssions*	que nous *bénissions* etc.
Impératif (cf. indicatif)		
2. *benedísce (?)	*beneïs* *(Psaut. Cambridge)*	*bénis*
4. cf. indic.	*beneïssons / benissons*	*bénissons*
5. cf. indic.	*beneïssez / benissez*	*bénissez*

1. Et même *benoie* qui suppose une accentuation de *beneie* sur e (de -éi-).
Les formes *benie, benies,* etc. (et indic. présent 6. *benient*) se sont conservées longtemps (jusqu'à Richelet — fin du XVIIe s. —, constate Fouché).

2. Au XVIe s. la 3e pers. *bénie* est courante (très nombreux exemples dans le dict. d'E. Huguet). Il en est de même de *maudie / mauldie* (cette dernière forme est donnée par Palsgrave).

Participe présent		
C.R. sg. *benedīscénte(m) > -ánte	*beneïssant*	*bénissant*
Participe passé [1]		
1re forme :		
C.S. masc. sing. benedíctus	*beneeiz* puis *beneoiz*	
C.R. masc. sing. benedíctu	*beneeit/beneoit* [1] (cf. l'eve *benoite*)	cf. *benoît* (et *benêt*)
C.S. fém. (ou cas-régime) benedícta	*beneeite/ben(e)oite*	
2e forme :		
C.R. masc. sing. *benedíctu	*beneï(t)* cf. *beney* (dans Joinville)	*béni* [2] et *bénit*
C.R. fém. benedícta	*beneïte (Berte)* puis *bénite*	*bénie* et *bénite*

Conclusion. — Somme toute, ce verbe ne présente guère, si l'on réserve le cas des participes passés, que des vestiges du radical simple *benedīc-* (*benedïums* — *benediseient* — le subj. présent *benie,* grâce sans doute à la formule *Dieus vos benie*).

Presque toutes les autres formes s'expliquent par le type inchoatif : il nous semble même que dès l'époque de basse latinité ou dans la période romane primitive on a eu le radical *benedīsc- :* la 3e pers. du sing. de l'ind. prés. *beneïst* (et la 3e pers. du pluriel *benedissent/beneïssent*), formes très anciennes, paraissent très probantes à cet égard.

Guérir

Verbe d'origine francique, **warjan,* latinisé en **warīre.*

Infinitif. **Warīre > guarir (Alexis, Roland)* puis *garir* (*Aiol, Rose* par ex.).

Guérir ne s'est imposé qu'au XVIIe siècle [3] mais apparaît assez tôt *(Florimont, Rose).*

---

1. Au XVIe s. *benoit/benoist* est courant comme participe et adjectif : que *benoiste* soit l'heure *(Amadis)* — le *benoist* Servateur (= Sauveur) (Rabelais).

2. Littré dit que « de ces deux participes *bénit* s'emploie lorsqu'il s'agit de la bénédiction des prêtres ; *béni,* lorsqu'il s'agit de la bénédiction de Dieu ou des hommes » ; mais il ajoute que cette distinction est récente et que Voltaire écrivait, par exemple, *« pain béni »* (alors qu'aujourd'hui on écrit en ce cas *bénit,* cf. eau *bénite*).

3. Ordinairement la syllabe *gwa-* (ou kwa-) initiale a bien donné ga- (cf. *gwarnire > garnir) : mais on sait que pour réagir contre une prononciation populaire parisienne qui tendait à ouvrir er- en ar-

Le sens était d'abord « protéger, défendre » ; le sens moderne commence à apparaître au XIIe siècle.

ital. : *guarire* (guérir)

oc (prov.) : *garir, guarir* — (lim.) : [gåri].

Indic. présent		
1. *warísco (forme inchoative)	*guaris/garis*	je *guéris*
2. *warī́scis	*guaris, garis*	tu *guéris*
3. *warīscit	*guarit, garit*	il *guérit*
4. *wariscimus (puis subst. de term.)	*guarissons, garissons*	nous *guérissons*
5. *wariscitis (puis subst. de term.)	*guarissez, garissez*	vous *guérissez*
6. *warī́scunt	*guarissent, garissent*	ils *guérissent*
Indic. imparfait		
6. *warīscḗbant	*garissoient (Rou)* (cf. *Rose*)	ils *guérissaient*
Futur		
3. *warir(e)-hábet	a) *guarira* (cf. *Alexis*) b) *guarra (Erec)* ou *garra (Rose)* c) *guerira* (cf. *Berte, Florimont*)	il *guérira*
5. *warir(e)-habḗtis (et subst. termin.)	a) *guarirez* (cf. *Alexis*) *garirés* b) *guarrez* et *garrez* c) *guerirés*	vous *guérirez*
Conditionnel présent		
3. *warir(e-hab)ḗbat	a) *guariroit* et *gariroit (Berte)* b) *garroit (Yvain, Florimont)* *guerroit* (cf. *Rose*) c) *gueriroit*	il *guérirait*
4. *warir(e-hab)ebā́mus	*garirïens (Doon)*	nous *guéririons*

(type : Place Maubart) certains milieux ont prononcé *er-* des syllabes qui étaient normalement *ar-* : ainsi *garir* est devenu *guérir* — forme qui a triomphé : de même pour *garison* (cf. Bourciez, § 47, II et 36, III).

Au XVIe s. Th. de Bèze écrit : « La plupart prononcent *guarir* et *garison* mais la vieille prononciation *guairir* et *guairison* me paraît préférable. »

Au XVIIe s. La Mothe le Vayer assure que *guarir* est aussi bon que *guérir* qu'il considère comme efféminé et qu'il qualifie « d'enfant de Paris qui change a en é ». Mais à la même époque, ou à peu près, Vaugelas constate que *guérir* a pris le dessus (Littré).

Passé simple		
1er type (en -ī́vi > i(s))		
3. *warī́(v)it	*guarit (Rois)* et *gari (Yvain)*	il *guérit*
2e type (en -si)		
2. *warisĭ́sti	*guaresis (Roland, Louis)*	
Subj. présent		
3. *warī́scat	a) *guarisse* et *garisse (Mon. Guill.)* b) *guerisse (Rose)*	qu'il *guérisse*
Subj. imparfait		
1er type		
3. wari(v)ísset > *warī́sset	*garist*	qu'il *guérît*
2e type		
3. *warisĭ́sset	*(guaresist)*	
Impératif		
2. *warī́sce	*guaris (Rol.)* *garis*	*guéris*
5. *wariscā́tis (subj., ou indic. vulg.)	a) *guarisez (Rol.)* *guarissez* (Ronsard) *garissiés (Ogier)* b) *guerissez*	*guérissez*
Participe présent		
C.R. sg. *warīscéntem	a) *garissant* b) *guerissant*	*guérissant*
Participe passé		
C.R. sg. *warī́tu	a) *guari, gari* (courant) b) *gueri* (cf. *Florim., Rose*)	*guéri*

Conclusion. — Bon exemple de verbe francique en -jan, latinisé selon l'usage le plus courant en -īre, puis ayant passé, comme beaucoup d'autres, au type inchoatif (finir).

Ce qui, individuellement, le caractérise c'est l'hésitation qui a longtemps existé entre *garir* et *guérir :* la première prononciation domine de beaucoup au Moyen Age et même au XVIe s. mais disparaît au XVIIe siècle : sans doute était-elle alors sentie comme populaire comme celles d'autres syllabes ar- pour -er [1].

1. Cf. encore Vaugelas : « Autrefois on disoit l'un et l'autre, et plutost *guarir* que *guerir* mais aujourd'huy ceux qui parlent et escrivent bien disent toujours *guerir* [...] mais il ne faut pas abuser [de cette prononciation -er-] comme font plusieurs qui disent *merque* pour *marque, serge* pour *sarge...* et *merry* pour *marry* » (= mari).

Haïr

C'est un verbe d'origine germanique : francique *hatjan*. Ces verbes en -jan ont été latinisés en -īre.

Infinitif. Lat. vulg. *hatīre > *haïr* (formes secondaires : *haer, heer,* faites sur *haons/haez* et je *hé,* il *het*).

ital. (ce verbe n'a apparemment rien donné)

esp. : *haír*

Indic. présent			
1.	a) **hátio* b) > *háto	(je) *haz, has* (je) *hé* (je) *hay* (1 ou 2 syll. au XVIe s.)	je *hais* (graphie de *hé* + s)
2.	*hátis	(tu) *hez*	tu *hais*
3.	*hátit	(il) *het* *hait* ou *haït* (XVIe s.)	il *hait*
4.	*hatímus term. < -úmus	(ns) *haons* *hayons* (XVIe s.)	nous *haïssons* (d'après *finissons*)
5.	*hatítis term. < -átis	(vs) *haez (Rose)* *hayez* (XVIe s.)	vous *haïssez* [1]
6.	*hát(i)unt et *hatíscunt (?)	(il[s]) *heent* [2] *hayent* (XVIe s.) et *haïssent*	ils *haïssent* [1]
Indic. imparfait			
3.	hat(i)ébat	(il) *haoit (Rose)*	il *haïssait* (d'après *finissait*)
6.	hat(i)ébant	*haoient* [1] *hayoient* (XVIe s.) [3]	ils *haïssaient*
Futur			
1.	hatir(e) + áio > *hatráio	(je) *harrai (Rose)* *hairay* (XVIe s.) [4] et *hayeray (id.)*	je *haïrai* (réfection sur haïr)

1. *Haïssons, haïssez, haïssent* triomphent définitivement au XVIIe siècle (cf. Fouché, *Morph.*, p. 30). Vaugelas constate que plusieurs, même à la Cour, disent *nous hayons, vous hayez, ils hayent* mais qu'ainsi ils conjugent « tres-mal ».

2. On trouve même *haent,* analog. de haons, haez.

3. Le dict. de Tobler et Lommatzsch donne une 3e pers. du pluriel *haïsseient* (*Serm. poit.* 118).

4. Ces formes *hairay* et *hairois* comptent en général pour deux syllabes au XVIe s. (cf. dict. de Huguet).

Conditionnel présent			
1.	hatir(e) + ḗba(m)	(je) *harroie* puis *harrois* et *haïrois* (XVIe s.) [1]	je *haïrais*
Subj. présent			
1.	*hátĭam	*hace* et *hée* *haye* (XVIe s.) [2]	que je *haïsse*
2.	*hát(i)as	*haces* et *hées (Rose)*	que tu *haïsses* (infl. de *finir*) [3]
3.	hát(i)at	*hace* et *hée (Rose)* *haye* (XVIe s.)	qu'il *haïsse*
4.			que nous *haïssions*
6.	hát(i)unt	*hacent/heent* *(Rose)* *hayent* (XVIe s.)	qu'ils *haïssent*
Subj. imparfait			
1.	hatíssem	*haïsse*	que je *haïsse*
3.	hatísset	*haïst* (cf. *Rose* 1141)	qu'il *haït*
5.	hatissḗtis	*haïssiez*	que vous *haïssiez*
6.	hatíssent	*haïssent*	qu'ils *haïssent*
Passé simple			
1.	*(hatívī) ou *hatíi > *hatí	(je) *haï*	je *haïs* (s de 2e pers.)
2.	*hatiísti > *hatísti	(tu) *haïs*	tu *haïs*
3.	hatíit > *hatít	(il) *haï(t) (Rou)*	il *haït*
4.	*hatiímus > *hatímus	(nos) *haïmes*	nous *haïmes*
5.	*hatiístis > *hatístis	(vos) *haïstes*	vous *haïtes*
6.	*hatí(e)runt > *hatírunt	(il[s]) *haïrent*	ils *haïrent*
Participe présent			
C.R. *hat(i)énte(m) -ánte		*haant* *hayant* (XVIe s.)	*haïssant*

1. Ces formes *hairay* et *hairois* comptent en général pour deux syllabes au XVIe s. (cf. dict. de Huguet).

2. Palsgrave donne je *haye* et je *haysse*.

3. Mais ainsi le subj. présent est devenu semblable au subj. imparfait (sauf à la 3e pers. du sing.).

Participe passé		
C.S. masc. *hatītus	*haïz*	
C.R. masc. *hatītu	*haï*	*haï*

Conclusion. — Ce verbe illustre assez bien par ses formes variées (*haz/hé* — *haons* et *haez* — *heent/hayent* — *harrai* — *hace/hée,* etc.) l'étendue et l'importance des évolutions phonétiques divergentes. Des formes anciennes en *haïss-* montrent que l'on a éprouvé très tôt — c'est naturel — le besoin de l'intégrer dans un moule régulier, celui de *finir*.

Jouir

Latin. *Gaudēre,* gaudes, -es, gavisus sum (semi-déponent)

Infinitif. L'ancien français *joïr* ne peut s'expliquer que par un changement de conjugaison, soit **gaudīre*.
(Un sens courant est : faire fête à..., en anc. fr.)

ital. : *godere*

esp. : *gozar*

limousin : [dzœu̯vi]

picard : *goïr* [1] *(Raoul de Cambrai)*

Indic. présent	anc. et moy. fr.		fr. mod.
	1re série	*2e série*	
1. gáudĕo	*joi*	*joi* [2]	je *jouis*
2. gáudes	*joz* ou *jos*	*jois*	tu *jouis*
3. gáudet	*jot*	*joit* (et *joïst* in Tobler-L.)	il *jouit*
4. gaudḗmus *-úmus	*joons*	*joions*	nous *jouissons*
5. gaudētis *-átis	*joez*	*joiez*	vous *jouissez*
6. gáudent	*joent*	*joient*	ils *jouissent* (type *finir*)

1. On sait que dans le nord de la France (Picardie, et partie de Normandie), c et g suivis de a sont restés intacts. Mais la lettre g n'est peut-être ici (et dans *gorra, got, goi[t]*) qu'une graphie de j = [ž] comme dans *manguent, mangoit* (cf. fiche *manger,* note 1).

2. L'ancien français possédait aussi des formes *inchoatives :* je *joi(s)* — tu *joïs* — il *joït* — nous *esjoissons* — il(s) (se) *joïssent* (cf. Fouché, *Morph.,* p. 25). Elles ont évincé les premières dès le moyen français et définitivement au XVIe siècle.

Imparfait indicatif			
3. gaudḗbat	*jooit*	*joïssoit* [1]	il *jouissait*
Futur	*1re série*	*2e série*	
3. gauder(e) hábet	*jorra (Troie)*	(< *gaudir(e) hábet ?)	
	picard : *gorra (Aucassin)*	*jouyra* (cf. *Richard le Beau*)	il *jouira*
Conditionnel : conforme			
1. gaudere-(hab)ḗbam	*jorroie*		je *jouirais*
Passé simple	lat. vulg.	anc. et moy. fr.	fr. mod.
1.	*gaudī́vī > *gaudii	*joï* [2]	je *jouis*
2.	*gaudísti	*joïs*	tu *jouis*
3.	*gaudī́it	*joï(t) (Brut)* (var. : *got* ou *goït*)	il *jouit*
5.	*gaudístis	*joïstes*	vous *jouîtes*
6.	*gaudírunt	*joïrent* *jouirent* (Froissart) pic. : *goïrent*	ils *jouirent*
Subj. présent	anc. et moy. fr.		fr. mod.
	1re série	*2e série* (inchoat.)	
3. gáudĕat	*joie* (G. de Dole)	joÿsse/*joïsse* (*Modus* in Tobl.-L.)	qu'il *jouisse*
5. gaudeā́tis	*joiiez (?)*		que vous *jouissiez*
Subj. imparfait			
3. gaudísset	*joïst*		qu'il *jouît*
5. gaudissétis -*átis	*joïssiez* (*Modus* in Tobler-L.)		que vous *jouissiez*
Participe présent	*1re série*	*2e série*	
C.R. gaudéntem	*joant* *joiant* (pic. *goiant*)	*joïssant* (Marie de Fr.)	*jouissant*

1. Exemple donné par Tobler-Lommatzsch : « son chien le joïssait... » (i.e. : lui faisait fête).

2. Etienne Pasquier écrit à propos de Montaigne (cf. Littré) : « Je le voyois habiller le mot de jouir du tout à l'usage de Gascongne et non de nostre langue françoise : la santé que je *jouy* jusques à present » (où *jouy* représente apparemment [žʋi̯] avec l'accent sur ʋ).

Participe passé (type -ī́tu, cf. *finītu* > *fini*)

C.R. *gaudītu	*joï(t)* pic. *goï(t)* (cf. *Raoul de Cambrai*)	*joui*

Conclusion. — Ce verbe présente toutes les altérations phonétiques que l'on pouvait attendre (sans compter le traitement différent selon les régions de g + a initial) ; mais il a commencé très tôt à se « régulariser » en adoptant une série de formes en -iss- (inchoatives, du type finiss-) ; en définitive, en français moderne, il se conjugue comme finir.

Brèves notes sur...

Emplir (et remplir)

Étymologie. Le latin classique était implēre : emplir s'explique par un changement de conjugaison : *ĭmplīre.

Infinitif. *ĭmplīre > *emplir* (on trouve des graphies *amplir,* voire *enplir*).

ital. : *empiere* et *empire*

esp. : *henchir*

oc : *emplir* et *umplir/omplir.*

La conjugaison de ce verbe, passé au groupe inchoatif, ne pose pas de problèmes.

Nourrir

Latin class. : nūtrīre, nutrio, -īs, nutrīvī, nūtrītum

Infinitif. L'ancien français *norrir* (nourrir, élever) — (var. normande *nur(r)ir,* in *Roland* par exemple [1] ne peut s'expliquer que par une forme vulgaire *nŭtrīre : l'abrègement d'une voyelle longue, quand elle n'est pas accentuée, est du reste normal (cf. Fouché, *Phonét.,* p. 184). O initial a pris sans doute très tôt le timbre ʊ mais la graphie *ou* n'apparaît que tardivement (par ex. dans *Berte,* XIIIe s., mais on a encore *norrir* dans le *Roman de la Rose*).

ital. : *nutrire* — esp. : *nutrir* — oc (lim.) : [nʊri].

1. En anglo-normand u représente en ce cas en réalité non [ü] mais [ʊ].

Indic. présent		
3. *nŭtrī́scit (type inchoatif) [1]	*norrist (Cligès)* puis *nourrist*	il *nourrit*
5. nutriscitis (et substit. de term.)	*norrissez* *nourrissez*	vous *nourrissez*
6. nutrī́scunt	*norrissent (Troie)* et *nourrissent*	ils *nourrissent*
Imparfait		
3. nutriscḗbat	*norrisseit/-ssoit* *nourrissoit*	il *nourrissait*
Futur		
3. nutrire-hábet	*norrira (Troie)* [2]	il *nourrira*
Subj. présent		
3. nutrī́scat	*norrisse (Troie)* puis *nourrisse*	qu'il *nourrisse*
Passé simple		
3. nutrī́vit > nutríit	*norrit* puis *nourrit*	il *nourrit*
Subj. imparfait		
3. *nutrī́sset	*norrist* et *nourrist*	qu'il *nourrît*
Participe présent		
C.R. sg. nŭtriscénte(m) -ante(m)	*norrissant*	*nourrissant*
Participe passé		
C.R. sg. *nŭtrītu(m)	*norri (Troie)* puis *nourri*	*nourri*

Conclusion. — Ce verbe a évolué comme *finir :* les formes non inchoatives sont rares — comme pour *finir*.

A signaler que son sens s'est restreint : au Moyen Age il signifie très souvent *élever* (un enfant) ; d'où des emplois substantivés tels que « ses nourriz » (ses élèves) — mais ceci n'est pas de la morphologie !

---

1. P. Fouché signale une forme non inchoative *neure* (qui vient évidemment de *nŭtrit) notamment chez Beaudoin de Condé, mais la forme *norrist* domine.

2. Fouché (*Morph.*, 402) signale aussi (je) *norrai (Serm. St Bern.)*.

Remarques sur l'accent tonique latin

On a suffisamment vu que les formes verbales françaises résultent généralement de l'évolution phonétique des formes latines ou latinisées, sauf dans les cas où une analogie a joué. On ne peut donc raisonnablement aborder l'étude de la morphologie qu'après celle de la phonétique ; l'emploi de notre livre a toujours supposé celui, préalable, d'un traité de phonétique historique. Nous croyons cependant utile de rappeler ici les « lois » concernant la place de l'accent tonique latin qui a joué un si grand rôle dans l'évolution de la langue en général et du verbe en particulier.

On sait que cet accent était un *accent d'intensité,* au moins dans la langue parlée à basse époque (IIIe-IVe siècles après J.-C.), celle qui intéresse les romanistes (cf. Fouché, *Phonétique,* pp. 121 et suiv.) : la syllabe accentuée, accaparant une grande partie de l'énergie vocale, s'est non seulement maintenue, sous une forme ou une autre, mais a souvent entraîné la disparition des syllabes (ou du moins des voyelles) voisines.

Lois de l'accent tonique

I. *Formes verbales de deux syllabes :* l'accent portait sur la première syllabe (qui était aussi l'avant-dernière ou pénultième) :

ex. : *ámat — mánet — véndit*

II. *Formes verbales de trois syllabes* (ou davantage) : il faut en distinguer deux sortes :

A. *Celles dont l'avant-dernière syllabe était longue* par nature ou par position : cette syllabe portait l'accent :

Exemples

a) *syllabe longue par nature* (i.e. comportant une voyelle longue) :
cantā́re — habḗre — dormī́re

b) *syllabe longue par position* (i.e. comportant une voyelle brève suivie de deux consonnes formant entrave) :
fecī́stī (en face de fēcī > *fīci)
**dorméntem* > dormant

B. *Celles dont l'avant-dernière syllabe était brève* (voyelle brève suivie d'une seule consonne) : en ce cas l'accent remontait sur la syllabe antépénultième ; ex. : *véndĕre* et d'une manière générale les infinitifs de la 3e conjugaison et de la conjugaison mixte, sauf s'ils ont changé de conjugaison (cf. *cádĕre* > **cadḗre* > a. fr. *cheoir*).

L'accent intervenant toujours dans l'évolution de nos verbes, nous l'avons en général indiqué, sauf si la chose allait de soi.

Il reste cependant un cas où nous nous sommes régulièrement abstenu de le marquer : c'est à la 1re personne du pluriel du parfait de l'indicatif en latin classique (ex. : *habuimus* — *fecimus,* etc.). Le i était bref et ne portait donc pas l'accent tonique (cf. Monteil, *Éléments,* p. 276). Mais en latin vulgaire la 1re pers. du pluriel a subi l'influence de la 2e et *habuĭmus,* par exemple, s'est accentué comme *habuístis,* d'où :

*(h)abwímus > _*awwímus_ > _*awwúmus_ > a. fr. *oümes, eümes*

Nous avons remarqué enfin que les formes périphrastiques (futur et peut-être conditionnel) n'avaient qu'un accent, ce qui explique « l'écrasement » de l'infinitif précédant l'accent :

*cadere-hábet > a. fr. *cherra*
*colligere-hábet > *cueudra*
*donare-hábet > *donra, dorra*

ADDENDUM (aux verbes du type dormir)

Courir

(et composés : **accourir, concourir, parcourir, secourir,** etc.)

L'ancien français était régulièrement *corre* puis *courre* [1] (cf. *chasse à courre*) ; la forme *courir* qui a triomphé (analogie de mourir ?) n'apparaît qu'à la fin du XIIIe siècle (cf. Bloch-Wartburg).

Etym. Latin class. : çŭrrĕre, cŭrro, cŭrris, cucurri, cursum (courir).

Le latin vulg. devait être réduit à *cŭrĕre : c'est ce que postulent des formes telles que l'indic. présent il *queurt,* subj. prés. il *queure* (avec ŭ́ > ó diphtongué en *-eu-*).

Infinitif. *cŭ́rĕre > *corre* puis *courre ;* var. : picard *keure.*

ital. : *correre* — esp. : *correr* — oc (lim.) : [kʊrə]

Indicatif présent		
3. *cŭ́rit	*queurt (Rose)* var. *cuert* (*cueûrt* au XVIe s.)	il *court* (anal. de *courez*, etc.)
5. *cŭritis et term. < -ắtis	*corez* puis *courez*	vous *courez*
6. *cŭ́runt	*queurent (Froissart)* var. *corrent (Saxons)* *corent (Renart)*	ils *courent*
Futur		
3. *cŭrer(e)-hábet	*corra* puis *courra*	il *courra*
Subjonctif présent		
3. *cŭ́rat	*queure*	qu'il *coure*
Ppassé simple : type en *-ui* cf. fui		
3. *cŭrúit	*corut* puis *courut* [2]	il *courut*
5. *cŭruístis > *cŭrústis	*corustes* puis *courustes*	vous *courûtes*
Participe présent		
C.R. sg. *cŭréntem > -ánte	*corant* puis *courant*	*courant*
Participe passé		
C.R. sg. *cŭrū́tu	*coru* puis *couru* var. *coreü* (anal. de eü)	*couru*

1. Au XVIIIe s. Vaugelas écrit que *courre* et *courir* sont bons tous deux mais que « ce serait très mal parler » de dire « courir le cerf, le lièvre, la poste » et que « si quelqu'un le disoit on se mocqueroit de luy ».

De nos jours on dit encore *courre le cerf* et aussi *courir* le cerf.

2. P. Fouché cite un passé simple de l'Est, *corret* qui s'expliquerait ainsi : **cŭ́rruit* > **córrwet* > *corret* (Morph. p. 310).

Toute vérité est une route tracée à travers la réalité. (Bergson)

Conclusion

Au terme de ces examens assez minutieux des conjugaisons des principaux verbes français, réguliers et irréguliers, nous pouvons naturellement faire quelques observations générales, en précisant bien que là n'est pas notre souci majeur. Nous nous sommes intéressé aux réalités linguistiques, aux individualités pour elles-mêmes, bien plus qu'à d'hypothétiques lois à découvrir.

Notre première constatation, c'est que les conjugaisons de beaucoup de verbes français — et des plus importants — ont gardé des irrégularités considérables qui ont des causes diverses et d'abord les diversités de leurs origines latines, de « leurs temps primitifs », comme on dit. Comment expliquer les conjugaisons françaises, ses flexions et ses alternances, sans partir du latin ?

Certes, si notre langue pouvait être réduite aux types de verbes qu'elle crée aujourd'hui (en fait elle ne crée guère que des verbes en -er [1]), la conjugaison française serait assez simple. Mais le français, comme toute langue vivante, est un héritage historique qui vient de très loin [2] et a conservé des formes complexes ou les a même compliquées à date plus ou moins récente. Il est le prolongement, à l'état vivant, du latin qui a été introduit en Gaule, à la suite de la conquête de César : un latin populaire, colonial, implanté surtout par contacts quotidiens entre les populations et transmis ensuite, de génération en génération, à peu près exclusivement par voie orale. Les conjugaisons françaises sont « populaires », au sens linguistique de ce mot, même si certaines formes, comme celles de l'imparfait du subjonctif par exemple, étaient sans doute plus fréquentes dans les textes littéraires que dans la langue parlée au Moyen Age — et dans les siècles suivants.

Dans la longue période de formation du français — ou plutôt de transformation du latin —, période qui va même jusqu'au XVIIe ou au XVIIIe siècle, on distingue d'abord deux actions simultanées, l'une tendant du reste à corriger les désordres provoqués par l'autre.

Les verbes, comme tous les autres mots, ont subi des modifications phonétiques profondes entre le Ve et le XIIIe siècle surtout : cette action mécanique, et pour ainsi dire aveugle, affectait la plupart des phonèmes et différenciait même le radical du verbe selon qu'il était accentué ou atone : aussi l'ancienne langue présentait-elle un grand nombre d'alternances de cet ordre — et la langue moderne en a gardé beaucoup ; rappelons par exemple il *vient,* nous *venons, venir,* il *viendra* (anc. *vendra*), il *vint* — il *peut,* nous *pouvons, pouvoir,* il *pourra,* il *put* — il *veut,* nous *voulons, vouloir,* il *voudra,* il *voulut* (anc. il *volt* et il *volst*), etc.

1. P. Fouché, rappelons-le, signalait que depuis le début du XIXe siècle un seul verbe en -ir(e) avait passé au type inchoatif : c'est *bruire* (bruissant, il bruissait). Récemment on a créé *alunir.*

2. Quelqu'un a employé récemment un joli mot pour dire cela : c'est une sédimentation ou le résultat d'une sédimentation.

D'autre part, on relève, parfois dès la période du plus ancien français mais en général en moyen français ou plus tard, une tendance à la simplification : l'un des radicaux — tantôt celui qui est tonique, tantôt celui qui est atone — s'étend *par analogie* aux dépens de l'autre (cf. la petite statistique que nous avons placée page 73).

Il faut rappeler aussi quelques-unes des observations que nous avons faites, après les historiens des origines de notre langue, et qui s'expliquent sans doute par la tendance bien naturelle de sujets parlants populaires, et généralement illettrés, à simplifier et à unifier autant que possible les formes verbales, à adopter des solutions de facilité — et aussi à exprimer des « aspects » que le latin ne soulignait pas.

Il n'est pas inutile de mentionner dans cette conclusion (et cela complètera notre *note de présentation*) :

a) l'influence de verbes très importants et très fréquents : ainsi *habeo* > *vulg. *ayo > j'*ai* explique probablement je *puis* (< lat. vulg. **possio*), je *suis* (< lat. vulg. *suyyo), etc.

Ainsi encore la terminaison de la première personne du pluriel du verbe esse, au présent de l'indicatif, c'est-à-dire *s-ŭmus,* explique-t-elle l'emploi de *-ons* pour tous les verbes (sauf nous *sommes !*) ;

b) la généralisation de certaines autres terminaisons, en face de formes latines différentes selon les conjugaisons : ainsi la terminaison de 2e pers. du plur. de la 1re conjugaison s'est-elle imposée à presque tous les verbes, à l'infectum au moins : *-ắtis* > *-ez*.

Ainsi encore le morphème d'imparfait des 2e et 3e conjugaisons latines, soit *-ēba(m),* s'est-il étendu à la 1re conjugaison (ex. **cantēba(m)* [1] au lieu de *cantaba(m)*) et a-t-il amené la réduction de -ieba(m) à -ēba(m) à la 4e conjugaison ;

c) l'extension de certains types de parfaits (exemple lat. *-ui* > fr. *-u(s)*) et de participes passés (ex. : lat. *-ūtu* > fr. *-u*) ;

d) la régularisation et la réfection de certains verbes latins très importants et très irréguliers (exemples : lat. class. *velle* devenu **volḗre,* d'où fr. *vouloir ;* lat. class. *posse,* devenu **potḗre,* d'où fr. *pouvoir,* etc.) ;

e) le passage de certains verbes de la 3e conjugaison latine à des conjugaisons mieux caractérisées, du moins à l'infinitif (exemple : latin classique *cadĕre* devenu **cadēre,* d'où a. fr. *cheoir* puis *choir*) ;

f) enfin, et avec le temps, la disparition de verbes difficiles à conjuguer tels que *choir* lui-même, *douloir, souloir, férir, issir, occire, tollir,* etc. ; comme il était plus aisé d'employer *tomber, souffrir, avoir l'habitude, frapper, sortir, tuer, enlever* ou *ôter !*

On explique souvent de la même façon, la disparition progressive des passés simples dans le français parlé.

Mais il est évident que malgré ces simplifications et modifications, malgré cet élagage ou cette prolifération, notre langue, héritière de formes latines ou latinisées complexes, victime ensuite d'évolutions phonétiques considérables et durables, garde un grand nombre de verbes dits « irréguliers » très importants et qui, de ce fait, resteront toujours vivants. Cet état de fait justifie l'établissement de ces

---

1. Du moins dans l'Ile-de-France et les régions centrales.

tableaux individuels qui expliquent ces verbes et montrent, au moins dans leurs grandes lignes, leurs vicissitudes historiques avant leur fixation — ou parfois leur mort.

Nous n'avons pas promené, Dieu merci, sur l'histoire de ces mots essentiels des « yeux bleus de poète ». Cependant au spectacle de la longue vie de leurs formes sur la terre de Gaule, devenue la France, — et presque tous viennent de bien plus loin — nous ne pouvons nous défendre d'une certaine émotion et d'une sorte d'émerveillement...

Bibliographie sommaire

I. *Histoires de la langue*

*Brunot (Ferdinand) : *Histoire de la langue française* (Colin).

Bruneau (Charles) : *Petite histoire de la langue française* (Colin).

W. von Wartburg : *Évolution et structure de la langue française* (Didier).

II. *Grammaires historiques*

a) *Français et éventuellement langues romanes.*

Meyer-Lübke : *Grammaire historique de la langue française.*

*Nyrop : *Grammaire historique de la langue française.* Tome II : *Morphologie* (Picard).

Brunot (F.) et Bruneau (Ch.) : *Précis de grammaire historique de la langue française* (Masson).

Anglade : *Grammaire élémentaire de l'ancien français* (Colin).

K. Pope : *From latin to modern french* (Manchester U.P.).

Fouché (P.) : *Phonétique historique du français* (3 vol., Klincksieck).

*Fouché (P.) : *Morphologie historique du français* (Klincksieck) [1].

Moignet (G.) : *Grammaire de l'ancien français* (Klincksieck).

Bourciez (E.) : *Éléments de linguistique romane* (Klincksieck).

Bourciez (E.) : *Précis de phonétique historique de la langue française* (Klincksieck).

Borodina (Mme) : *Phonétique historique du français* (Léningrad, 1961).

Bec (Pierre) : *Manuel de philologie romane* (Picard).

Batany (J.) : *Français médiéval* (Bordas).

Raynaud de Lage : *Introduction à l'ancien français* (SEDES).

Grévisse : *Le Bon Usage* (Duculot, Hatier).

Dubois (J.) : Gram. structurale du français II : le verbe (Larousse). (Point de vue tout différent du nôtre.)

Imbs (Paul) : *L'emploi des temps verbaux en français moderne* (Klincksieck).

Martin (Robert) : *Temps et aspect ; essai sur l'emploi des temps narratifs en moyen français* (Klincksieck).

Lanly (André) : *Fiches de philologie française* (Bordas).

1. On pourra consulter la bibliographie de cet ouvrage ; son auteur fait de fréquentes références à : G. Manz : *Das Verbum nach den französischen Grammatiken von 1500-1750.*

de la Chaussée (F.) : *Initiation à la phonétique de l'ancien français* (Klincksieck)[1].

Carton (Fernand) : *Introduction à la phonétique du français* (Bordas).

Wagner (R.-L.) : *L'ancien français* (Larousse). (L'auteur n'a pas recours au latin.)

Manczak (Witold) : *Phonétique et morphologie historiques du français* (Varsovie).

b) *Ouvrages concernant le latin ou les langues indo-européennes :*

Meillet et Vendryès : *Traité de grammaire comparée des langues indo-européennes* (Champion).

Benveniste (E.) : *Problèmes de linguistique générale* (Gallimard).

Ernout (A.) : *Morphologie historique du latin* (Klincksieck).

*Monteil (Pierre) : *Éléments de phonétique et de morphologie du latin* (F. Nathan).

Ernout et Meillet : *Dictionnaire étymologique de la langue latine.*

Väänen (V.) : *Introduction au latin vulgaire* (Klincksieck).

III. *Dictionnaires français et documents concernant la langue*

*Bloch (O.) et Wartburg (W. von) : *Dictionnaire étymologique de la langue française* (P.U.F.).

Dauzat (A.) : *Dictionnaire étymologique de la langue française* (Larousse).

Wartburg (W. von) : *Französisches Etymologisches Wörterbuch.*

Gamillscheg : *Etym. wörterbuch der französischen Sprache.*

Baldinger (en collaboration avec J. D. Gendron et G. Straka) : *Dictionnaire étymologique de l'ancien français* (commence à paraître à la lettre G).

*Godefroy : *Dictionnaire de l'ancienne langue française.*

*Tobler (A.) et Lommatzsch (E.) : *Altfranzösisches Wörterbuch.*

La Curne de Ste Palaye : *Dictionnaire historique de l'ancien langage françois.*

*Littré (E.) : *Dictionnaire de la langue française.*

Palsgrave (J.) : *L'Eclaircissement de la langue françoise* (publié en 1530).

*Huguet (E.) : *Dictionnaire de la langue du XVIe siècle.*

Cotgrave : *Dictionarie of French and English toungues* (1611).

Dictionnaire de l'Académie Française :
Éditions de 1694, 1740, 1777, 1814, 1835, 1877.

Furetière : *Dictionnaire universel* (1690).

Richelet : *Dictionnaire français* (1681).

Dictionnaire de Trévoux (édit. de 1774).

Dictionnaire Général de la langue française (Hatzfeld et Darmesteter).

Robert (P.) : *Dictionnaire de la langue française.*

Dictionnaire Larousse du XXe siècle.

Grand Larousse de la langue française (trois premiers volumes).

---

1. Nous avons eu connaissance, après l'impression de notre ouvrage seulement, du très bon « cours de morphologie historique, ancien français » (cours polycopié de l'Université de Toulouse) du même auteur.

Trésor de la langue française sous la direction de Paul Imbs (trois vol. parus, Klincksieck).

Dictionnaire Bordas (par M. Davau et M. Lallemand)
(comporte un tableau des conjugaisons des principaux verbes, à la fin).

Vaugelas : *Remarques sur la langue françoise.*

*Bescherelle : *L'art de conjuguer* (Hatier).

Dictionnaire des verbes français par J. et J. P. Caput (Larousse).

Lanher (Jean) : *Contribution à l'étude d'une scripta diplomatique en Lorraine* (Thèse polycopiée, 1976) (documents antérieurs à 1271).

Textes

1°) Indépendamment des dictionnaires et de leurs multiples exemples on pourra recourir, comme nous l'avons fait, aux glossaires des anciens textes [1], en particulier à ceux de :

La Chanson de Roland, dû à L. Foulet (Piazza) (début XIIe s.).

Wace : *Le Roman de Rou* (édit. Picard) (vers 1160) [2].

Benoît de Ste Maure : *Le Roman de Troie* (vers 1165) (S.A.T.F.).

Chrétien de Troyes : les principaux romans (édit. Champion). *Le Roman de Perceval* (édit. Roach, Droz) (vers 1185).

Villehardouin : *La conquête de Constantinople* (édit. Faral).
(et lexique publié par Mlle Naïs - CRAL Nancy).

G. de Lorris et Jean de Meun : *Le Roman de la Rose,* 1re partie (vers 1230), 2e partie (vers 1275) (édit. Langlois pour le lexique et édit. Lecoy Champion).

Lexique de la langue de Villon (1456-1462) par M. Burger (Droz).

Les faictz et dictz de Jean Molinet (fin XVe s.) (SATF).

Glossaire de la langue de Montaigne de l'édit. Strowski, etc.

2°) *Autres références prises dans des textes ou dans les dictionnaires généraux et citées par abréviations (auteurs ou textes, ordre alphabétique) :*

Aiol : chanson de geste (fin du XIIe s.).

Alex. : Vie de saint Alexis (XIe s.).

Alix. : Li romans d'Alixandre (fin XIIe s.).

Amad. : Amadas et Ydoine, roman (fin XIIe s.).

Auc. : Aucassin et Nicolete, chantefable picarde (vers 1230).

Berte : Berte aus grans piés, chanson de geste d'Adenet le Roi (fin XIIIe s.).

Bov. de Com. : Bovon (ou Bueve) *de Comarchis,* chanson de geste d'Adenet le Roi (1275).

Beaum. : Philippe de Beaumanoir, *Œuvres poétiques* (fin XIIIe s.).

1. Ces glossaires sont parfois complets (ex. *Chanson de Roland,* Villon), très étendus *(Roman de la Rose, Troie)* ou très réduits (ex. romans de Chrétien de Troyes).

2. Nous donnons la date approximative des œuvres, non celle des manuscrits que nous avons de ces œuvres...

Ben., *St Br.* : Benedeit, *Le pèlerinage de saint Brendan* (1re moitié XIIe s.).
Brut : Le roman de *Brut*, de Wace (1155).
Char. : *Le roman de la Charrette*, de Ch. de Troyes (vers 1172).
Chast. Vergi : *La chastelaine de Vergi*, roman (2e moitié XIIIe s.).
Claris : *Claris et Laris*, roman (1268).
Clary : *La conquête de Constantinople* par R. de Clary (début XIIIe s.).
Cléom. : *Cléomadès*, roman d'Adenet le Roi (fin XIIIe s.).
Clig. : *Cligès*, roman de Chr. de Troyes (vers 1170).
Couci : Poésies du « châtelain » Guy de Couci (ou Coucy) (fin XIIe s.).
Rom. Coucy : *Le roman du châtelain de Coucy...* (vers 1280).
Comm. : *Chroniques* de Philippe de Commynes († en 1511).
Condé : *Dits et contes* de B. de Condé et de son fils Jean (XIIIe s.).
E. Desch. : *Poésies* d'Eustache Deschamps (fin XIVe s.).
Enéas : *Le roman d'Enéas* (vers 1160).
Erec : *Erec*, roman de Chrétien de Troyes (vers 1168).
Escouf. : Le roman de l'*Escoufle* de Jean Renart (vers 1200).
Eul. : *La cantilène de sainte Eulalie* (vers 880).
Floov. : *Floovant*, chanson de geste (fin XIIe s.).
Fl. et Bl. : *Floire et Blancheflor*, roman (début XIIIe s.).
Froiss. : Froissart, *Chroniques* (vers 1370).
Gaydon : Chanson de geste (XIIIe s.).
Guil. d'Angl. : *Guillaume d'Angleterre* (de Chrétien de Troyes ?).
G. Dole : *Le roman de la rose ou de Guillaume de Dole* de J. Renart (vers 1200).
Guil. Orange : *La Chanson de Guillaume [d'Orange]* (vers 1140).
Gorm. : *Gormont et Isembart*, chanson de geste (vers 1130).
H. de Bord. : *Huon de Bordeaux*, chanson de geste (début XIIIe s.).
Joinv. : Joinville : *Livre des saintes paroles... de notre saint roi Louis*, (entre 1300 et 1309).
Lem. de B. : Lemaire de Belges, poète et chroniqueur († vers 1525).
Louis : *Le Couronnement de Louis*, chanson de geste (vers 1245).
Marie Fce : Marie de France, *Lais* (fin XIIe s.).
Meliad : *Meliador*, roman de Froissart (1365 ou 1380).
Menestr. R. : Récits d'un ménestrel de Reims (vers 1265).
Mont. : Montaigne, *Essais, Journal de voyage*.
Mousk. : *La Chronique* de Philippe Mousket, de Tournai (vers 1245).
Mort Artu : *La mort le roi Artu*, roman en prose (début XIIIe s.).
Molinet : poète et chanoine († en 1507).
Muset : Les *Chansons* de Colin Muset, ménestrel du XIIIe s.
Nîmes : *Le Charroi de Nîmes*, chanson de geste (vers 1155).
Ogier : *Ogier le Danois*, chanson de geste (fin XIIe s.).
Enf. Ogier : chanson de geste d'Adenet le Roi (fin XIIIe s.).

Passion : La Passion du Christ (Xe s.).

Percef. : Le roman de Perceforest (XIVe s., imprimé en 1528).

Percev. : Perceval, roman de Chr. de Troyes (vers 1185).

Ps. Oxf. : Le Psautier d'Oxford (vers 1100).

Ps. Cambr. : Le Psautier de Cambridge (vers 1115).

Rabel. : François Rabelais, œuvres.

Ren. : Le Roman de Renart (de 1174 à 1205 environ).

Ren. Nouv. : Renart le Nouvel de Jacquemont Gelée (fin XIIIe s.).

Rois : Les Quatre Livres des Rois (XIIe s.).

Rol. : La Chanson de Roland (fin XIe ou début XIIe s.).

Roncesv. (ou *Roncisv.*) : *Roncisvals,* rédact. du XIIIe s. de l'histoire de Roland.

Rou : Le roman de Rou, de Wace (vers 1160).

Rons. : Pierre de Ronsard, œuvres.

Rose : Le Roman de la Rose de G. de Lorris (vers 1230) et Jean de Meun (vers 1275).

Ruteb. : Rutebeuf, poète du XIIIe s. († en 1285).

Sax. : La Chanson des Saisnes (ou *Saxons*) de J. Bodel († en 1210).

St Lég. : Vie de saint Léger (Xe s.).

Thèbes : Le roman de Thèbes (vers 1155).

Thomas Beck. : La vie de saint Thomas Becket par G. de Pont Ste Maxence (vers 1175).

Trist. Ber. : *Le roman de Tristan* par Béroul (fin XIIe s.).

Trist. Thom. : *Le roman de Tristan* par Thomas (vers 1155-1170).

Troie : Le roman de Troie (vers 1165).

Villeh. : *La conquête de Constantinople* par G. de Villehardouin († 1218).

R. Viol. : Le roman de la violette de G. de Montreuil (vers 1228).

Yv. : Yvain ou le Chevalier au Lion, de Chr. de Troyes (vers 1173).

Pour les autres abréviations on se reportera aux index des auteurs et des œuvres dans les dictionnaires de Godefroy, de Tobler-Lommatzsch, d'Edmond Huguet et de Littré.

Index alphabétique

des verbes étudiés ou cités
(les renvois principaux sont en chiffres gras)

Table des matières

Études individuelles des verbes

IMPRIMERIE DARANTIERE — DIJON-QUETIGNY